차범석 평전

차범석 평전

초판 1쇄 발행 2024년 12월 6일

지은이 | 전성희

펴낸곳 | (주)태학사
등록 | 제406-2020-000008호
주소 | 경기도 파주시 광인사길 217
전화 | 031-955-7580
전송 | 031-955-0910
전자우편 | thspub@daum.net
홈페이지 | www.thaehaksa.com

편집 | 조윤형 여미숙 김태훈
마케팅 | 김일신
경영지원 | 김영지

ⓒ 전성희 2024. Printed in Korea.

값 25,000 원
ISBN 979-11-6810-326-9 (93680)

책임편집 | 조윤형
북디자인 | 임경선

차범석 평전

그늘진 삶을 부축한 연극
극작가 차범석의 예술과 인생

전성희 지음

태학사

평전을 시작하며

2017년 초, 차범석연극재단 차혜영 이사장에게서 아버지 차범석車凡錫 선생의 평전을 내고 싶다는 이야기를 들었다. 그런데 평전 발간에 대해 논의하던 중 차범석 선생이 생전에 자신의 전집을 내고 싶어 했다는 사실을 알게 되었다. 그는 자신의 희곡들을 중심으로 열두 권 분량의 원고를 모 출판사에 넘겼다고 했다. 그래서인지 그의 수필집 《거부하는 몸짓으로 사랑했노라》(1984)의 표지 날개에는 전집의 면모를 알 수 있는 광고가 붙어 있었다. 그러나, 어찌 된 이유인지는 몰라도 유야무야 없던 일이 되고 말았다고 한다. 차범석 선생은 이 일로 몹시 상심했다고 하고, 생전에는 끝내 전집 발간의 꿈을 이룰 수 없었다.

그래서 평전보다 차범석의 면모를 살필 수 있는 전집 발간이 선행되어야겠다고 생각했고, 유민영 교수와 함께 '차범석 전집 발간위원회'를 구성했다. 위원회는 발간위원장 유민영(단국대 명예교수), 발간위원 차혜영(차범석연극재단 이사장), 전성희(명지전문대 교수), 김삼일(대경대 교수), 박명성(극단 신시 대표), 이은경(연극평론가), 홍미희(목포문학관) 등 일

4

곱 명으로 구성했다.

김삼일 교수는 포항 지역에서 연극 활동을 하는 연출가로, 1960년
대에 〈별은 밤마다〉를 공연한 이후 줄곧 차범석 선생의 희곡을 공연해,
차범석 선생이 생전에 그에게는 공연을 상시로 할 수 있도록 허락했을
정도로 신망을 받았다. 박명성 대표는 차범석 선생을 수양아버지로 삼
고 〈산불〉을 뮤지컬로 만들기도 했다. 유민영 교수는 차범석 선생과 가
깝게 지내던 연극계 인물로, 선생의 출판기념회에서 다른 명사들을 제
치고 단골로 축사를 했고, 선생이 남긴 원고나 유품들을 모아 목포문학
관에 기증했다. 차범석 선생과의 이런저런 인연으로 발간위원회가 꾸려
진 것이다.

우리는 전집 발간에 한마음으로 모여 매월 한 차례씩 회의를 했고,
우선 희곡 작품들을 정리하여 2018년 11월에 《차범석 전집》 1차분 8권
을 발간했다. 그리고 이듬해인 2019년 방송극·무용극·창극·뮤지컬·자
서전·수필·논문·평론 등을 모아 2차분 4권의 책으로 발간함으로써 《차
범석 전집》(전12권, 태학사)이 완간되었다.

유민영 교수는 《차범석 전집》 발간사에서 "그가 어디에 글을 쓸 때,
붙이는 호칭에는 언제나 극작가라고 적었다. 이처럼 그는 여러 가지 감
투는 잠시 지나가는 자리고 자신은 어디까지나 극작가로서 자부하고
있었지 않나 싶다."라고 했다. 이렇듯 평생 '극작가'로 불리기를 소원했
던 차범석 선생은 70편 가까운 희곡을 창작했다. 특히 한국 문단에서 희
곡을 냉대하고 도외시할 때도 그는 "연극이 살아나기 위해서는 희곡이
문학으로 정착되어야 한다."고 말하곤 했다.

차범석 선생은 생전에 희곡 말고도 1950년대부터 방송극을 창작하
기 시작해 1990년대까지 이어 왔는데, 특히 그가 집필한 〈전원일기〉(1
~49회)는 한국 방송 드라마 역사에 한 획을 그은 작품으로 평가받고 있

다. 하지만 이 작품을 맨 처음에 차범석 선생이 쓰기 시작했다는 사실을 아는 사람도 많지 않았고, 남아 있는 대본 상태도 좋지 않았다. 그래서 서둘러 그가 쓴 〈전원일기〉를 책으로 엮는 것이 좋겠다는 생각에 《차범석의 전원일기》(전3권, 태학사)를 2022년에 출간했다.

《차범석 전집》과 《차범석의 전원일기》를 출간하는 과정에서 선생의 창작 규모와 다양성에 놀랄 수밖에 없었다. 선생은 2006년 6월 작고할 때까지 다양한 방면의 방대한 창작물을 남겼는데, 이 모든 원고를 원고지에 만년필로 직접 썼다. 컴퓨터 시대를 살아가는 우리로서는 상상조차 할 수 없는 일이다. 컴퓨터는 물론이고 평생을 휴대폰, 신용카드, 자동차 없이 살았던 그의 철학이 지금은 시대착오적으로 보일 수도 있지만, 선생은 이런 것들이 작가에게는 필요하지 않다는 생각으로 살았다.

1990년대 대학로에서 연극을 보고 귀가하던 늦은 밤에 환승을 위해 잠실역에 내리면 자주 차범석 선생 부부와 마주쳤다. 선생도 대학로에서 연극을 보고 가락동 댁으로 귀가하는 길이었는지 버스를 기다리고 있었다. 당시 선생의 지위라면 자가용 한 대쯤 갖고 있어도 괜찮았을 텐데, 선생은 자가용은커녕 지하철에서 내려 택시도 아닌 버스로 이동했다. 천석꾼의 아들이었지만 부모의 도움을 받지 않고 평생 근검절약의 삶을 실천했던 선생은, '빚 없는 삶'을 가훈으로 삼고, 피땀 흘려 모은 것이 진짜 재산이지 공짜로 얻은 재물은 공짜로 나간다는 생각으로 평생을 살았다.

선생이 휴대폰을 사용하지 않아 생기는 일도 종종 있었다. 한번은 지방에서 회의가 있었는데 회의 시간이 되었는데도 선생이 나타나지 않아 애를 태우며 기다리고 있었다. 그런데 휴대폰이 없는 그에게 연락할 방법이 없어 결국 그를 빼고 회의를 진행했다. 그 일이 있은 후 주변에서는 그에게 휴대폰 사용을 권하기도 했지만 선생은 자신의 신념을 바꾸지 않았다. 본래 타고난 품성이 꼿꼿한 데다가 타협하지 않는 기질 때문이었을 것이다. 게다가 선생은 실리보다는 명분을 중요하게 생각하는 사람이었다.

차범석 선생의 오랜 친구였던 김수용 감독은 "그는 경량이다. 그는 정신이 맑다. 그는 속된 욕심을 버린다."라고 말했다. 그리고 그는 불의를 보면 못 참는 성격이었다. 그가 좋아했던 "불의한 것을 참지 못하는 마음이 예술을 만든다."라는 괴테의 말은 그의 삶의 방향이었다. 그는 연극 현장에서도 불성실한 후배들에게는 불벼락을 내린 '호랑이 선생'이기도 했다.

차범석 선생은 흥과 신명이 많아 술자리에서 분위기가 무르익으면 김추자의 〈님은 먼 곳에〉와 〈떠날 때는 말없이〉를 부르며 춤을 추기도 했다. 진도에서 대한민국예술원 세미나가 열렸을 때, 그의 춤을 본 무용가 김백봉 선생은 극찬을 하기도 했다. 선생은 대학 시절 함귀봉조선교육무용연구소에서 최창봉, 김경옥, 조동화 등과 함께 춤을 배웠고,《예술가의 삶 6 ─ 차범석》에는 대학 시절 가장행렬에서 남방 춤을 추던 사진이 실려 있기도 하다.

유민영 교수는 차범석 선생의 일생을 두고 우스갯소리로 '목포의 흥타령'으로 정리된다고 했다. 선생이 나고 자란 목포는 그에게 깊은 애정이 깃든 특별한 곳으로, 목포는 극작가 차범석의 출발점이자 모든 것이었다. 2005년 5월 대한민국예술원 주최 문학 세미나에서 그는 이렇게 말했다.

누가 나더러 네 문학 세계에 있어서 뿌리는 무엇인가라고 물을 땐 나는 주저없이 대답할 것이다. 그 뿌리는 고향이다. 내가 태어나 성장한 고향에 관한 한 나는 병적일 만큼 사소한 것까지도 깡그리 기억을 한다. 집 구조, 가족, 주위 환경은 물론 그곳에 수없이 드나들던 수많은 인간 군상들이며 그들이 쏟아 놓고 간 투박한 남도 사투리며 인간관계가 그렇다.

자신의 문학의 뿌리가 목포에 있음을 자랑스러워 한 것이다. 특히 그의 희곡들 중 여러 편의 장소적 배경이 목포와 그 주변이었는데, 〈산불〉은 영암, 〈밀주〉는 흑산도, 〈귀향〉은 해남, 〈학이여 사랑일레라〉와 〈갈매기떼〉는 목포였다.

차범석 선생은 한국전쟁을 겪으면서 맞닥뜨린 죽음과 부역 등의 문제로 괴로워했다. 우리 현대사의 크고 작은 흐름들은 그의 내면에 많은 상처를 남겼고, 연극은 그의 상처를 위로해 주었다. 연극은 그에게 단순한 여흥이나 오락이 아니었다. 그에게 연극은 인생을 걸 만한 것이었다.

"세끼 밥보다도 입맛이 당기는 연극 무대의 마력이 나를 변혁으로 끌고 갔다."라는 선생의 회고처럼, 연극은 그를 내성적이고 순한 목포 부잣집 둘째 아들에서 한국 연극을 대표하는 극작가로, 극단 대표로, 그리고 예술원 회장으로 이끌었다. 그에게 연극은 "삶의 목적이요, 생명이요, 소우주"였다. 선생은 "연극은 그늘진 삶을 부축하는 것"이라고 했는데, 목포 천석꾼의 아들이었던 그에게 '그늘진 삶'들이 늘 눈에 밟혔던 모양이다. 그런 배경에서 〈옥단어!〉와 같은 작품이 탄생할 수 있었을 것이다.

연극계 사람들은 그를 깐깐한 원칙주의자에 독설가라 불렀지만, 누구보다도 연극을 사랑했던 한국 연극계를 대표하는 인물이라는 사실에 이의를 제기할 사람은 없을 것이다. 선생은 함께 연극을 했던 사람들이 자신과 극단을 떠났던 일로 괴로워하기도 했지만, 나이 70이 되자 연극을 하면서 흘러간 사랑과 미움의 세월이 "동전의 앞뒤가 아니라 앞도

뒤도 아닌 하나였다."라고 하면서 과거는 언제나 그립고 추억은 모두가 아름답다고 회고했다.

한국 연극계의 거목이라 불리는 차범석 선생이 83년이라는 인생에서 극작가로서, 연극인으로서 겪었던 것들을 정리, 연구해야 할 이유와 필요는 충분하다. 그리고 2024년은 차범석 선생이 태어난 지 꼭 100년이 되는 해다. 이를 기념해 많지 않은 연극계의 유산을 하나 더 보탠다는 의미로 이 평전 집필을 시작했다.

《차범석 전집》과 이 책《차범석 평전》작업을 하면서 접한 차범석의 원고 양은 어마어마했다. 이 책 교정을 보는 중에도 2004년 12월부터 2005년 12월까지《월간 에세이》에 연재한 〈나와 13인의 여인들〉이라는 글을 새로 찾아 접했다. 2006년에 세상을 떠났으니 당시는 와병 중이었을 것이다. 마음이 초조해졌다. 또 다른 원고가 남아 있는 것은 아닌지 마지막 순간까지도 긴장을 늦출 수 없었다.

이 책을 내면서 광산을 생각했다. 파고 또 파도 금덩어리가 나오는 금광. '차범석'이라는 이름은 내게 그렇게 남았다. 앞으로 광산에서 더 많은 금덩어리를 찾아내 연구에 보태고 싶다.

평전 작업을 시작하게 해 준 차범석연극재단의 차혜영 이사장님, 은사이신 유민영 교수님, 그리고 이 책을 출판해 주신 태학사 지현구 회장님과 김연우 대표님, 기획부터 편집까지 전 과정을 함께해 주신 조윤형 주간님께 감사를 드린다. 끝으로 원고를 쓰는 동안 엄마를 기다려 준 혜선과 혜준, 힘든 시간을 견디게 해 준 경형 씨에게 고마움을 전한다.

2024년 11월
전성희

차례

4부

학이여 사랑일레라

5부

옥단어!

1부

___

눈 내리는 밤

1
목포
출발점이자 모든 것

예향성과 개방성

차범석에게 목포는 정신과 육체의 출발점으로, 그는 자신의 신명이 목포로부터 왔다고 하였다. 목포는 옛날부터 '예향藝鄕'으로 불리며 한국을 대표하는 여러 예술가를 배출한 곳이다. 목포 출신의 대한민국예술원 회원으로는 미술 분야의 남농 허건許楗(1907~1987), 문학 분야의 박화성·차범석, 무용 분야의 최청자 등이 있다. 이 외에도 국가무형문화재인 이매방·장주원, 희곡작가 김우진, 시인 최하림·김지하, 수필가 김진섭, 문학평론가 김현·황현산, 가수 이난영·남진 등도 목포 출신이다.

　사실 목포는 개항 이전에는 조그만 포구에 불과해 인구가 많지 않았지만, 다도해와 유달산이라는 아름다운 자연환경을 가지고 있다. 또 주변 지역인 강진이나 보길도, 완도, 진도 등이 예로부터 선비들의 유배지였기 때문에 조선시대의 양반, 혹은 선비 문화의 영향을 받아 옛 선비들의 한과 풍류와 멋이 배어 있다. 이런 점들이 목포의 예향성藝鄕性을 형성했다.

　반면 근대 이후 목포의 예향성은 개방성에서 시작되었는데, 이에 대해 최성환은 다음과 같이 이야기하고 있다.

> 목포의 이러한 '예향성'도 도시의 역사와 무관하지 않다. 개항 이후 근대
> 문물이나 서구의 예술 문화가 빠른 속도로 목포에 유입되면서, 이 지역 사
> 람들은 다른 도시보다 먼저 다양한 예술 문화를 접할 기회가 많아졌다. 또
> 한 개항 이후 상업 활동을 통해 부를 획득한 새로운 유지층의 형성과 일본
> 으로 연결되는 국제 해로의 발달도 목포의 예향성에 한몫했다. 부유층의
> 자녀들 가운데 김우진과 박화성 등 유학파 예술인들이 다수 배출된 것도
> 예향의 도시로 발전하는 데 하나의 토양이 되었다.[1]

목포는 "영산강의 길목[2]에 자리한 작은 포구에서 출발"한 항구이자
상업 도시로, 그 역할을 가장 잘했을 때가 일제강점기였다. 목포는 1897
년 개항 이전에는 조그마한 포구였지만 일제는 본격적인 지배를 시작
하기 전인 1895년부터 개항을 차곡차곡 준비하고 있었다.

전라남도에서 생산된 각종 농수산물과 자원을 일본으로 수탈해 가기 위한
가장 좋은 장소로 목포가 선정되어 이를 기반으로 하는 각종 다양한 산업

---

1 최성환, 《목포 — 대한민국 도슨트: 한국의 땅과 사람에 관한 이야기 03》, 21세기북스, 2020,
   31~32면.
2 "목포木浦라는 이름은 '항구'라는 뜻을 품고 있다. 한자로 '나무 목木'에 '포구 포浦'를 쓰는데
   '목木'이라는 한자 때문에 일제강점기에는 나무가 많은 포구 혹은 목화가 많은 포구로 해
   석되기도 했다. (……) 목포의 '목'은 영산강의 강물이 이곳에 이르러 바다로 들어가는 목
   이라는 의미다. 반대로 생각하면 바다에서 내륙으로 들어가는 목이기도 하다. 즉 목포는
   '강과 바다가 만나는 목에 자리한 포구'라는 뜻으로 풀이된다. 조선시대의 지리서인 《신증
   동국여지승람新增東國輿地勝覽》에는 '이곳에 이르러 바다로 들어가는 까닭에 통칭 목포라
   부른다.'라는 기록이 있다."(최성환, 《목포 — 대한민국 도슨트: 한국의 땅과 사람에 관한
   이야기 03》, 19~20면.)

들이 발달하면서 인구가 유입되어 많은 인구와 더불어 이전보다 큰 도시로 성장하게 되는 계기가 되었다.

일제강점기가 본격적으로 시작되기 전인 1895년에 일제는 이미 전라남도를 조사하여 목포가 지리적으로 가장 좋은 조건의 지역임을 알고 목포를 거점으로 삼기로 하고 개항을 본격적으로 진행하기 시작하였던 것이다.[3]

차범석의 할아버지 차성술車成述이 집안 식구들을 거느리고 목포로 이주했던 때는, 차범석이 자서전에서도 밝혔듯이 "목포가 개항이 되어 상가가 차츰 활기를 띠게 되자 목포로 진출"했다고 하는데, 아마도 셋째 아들 차남수가 1903년 무안에서 출생했고 넷째 아들 차남하가 1905년 목포에서 태어난 것으로 보아 1903년과 1905년 사이일 것이다.

목포는 1897년 개항하면서 새로운 사회를 시작하게 되었다. 목포 개항은 조선 정부가 자주성을 지키면서 근대화 정책을 추진하는 과정에서 시행된 것이었다. 조선 정부는 근대화 정책과 국방 강화 정책을 추진하면서 재원이 필요하였는데, 개항장을 늘리고 무역을 확대하면 관세 수입을 늘릴 수 있다는 점에 착안한 것이었다. 조선 정부는 지주 상인층을 육성하여 이들을 중심으로 자본가층을 육성하고자 하는 구상도 있었다.[4]

일본의 개항에 앞서 조선은 이미 자주성을 지키면서 근대화를 위해 필요했던 재원 확보를 위해 목포 개항을 구상하고 있었다.

---

3 목포시사편찬위원회, 《목포시사 다섯 마당: ② 예향 목포》, 목포시 목포시사편찬위원회, 2017.
4 목포개항백년사 편찬위원회, 《목포개항백년사》, 목포백년회, 1997, 116면.

목포가 개항을 하면서 이전의 봉건적인 촌락이 줄 수 없었던 새로운 기회를 주었고, 자유로운 활동이 가능한 장을 열게 되었다. 서양의 도시가 처음 생겼을 때와 마찬가지로 목포는 자유로운 공간을 열게 되었다. 이곳에서 자유로운 활동을 하는 집단들은 상인, 농민뿐 아니라 향리, 양반 지주층 등 다양한 사람들을 포함하고 있었다.

이처럼 목포 개항 후 많은 사람들이 몰려들자 인구가 급속히 증가하기 시작하였다. 목포가 개항하기 이전에는 인구가 600여 명에 불과하였지만(목포개항사 편찬위원회, 《목포개항백년사》, 목포백년회, 1997, 109면) 1897년 목포가 개항하자 여러 곳에서 사람들이 몰려들기 시작하였다. 개항 직후 조선인이 2,600명에 이르렀고, 일제강점기 이후에는 더욱 증가하여 7,500여 명으로 늘어났다. 목포에 거주하기 시작한 일본인의 수도 급속히 증가하여 1897년 200여 명에 불과하였지만 일제강점기 직후인 5,200여 명으로 늘어났다.(이종화 외, 《목포·목포 사람들》, 경인문화사, 2004, 43~44면)[5]

이와 같이 목포는 도시의 생성 자체가 이전의 다른 지역과 달랐다. 조선이 의도를 갖고 구상한 도시로 본래 개항 이전에는 인구가 600여 명에 불과했는데 개항 이후 무역항으로 타지의 사람들이 몰려와 2,600여 명에 이르렀다는 것이 목포의 정체성을 말해 준다. 그 당시 일본인들도 206명이 있었다고 하는데 이들은 주로 관리나 무역업을 하는 상인들이었을 것이다. 당시 목포의 일본인 상인들은 외국으로 진출할 만큼 진취적인 사람들로, 목포에 새로운 문화를 전달해 주는 역할을 했을 것이다.

---

[5] 목포시사편찬위원회, 《목포시사 다섯 마당: ② 예향 목포》, 648~649면.

차범석 문학의 뿌리

목포는 그 이전의 어떤 도시와도 달랐다. 이전에 개항한 원산, 부산, 군산 등은 관세가 무엇인지, 개항장의 역할이 무엇인지에 대해 전혀 모르고 있었지만, 네 번째 개항항이었던 "목포의 개항은 여러 가지로 상황이 달랐다. 개항 이전에 우리 정부 주도로 무안 감리서와 목포 해관이 설치되고 개항장 업무를 준비했다는 점이 달랐다."라고 한다.

당시 목포의 사람들은 "외국과 소통하는 목포라는 항구를 통해 서양 근대 문명을 경험하게 되었다. 가까운 일본뿐만 아니라 서양의 문화를 유입할 수 있었다. 목포는 이러한 자유와 소통의 분위기를 갖고 있었기 때문에" 다른 곳들과는 다른 자유로운 도시의 분위기를 지니게 되었고, "사람들이 몰려들기 시작한 목포에서는 새로운 시민 계층을 형성"하면서 봉건적인 분위기를 완전히 벗어난 새로운 도시가 되었다.

> 목포는 1897년 개항을 한 이후 10년이 지날 무렵 새로운 학문이나 기술을 알지 못하면 비웃음을 당하는 분위기였다고 한다. 목포는 외국인과 교역이 급속히 늘면서 외세가 강력하게 부상하는 무역항이었기 때문에 새로운 지식과 기술을 배우지 않으면 노예로서 살 수밖에 없다고 하는 자각이 있었던 것이다.[6]

이러한 목포의 자유로운 분위기에서 태어난 차범석은 기질적으로 권위적이고 봉건적인 것들을 거부하고 새로운 문물과 문화에 일찌감치 눈뜰 수 있었다. 차범석의 아버지가 간척지를 개척한 것도 목포에 인구

---

6 목포시사편찬위원회, 《목포시사 다섯 마당: ② 예향 목포》, 659면.

가 대거 유입된 것과 관련이 있다. 인근 지역의 사람들이 목포로 이주하면서 거주나 상거래를 위한 상가와 땅이 필요했다. 즉 경제적 활동을 위한 토지의 필요성이 있었기 때문이다.

1904년을 전후하여 차범석의 할아버지 차성술은 목포가 앞으로 크게 발전할 곳이라 생각하고 목포로 이사를 감행했다.

> 나의 본적지는 '무안군 삼향면 용포리 513번지다. 할아버지는 그 자리에서 중농 정도로 지내시다가 목포가 개항開港이 되고 상가가 활기를 띠자 목포시 죽동에다 처음으로 2층집을 지어 이주하셨다. 반농반상半農半商으로 축재에도 성공을 하자 할아버지께서는 아들을 차례로 일본 유학을 보냈다니 한마디로 격변하는 개화기에 적응하려는 안목과 현실적인 처세관을 가진 어른임에는 틀림없었으리라. 그래서 아버지 다음으로 세 아들을 각각 전수대학, 구주제국대학, 경도제국대학에 유학시킬 수 있을 만큼 경제적 터전을 닦아 놓은 셈이다.[7]

차성술은 장남인 차남진車南鎭을 메이지대明治大에 유학을 보냈던 진보적인 인물이었다. 차성술은 목포 이주 후 상업에 종사한 것으로 기록되어 있는데, 아들 넷을 모두 일본 유학을 보내고 재산도 상당히 남겼다. 그 유산이 얼마인지 정확히 알 수는 없지만 막내 숙부 앞으로 남긴 땅이 차범석 본적지에 있는 몇백 석 규모의 전답인 걸 보면 적지 않았을 것이다.

차범석의 아버지 차남진은 간척 사업을 통해 선대로부터 물려받은 재산을 늘렸다. 본래 목포는 "주변의 신안군, 영암 등과 같이 해안가 대

---

7 차범석, 《예술가의 삶 6 — 차범석》, 혜화당, 1993, 51면.

부분의 지역을 간척에 의한 매립으로 조성"되었는데 "특히 일제강점기 이후에 삼학도를 비롯해서 비교적 최근에 조성된 하당 신도시와 북항 일대 지역의 갯벌을 모두 매립하고 간척하여 개간"하였다. "목포시의 간척 사업은 일제강점기인 1899년부터 1909년까지 목포시 서산동으로부터 동쪽에 목포진 터까지 또한 목포진에서부터 동쪽 섬인 송도까지 방조제로 연결하여 약 45㎢의 간척지를 조성한 것으로 알려져 있다."

차범석의 회고에 보면 "우리 아버지께서는 부모가 남긴 유산을 잘 관리하면서 한편으로는 간척 사업을 하여 농토를 크게 늘려 천석지기 지주로 알려졌으니 이른바 이재와 치산에는 탁월한 어른"이라고 쓰고 있다. 차남진은 1917년에 일본 유학에서 돌아와 일본이 급부상하고 있는 시대의 분위기를 간파할 수 있었고, 이재에도 밝아 일찌감치 간척 사업에 뛰어들어 간척지 매립과 조성을 통해 많은 재산을 축적하여 천석지기가 되었던 것이다.

> 목포에서 40리 떨어진 곳, 중등포[8]는 선친이 물을 막은 갯벌을 농토로 만든 옥답 지대이다. 그래서 일제시대만 해도 '차남농장車南農場'이라 새긴 큼직한 비석이 신작로가에 세워져 있어 자못 위풍을 떨치곤 했었다. …… 바닷물을 막는 작업을 시작하면서부터 아버지는 노상 아침 일찍 현장에 나가셨다가는 저녁 늦게야 진흙투성이가 된 구두를 신고 돌아오셨다. 어린 시절이라 그것이 무슨 일이었는 지도 몰랐고 그 공사가 끝나면 몇천 석을 거둬들일 수 있는 큰 농장이 된다는 것도 잘 모른 채 나는 그저 농촌 풍경을 구경하고 싶어 가끔 아버지를 따라나서곤 했다.[9]

---

8 무안군 삼향면 중등포는 목포 외곽에 위치한 시골 마을로 목포에서 광주 가는 길에 있다.
9 차범석,《거부하는 몸짓으로 사랑했노라》, 범우사, 1984, 23면.

이렇게 유복한 환경에서 태어난 차범석은 당시로서는 드물게 사립 유치원 교육부터 초등학교 시절 상급학교 진학을 위해 과외 수업까지 받는 등 어린 시절부터 풍족한 생활을 했다. 또한 그는 자신이 나고 자란 목포에 깊은 애정이 있었다. 목포를 떠나 서울에 살면서도 일간지의 인사 동정란을 열심히 살피면서 목포 출신의 인사가 있으면 그렇게 반가워했다.

> 나는 유별나게 고향을 밝히는 버릇이 있다. 어쩌다가 신문에 큼직한 인사 이동의 기사가 실렸거나 새 인재 소개가 밝혀졌을 때 나는 내 고향 출신이 혹시나 끼어 있나를 유심히 들여다보곤 한다. (……) 하물며 학교 동창이나 같은 고을 출신의 이름이라도 보인다 치면 나도 모르게 어깨가 으쓱해질 때가 있다. 그러나 이러한 나의 버릇이란 흔히 말하는 파벌의식이라든가 배타주의에서 일어난 피해망상증은 결코 아니다. 그것은 오히려 가까이 있고 싶은 고향에의 애착심이요, 멀리 있으면서도 가까이 있기를 바라는 나름대로의 소박한 애향심에서이다.[10]

목포는 그의 출발점이고 모든 것이었다. 심지어 자신의 수필집 제목을 《목포행 완행열차의 추억》이라고 붙일 만큼 고향에 대한 그의 애착은 유별났다. 차범석은 2005년 5월 대한민국예술원 주최 문학세미나에서 "누가 나더러 네 문학세계에 있어서 뿌리는 무엇인가라고 물을 땐 나는 주저 없이 대답할 것이다. 그 뿌리는 고향이다. 내가 태어나 성장한 고향에 관한 한 나는 병적일 만큼 사소한 것까지도 깡그리 기억을 한다. 집 구조, 가족, 주위 환경은 물론 그곳에 수없이 드나들던 수많은 인

---

10 차범석, 《거부하는 몸짓으로 사랑했노라》, 364면.

간 군상들이며 그들이 쏟아 놓고 간 투박한 남도 사투리며 인간관계가 그렇다."라며 자신의 문학의 뿌리가 목포에 있다는 것을 자랑스러워했다.

차범석은《문학춘추》에 발표한 〈목포 문학의 뿌리를 찾아서〉에서 목포 문학의 뿌리는 일제강점기로 올라가야 한다고 했다. 박화성과 김우진, 목포에서 상주하지는 않았지만 목포에서 태어나 서울에서 활동했던 수필가 김진섭, 잠정적이었지만 목포에 거주하면서 창작 생활을 했던 발자취를 더듬어 볼 때 김말봉도 간접적으로나마 목포 문학의 씨앗을 뿌리는 데 영향을 미쳤을 것이라고 보았다.

> 목포 문학이 일찍이 싹을 트게 된 간접적인 원인은 100년 전 목포가 개항되면서 통상무역이 활발해진 점과 일본 유학생이 타 지역에 비하여 눈에 띄게 많았다는 사실을 빼놓을 수 없다. 광주, 나주, 순천, 영광 등 소읍에서는 유학생이라야 고작 서너 명에 불과했는데 1930년대만 해도 목포에서는 그 시기적 선후 관계는 차이가 있었을지언정 많은 일본 유학생이 배출되었다는 사실은 목포 사람의 진취적인 기질과 예능면의 잠재적 능력을 엿볼 수가 있을 것이다.[11]

목포는 연극인들에게는 특별한 곳이다. "목포는 원자력발전소처럼 근대 연극의 가장 중요한 발전發電 도시라고 말할 수 있다. 개화기에 서구 근대극을 탁월한 안목으로 수용 소개한 김우진으로부터 현대극을 장대하게 펼쳐 놓은 차범석에 이르기까지 한국 연극의 개척자들이 출

---

11 차범석, 〈목포문학의 뿌리를 찾아서〉, 《문학춘추》 58호, 문학춘추사, 2007년 봄호, 22~23면.

생한 지역이기 때문이다. 그 외에도 목포에서는 연출가 이화삼이 활동했고 최명수, 김성옥, 김길호 등 중요한 배우들이 우리 연극을 풍성하게 해 준 바 있다."

차범석은 광주고보 진학을 위해 일본에서 재수 생활을 하다가 태평양 전쟁으로 귀국했을 때도 목포에 있었다. 이후 대학 진학으로 서울로 간 이후에도 방학이면 목포로 돌아와 유달학생회를 조직하여 목포 연극의 씨앗을 뿌렸다. 한국전쟁 때는 목포로 피란하여 내려왔다. 목포중학교 교사로 근무하면서 목중예술제를 기획하고 연극 공연을 올려 학생들뿐만 아니라 목포 지역 사회 사람들에게 연극 관람의 문화적 경험을 확대할 수 있는 기회를 제공했다. 또 한국 연극의 거목이 되어 예술원 회장 등 공직의 위치에 올라서도 자신의 고향을 잊지 않았다. 자신의 흥과 예술이 그곳에서 발원했으며 그것이 밑거름이 되었다고 믿었기 때문이다.

2
출생과 성장
무대와 이야기를 동경하다

할아버지, 아버지, 어머니

차범석을 이해하기 위해서는 먼저 그의 가정환경과 가계를 살펴보아야
할 것이다. 차범석의 집안은 무안에서 목포로 이주한 조부 차성술이 상
업을 통해 재산을 모았고, 그 덕에 8남매 중 맏아들이었던 차남진을 유
학 보낼 수 있었으며 차남진은 간척 사업을 통해 차성술이 세상을 떠난
이후 동생들까지 모두 일본으로 유학을 보낼 만큼 재산을 모았다.

차범석의 할아버지 차성술은 전라남도 무안군 삼향면 용포리 513
번지에서 중농으로 살고 있었다. 1897년 목포가 개항을 해 활기를 띠자
목포로 이주,**12** 죽동에 이층집을 마련, 반농반상半農半商으로 재산을 모
았다. 4남 4녀의 8남매를 두었으며 아들 4형제, 즉 차범석의 아버지와
세 명의 숙부는 모두 일본 유학을 다녀왔다. 차성술의 셋째 아들 차남수
의 장남 차일석(전 서울시 부시장, 국민일보 사장, 대한매일 사장)의 회고에

---

12 그 시기가 정확하게 언제인지 확인이 되지는 않지만 1903년생인 셋째 아들 차남수가 무
 안군 삼향면에서 태어나 목포로 이사한 뒤 목포공립보통학교를 졸업했다는 기록으로 볼
 때 최소한 1903년 이후에 이주한 것으로 추측된다.

의하면 "내가 자랄 때 목포에서 차 씨 땅을 밟지 않고는 살 수 없다는 말까지 나왔다. 할아버지가 황해도 분[13]이신데, 목포가 개항한다는 소식을 접하고 목포에 내려와[14] 매립한 것이다. 목포역 주변이 모두 우리 땅이었다."[15]라고 한다.

차범석의 아버지 차남진은 1893년 전라남도 무안에서 태어나 목포로 이주한 기업가로 1917년 일본 메이지대 법과를 졸업했다. 유학을 마치고 목포로 돌아온 차남진은 무안군 삼향면 중등포 일대에서 간척 사업에 착수, "원둑을 막고 저수지를 파고 광활한 갯벌을 농토로 개척하여" 남들이 부러워할 정도의 부를 쌓았다. 아버지 차성술이 1924년 세상을 떠나자 당시 일본에 유학 중이던 동생들의 교육과 가사를 모두 책임지고 보살폈다.

1919년 해동물산 주식회사 감사를 시작으로 1920년 목포소비조합 발기인, 설립위원 그리고 목포청년회 총무를 지냈다. 특히 김상섭이 경영했던 회사들의 취체역과 호남은행 이사를 거쳤으며 1941년부터 해방될 때까지 조선총독부 중추원 참의를 역임했다. 구체적 이력은 목포창고금융 감사(1922~1931), 호남은행 이사 및 감사(1920~1939), 동아고무공

---

13 황해도에서 내려왔다는 이야기가 전해지고 있기는 하지만 이것 또한 확인되지 않았다. 차범석이 연안 차씨니까 황해도 연안에서 내려왔을 것이라고 짐작은 되지만 차일석 이외의 가족들은 이 이야기를 들은 적이 없다고 하므로 정확한 것은 아니다. 그리고 차범석의 집안은 족보나 종친회 등과의 교류도 없어서 확인하기가 어렵다.

14 차범석의 사촌 차일석은 할아버지가 목포에서 땅을 매립한 것으로 회고하고 있지만 목포 이주 후 "반농반상으로 중간 정도의 축재"를 했다는 차범석의 기록과 《목포시사》 차남진 편에 보면 1926년에 "조선총독부로부터 무안군 일대 간척지 개간을 허가받는 특혜를 얻었다."라는 위 기록으로 보아 간척지 매립 사업은 차범석의 아버지 차남진이 했다. (목포시사 편찬위원회, 《목포시사 다섯 마당: ④ 터전 목포》, 목포시 목포시사편찬 위원회, 2017.)

15 차일석, 〈서울을 디자인한 목포인 차남수 의사 명문가 후손〉, 《목포시민신문》, http://www.mokposm.co.kr/news/articleView.html?idxno=3380 (2013.6.20.)

업 이사(1935), 목포양주 사장과 전무이사(1929~1942), 전남신탁 이사
(1929~1931), 전남백화점 이사(1933), 목포곡자麯子(누룩)합동주식회사
이사(1933~1941), 동아약업 이사(1937~1942), 호남제탄 사장과 호남정
미 사장(1938~1941), 목포해운 이사(1940~1942) 등을 역임했다. 1926년
7월 28일과 8월 27일 조선총독부로부터 무안군 일대 간석지 개간을 허가
받는 특혜를 얻기도 했으며, 목포부회 의원, 전라남도회 의원, 목포상공회
의소 부회두 등을 역임했다.[16]

차범석의 아버지는 메이지대학 법과를 졸업한, 당시로서는 드문 일
본 유학생 출신의 엘리트였지만 장남만을 편애하고 남녀 차별을 하는,
상당히 보수적이며 가부장적인 사람이었다. 그래서 차범석의 연극 활동
을 예술이라고 이해하기보다는 "문화가 밥 먹여 준다디야?"라고 하거
나 "초랭이패가 무슨 예술가냐?"라는 말로 폄하하면서 못마땅하게 생
각했다. 일찌감치 일본 유학을 통해 신문물과 문화를 경험했지만 그가
태어난 1893년은 아직 조선, 혹은 구한말 시대였다. 그가 봉건적인 것은
태어난 시대의 한계와 대가족의 장손으로서 그에게 부과되었던 가장의
역할 등이 그 이유일 것이다. 차범석은 어린 시절 자유롭고 풍요로운 목
포에서 문학과 영화, 예술에 눈뜨고 자유를 꿈꿀 수 있었지만, 그의 아
버지는 그런 기회를 갖지 못했던 것이다.

차남진은 해방 이후 일제강점기의 행적 때문에 친일파로 반민특위
의 조사를 받았다. 친인척과 이웃들에게 척을 지지 않아 별다른 혐의 없
이 풀려났지만, 이전에 비해 기세가 많이 꺾였고 기대했던 장남 차문석
이 그의 뜻대로 성장하지 않아 애를 태웠다. 말년에는 많았던 재산도 장

---

16 목포시사편찬위원회, 《목포시사 다섯 마당: ④ 터전 목포》, 597면.

남이 탕진해 버려 걱정이 많았다.

어머니 김남오金南午는 무안군 내의 해창(속칭 주렁)에서 가난한 농민의 막내딸로 태어나 그다지 넉넉지 못한 터였는데, 용모가 단아하고 솜씨가 좋다는 소문이 나돌았다고 한다. 차범석의 할아버지가 추수기에 곡수穀數(논밭에서 나는 곡식의 양) 치러 갔다가 우연히 16세 처자를 보고는 즉시 며느리감으로 작정을 했다고 한다. "하얀 살결, 검고 숱이 많은 머리 단에 시원스런 이마와 호수처럼 조용한 눈매를 한 처녀의 모습이 촌 가시내 치고는 제법 미인"으로 보였을 것이다. 차범석의 외할아버지도 한때는 넉넉한 살림이어서 어머니는 그 밑에서 예의범절과 살림하는 법을 익혔다고 한다. 게다가 "밭매고 목화 따서 길쌈하고 웃어른 공경하는 처신마저 자상하고도 조용해" 시집 어른들로부터 사랑과 귀여움을 듬뿍 받았"다.

차범석의 기억에 "희고 넓은 이마에 반곱슬머리가 서너 가락 흘러내린 우리 어머니는 미인이셨다. 화장기 하나 없어도 매끈한 흰 살갗은 그저 정답기만 했다. 그러나 일에 전념하실 때 어머니의 입모습은 꼭 오므라들어 고집스럽"게 보였다.

차범석의 세계관과 문학관 형성에 그와 아버지 그리고 어머니의 관계는 중요한 단서가 된다.

(……) (차범석의) 아버지는 실리적이며 성공 지향적 삶을 영위하는 사람이었던 바 이 문제로 차남인 차범석과 부딪치게 된다.

차범석의 어머니는 가난한 농민의 딸로 태어나 정규 학교 교육을 받지는 못했지만 독학으로 한글을 깨우쳐 이야기책 정도는 읽을 수 있었다. 어려서부터 몸에 밴 근검절약으로 부잣집에 시집을 와서도 변함없이 부지런한 생활을 영위하면서 차범석에게 끊임없이 "애껴(아껴) 써라. 어찌든지 살림은 애껴야 한다. 많이 벌려고 덤비지 말고 적게 쓰는 게 재산 모으는 법이닝께……. 그리고 젊은 것들이 성한 육신 가지고 왜 놀아? 어쩌든지 부지런히 땀흘려사 쓴다 알것쟈?"라며 그의 생활철학을 수립할 수 있도록 바탕을 마련해 주었다. 특히 동경 유학생 출신의 아버지 배필로서 균형이 맞지 않는 어머니를 모성애나 한국적 여인상을 그리는 데 문학적으로 사용했다고 고백하면서 남자의 세계보다는 여인들에게 보다 동정과 관심을 가지게 되었다는 것을 밝혔다. 뿐만 아니라 "아버지와 어머니의 그 균형을 잃은 부부의 맺음은 먼 훗날 나에게 문학적인 소재를 제공하는 데 적지 않게 영향을 미쳤"다는 말에서도 드러나듯 그의 가족사는 그의 예술세계 형성에 많은 영향을 주었을 뿐만 아니라 연극적 모티브를 제공했다. (……) 어머니는 신이 많았던 사람으로 차범석의 형제 중 차범석이 유일하게 닮았다.[17]

차범석의 어머니는 부잣집 종가의 맏며느리였지만 유년 시절부터 근검절약이 몸에 배어 있어 참기름 한 방울도 아까워했고, 아침이면 동트기 무섭게 일어나 청소를 하고 밭에 나가 밭을 매는 게 일과의 시작이었다. 차범석은 그의 어머니로부터 "스스로 땀 흘려 번 것만이 진짜 자기 몫이니라. 많이 벌려고 말고 적게" 쓰라는 가르침을 받았다. 이러한 근검절약의 정신은 평생 차범석의 소신이었다.

내가 어느새 흥에 겨워 어깨를 으쓱거리며 노래를 부를라치면 방 안이 떠나갈 정도로 환호의 웃음이 터져 나왔다.
"위따 저 자석! 어디서 저런 신명이 날까잉? 우리 문중에 사당패가 있었던가?"

---

17 전성희, 〈차범석의 세계관 형성과 초기 희곡 연구〉, 《명지전문대학 논문집》 제38집, 2015, 104~105면.

차범석의 아버지 차남진과 어머니 김남오. 아버지의 회갑 날.
1963.3.3.

고모가 칭찬 반 핀잔 반으로 말문을 열면 좌중은 다시 한번 웃음바다가 되곤
했었다. 그러나 그 누구보다도 흡족해하신 분은 어머니셨다. 실눈을 아래로
내리깔고 곱다랗게 손끝을 접었다 폈다 하시면서 춤추는 태깔은 내가 보기
에도 멋이 있고 아름다워 보였다. 그러고 보니 어머니의 체내에 잠재해 있
던 그 '끼'가 내 몸속에서 이미 싹트고 있었는지도 모를 일이다.[18]

　차범석의 어머니는 평소에 차범석이 목욕탕에 들어앉아 노래를 부
르면 마루를 훔치면서 "좋다!" 하고 추임새를 아끼지 않았을 정도로 흥이
넘치는 사람이었다. 차범석의 예술적 감수성은 끼가 넘치는 어머니로부
터 물려받았다. 극단 산하의 이른바 '쫑파티'에서 차범석은 "그런 자리에
서 늘 부르는, 이른바 애창곡이 있었다. 김추자가 불러 히트했던 〈님은 먼

---

18 전성희 편, 《차범석 전집 11 — 자서전/수필 외》, 태학사, 2019, 40~41면.

곳에〉였다. 제풀에 흥거워 몸을 흔들고 신명 나게 춤을 추면 환호하던 게 상례였다."라고 했다. 자신이 노래 부르기와 춤추기를 즐겨 했다는 일화 인데 이런 흥과 신명은 어머니로부터 물려받은 것이다.

차범석의 세 숙부와 형제들

① 차남석車南錫(생몰연대 미상)
차성술의 2남. 차남진의 바로 아래 동생으로 일본의 센슈專受대학교 상 과를 나왔다. 딸 하나가 일찍 죽었지만 2남 2녀를 두었고 건강에 문제가 있어 비교적 젊은 나이에 세상을 떠났다. 이후 친정이 부잣집이었던 숙 모는 친정에 의지해 살면서 차범석의 집안과는 왕래가 없었다고 한다.

② 차남수車南守(1903~1990)
차성술의 3남으로 우리나라 최초의 외과 전문의. 무안군 삼향면 용포리 에서 태어났다. 어린 시절 목포로 이사, 목포공립보통학교를 졸업하고 일본 도쿄의 게이카중학교에 진학했다. 이 무렵 차남수는 민족 문제에 관심을 보여 도쿄의 호남 출신으로 구성된 호남다화회湖南茶話會[19]에 참 여했다. 이후 야마구치현에 있는 야마구치고등학교를 다니며 의사가 되 겠다는 꿈을 키웠고 규슈九州대학 의학부에 진학, 1930년에 대학을 졸

---

[19] 일제강점기 당시 7개 지역에 조선 유학생 학생회가 있었는데 경상도 지역의 낙동친목회, 전라도 지역의 호남다화회, 함경도 지역의 철북친목회, 평안도 지역의 패서친목회, 황해도 지역의 해서친목회, 경기·충청도 지역의 삼한구락부, 강원도 지역의 영우구락부 등이었다. 이 단체들 가운데 호남다회회는 송진우가 이끌고 있었으며 내실이 탄탄하고 단결이 잘 되고 있었다. 신익희는 호남다회회에 가입하여 기관지라 할 수 있는《학지광學之光》을 발 간하기도 했다.

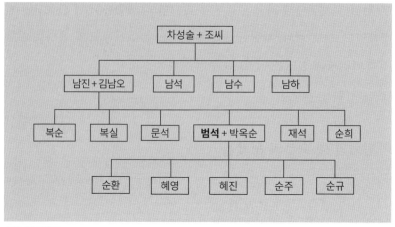

차범석 가계도

업하고 의사가 되었다. 규슈대학 의학부에 근무하다가 귀국하여 대구의
학전문학교에 교수로 근무하면서 부속병원에 무료 병실을 개설했다.

　1936~1937년 사이에 제주도에 도립제주의원이 개설되자 그곳에
서 근무하였고 1938년 안동의 도립안동의원, 이후 국립소록도병원, 국
립부산재활원 등에서 일하다 1941년 고향으로 돌아와 목포시 대안동
12번지에서 '차남수외과의원'을 개원하고 이후 목포에서 의료 활동을
펼쳤다.

　해방이 되면서 목포의 일본 의료기관이 모두 문을 닫자 목포중, 문
태중, 목포여중, 정명여중 등 여러 학교에서 교의校醫로 봉사했다. 1947
년 8월 19일 자《중앙신문》에 '축 해방祝解放' 광고를 게재한 기록도 남
아 있다. "개신교 신자였던 차남수는 병원을 돈을 버는 사업장으로 보지
않고, 자신이 가진 의술을 통해 하나님의 사랑을 실천하는 곳으로 여겼
다. '의술은 인술이어야 한다'는 신념 아래 환자들을 정성으로 치료해
준 존경받는 의사였다는 평가를 받고 있다."

어머니, 숙모, 고모 등과 함께. 앞줄 왼쪽부터 둘째 숙모, 첫째 숙모, 그 앞이 네 살 때의 차범석, 한 아이 건너 어머니, 고모. 1927.

③ 차남하車南廈(1905~1986)

차성술의 4남으로 1905년 목포에서 태어나 일본 교토京都대학에서 경제학을 전공했다. 슬하에 4남 4녀를 두었으며 신문기자 출신으로 일제 강점기 때 군수의 직을 수행하고 호남비료 사장을 역임했다. 그의 아내 이인정은 숙명여학교 출신으로 무용가 최승희와 동창이다. 훗날 차범석이 최승희 공연을 볼 수 있는 기회를 제공했다.

차범석의 회고에 의하면 막내 숙부 내외는 차범석의 집 아래채에 함께 기거했다.

④ 3남 3녀의 형제들

차범석의 손위 누이들인 차옥순과 차복실은 광주 욱공립고등여학교, 약칭 욱여고(전남여고의 전신)를 졸업하였다. 큰누이의 남편 김중갑은 목포 출신의 수재로 서울 고상(서울 상대)에 수석 입학했으며 차범석의 아버지가 계속 학업을 지원하여 큰사위로 맞았다. 작은누이의 남편은 6·25 때 일찍 세상을 떴다.

장남이자 셋째인 차문석車文錫은 차범석과 두 살 터울의 형으로 1922년 태어났다. 장남으로서 아버지의 기대와 사랑을 한 몸에 받았는

목포 집 정원에서 어머니, 형제들과 함께. 앞줄 왼쪽부터 차범석, 어머니, 누이동생 차순희, 아우 차재석, 뒷줄 왼쪽부터 형 차문석, 작은누나 차복실. 1937.

데 기질적으로는 욕심이 많고 경쟁심이 유별났다. "저돌적이고 외향적이며 공명심이 강한 것이, 이를테면 골목대장형의 성격"으로 차범석과는 많이 달랐다. 중학 시절 차범석은 형과 함께 광주에서 하숙을 했는데, 한 달에 한 번씩 목포의 집에 다니러 갔다. 학교에서는 한 달에 한 번 정도 객지에서 온 학생들에게 제한적으로 귀성을 허가했지만 특별히 매주 귀성을 하는 경우는 집에 급한 전보를 치게 하거나 인편으로 급한 사연을 위장한 쪽지를 보내게 해서 가곤 했다. 이런 문제에 차범석의 형은 적극적이었지만 차범석은 낭비라는 생각을 했다.

나는 한 달에 한 번 집에 다니러 간다는 게 그다지 즐겁다는 생각이 안 들었다. 그런데 형은 여간 서두르는 게 아니었다. 그동안 처박아 둔 빨래를 싸가지고 가서 밤중에 빨래를 하게 하는가 하면, 으레 돌아오는 날 점심은 전화로 중국요리를 시켜 먹느라 법석이었다. 그 덕분에 나는 별로 참견하지 않고도 맛있는 음식을 즐길 수 있었지만 그게 썩 잘된 일 같지가 않았다. 그건 낭비라는 쪽이 마음에 걸리는 속물근성의 소유자였다. (……) 형은 필요하다고 생각되면 언제고 우체국까지 가서 시외전화로 학비 송금을 재촉하는가 하면, 그럴싸하게 이유를 둘러대 많은 돈을 얻어내는 편이었다. 그런데 나는 어떻게 생겨 먹었는지 부모에게 정해진 학비 이상의 돈을 청구하는 일이라곤 없었다.[20]

형 차문석은 천석지기였던 아버지에게 경제적으로 많이 의지하면서 성장했다. 그러나 차범석은 아버지와의 관계가 원만하지 않았고, 그래서 아버지로부터 거의 도움을 받지 않고 자립적으로 사는 삶을 선택했다. 이렇듯 원만하지 못했던 부자 관계는 차범석의 작품에도 많은 영향을 미쳤다.

부모의 그늘에서 편하게 사는 일보다는 괴로워도 내 힘으로 스스로의 삶을 가꾸는 일이야말로 당당한 일이라 믿었기 때문이다. (……) 지금 나에게 필요한 일이란 홀로 서는 일이다. 자기만의 삶과 우주가 필요한 것이다.[21]

차범석의 바로 밑 남동생 차재석車載錫도 "소유욕이 강하고 고집스럽고 우격다짐을 하는 성격"이었다. 동생은 어린 시절 급성관절염으로 몸이 불편하여 학교 교육을 받지 않았지만, 유복한 환경 덕에 좋은 스승을 모시고 집에서 서예나 한학 같은 공부를 할 수 있었다. 차범석은 그의 불편한 몸을 안타까워하며 애처롭게 생각했고, 대학교 시절에는 서울에서 함께 거주하였다.

---

20 전성희 편, 《차범석 전집 11 — 자서전/수필 외》, 54면.
21 차범석, 《예술가의 삶 6 — 차범석》, 142면.

그는 한국전쟁 중 피란하여 차범석과 함께 목포로 돌아왔다. 이후 조희관을 사장으로 항도출판사를 열고 자신은 편집장을 맡았다. 목포여중 앞에 있었던 항도출판사는 시설은 비록 초라했지만 목포의 모든 문예지와 단행본을 도맡아 출판하는 등 활발히 활동했고, 그때 목포에 있던 대부분의 문학 지망생들이 이곳을 거쳐 갔다고 한다.

그는 월간지《갈매기》, 주간지《전우》등을 통해 목포 문인들의 다양한 작품 활동을 지원하고 문예 활동을 주도했다. 1956년에는 서정주, 이동주 등과 함께 시 전문 문예지《시정신》창간을 주도한 것도 업적으로 꼽을 수 있는데, 이 책은 "수화 김환기의 표지화를 비롯하여 전국적으로 화려한 필진의 글을 실어 전후 황폐한 이 땅의 시문학을 꽃피우는 데 크게 공헌"했다. 이 문예지는 1964년 5집을 끝으로 폐간되었고 1986년 서정주에 의해 잠깐 복간되었다가 다시 폐간되었다.

차재석은 1958년에 남농 허건 등과 함께 목포문화협회(현 목포예총) 창립을 주도했으며, 1960년《목포문학》(현 목포문인협회 기관지)을 창간했고, 1969년 제3대 한국예총 목포지부장을 역임했다. 차재석은 문학 창작보다 외적 활동에 주력했지만, 종종 '예총 무용론'을 후배 문인들에게 펴며 "진정한 예술가라면 언젠가는 협회에 소속됨이 없이 홀로 서야 한다."라고 주장하기도 했다.[22]

차순희는 차범석의 여동생으로 목포여고를 졸업하고 중앙대학교 보육과에서 무용을 전공했다. 한국전쟁 때 차범석과 함께 인민군의 예술제에서 공연 활동을 하기도 하였다. 목포시장의 아들과 열렬한 연애 끝에 혼인했다고 한다.

---

22 목포시사편찬위원회,《목포시사 다섯 마당: ④ 터전 목포》, 599~600면.

유년 시절

차범석은 1924년 11월 15일 전라남도 목포시 북교동 184번지에서 3남 3녀 중 넷째로 태어났다. 태어난 지 2주일 만에 할아버지(차성술)가 돌아가셨기에 차범석은 할아버지의 얼굴을 모른다. 맏며느리였던 그의 어머니는 종부로서 5일장을 치르느라 갓난아기인 차범석을 돌보기는커녕 젖도 물리지 못했지만 천성이 순했던 차범석은 칭얼거리지도 않고 잠만 잘 잤다고 한다.

차범석의 집은 대지만 해도 340여 평이 넘었고 "안채, 사랑채, 그리고 뜰 아래채까지 모두 방이 열두 개나 되"고 "넓은 정원에 심어진 수목은 울창"한 데다 "태산목, 목련, 접벚꽃. 은행나무, 옥향목, 벽오동, 동백, 치자 등의 관상수에다 해묵은 감나무와 큰 바위와 작은 연못까지 끼여 있어 제법 운치가 있"었다. 그 집에서 아버지와 작은아버지들, 그리고 차범석의 형제들이 함께 기거하였다.

차범석은 자신의 아버지가 "아들과 딸에 대한 생각이 다른 데다가 장남에 대한 관심이 유별"났던 가부장적인 사람이었다고 한다. 그렇다고 차범석에게 직접적인 차별을 한 것은 아니었지만 "온순하고 착해빠진" 그에게는 그런 아버지의 태도가 도리어 무관심한 것으로 느껴졌다. 그 부분이 차범석에게는 소외감으로 다가왔으며, 머릿속 깊은 곳에서

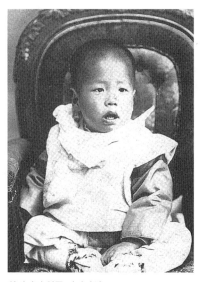

차범석의 첫돌 기념사진. 1925.11.15.

그 느낌이 사라지지 않고 평생 남아 있었다.

차범석의 가족은 할아버지는 돌아가셨지만 생존해 계시는 할머니를 중심으로 많은 사람들이 어울려 사는 대가족이었다.

> 할머니를 위로 뜰아래채에 따로 사는 숙부 내외와 행랑채에 얹혀사는 당숙모 모자母子에다 우리 직계 식구, 그리고 사랑채와 행랑채 머슴방에는 기약도 없이 기식寄食을 하던 친척이며 다니러 온 소작인까지 합하면 하루에 밥을 죽이는 입이 족히 20명은 넘었다. 게다가 안방에는 수시로 드나드는 방물장수며 동네 안 손님들이 서너 명은 있었으니, 끼니 때 밥상 차리고 설거지하는 소리는 영락없는 전쟁터를 방불케 했다.[23]

이렇게 대식구가 모여 살았던 데다가 차범석의 아버지가 당시 목포에서 영향력이 있는 사람이었고 간척 사업을 통해 많은 재산을 쌓아, 가깝든 멀든 친척과 이웃들이 그의 집을 수시로 드나들었다. 그렇다 보니 자연히 명절 차례나 제사, 어른들의 생신 등 잔치가 자주 있었다. 차범석은 친인척들이 모이는 이런 제사나 잔치에서 인간과 인생사의 여러 가지 경험을 할 수 있었다.

> 제사 파젯날은 어김없이 터지는 승강이질이 가관이었다. 평상시에는 서로 떨어져 있던 친척들이라 그동안 마음속에 품고 있던 얘기를 털어놓다 보면 뜻밖의 방향으로 비화되기 일쑤였다. (……) 그런가 하면 사랑방에서는 소작료를 탕감해 달라고 아버지한테 사정하다가 된통 얻어진 육촌이 안방으로 건너와서 어머니한테 눈물 콧물 훌쩍이는 일도 흔했다. 그 밖에도 고

---

23 전성희 편,《차범석 전집 11 ― 자서전/수필 외》, 38면.

40

부간의 갈등, 자식 취직 문제, 결혼 문제······ 저마다 한 건씩 안고 와서는 어머니 앞에서 원정原情하는 것이었다.[24]

특히 차범석은 명절날이 되면 다른 형제들과 달리 어머니가 일하시는 부엌에서 여자들이 일하는 모습을 지켜보면서 명절의 즐거움을 느끼곤 했다. 사내아이는 부엌에 얼씬거리면 안 된다며 밖에 나가서 놀라고 했지만 음식 냄새와 요리하면서 나는 소리는 그를 즐겁게 했다.

어머니는 다락이며 광을 오르내리시면서 참기름, 설탕, 참깨 등을 내오시느라 그 작달막한 몸이 잠시도 쉴 겨를이 없었다.

(······)

나는 부엌에 들어가 찬모들이 바삐 놀리는 손을 말없이 지켜보곤 했다.

"사내아이는 부엌에 드나드는 게 아니다. 밖에 나가 놀아라."

어머니가 큰 함지박에 팥을 담아내시면서 눈을 흘기셨다.

그러나 나는 꼼짝도 않은 채 벌겋게 피어오른 숯불 위에 석쇠를 놓고 조기며 민어를 통째 굽고 있는 둘째 숙모의 양념장에 젖은 손놀림을 지켜보는 게 그렇게 즐거울 수가 없었다. 고소하면서도 달짝지근한 냄새가 흰 연기와 함께 피어오르는 부엌 안의 풍경은 나에게 설을 피부로 느끼게 했다.[25]

설 전날 밤 어머니가 손아래 시누들과 함께 가래떡을 썰었다. 차범석이 어머니 옆에서 "엄마, 나도 떡 썰까?"하면 어머니는 차범석에게 작은 칼을 내밀었다. 어머니는 도마 옆에 마주 앉아 가래떡을 썰면서 이야

---

24 전성희 편, 《차범석 전집 11 — 자서전/수필 외》, 39면.

25 전성희 편, 《차범석 전집 11 — 자서전/수필 외》, 370~371면.

기를 들려주었는데, 그중에 한석봉 이야기는 조선어 교과서에도 실려 있어 차범석도 이미 알고 있었던 얘기였지만 어머니의 그 이야기가 어린 자신의 "마음을 열어 주셨을 것"이라고 생각했다. 차범석은 다른 남자 형제들과 달리 어머니와 친밀한 관계를 유지하고 있어 여성적인 세계에 대한 이해가 깊었을 것이다.

차범석은 돌이 지나면서부터 음악에 대한 호기심이 커졌는데, 당시 그의 집에는 일본제 콜롬비아 레코드 사의 박스형 유성기가 있어서 "유성기에서 흘러나오는 유행가에 맞추어 손뼉을 치고 뭐라고 쫑알거리는 버릇이 있었다."라고 한다. 어린 시절에도 음악과 춤을 좋아했으며, 이러한 차범석의 성향은 어른이 된 뒤에도 가무를 즐기는 모습에서 확인된다. 특히 김추자의 〈님은 먼곳에〉를 즐겨 부르는 모습은 그와 술자리를 함께했던 많은 사람들에게 회자되고 있다.

차범석은 다섯 살 때 집에서 5~6분 거리에 있는 목포기독교회에서 세운 사립 희성希聖유치원에 들어갔다. 희성유치원 건너편 기독교 단체가 세운 공회당公會堂인 목포청년회관에서는 연설회, 강연회, 강습회, 연극 공연이 있었다고 한다. 차범석은 유년 시절 목포청년회관의 집회 행사를 창 너머로 들여다보곤 했다.

> 희성유치원 건너편에 돌집이 한 채 들어섰다. 목포청년회관이었다. 이 건물은 기독교 단체에서 세운, 이를테면 공회당이었다. 밤이면 청년들이 모여서 연설회, 강연회, 강습회, 그리고 어떤 때는 연극도 공연했었다. (……) 어린 나는 그 안에서 이루어졌던 집회 행사를 아이들 사이에 끼여 창 너머로 들여다보는 일이 마냥 즐거웠다. 이와 같은 버릇은 먼 훗날 나의 일생을 좌우했던 '광대의 길'로 통하는 샛길이었을지도 몰랐다.[26]

차범석은 당시 일본 아이들이 다니던 심상소학교尋常小學校가 아닌 조선 아이들이 다니는 목포공립보통학교[27]에 진학했다. 담임선생님은 김수인 선생님이었는데 수염이 많이 난 털보 선생이었다. 김수인 선생의 '엄하면서도 자상하고, 사랑을 바닥에 깔고 회초리를 드'시는 교육 방법은 훗날 차범석이 교단에 섰을 때에 하나의 지침이 되었다고 한다. 보통학교 1학년 때 김수인 선생은 한 해가 저물 무렵 학예회를 열고 학생들과 함께 연극 〈산타클로스 할아버지〉를 공연했다. 이때 차범석은 속으로 주인공인 산타 할아버지 역을 하고 싶었지만 외모나 노래 솜씨로 보나 자기보다 나은 아이에게 주인공이 돌아가자, 선물을 받는 소년 역을 맡은 것에 만족하고 신나게 무대 위를 누비며 노래를 불렀다.

> 내가 연극에 대해서 흥미를 가지기 시작한 것은 퍽이나 어려서부터였다. 보통학교 일학년 때 우리 담임 생은 별명이 '털보 선생님'이셨다. (……) 그 털보 선생님이 처음으로 학예회 때 나를 무대에 서게 해 주셨다. '싼타크로스' 할아버지 얘기였다. 나는 물론 주역 감은 못 되었다. '싼타크로스'할아버지한테서 선물을 받고 기뻐하며 노래하는 '엑스트라'의 한 사람이었다고 기억된다. 그러나 그것은 나의 처녀 출연이자 또한 무대에의 동경을 일깨워 준 불씨이기도 했다. 그 후부터 나는 줄곧 연극적인 것을 즐겼다. 그러나 어린 생각에 왜 연극을 좋아했을까 하고 생각하게 된 것은 중학을 졸업할 무렵이다.[28]

---

26 전성희 편, 《차범석 전집 11 — 자서전/수필 외》, 24면.
27 목포공립보통학교에서 1933년 목포제일공립보통학교로 개칭되었고, 이후 1938년 목포 북교공립심상소학교로, 1940년 목포북교공립심상고등소학교로, 1941년 목포북교공립 국민학교로, 1943년 목포북교국민학교로, 1996년 목포북교초등학교로 각각 개칭되었다 (목포북교초등학교 홈페이지 참조).
28 차범석, 〈연극하는 인생〉, 《거부하는 몸짓으로 사랑했노라》, 범우사, 1984, 87~88면.

차범석은 보통학교 3, 4학년 무렵부터 영화관에 드나들기 시작했다. 그 당시 목포에는 목포극장[29]과 평화관平和館[30]이 있었는데 목포극장은 조선인이, 평화관은 일본인이 주인이었다. 1926년에 개관한 목포극장은 서울에서 내려온 지방 순회 극단의 연극 공연과 주로 미국 영화를, 평화관은 일본 순회 극단 공연과 일본 영화를 보여 주었다. 두 극장모두 한꺼번에 두 편을 상영하는 것이 일반적이었다. 차범석은 프로그램이 바뀔 때마다 두 극장을 드나들었다. 평균 잡아 "일주일에 두 번은영화 구경을 했다. 활극, 모험극, 인정비극, 시대극, 현대극, (……) 1930년대 전후의 영화란 영화는 거의 관람했던" 차범석의 "소년기는 극세계劇世界로 물들어 가고 있었"[31]을 것이다. 돈이 있을 때는 영화관 가는 것이 문제가 되지 않았지만 돈이 없을 때는 눈을 피해 몰래 숨어 들어가기도 하고 표를 검사하는 사람에게 애걸하거나 군고구마 같은 뇌물을 주고 들어갈 정도로 차범석은 영화 구경을 즐겼다. 그는 "학교나 집에서품행이 방정하고 학력이 우수한 아이로 (……) 글짓기, 그림 그리기, 노래 부르기 등 예능 면에서도 어느 정도의 자질을 인정받았던" 학생이었다. 그러나 영화에 대한 애착은 어린 시절부터 대단했다. 영화 관람을위해 소극적이고 내성적인 그가 취했던 적극적인 행동들은 오히려 그

---

29 1926년 11월 8일 죽동에서 개관했으며, 조선인 약재상 류관오流官五가 설립했다. 총평수 183평의 2층 목조 건물로 정원 510명을 수용했다. (위경혜, 〈목포의 극장과 동춘서커스〉, 목포시사편찬위원회, 《목포시사 다섯 마당: ② 예향 목포》, 202면 참조.)

30 무안동에 목포 최초의 상설 영화관 희락관喜樂館이 1920년에 개관하였으나 개관 후 1~2년 동안만 운영되다가 영업을 멈추었고 1926년 화재로 소실되었다. 평화관은 희락관 자리에서 개관한 영화관으로 1927년 10월 1일 기준으로 일본인 미하라三原公人가 운영했다. 당시에는 쇼치쿠松竹 영화사 작품을 개봉하는 극장이었다. 양관식洋館式 2층 목조건물로 총평수는 86평, 정원 353~377명을 수용할 수 있었다. (위경혜, 〈목포의 극장과 동춘서커스〉, 목포시사편찬위원회, 《목포시사 다섯 마당: ② 예향 목포》, 204면 참조.)

31 〈연극하는 인생〉, 《거부하는 몸짓으로 사랑했노라》, 27면.

의 간절함과 예능적 자질을 보여 주는 것이기도 하다.

> 극장은 나에게 있어서 일종의 수수께끼 보따리 같은 곳이었다. 극장 문 앞에 섰을 때부터 객석에 들어앉아 객석 불이 꺼지거나 막이 열리기를 기다리는 동안 어린 가슴을 설레게 하는 그 미묘한 충동은 분명히 하나의 마력이었다. 비어 있던 좌석에 하나둘 손님이 들어앉고 물건팔이 소년이 "오징어 있어요, 캬라멜 사세요." 하며 스쳐 지나고, 장내 마이크에서 유행가 가락이 흘러나오는 분위기는 어김없이 한 잔의 술처럼 어린 나를 취하게 했다. (……) 마지막 징소리가 무대 중앙쯤에서 길게 울리면서 객석 불이 꺼지면 어둠 속에서 막이 삐걱삐걱 소리 내며 오르는 것이다. 그 순간 나는 이미 이 현실에서 머나먼 공상의 세계로 기나긴 여행을 떠나는 것이었다. 이러한 극장의 생리와 마력이 언제부터인가 어린 가슴 속에 작은 우주로 자리 잡고 있었다.[32]

형 차문석은 차범석보다 두 살 위였는데 육상선수로 체격이 차범석보다 훨씬 컸다. "두 살 터울인 형과 아우는 저돌적이고 외향적이며 다소는 골목대장 격인 기질의 소유자"로 밖에서 노는 것을 좋아했지만 차범석은 노래와 춤, 그림 그리기, 글쓰기와 같은 예술적 기질도 있는 데다가 "소극적이고 내성적"인 성격으로 "어머니의 치마폭 자락만 붙들

---

32 전성희, 《차범석 전집 11 — 자서전/수필 외》, 29면. 같은 책 30면에 다음과 같은 차범석의 회고가 있다. "같은 부모에서 태어났는데도 우리 3형제는 성격이 각기 딴판이었다. 형은 저돌적이고 외향적이며 공명심이 강한 것이, 이를테면 골목대장형이었다. 그러나 아우는 소유욕이 강하고 고집스럽고 우격다짐을 하는 성격이었다. 그러기에 형제들이 사랑채에서 놀고 있을 때 나는 안방에서 뒹굴며 책을 읽거나 아니면 부엌에 나가 어머니가 반찬을 만드시는 모습을 지켜보는 시간이 더 많았다. 그래서 나에게 '우렁각시'라는 별명이 붙게 된 것은 중학교에 들어가면서였다."

고 다닌 모양"이었다. "말수가 적고 착한 데다가 시키는 일은 고분고분 잘 들었으니 어른들로부터 사랑을 받는다는 것은 당연한 일"이었다. 집 안에서 책 읽는 것을 좋아했던 차범석은 자신이 문학을 하게 된 동기를 다음과 같이 말했다.

> 차 : 책을 일일이 다 책방에서 사 보는 게 아니라 작은아버지들이 여기 있을 때 고등학교 다닐 때 읽었던 책이라든가. 과는 상과, 경제과, 의학과 다 다르지만 고등학교 다닐 때 교양으로 다 읽거든요. (네?) 교양 과목으로서.
>
> 김 : 아, 교양과목으로.
>
> 차 : 수필이라든가 문학 작품이라든가. 이런 게 집에 사랑방에 가면 그냥 있었어요.
>
> 김 : 쌓여 있으니까.
>
> 차 : 사랑방 한 구탱이가 어두침침 서고처럼 돼 있어 가지고 (네, 서고) 응, 쭉 있었어요. 어렸을 때 가끔 거기 들어가서 책을 보기도 하고 특히 중학교 들어가면서부터는 쪼금 철이 나니까 내가 이제 마음대로 차지하죠. (네) 그러면 뭐 셰익스피어 작품도 있고 일본 유명한 소설가 작품도 있고 어…… 조선 사람들 작품은 별로 안 본 거 같았어요. 뭐 경제 학술. 마르크스·앵겔스 경제학, 아직도 생각나거든요. 그러니까 책을 자연스럽게 접할 수 있었다는 것은 그런 환경에서였으니까.[33]

차범석이 독서에 눈을 뜬 것은 이와 같은 집안 분위기도 있었지만 신

---

33 차범석 구술, 김성희 채록연구, 《2004년도 한국 근현대예술사 구술채록연구 시리즈 49 — 차범석》, 한국문화예술위원회, 2005, 32면.

간을 자유롭게 사서 볼 수 있을 만큼 경제적 여유가 있었던 환경 때문이기도 했다. 그의 집에는 당시로서는 희귀한 물건인 전화도 설치되어 있었다. 이것은 당시 사회적인 지위가 높았던 그의 아버지가 불가피하게 연락을 해야 할 일들이 많았기 때문이었다.

> 어렸을 때 집안일 얘기하자면 한마디로 말해서 다른 사람에 비해서 유복한 편이었어요. [네] 그 한 가지 증거로 80년 전인데 우리 집에 전화가 있었어요. 107번. [네] 그 전화라는 것은 요즘 전화가 아니라 벽에 걸어 놓고 돌려 가지고 교환한테 불러 가지고 몇 번 그렇게 해 주는 그런 식으로 인제…… [네] 그러니까 그 당시에 개인 집에 가정전화가 있었다면 그 집이 수준이 어느 정돈가 알 수 있는 거…… 또 그런 덕택에 난 어렸을 적에 공부하는 데 무슨 경제적으로 어려움을 당했거나 그런 것은 전혀 없었어요.[34]

그 당시 차범석이 살고 있었던 목포에는 서점이 두 군데 있었다. 조선 사람이 하는 삼일서원三一書院과 일본 사람이 하는 가등문성당加藤文盛堂이다. 삼일서원은 기독교 계통의 서적과 조선어로 발행된 소설과 학습참고서를 판매했고 가등문성당은 "일본어로 발행된 월간잡지, 문학, 과학, 철학, 심지어 만화며 소년 소녀 소설까지 폭넓게 취급"했다. 차범석은 집에서 전화로 서점에 책을 주문했는데 특히 월간 소년잡지《소년 구락부》의 고정 구독자로서 매월 서점에서 이 책이 오는 것을 기다렸다.

만화에서부터 소년 소녀 소설, 토막상식 등이 가득 실린 데다가 계절마다

---

34 차범석 구술, 김성희 채록연구, 《2004년도 한국 근현대예술사 구술채록연구 시리즈 49 ─ 차범석》, 40면.

임시 증간호와 부록이 발행되어 우리 호기심을 더욱 부채질했다. 그 밖에 《적중횡단 삼백리》, 《환상의 성》, 《철가면》, 《아! 무정》, 《보이지 않는 비행기》 같은 모험과학소설에서부터 《길가의 돌》, 《외아들》, 《아, 옥배에 꽃잎 띄우고》 등 순정 소설에 이르기까지 닥치는 대로 책을 탐독할 수 있었던 나의 소년기는 누가 뭐라 해도 행복한 요람시대임엔 틀림없다.[35]

이런 책과의 만남 속에서 차범석이 "아련하게나마 내 마음 깊숙한 골짜기에서는 문학에 대한 동경이 물안개처럼 번져 나왔고, 또 그 의욕을 현실적으로 실현시켰던 일"이 1935년, 4학년이던 11세에 교지 《목포학보》에 시 〈만추晚秋〉[36]를 게재한 것이다. 이 일로 그는 담임선생님이나 주변의 사람들에게 "보통학교 4학년 어린이의 글치고는 예사롭지 않은 문재文才가 엿보인다는 말을 듣고 소설가나 되어 볼까 하는 생각을 가지기도 했다. 차범석은 문학 외에도 미술이나 음악에도 재능이 있다"[37]는 소리를 듣기도 했지만 이미 열한 살 무렵부터 진로의 방향을 문학 쪽으로 잡기 시작했다.

35 차범석 구술, 김성희 채록연구, 《2004년도 한국 근현대예술사 구술채록연구 시리즈 49 — 차범석》, 40면.

36 "일 년에 한 번씩 교지를 냈어요. [네] 그 4학년 때 책이 1945년에 냈는데 내가 지금 가지고 있는데 거기에 내가 쓴 글이 실려 있어요. 〈아침〉이라고 일본말로 쓴 거예요. [네] 내반이 4학년 2반. 아, 그리고 한 가지 놓쳤다. 내 어렸을 때 이름이 따로, 범석이 아니고 평균平均이에요. [평균] 평균 몇 점 할 때 평균. [네] 왜 아버지가 평균으로 지었나, 그 뜻을 물어보지 못하고 넘어가다가 졸업 무렵에 인제 이름을 바꿨지만은 차평균. 4반 아니, 4학년 2반 차평균. 제목 〈아침〉이라고 일본어로 썼는데 내가 요즘 읽고도 신통하다 생각이 드는 건 뭐냐면 그 말, 겨울, 초겨울의 얘긴데 아, 초겨울이니까 만추죠. 한자로 만추晚秋라고 써 있어요. [네] 그럼 초등학교 4학년이 만추라는 말을 어디서 배웠을까. 선생님이 가르쳐 준 게 아니, 가르쳐 주거나 그 뭐랄까. 가르침을 하더라도 아이들이 알아들을 만한 말을 쓰지 내가 어딘가 다른 책에서 읽고 쓴 거라고요."(차범석 구술, 김성희 채록연구, 《2004년도 한국 근현대예술사 구술채록연구 시리즈 49 차범석》, 37면.)

5학년이 되면서 차범석의 주변에 작은 변화가 일어났다. 두 살 터울의 형이 명문 광주보통고등학교(약칭 광주고보)에 입학, 아버지의 기대와 총애를 한몸에 받게 된 것이다.

형 차문석은 차범석이 보통학교 5학년으로 진급했을 때 광주고등보통학교에 합격했다. 집안의 장손이 전라남도 내에서 농업학교나 상업학교가 아니라 인문계 중등학교, 그것도 일본 학생과 공학인 광주중학교가 아닌 서울의 제1고보(경기고등학교의 전신)나 제2고보(경복고등학교) 다음으로 손꼽히는 광주고보로 진학한 것이다. 이는 졸업 후 대학 예과와 같은 고등학교에 진학하여 대학이나 전문대학에 갈 수 있을 뿐만 아니라, 재학 중에 고시에 합격하면 법관이나 군수도 될 수 있는 것이어서 아버지의 자랑단지가 된 것이었다. "자식을 낳으면 변호사, 군수, 그리고 의사로 키워야 한다는 건 그 시절 조선 사람들의 꿈"이었기 때문에 형의 진학은 집안의 경사였다. 그렇게 형이 아버지의 기대와 총애를 한몸에 받게 되자 차범석의 소외감은 걷잡을 수 없이 커져만 갔다.

이 일로 아버지는 사람들을 불러 큰 잔치를 열어 진학 축하를 했는

---

37 "밝게 빛이 들어온 곳과 그늘진 곳. 이것을 이 양반이 가르쳐 주더라고요. [명암을] 그래서 그림 그릴 때 제일 중요한 것은, 입체감이라는 말은 쓰지 않았을 거예요. 어려우니까. 아무튼, 이제 입체감이 나야 한다. 평면적이면 안 좋다, 그렇게 하려 하면 어떻게 해야 하느냐 밝은, 어느 쪽이 밝고 어느 쪽이 어두운가. 그런데 대개 짙은 광선이 들어오는 반대편은 짙은 그림자가 지고 옅은 광선이 들어올 때는 그림자도 옅다. (……) 네, 그걸 어떻게 그릴 것인가에 대해 그림 그릴 때 빛이 많이 들어오는 쪽이 환해야 할 텐데 그럼 나는 그렇게 환하게 그릴 줄 모르니까 그 칼끝으로 선을 그었어 이렇게. 색채를 칠해 가지고 색칠을 떠어 버린 거죠. 그래야 이쪽에 짙은 게 있으니까 이쪽보다는 빛깔이 연하잖아요? [네] 그랬더니 고지마 선생님이 '아, 너 참 기특하다, 어디서 그걸 배웠느냐?'라고 해서 '배운 건 없고 그냥 그렇게 그리고 싶었어요.' 그랬더니 어깨를 짚으면서 '너 참 그림에 재주 있다.' 이런 기억이…… 1학년 때 들어가면서부터 학예회에 뽑혀서 음악도 하고 3학년 때 그림도 하고 그러면서 제 올라갔는데."(차범석 구술, 김성희 채록연구, 《2004년도 한국 근현대예술사 구술채록연구 시리즈 49 — 차범석》, 35면.)

데, 정작 그날 차범석은 형만 챙기는 아버지에게 소외감과 서운함을 느꼈다. 그날 밤 형은 안채에서 저녁을 먹고 있었고 차범석은 아버지의 분부로 현관에서 방문객들의 신발을 정리하고 있었는데, 그때 갑자기 아버지가 형을 찾았다.

> "평균(차범석의 아명-필자)아, 늬 형 어디 갔냐?" 얼굴에 홍조를 띤 아버지께서 미닫이를 열고 얼굴을 내미셨다. 여느 때보다는 높은 자리 음성에다 말끝이 약간 굴러가는 듯한 거나하게 취하신 것 같았다. 안채에서 저녁을 먹다 말고 사랑채로 나온 형은 그날따라 의젓해 보였다. 육상선수이기도 했던 형은 나보다도 훨씬 체격이 컸었다.
> "아부지가 부르셔, 어서 들어가 봐."
> 형은 미닫이 앞에서 두리번거리다 말고 방문을 열고 방 안으로 들어갔다. 떠들썩한 방 안 분위기가 잠시 잠잠해졌다 싶더니 '와'하는 환호성과 함께 박수소리가 터져 나왔다. 나는 전등불 아래서 유난히도 번들번들 광택이 나는 손님들 구두코를 내려다보고 있었다. 그 순간 나는 부러운 생각과 함께 저만치 떠밀려 나간 듯한 서운함을 느꼈다. 질투나 시기라기보다는 나와 형에 대한 아버지의 차별의식이 불쑥 고개를 내밀었다. (……) 그날 밤 내가 경험했던 그 소외감은 언제나 내 머리 깊숙한 곳에서 사라지지 않았다.[38]

2년 뒤 차범석도 광주고보에 합격했지만 형이 받았던 것 같은 환대는 없었다. 오히려 보통학교 시절에 형이 진학한 학교에 가야 한다며 압박을 가했을 뿐이었다. 가부장적이었던 아버지, 그의 뒤를 이은 가부장제

---

38 전성희 편, 《차범석 전집 11 — 자서전/수필 외》, 37~38면.

최대의 수혜자인 동시에 자기보다 약자인 사람들에게 가해자였던 형. 그 사이에서 내성적이고 조용한 차범석은 안으로 응어리지기 시작했다.

> 원래 나는 그렇게 떠들썩하고 흥청거리는 분위기에는 좀체로 어우러지는 성격이 못 되었다. 친구들은 트럼프 놀이며 화투치기를 하느라 열을 올릴 때면 나는 어느덧 소외당한 사람처럼 저만치 떠밀려 나가는 편이었다. 나는 자리에서 일어나 황혼이 깔리는 골목길을 빠져나와 잔솔나무 가지가 우거진 공원길을 거닐기도 했었다.[39]

차범석의 유년기는 유복했지만 상급학교 진학이라는 압박이 늘 그를 따라다녔다. 아버지는 형과 같은 학교에 가야 한다며 과외 수업을 받게 했다. 그것은 형처럼 차범석도 광주고보에 진학해야 한다는 아버지의 의지 때문이었다. 그런 아버지와 차범석은 대화가 불가능했고, 아버지는 오직 훈계와 명령, 지시를 했을 뿐이다.

1937년 초가을, 이미 3, 4학년 때부터 영화관에 드나들어 극세계에 빠져 있던 열세 살 6학년 차범석의 인생을 뒤흔들 공연, 최승희의 무용 공연을 목포 평화관[40]에서 만났다. 최승희라는 이름은 차범석의 집 아래채에 기거하고 있던 막내 숙모 이인정을 통해서 처음 들었다. 최승희와 숙명여학교 동창인 숙모는 최승희가 세계적인 무용가라는 사실도 차범석에게 알려주었다. 그때 일본인 시모조下條가 운영하고 있던[41] 평화관은 영화관이었지만 가끔 연극 공연을 하기도 했다. 당시 최승희

---

39 전성희 편,《차범석 전집 11 — 자서전/수필 외》, 37~38면.

40 평화관은 일본 유수의 영화사인 신흥키네마, 대도영화, 일활영화, 송죽영화 등에서 제작한 작품이 상영되었던 곳으로, 일본인들이 주로 이용하던 영화관이었다.

41 개관 당시에는 미하라가 운영하다가 이후 바뀐 것으로 추정된다.

는 조선 사람이었지만 "일본 정부가 국제 무대에서도 자랑으로 내세웠던 대표적 예술가 가운데 한 사람"이어서 평화관 무대에 올랐다. '세기世紀의 무희舞姬 최승희'(공연 포스터에 박힌 선전문)라는 타이틀만으로도 매력적이었지만 그 공연을 보고 예술적 충격을 받은 차범석은 당시의 감동을 자서전에서 다음과 같이 밝히고 있다.

> 나에게 걷잡을 수 없는 충동질로 다가왔던 최승희의 모든 것은 나를 사로잡았다. 다만 흑요석 같은 그의 눈이, 그의 어깨춤의 간드러진 파동이 전류처럼 짜릿하게 전해 오는 신비감에 넋을 잃고 있었다. 그리고 무대 위를 종횡무진 넘나드는 단 한 사람의 여인이 수많은 관객을 사로잡을 수 있었던 그 마력의 정체는 어디서 오는지 알 길이 없었다.[42]

최승희의 무용 공연은 어린 차범석을 매료시켰고 최승희는 차범석에게 "무대라는 세계, 막이 객석과 무대를 갈라 놓은 공간, 보여 주는 자와 봐 주는 자 사이의 공존의 의미를 깨우쳐 준 첫 번째 예술가"였다.

> 그런데 막이 탁 올라가는데 아무것도 없죠. (네) 그런데 무대 배경이 뭐냐, 까만 우단이죠, 빌로드. 아무 것도 안 보이고 쭉 쳐져 있어요. 거기서부터다. 바닥에도 까만.
> (……)
> 그런데 그게 벌써 우릴 시각적으로 사로잡는 거죠. 그러더니 조명이 싹 귀퉁이로 산같이 동그랗게 비춰요. 모두가 다 보죠. 거기에 음악이 탁 나와요. "봄이 왔네, 봄이 와." (멜로디로) "봄이 왔네, 봄이 와." 거기에 맞춰서 최

---

42 전성희 편, 《차범석 전집 11 — 자서전/수필 외》, 45면.

승희가 초립동이 춤추죠. 빨간 옷 싸악. 첫눈에 반해 버려요. [네] 최승희는 그 눈이 그렇게 아름다워. 일본 사람들의 소설을 보면 여자의 아름다운 눈을 가리켜 '흑요석 같은' 그러거든. 요석이란 게 반짝반짝 빛나는. 진짜 흑요석. 반짝반짝반짝. 약을 친지 그것은 모르겠지만 몸매가 날씬한 게 보통 우리 한국여성들보다 목이 하나 더 있었어요. (……) 키가 크면 재수 없다, 팔자가 쎄다 그래서 큰 사람은 굉장히 쇼크를 먹었는데 그 쇼크를 먹을 만한 최승희가 무대에 나와서 하는데 이건 뭐 미의 극치예요. 그러니까 하나 끝났는데 징 하고 들어가고 박수를 쳤지요. 그래 나는 처음 이게 무대면 요만큼 앉아 있다가 나중엔 끌려서 맨 앞에 무대, 무대가 이러고 나는 구경하는 거예요. (무대 끝에 턱을 괴고 있는 모습) 그러면 최승희가 춤추다가 내 눈하고 맞잖아요. (……) 그래 나도 나를 보고 이렇게 웃으며는 나도 웃는 거죠. 그런 일이 있더라고요. 야, 춤이라는 게 저렇게 좋은 것일까. 그러고는 돌아와서는 며칠 동안 진짜 잠을 못 잘 정도로……[43]

차범석은 어린 나이였지만 최승희의 공연을 통해 "미의 극치"를 경험할 수 있었고 무대 예술의 매력에 빠져들게 되었다. 이 공연은 어린 차범석에게 걷잡을 수 없는 충동으로 다가왔다. 공연을 보고 집에 돌아와서도 차범석은 최승희 공연의 흥분을 가라앉히지 못하고 '흥과 신명의 충동'에서 벗어나지 못했다.

학교에서 돌아온 나는 안방 벽에 걸린 커다란 체경體鏡 앞에 서 있었다. 다음 순간 엊그제 보았던 최승희의 춤사위를 흉내 내고 싶은 충동을 느끼자

---

43 차범석 구술, 김성희 채록연구, 《2004년도 한국 근현대예술사 구술채록연구 시리즈 49 — 차범석》, 50~51면.

어머니의 치마를 허리에 감고 수건으로 머리를 두른 다음 조용히 팔과 다리를 놀리기 시작했다. 장단이 있는 것도 아니고 관객이 있는 것도 아닌 텅 빈 방 안에서 거울 속에 비친 또 다른 하나의 나를 향하여 웃음을 지어 보이자 또 다른 나도 웃고 있었다. (……) 누구에게 보이기 위해서가 아니라, 스스로의 눈뜸과 생각과 행위를 어떤 구체적이고도 가시적인 형태로 나타내고 싶어 하는 원초적인 욕구가 내 영혼의 일각에서 흐물흐물 요동치는 것이었다. 바로 그때 미닫이가 열리더니 어머니가 놀란 표정으로 나를 쏘아보고 계신 게 아닌가. "너 지금 뭔 짓거리 하고 있냐, 응? 초랭이패 될란갑다! 어서 치마 못 벗겠어?" 나는 후다닥 치마와 수건을 벗어 던지고는 사랑방으로 도망쳐 나왔다. [44]

최승희의 공연으로 춤과 무대에 빠져 있었던 차범석에게 아버지와 숙부는 "우리 평균이는 성격이 참하니까 의사가 되는 게 좋을걸."이라며 그의 진로를 의사의 길로 이끌었지만 여학교를 다니던 누나는 "아니예요. 글도 잘 짓고 노래랑 그림도 잘하니까 그 방면으로 가거라."라고 조언했다. 그러나 아버지는 둘째 숙부(차남수)처럼 의사가 되기를 강요했고 소극적 성격이었던 차범석은 문학에 뜻을 가진 자신의 생각을 말하지 못했다.

차범석은 "장차 문학가가 되겠노라고 마음 먹었으면서도 방바닥에다 손가락 끝으로 그림만 그렸을 뿐 확실한 대답을 못하는 겁 많은 소년이었"기 때문에 아버지의 결정에 반대 의견을 피력하지 못했다. 이렇게 원만하지 못하고 서먹한 아버지와 아들의 관계는 이후 결혼, 분가 등 차범석의 삶에 직접적인 영향을 미쳤으며 그는 자신의 희곡에서 아들에

---

[44] 전성희 편, 《차범석 전집 11 ─ 자서전/수필 외》, 48면.

게 지탄받는 아버지를 그리곤 했다.

> 나는 아버지를 싫어했다. 아버지에 대해선 여러 가지로 비판적이었고 아버
> 지가 우리에게 물려준 것에 대해서도 회의적이었기 때문이다. (……) 내가
> 쓴 희곡에는 하나의 공통점이 있다. 예외는 있지만 아버지와 아들이 대결
> 하는 극적 상황에서는 으레히 아들로부터 지탄을 받는 아버지가 많다. 어
> 쩌면 내 자신 속에 잠재된 아버지에 대한 비판의식이 작품 속에 튀쳐 나왔
> 을지도 모를 일이다. 지난날 대지주이며 사회적인 저명인사로서 많은 활동
> 을 해 오신 아버지였으면서도 자식들에 대한 애정의 표시는 매우 보수적이
> 며 전근대적이었다. 나는 어느덧 내 의식 속에서 싹터 온 아버지에 대한 반
> 항 의식이 어쩌면 문학을 하게 했고, 문학을 하게 되었고, 그리고 반항하는
> 젊은이를 작품 속에 그렸는지도 모른다.[45]

〈청기와집〉의 가부장적인 아버지 하대덕, 〈불모지〉의 최 노인 등 차
범석의 희곡에는 자기 아버지의 모습이 투영되어 있다.

차범석과 아버지의 불화는 아버지가 권위적이고 가부장적이어서
장남만 편애한 데다가 차범석이 하는 연극에 대해서도 "뭐여? 연극을
해? 하필이면 초랭이 패가 되겠다고?"라며 법관이나 의사가 되지 않은
것에 대해 은근 반감을 갖고 있었기 때문이었을 것이다. 그런데 차범석
은 나이가 들어 가면서 자신이 아버지와 닮았다는 사실에 놀랐다. 아버
지를 아는 사람들이 차범석을 보면 "어쩌면 그렇게도 돌아가신 아버지
를 닮았느냐고들 한다. 용모, 체격, 식성, 성질, 심지어는 앉아 있는 모습
이며 걸음걸이까지 나이를 먹을수록 더 닮아 간다."라는 것이다. 차범석

---

45 차범석, 《거부하는 몸짓으로 사랑했노라》, 104~105면.

은 "그럴 때마다 이상야릇한 저항감과 어떤 숙명론 같은 아리송한 안개 속으로 빠져들어 가곤 했다." 차범석은 아버지를 싫어했기 때문이다. 형은 장남이라서, 동생은 몸이 아파서 형제들 가운데 비교적 아버지의 사랑과 관심을 더 받았지만 차범석은 천성이 순하고 조용하다 보니 아버지의 관심을 상대적으로 못 받았을 것이다. 아버지에 대해서 비판적이었던 차범석으로서는 자신이 아버지를 닮았다는 사실이 당혹스러웠다. 그는 돌아가신 아버지 묘소에 세울 비석의 비문을 쓰기 위해 다시 한번 아버지를 생각하면서 "진실로 아버지가 내게 대한 일들이 비판의 대상이 될 수 있는가 생각"하게 되었다. 그리고 자신과 자식들과의 관계를 생각해 볼 때 "내가 자식들에게서 받는 화살들이 바로 지난날 내가 아버지에게 쏟았던 화살이 아니었던가."라고 생각하기도 했다. 한 번도 아버지와 이야기를 나누어 본 적이 없었던 차범석은 자신의 젊은 날에 비하면 자식들과의 관계는 많이 진보되었다고 생각했지만, 아이들은 아버지의 무관심과 무능력과 예술을 탓하고 있었다. 그럴 때 돌아가신 아버지 생각이 났다. 그는 "아버지의 사랑이란 그렇게 안개 속에 서 있는 겨울나무 같은 것인지도 모른다는 생각이 문득 들었다."라며 아버지의 사랑이란 그렇게 윤곽이 흐린 속에서 은근하게 젖어 드는 먹물 같은 것이 아닌가 생각하며 아버지에 대한 참회를 겸하여 최대한의 찬송사를 쓰기로 했다. 어린 시절 불화했던 아버지와 비로소 마음으로부터 화해가 되었던 것일까?

광주 유학

1937년 차범석은 광주고등보통학교[46] 진학을 위해 광주로 이주하여 누문동에서 하숙 생활을 시작했다.

광주 유학은 차범석에게 자유를 경험할 수 있는 좋은 기회였다. 집에서 나온다는 것은 그에게는 억압적인 집과 아버지로부터 벗어나는 것과 동시에 책임감도 강하게 느끼게 되는 계기였다.

> 나의 하숙 생활은 부모의 슬하를 떠났으니 어찌 보면 자유로움을 체감할 수 있다는 점과 남의 간섭 없이 모든 일을 내 스스로의 판단과 절제로 이뤄야 한다는 책임감이 피부에 와닿는 생활이었다.[47]

부유한 가정환경이 차범석에게 일찍부터 문학을 경험할 수 있는 기회를 제공했다면 광주로의 유학은 비로소 부모의 간섭 없이 자신의 생각대로 하고 싶은 것들을 자유롭게 할 수 있는 기회가 되었다. 그러나 2년 위의 형과 함께 하숙을 하는 것은 힘든 일이었다. 광주고보에 재학하는 내내 그는 형과 기질과 성격이 달라 애를 먹었다. 앞에서도 얘기했지만 그의 "형은 속물근성의 소유자로 수완이 좋았을 뿐만 아니라 욕심도 많아 자기가 필요하다고 생각되는 일은 적극적으로 챙겨 부모에게 그럴싸한 핑계를 대고 정해진 돈 이외에 많은 돈을 받아 내고는 했는데 차범석은 그런 수단을 부릴 줄 몰라 형의 비난을 받"기도 했다.

입학한 지 3개월이 되자 처음으로 집에 다녀올 수 있는 기회가 왔다. 주말 동안 객지에 있는 학생들에게 주어지는 특전 같은 것으로, 한 달에 한 번 외박 여행을 할 수 있었다. 그러나 차범석은 한 달에 한 번 집에 가는 게 그리 즐겁지 않았다. 하숙 생활은 소소한 빨래나 침구 챙기기 등 번

---

46 1938년 5년제 광주서공립중학교—일명 광주서중—로 이름을 바꾸었다. 1951년 3년제 광주고등학교와 광주서중학교로 분리되었으며, 1953년 광주고등학교는 광주 제일고등학교로 개편되었다.

47 전성희 편, 《차범석 전집 11 — 자서전/수필 외》, 53면.

광주서중 1학년 때의 차범석. 1937년 가을.

거로운 일도 해야 했지만, 아버지와 집으로부터 벗어나 자유를 느끼는 해방감을 주었고, 그래서 그는 집으로 가는 길이 그리 유쾌하지 못했다.

1937년 7월 7일 일본과 중국 간에 중일전쟁(일지전쟁日支戰爭)이 발발하면서 조선에서의 학교 교육도 점점 군인을 교육하는 것처럼 되어 갔다. "모자 쓰는 법, 각반 치는 법, 경례와 보행과 응답법, 심지어 교실 출입법에 이르기까지 군인 교육을 그대로 옮겨 놓은 실정이니, 고등보통학교란 결국 또 하나의 병영"과도 같았다.

> 월요일 아침의 조회는 모든 절차며 형식이 엄격히 규격화된 군대식이라서, 그 상황에서는 일체의 잡담이나 사담은 허용될 수 없었다. 오직 전체를 위하여 개인은 죽어야 하고 대아大我를 위하여는 소아小我를 버려야 옳다는 제국 군인정신에 바탕을 둔 훈화를 귀가 따갑도록 들어야만 했다.[48]

전쟁은 점점 확산되었고 1941년 12월 8일, 일본이 미국에게 선전포고를 하면서 태평양전쟁으로 확전되었다. 이러한 시국의 변화는 학교 교육에도 영향을 미치게 되었는데 1938년 차범석이 "2학년에 진급하면서 조선어 과목이 폐지되고 민족동화정책의 일환으로 교육제도가 전면

개편되어 학교 명칭이 고등보통학교에서 중학교로 개칭되었다."광주고등보통학교(일명 광주고보)에서 광주서공립중학교(광주서중)로 명칭이 변경되고 조선의 청년들도 군에 입대할 수 있는 특별지원병제도가 선포되었다. 게다가 창씨개명創氏改名까지 실시하고 "일본 천황은 '청소년 학도에게 내리신 칙어勅語'를 선포함으로써 학교는 무기 없는 병영兵營"으로 변해 갔다.

학교가 전체주의적 조직사회로 변하면서 마치 병영을 학원화한 것은 아닌가 하는 착각마저 들었다. "모든 규율엔 무조건 복종하는 것만이 교육의 전부이자 지상명령"이 되어 버린 현실에 차범석은 암담했다.

그런 가운데 2학년이 된 차범석은 형이 늑막염으로 학교를 휴학하고 집에 내려가자 누문정에서 북정으로 하숙을 옮기고 비로소 자유를 실감했다. "나는 비로소 어떤 구속에서 벗어난 것 같은 해방감을 실감할 수가 있었다. 지금까지는 형이 보호자처럼 옆에 있었지만 이제는 자유롭게 혼자서 통학한다는 게 그렇게 맘이 편할 수가 없었다."라는 그의 글에서 그가 얼마나 강하게 자유를 꿈꾸고 있었는지 확인할 수 있다. 이런 자유에 대한 갈망은 차범석 평생의 목표이자 지향점이었다.

함께 하숙을 하는 같은 반 친구 문훈회文薰會는 아버지가 진도 군수였는데, 차범석과는 문학에 대한 관심도가 비슷했다. 그런 이유로 친하게 지내면서 마음속 이야기를 주고받기도 했다. 둘의 공통점은 "소년 소녀를 위한 순정소설이며 모험소설은 거의 독파한 데다가 동요며 유행가를 곧잘 따라 부를 수 있었"다는 것이다. 일찍 어머니를 여읜 문훈회와는 내성적인 성격도 매우 비슷해, 두 사람은 학교를 졸업하고도 오래도록 가까운 사이로 지냈다.

그러면서 차범석은 자신의 독서 취향을 바꿔야겠다고 자각하고 지금까지와는 다른 취향의 책, 일본어 번역판이지만 하이네나 바이런의 시집 등을 사 왔다. 이런 낭만주의 시인의 시집을 사 온 것은 낭만주의 문학사상이나 조류를 이해하기에는 아직 나이가 어렸기 때문이다.

토요일 오후면 차범석은 주말을 이용해 1박 2일로 빨래감을 챙겨 집에 다니러 갔다. 그런데 평소 같으면 동생 재석이 역에 마중을 나오는데, 하루는 동생의 모습이 보이지 않고 원희 삼촌이 마중을 나왔다. 원희 삼촌은 먼 친척으로 차범석의 집에서 사랑채 청소나 아버지의 심부름을 하고 있는 청년이었다. 그에게서 재석이 아파서 누워 있다는 이야기를 듣고 집에 가 보니, 동생은 급성관절염으로 꼼짝하지 못하고 누워 있었다. 그런 동생에게 무엇인가 위로의 말을 건네야 하는데 소극적인 성격의 차범석은 아무 말도 하지 못했다.

> 나는 자리에 반듯하게 누워서 천장만을 쳐다보는 아우에게 뭐라고 한마디 해야 할 텐데도 말문이 열리지 않았다. 소설이나 영화의 한 장면처럼 아우의 여윈 손을 꼭 쥐면서 "걱정할 것 없어! 넌 곧 일어날 텐데 염려 마! 어서 일어나서 네가 좋아하는 글라이더도 만들고 기선도 만들어야지. 여름방학 숙제가 그것이라면서? 응?"이라고 웃는 얼굴로 말해 줄 법도 했었는데 나는 그저 꿀 먹은 벙어리처럼 아우의 얼굴을 내려다보고만 있었다. 아직도 열이 있어 보이는 그 커다란 눈에는 엷은 분홍빛 기운이 감돌고 있었다.[49]

이후 차범석의 동생 차재석은 급성관절염의 후유증으로 평생을 불편한 다리로 살게 되었고, 그것 때문에 일제강점기 말에 징집을 면하기도 했다. 그는 부유한 집안 덕에 학교를 다니는 대신 당대의 서예가나 문필가들에게 사사를 받아 글과 글씨를 인정받았다.

---

49 전성희 편, 《차범석 전집 11 ─ 자서전/수필 외》, 62면.

차범석은 소극적이고 내성적인 성격으로 친구의 집에 놀러 가는 것보다 친구들이 그의 집을 찾아오는 경우가 많았고, 많은 시간을 혼자 보냈다. 그런 성격은 광주고보에 입학한 후에도 별반 달라지지 않았다.

> 혼자 있는 시간에 무엇을 할 것이며, 어떤 상념에 빠져들어 갈 것인가는 전적으로 내 스스로 결정지을 수밖에 없었다. 어려운 문제가 생겼을 때는 선생님을 찾거나 선배와 친구와 의논하는 게 예사인데도 나는 그것을 해내지 못했다. 가야 할 길을 가르쳐 줄 사람도 없었거니와 내가 부러 찾아 나서는 적극적인 성격도 못 되었던 외롭고 무능한 소년이었다.[50]

자서전의 이 부분에서 자신을 스스로 "외롭고 무능한 소년"이라고 칭한 차범석의 고독이 한번에 몰려온다. 조숙한 소년 차범석은 혼자 생각하고 결정해야 하는 존재의 절대고독을 중학교 2학년에 이미 실감하고 세상을 사는 것이 외로운 일이라는 것을 깨닫게 된 것이다. 이것은 생의 기미를 진작에 알아챈 어린 소년의 독백으로 이해된다.

> 나에게는 호기심이 많았다. 미지의 세계를 향한 동경심도 동경심이거니와, 색다른 세계 속으로 몸을 내던지는 데는 엉뚱할 만큼 대담하게 감행하는 일면도 있고 보면 아무래도 나는 모순된 성격의 소유자였던 것 같았다.[51]

아마도 차범석에게는 소극적인 성격과 호기심이 많은 성격이 함께 있었던 것 같다. 소극적인 성격은 차남이라는 자신의 위치와 집에서의

---

[50] 전성희 편, 《차범석 전집 11 ─ 자서전/수필 외》, 66면.
[51] 전성희 편, 《차범석 전집 11 ─ 자서전/수필 외》, 65면.

대우에서 연유하여 존재론적 문제에 빠진 조숙함에서 비롯된 것이지만 본질적으로 그는 새로운 것에 대해 호기심이 많았고, 그것을 실현하는 데 주저함이 없었다.

그런 그에게 광주에서 보내는 일요일 오후는 혼자만의 시간을 가질 수 있는 가장 만족스러운 시간이었다. 당시 광주에서 하숙을 하면서 알게 된 새로운 문화가 대중목욕탕이었는데, 그는 이 시간을 무척 좋아했다. 보통 학생들은 외출할 때 반드시 정모와 정복을 착용해야 하는데 목욕탕에 가는 날에는 사복을 입고 본정통本町通을 운동화나 고무신을 질질 끌며 갈 수 있었다. 이것은 차범석에게 즐거운 일이었고 "나만의 자유를 만끽할 수 있었던 소중한 시간이자 하나의 작은 반란"이기도 했다. 차범석의 평생을 관통하는 단어 '자유'를 실감할 수 있었던 일이다.

어린 소년의 자그마한 일탈일 수 있는 긴 시간 동안의 목욕을 끝내고 차범석은 자신의 표현방식대로 '진정한 행복을 만끽하는' 시간을 가졌다. 식당 '우구히스 차야'를 찾아가 '다이가쿠이모'(일명 고구마 맛탕)를 먹고 책방에 들러 책을 사기도 하고 그곳에서 서서 책을 읽는 것(차범석은 이를 '입독立讀'이라 불렀다)이 차범석의 일요일 일과였다.

독서와 영화 감상

이때 차범석은 자신의 독서에 대해 자각하고 있었다.

어려서부터 책하고 친숙했던 내가 이 집을 찾는 일은 어찌 보면 일상생활의 연장에 불과했다. 어려서부터 읽고 싶은 책은 일정한 기준도 없이 난독을 했던 나였다. 그러나 사춘기 고개를 넘는 나이에 만화나 소년 소녀 소설을 읽을 수 없다는 자각은 있었다. 그래서 나는 이른바 연애소설을 닥치는 대로 읽기 시작했다. 그것도 조선말 소설보다 일본 소설을 더 많이 읽게 되었다. 그것은 결코 애국심이나 민족 감정하고는 관계없이, 그저 손쉽게 손에 넣을 수 있다는 게 이유라면 이유였지 별다른 동기란 없었다.[52]

중학교 2학년이었던 차범석은 어린 소년에서 사춘기의 소년으로 성장하면서 독서의 방향이 바뀌었다. 그는 보통학교 때 읽었던 책 같은 것이 아니라 "연애소설을 닥치는 대로 읽기 시작"했다. 연애소설 가운데는 조선말로 된 것도 있었지만 당시 일본에서 출판된 연애물이 대부분이었다. 이때 읽었던 다양한 연애 스토리의 통속적 연애소설에서 나중에 차범석의 창작 방향, 특히 대중적 요소가 많은 작품의 창작이 시작된 것은 아닐까? 이런 부분이 차범석의 창작물을 통속적이고 대중적이라 부르는 이유가 아닐까 추측된다. 차범석이 "유달리 애욕의 문제에 관심을 갖게 된 것은 문학에 대한 열망을 지녔던 소년 시절부터의 독서 영향과 예민한 기억 때문"일 것이다. 유난히 말이 없고 내성적인 성격이었던 차범석의 독서 취향은 탐정소설이나 순정소설에 기울어졌고, 중학생이 되면서부터는 "좀더 어른스럽고 은밀한 세계로 향한 호기심 때문에 주로 연애소설로 쏠리기 시작"했기 때문이다.

이렇게 독서에 빠져 지내면서도 그는 미술반에도 가입하고 학교 음악제에서는 합창단 단원으로 출연도 했다. 심지어 음악 교사는 그에게 성악을 해 보는 것이 어떠냐고 권하기도 했다. 이처럼 다양한 예술적 재능을 가졌지만 차범석은 자신의 길이 문학에 있다고 확신했다.

중일전쟁이 시작되면서 광주학생독립운동을 일으킨 광주고보는 광

---

52 전성희 편,《차범석 전집 11 — 자서전/수필 외》, 69면.

주서중으로 개명되었는데, 저항정신을 자각하게 되는 사건이 일어났다. 교가에서 학교를 지칭하는 '고보'라는 말 대신 바뀐 '서중'으로 부르라는 지시를 받았지만 광주고보의 600명 학생들은 전처럼 '고보의 건아'로 불러 배속장교와 학교 당국을 당황시켰던 것이다.

> 그것은 이유 있는 반항이었다. 광주고보가 광주서중으로 바뀐다는 그 배경에 대한 인식을 철저하게 파악하고 있었던 몇몇 의식 있는 선배들의 머리와 심장에서 빚어진 저항의 노래였다. 고등보통학교는 조선사람 학교이며 중학교는 왜놈들 학교라는 하나의 고정관념이 좀처럼 지워지지 않았던 증거였을 게다.
> 그것이 바로 고보 학생의 기질이고 아집이라면 아집이었다.[53]

광주고보의 저항정신은 광주고보의 학생이라는 것만으로도 은근히 광주 지역에서 인정을 받을 정도였지만 차범석은 그 저항정신의 실체를 알지 못했다. 아직 "왜놈의 통치하"에서 교육을 받고 있었던 차범석은 민족정신과 같은 것을 인식하지 못하고 있었던 것이다.

한편 학교에서는 광주고보의 전통이 두려웠는지 학생들을 감시하는 방법으로 일기를 제출하게 했다. 일기는 정직하게 써야 한다며 학생들에게 일거수일투족을 기록하게 했다. 전쟁이 확전되면서 더욱 심해진 일제의 사상 감시가 광주서중에까지 뻗쳤던 것이다.

일본인 선생 밑에서 일본말로 교육을 받으며 일본어로 된 책을 읽고 있었던 그에게 "언젠가는 민족 해방과 조국 광복의 날이 올 테니 그때까지 기다리자."라는 말을 그 누구도 전해 주지 않았다. 실제로 차범

---

53 전성희 편, 《차범석 전집 11 — 자서전/수필 외》, 70면.

석의 주변에서는 도리어 이광수나 현진건의 소설을 읽었다는 이유로 경찰에 불려 가는 일이 있었다. "사상이 불온하며 그 배후에는 어떤 마수가 뻗치고 있다는 판단에서였다."라는 것이다.

> 나는 아직 그런 문제에는 눈을 뜰 처지가 못 되었다. 나에게는 국가관이나 민족사관에 대해서 물었다면 나는 제대로 된 대답이라고는 할 수가 없었다. (……) 보통학교에 입학했던 1학년 때만 제하고는 5년 동안 일본 사람 담임선생 밑에서 일본말로 교육을 받았었다. (……)
> 어린 시절을 이렇게 지내 온 내가 일본말 책에 관심이 쏠린다는 것은 자연스러운 일이었다. 뿐만 아니라 그 나이 또래에서 민족과 국가를 논의하기에는 나는 어리고 철없는 소년이었음을 솔직하게 고백하지 않을 수 없다. 일본의 총독 정치와 식민지 정책이 침략이자 제국주의의 노략질이라는 사실을 똑바로 알고 말할 수 있었던 건 나이 20이 다 되어서였으니, 나라는 인간은 너무도 어리석고 줏대라고는 없는 소년임에 틀림이 없었다. 그러면서도 마음 한구석에는 또 다른 목소리가 있었다.[54]

그런 와중에도 차범석은 서중을 다니면서 또 하나의 즐거움을 찾았다. 중학교에 입학하자 학교 측에서 '학생들의 정서 도야와 예능 교육의 일환'이라는 명목으로 영화 감상의 기회를 제공한 것이다. 초등학교 3, 4학년경부터 목포의 극장을 드나들던 차범석에게는 더없이 좋은 일이었다. 어린 시절의 그가 영화를 보았던 것은 "아무런 비판력이나 가치 기준도 없이 피상적으로 보는 측의 시각일 뿐 어떤 기준이나 평가 대상의 분석하고는 전혀 무관한 즉흥적인 하나의 놀이에 불과"했다고 그는 생각했

---

54 전성희 편, 《차범석 전집 11 — 자서전/수필 외》, 70면.

다. 차범석은 광주서중에 재학하는 5년 동안 일본의 국책영화나 오락영화도 있었지만 약 40~50편 정도의 영화를 단체 관람했다. 그가 자서전을 쓸 당시 기억하고 있는 영화만 해도 20편에 가까울 정도로 명작들이 많았다.

> 내가 광주서중 재학 중에 학교 측에 의해 단체 관람한 영화 가운데 인상에 남는 작품을 들자면 미국 영화로는 〈오케스트라의 소녀〉(주연: 디애나 더빈), 〈소년의 거리〉(주연: 스펜서 트레이시, 미키 루니), 〈마르코 폴로의 모험〉(주연: 게리 쿠퍼), 〈모험왕 타잔〉(주연: 조니 와이즈 뮬러). 〈은반의 여왕〉(주연: 소냐 헤니) 등이 생각난다. 그리고 일본 영화로는 〈글짓기 교실〉(주연: 다카미네 히데코), 〈흙〉(주연: 고스기 이사무), 〈새로운 딸〉(주연: 하라 세스코), 〈길가의 돌〉(주연: 기다야마 아키히코), 〈말〉(주연: 다카미네 히데코), 〈지도자 이야기〉(주연: 후지타 스스무), 〈하와이, 마레이 해전海戰〉(주연: 오코지 덴지로), 〈손오공〉(주연: 에노모토 겐이치) 등이다. 조선 영화로는 〈수업료〉(주연: 김일해), 〈집 없는 천사〉(주연: 김신재) 등 지금 기억에 남는 작품 수만도 20편에 가깝다. 이 가운데는 일본의 군국주의를 찬양하는 이른바 국책영화나 오락영화도 포함되어 있긴 하나, 대부분이 영화예술로 뛰어난 명작이었다.[55]

일찌감치 영화에 눈을 떴던 차범석이 목포에서 본 대부분의 영화들이 칼싸움이나 서부 활극이었던 것과는 달리 광주서중 재학 중에 본 것은 당시 일본의 동맹국인 독일, 이탈리아를 비롯하여 프랑스, 스웨덴의 영화들이었다. 물론 적대국인 영국이나 미국 영화는 1941년 태평양전

---

[55] 전성희 편, 《차범석 전집 11 — 자서전/수필 외》, 73면.

쟁이 발발하면서 상영이 금지되었지만 말이다. 그것들을 보면서 영화에 빠져들기 시작한 차범석은 《영화의 벗映畵の友》이라는 영화잡지를 매달 사서 보기까지 했다. 이 잡지는 "영화에 관한 상식, 정보, 광고, 그리고 현란한 사진들"이 실려 있었고 영화에 관한 많은 것들을 소개했다.

어린 시절 그를 극의 세계로 이끌었던 영화 감상은 중학생 차범석을 더욱 매혹시켰고 "어려서부터 영화에 익숙했던 탓도 있겠지만 영화 감상에는 넋을 잃을 정도"였다. "교칙상 영화관 출입은 금지되고 만약 발각되었을 때는 정학 처분이라는 엄벌주의라 가고 싶어도 못 가는 안타까운 실정"이어서 학교에서 단체 관람을 하는 날이면 차범석은 "마치 물을 만난 물고기처럼 생기가 돌고 들떠 있었다."

영화! 그것은 분명히 마력이었다. 일찍이 내 마음속 깊은 곳에 뿌려진 씨앗에서 꽃이 피는 마술함이었다. 그것이 먼 훗날 비록 연극의 길로 진로 변경은 있었지만 어찌 되었건 '극劇'의 세계라는 점에서는 연극과 영화는 뿌리가 같은 예술임은 그 누구도 부인 못 할 것이다. 꾸며진 세계, 허구의 세계 속에서 나를 마구 뒤흔들어 깨우며 영화관을 드나들게 했던 막연함이 이제는 새로운 시각으로 영화에 대한 호기심을 부채질하는 것이었다.[56]

단체 관람의 기회가 많아지면서 영화에 대한 열망과 호기심이 걷잡을 수 없이 더 커지자 학칙상 학교에서 영화관 출입을 금했는데도 차범석은 혼자 영화관 출입을 감행했다.

차 : 우리는 다른 호기심 가는 [그렇죠] 영화는 절대 안 돼. 연극? 어떻게 가?

---

56 전성희 편, 《차범석 전집 11 — 자서전/수필 외》, 74면.

큰길 가면 다 포스터가 붙었는데 저걸 보고 싶어. 안 갈 수 있어요? 그런 나 같은 사람들이 더러 있었겠죠. 변장을 하고 가는 거예요. (……) 내가 3학년 때부터 도둑 구경을 보러 다니기 시작했어요. [도둑?] 도둑, 숨어서. [네] 영화라는 것은 우리가 어려서부터 그랬지만 한번 보기 시작하면 아편 같은 거예요. 보통학교 때 야한 극장은 다 드나들었으니까. 무성영화, 그 다음엔 토오키, 발성영화, 발성영화에서 인제 색채영화 나온 게 우리가 중학교 들어가서였으니까, 38년 그때부터 색채영화 들어오기 시작했어요.

김 : 아, 38년도 때부터?

차 : 그러니까 뭐 영화 발달사를 다 꿰고 있는 거죠. 그런데 이제 하루는 일본영환데 〈니즈마 가가미新婦鏡〉라는 영화가 있었어요. 대중소설을 그 시나리오로 해 가지고 영화하는 건데 〈니즈마 가가미〉의 여자 주인공이 야마다 이스즈山田五十鈴라고 지금도 살아 있어. 지금 90살가량 됐는데 일본 스타예요. 그 스타가 출연했는데, 시대극에만 [시대극] 시대극에만 나오는데 처음으로 현대극에 나온 거예요. (……) 소설도 많이 팔렸죠. 저 주제가도 있어. 지금도 〈니즈마 가가미〉라고 그 주제가가 나오고 하니까 안 볼 수 있어요? 보러 갔어. 그래서 진짜 딱 보고 보고 끝나고 나올 때 눈을 아래를 보고 나오는데 처음 잘 나와서 딱 보니까 선생이 서 있잖아요. 교외의 지도 선생. [네] 당번을 하거든. 지금도 할 거예요, 아마. 조선 사람이에요. 이창업이라고. 역사, 지리 가르친 사람이지. 그 사람 해방 후엔 광주교육대학교 학장까지 했을걸요. 그런데 그때 우리 학교에 조선 사람들이 세 분이 있었는데 이창업 선생하고 이종묵 선생하고 유인목 선생하고. 유인목 선생은 미술 선생. 이종묵 선생은 수학, 화학 선생. 그리고 이창업 선생은 지리, 역사 선생. 그 사람이 서 있었잖아. 아이쿠, 이거 어떡합니까? 그 선생이 잠바를 쫙

악 얼어 보더라고요. 뭐라고 말할 수 없죠. 그 앞에 지나가는데 팍 때리 더라구요. 이제 집에 가서 하숙집 가서가 걱정이에요. 야, 들켰으니까 인제 큰일 났다. 정학 아니면 퇴학이거든요. 나하고 같이 하숙했던 친 구가 "야, 네가 지금 이창업 선생 집에 찾아가라. 가서 졸업시켜 달라고 빌어야 한다." "이야, 그 일이 어떻게 쉽냐?" 어떡하나, 어떡하나 그랬더 니 어쩔 수 없지. 밤새 뜬눈으로 자다가 새벽같이 동이 트자마자 인제 그 집으로 갔어요. (……) 조금 있으니까 선생님이 나오더라고. 파자마 바람으로. 한옥인데 난 아래 토방에. "왜 왔어?" 말 그렇거든. "왜 왔어!" 나야 뭐 할 얘기 없지. 고개 팍 숙이고 있었어. "죄송합니다. 한 번만 용 서해 주십시오." "이노무 자식. 평상시에는 기집애처럼 얌전히 생긴 놈 이 알고 보니까 안으로 톡 까진 놈이군." 이런 식으로 나오죠. "죄송합 니다." 인제 울어야지. (웃음) 우리 아버지도 잘 알지. "이노무 자식. 네 아버질 생각해서라도 어떻게 그럴 수가 있냐."고. "죄송합니다." 한참 뭐 얘기를 하다가 "들어가!" 그러더라고. 아이고, 이제는 정학 아니면 퇴학 당하겠구나. 하루 종일 이제 무슨 호출이 올 줄 알았는데 없었어요.[57]

차범석은 영화 관람의 학칙을 어겼다는 이유로 정학이나 퇴학을 당 할지도 모르는 불안한 가운데에도 훈육실에서 호출이 오면 어떻게 대 응할지 각본을 짜는 엉뚱한 소년이었다. 다행히 차범석과 그 집안에 대 한 믿음을 갖고 있던 이창업 선생의 교육적인 배려로 학교에서 학칙 위 반에 대한 호출은 없었다.

1939년 봄, 차범석은 또 하숙집을 옮기게 되었는데 친한 친구 김철

---

57 차범석 구술, 김성희 채록연구, 《2004년도 한국 근현대예술사 구술채록연구 시리즈 49 ─ 차범석》, 59~60면.

한과 특히 마음을 나누었던 문훈회와는 함께 옮기지 못했다. 형과 함께 이사 간 새 하숙집은 아버지와 친분이 있는 건축사 박영만의 집이었다. 여기서 차범석은 그 집의 장남 박용우와 만나 소중한 추억을 쌓을 수 있었다. 박용우는 광주고보 개교 이래 처음 배출한 수재라고 알려져 있었는데 "첫눈에 보기에도 병약한 체질"로 "핏기 없는 하얀 얼굴, 여자처럼 가늘고 긴 목 등은 어느 것 하나 건장한 중학 5년생으로 보이지 않았다." 당시 차범석의 마음을 끄는 것은 용우 형의 "넓은 이마와, 웃으면 실눈으로 보이다가도 사색에 잠겼을 때의 그 해맑은 눈빛"과 어딘지 범할 수 없는 뚝심을 느끼게 하는 "굵고 부드러운 바리톤 음성"이었다.

언제부터인가 수재형 인간인 용우 형은 차범석에게 선망의 대상이 되었고 "가슴에 인화印畵된 화상"이기도 했다.

> 용우 형은 오래전부터 늑막염을 앓고 있었다. 그래서 그의 표정은 항상 창백하고 우수에 차 있었다. 그러나 노래 부르기를 좋아하며 시를 암송할 때의 그의 표정은 청순한 미풍이며 개울물 소리 같았다. (……) 음악이 좋아 합창반에도 들어갔고, 그림이 좋아 미술반원이 되기도 하고 책이 좋아 교내 도서실에서 부원部員으로도 적을 두었던 나의 중학 생활은 내 가까이에 있는 한 수재秀才에게서 받은 영향이었을지도 모른다.[58]

중학 시절의 차범석은 수재였던 박용우의 영향을 받으며 예술적 소양을 쌓아 나갈 수 있었다. 그 가운데 문학에 대한 탐구욕이 왕성해지면서 톨스토이, 헤르만 헤세, 바이런, 하이네, 도스토예프스키 등 서구 작가들의 근대문학 작품과 일본 쇼와昭和[59] 문학의 대표 작가 이시카와 다

---

58 전성희 편,《차범석 전집 11 — 자서전/수필 외》, 79~80면.

광주서중 5학년 때. 뒷줄 왼쪽부터 장세권, 차범석, 문훈회. 앞줄은
양재철. 1941.

쓰조石川達三, 하야시 후미코林芙美子, 후나하시 세이치舟橋聖一, 니와 후
미오丹羽文雄, 이시지카 요지로石坂洋二郎 등의 작품을 "식욕 왕성한 잡
식동물"처럼 마구 읽어 댔다.

　그의 이런 독서에 자극을 준 것은 고향의 사랑방에 있었던 작은 서
고書庫였다. "서고라고 해 봤자 두어 평 넓이의 북향의 골방"이었는데
여기에는 "아버지를 비롯한 세 분의 숙부들이 대학 유학 시절에 읽었던
서적이 제법 쌓여 있었다." 아버지와 숙부들이 유학 시절에 읽었던 세계
사상전집, 경제학전집, 법학론, 경제사, 유전학 등의 책이 있었지만 차범
석은 《세계문학전집》(신조사 발행), 《근대희곡대계》 외에 수필과 시, 소
설책들을 주로 읽었다. 차범석은 방학이면 집에 돌아와 그 골방에서 지

---

59 쇼와昭和: 1926년 12월 25일부터 1989년 1월 7일까지 일본에서 사용된 연호. 히로히토
　가 제124대 천황으로 재위하던 때에 사용한 연호를 말한다.

내면서 잘 이해가 안 되는 책이라도 책이기 때문에 무조건 그냥 읽어 댔다. 이런 자신에 대해 차범석은 "하나의 허영심에서였을 것이다. 그런 난삽하고도 무거운 책을 읽고 있다는 것을 주위 사람들에게 무언중에 과시함으로써 나의 존재를 알리려는 허영심이 크게 작용했을 것이 분명했다." 어려서부터 차범석은 꾸며서 보여 주는 것을 좋아했다. 이러한 독서 편력도 그런 차원에서 이해가 될 수 있을 것이다.

방학 때 차범석은 주로 독서를 했지만 그러면서도 해수욕장을 자주 찾았다. 방학 때 집에 있으면 목포상업학교에 다니고 있는 초등학교 동창 사용섭史用燮이 으레 그의 집을 찾아와 차범석에게 바닷가에 갈 것을 권유했다. 그는 사용섭이 바다에서 거침없이 묘기에 가까운 다이빙을 하는 모습에 매료되었고 "잘 발달된 알몸으로 거침없이 바다 위로 몸을 던질 수 있는 용섭의 용기"는 차범석에게 부러움으로 다가왔다. 그러면서도 노래 부르기를 좋아하고 소년답게 수줍을 타는 용섭의 모습에 차범석은 자신과 동질감을 느끼기도 했다. 그들은 가끔 차범석의 집에서 함께 밤을 보냈는데, 차범석은 친구의 집에서 외박을 할 수 있는 용섭이 부럽기도 했다.

광주서중의 도색 사건

여름방학이 끝나고 다시 광주로 돌아온 어느 일요일 저녁, 목욕을 마치고 하숙집에 돌아온 차범석은 책상 위에 놓여 있는 한 통의 편지를 발견했다. 욱고녀旭高女[60] 2학년에 재학 중인 이李 양에게서 온 것이었다. 편지의 내용은 "그저 가까이 사귀고 싶다."라면서 자기는 차범석의 하숙집에 들른 적도 있고 먼발치에서나마 차범석을 본 적이 있다는 것이었다.

나는 전신이 화끈거리고 가슴이 뛰었다. 무슨 몹쓸 짓을 하다가 들킨 사람마냥 주변을 두리번거렸다.

'내 하숙집에는 왜 왔으며 나를 언제 보았단 말인가' 예견치 못한 수수께끼 같은 문제를 놓고 혼자서 자문자답을 하느라 밤잠을 설치고 말았으니, 그건 진정 15세 소년에게 밀어닥친 작은 파문임에는 틀림이 없었다.[61]

차범석은 나중에서야 이 편지를 쓴 이 양이 자신의 S 언니[62]를 따라 그의 하숙집 아들 용우 형을 찾아왔을 때 따라왔다는 것을 알게 되었다. 차범석은 자신에게 벌어진 이 일에 대해 "일면식도 없는 여학생으로부터 편지를 받았고, 앞으로 가까이 사귀고 싶다는 한마디로 농축된 충동질"이라며 이 세상 어딘가에 자신을 알아보는 사람이 실존한다는 사실에 자부심을 느꼈다. 책이나 영화를 통해서 사랑에 대해 간접적으로 많은 경험을 했지만 아직 사랑의 정체를 알기에는 15세라는 나이가 너무 어렸다. 그는 편지에서 '사귀고 싶다'는 말을 단순한 친구로서의 친근감이라고 받아들였다고 자서전에서 밝혔지만, 그것만은 아니었을 것이라고 고백했다.

친구가 되고 싶다는 의사 표시는 그 이상도 그 이하도 아닌 순수한 우정일 뿐이라는 게 나의 풀이였다. 그러나 솔직히 말하자면 그것은 나의 행위를

---

60 1927년 광주여자고등보통학교로 설립되었으며, 1929년 광주고보와 함께 광주학생독립운동에 참가했다. 1938년에 광주 욱고녀(욱고등여학교)로 개명, 1946년에 전남여자중학교(6년제), 1954년에 전남여자고등학교로 개명했다.

61 전성희 편, 《차범석 전집 11 — 자서전/수필 외》, 83면.

62 의자매義姉妹(step sister) 또는 수양 언니의 준말로 친자매만큼이나 가깝게 지내는 사람을 의미한다.

정당화시키고 합리화시키려는 억지였을지도 모를 일이다.[63]

　그러면서도 차범석은 그 여학생에게 답장해야 할 것인가 아니면 "없었던 일로 뭉개 버릴 것인가를 놓고 혼자서 벙어리 냉가슴"을 앓고 있었다. 그 여학생에게 답장을 하는 것 같은 적극적인 행동을 하기에 차범석은 "너무나 어리고 겁 많은 소년"이었다. "더구나 여기서 답장을 쓰면 다시 그 답장이 올 테고, 그렇게 되어 가다가는 궁극적으로 꼬리를 잡힐지도 모른다는 불안감이" 그를 위축시켰다. 게다가 용우 형을 좋아하는 S 언니가 또 그의 하숙집을 찾아올 때 따라올지도 모르는 상황인지라 차범석은 지금 하숙집에 계속 있으면 이 일이 언젠가는 알려질지 모른다는 것에 불안해졌다.

　　차 : 전남여고. 욱고녀. 그러니까 뭐 기분이 이상하잖아요. [네] 그래서 인
　　　제 이걸 어떡하나. 마음속으로는 그런 여학생 사귀고 싶지만은 여기 있
　　　으면 집주인 다 우리 아버지 알고 뭐 형하고 알고, 되겠어요? 안 되겠더
　　　라고. 그해 가을에 하숙을 옮겼어요.[64]
　　김 : 선생님 독단으로요? (웃음)[65]

---

63 전성희 편, 《차범석 전집 11 ─ 자서전/수필 외》, 84면.
64 차범석 구술, 김성희 채록연구, 《2004년도 한국 근현대예술사 구술채록연구 시리즈 49 ─ 차범석》, 62면에는 그해 가을에 하숙을 옮긴 것으로 기록되어 있으나 《차범석 전집 11 ─ 자서전/수필 외》 86~88면에는 그해 겨울방학에 목포로 내려가 아버지에게 하숙을 옮길 것을 청해, 겨울방학 중인데도 광주로 올라와 하숙을 옮겼다고 기술했다. 이 상황은 《차범석 전집 11》의 자서전 〈떠도는 산하〉에 상세하게 기록되어 있고 '2004년도 구술채록연구 시리즈' 인터뷰 때보다 훨씬 젊은 시절의 기록이기 때문에 겨울방학 중에 하숙집을 이사한 것이 사실일 것이다.
65 차범석 구술, 김성희 채록연구, 《2004년도 한국 근현대예술사 구술채록연구 시리즈 49 ─ 차범석》, 62면.

그런데 그 여학생을 직접 만나게 되는 기회가 왔다. 일본 메이지 천황의 탄생을 기념하여 11월 3일 광주신사光州神社에서 추계봉납축천秋季奉納祝典에 광주 시내 남녀중학교 학생들의 음악, 무용 발표회가 있었다. 차범석은 이 공연 중에 욱고녀 무용반의 무용 〈황성荒城의 달〉에 그 여학생이 출연한다는 것을 알게 되었다.

> 차 : 그런데 거기에서 아사히여학교 나오는 여학생들이 춤을 춘다 이거야. 서서 본 거죠. 거리에 시민들이 나오고 애들 목마 태우고 그런데 거기 누가 나왔는데, 친구가 같이 갔거든요. "쟤가 이 아무개다." 이름이 오에마라고 개명했는데 [네] 오에마 야스코. 이강잔데 나는 이제 그 들은 일이 있으니까.
>
> 김 : 연애편지?
>
> 차 : 편지에 이름이 있었으니까 아, 그 애구나……. 통통하니 뭐 어린 마음에 미인이고 뭐 그런 거 없고 여학생이니까 하얀 드레스 입고 춤을, 세 사람이 춤을 추더라고요. 〈고오조노 스키皇城の月〉라고 일본의 유명한 가곡 있어요. 〈황성의 달〉이라고.
>
> (……) 거기 맞춰서 세[66] 사람이 춤을 추는데 나는 셋 중에 그 여자만 보는 거죠. 아, 잘 추더라고. 그러고 나서 겨울이 된 거예요. 집을 옮기고. 겨울을 어떻게 옮기느냐. 우린 5학년 제돈데 4학년 마치면 고등학교 진학 시험 자격을 줬어요. 그렇게 될라면 3학년 때부터 공부를 해야 된다. 수험 공부를 해야 되지. [네] 어떻게 하느냐. 집에도 가야 하고. 4학년 때 시험을 봐야 할 텐데. 그때 우리 목표는 일본에 있는 고등학교를

---

66 차범석은 자서전 〈떠도는 산하〉《차범석 전집 11》에서는 네 명의 여학생이라고 했고 《2004년도 한국 근현대예술사 구술채록연구 시리즈 49 — 차범석》에서는 셋이라고 기록하였다. 여러 명이 군무를 추었던 것으로 이해하면 될 것이다.

가는 게 최상의 목표죠. (……) 그러니까 집에서 겨울방학이지만은 광주에서 공부해야겠다고. 그러니까 부모들이 공부하겠다는데 마다하겠어요? 마음은 딴 데 있었던 거지.

　　김 : 광주에 계속 남아 있으려고? (웃음)[67]

　　그런 상태로 겨울방학을 맞은 차범석은 이 양에게 답장도 하지 못한 채 목포로 내려왔다. 집에 돌아간 차범석은 평소에는 대좌를 하지 않았던 아버지의 방에 찾아가 자신의 계획을 말했다. 아버지는 그런 차범석의 모습이 낯설었지만 평소 자식들의 교육에 대해서는 무조건적인 지원을 아끼지 않는 사람이었기 때문에 내년에 고등학교 시험을 치고 싶어 조용한 하숙으로 옮기겠다는 것에 반대하지 않았다. 게다가 형은 아버지의 뜻에 따라 경성법학전문학교[68]에 진학[69]하게 되어, 이제 차범석은 하숙집에서도 혼자 지내게 되었다.

　　옮긴 하숙집은 사정思町에 있는 양파정楊波亭에 있었는데 주변이 조용한 시골 동네여서 공부를 하기에는 더없이 좋은 환경이었다. 차범석은 1년 후 고등학교 입학을 목표로 "돌파突破라는 표어를 써서 벽에 붙이고 입학시험에 필요한 참고서를 모두 준비하는 등" 마음을 다잡았다. 처음에는 일과표까지 작성하여 공부, 또 공부의 살인적인 스케줄을 이어 갔다. 그런데 이렇게 공부로 시간을 보내면서 차범석은 한쪽 마음이 허물어지는 외로움 때문에 힘들어 했다. "외로움이 단순한 공허감이나

67 차범석 구술, 김성희 채록연구, 《2004년도 한국 근현대예술사 구술채록연구 시리즈 49 — 차범석》, 62면.

68 약칭 경성법전은 일제강점기의 관립전문학교였다. 해방 이후 경성대학 법문학부 법학 계열에 흡수되어 대학 기관으로 승격, 후에 서울대학교 법과대학이 되었다.

69 당시에는 4학년 수료생도 상급학교에 진학할 길이 열려 있어서 차범석의 형도 4년을 수료하고 진학한 것이다.

허전함을 넘어서서 그 무엇인가에 의지하고 싶고 함께 있고 싶어지는 철부지의 어리광 같기도 하고 짜증" 같기도 한 것이었다.

　그는 급기야 이 양에게 답장을 하기로 마음을 먹었다. '가까이 사귀고 싶다'라고 쓴 것이, 자신이 지금 느끼는 외로움과 같은 것이라고 생각했기 때문이다.

> 나는 답장을 쓰기로 결심을 했다. 이튿날 문방구점에서 연초록색 편지 용지와 연분홍색 봉투를 샀다. 그러나 막상 책상머리에 앉았으나 첫머리를 어떻게 쓸 것인지 도무지 생각이 떠오르지 않았다. '사랑하는…' 이런 식은 너무 야하고 쑥스러운 서두 같고, 그렇다고 '시하時下 엄동설한의…'는 너무 형식적이어서 마음이 안 내켰다. 그러나 나는 단도직입적으로 쓰기로 결심했다. '나의 영원한 등불' 이라고!**70**

　사뭇 진지하게 입시 준비를 하는 듯했지만 마음속 깊은 곳에서 다가오는 외로움이 어린 소년 차범석의 마음을 흔들어 그 여학생에게 편지를 쓴 것이었다. 편지를 보내러 우체통 앞에 서서 한 번도 만난 적이 없는 여학생에게 편지를 보내는 자신의 행동을 보면서 그것은 마치 폭탄을 안고 있는 것과 같은 것이라 생각했다. 그리고 결과적으로 차범석의 편지 사건은 그의 성격을 더 움츠러들게 만들었다. 선배들은 편지를 주고받는 문통文通이 사랑의 전조라고 했지만 차범석이 여학생에게 편지를 쓴 것은 사랑이라기보다는 "미지의 여학생에게 편지를 쓸 수 있다는 모험심과 그 성취감"을 자극하는 일이었으며 "매우 단순하고 저돌적인 행위에 불과했다."

---

70 전성희 편, 《차범석 전집 11 — 자서전/수필 외》, 89면.

차 : 응. 그러더니 어느 날 오래 용기를 내서 편지를 쓴 거죠. 이제 그러고는
방학이 끝나고 개학이 됐어요. (……) 개학식 날 갔더니 훈육주임이 오
라 한다고. (……) 무슨 일일까 하고 청소하다 말고 갔어요. 앉으라고.
"너, 지난 방학 때 왜 고향에 안 갔나? 광주에 있었다며?" "네. 고등학교
시험공부 하느라고 있었습니다." "그래 너 방학 동안에 교칙에 위반되
는 일 한 짓 있지?" 그러더라고 대뜸. "한 거 없는데요?" "잘 생각해 봐."
점점 험악해지는 거지. "잘 생각해 봐." "없습니다." "없어?" "있을 텐데?"
꼭 형사처럼. [네] "없습니다." "너 극장에 갔지? 아, 너 우동집 갔지?" 간
적이 있어. "어휴, 어떻게 알았을까? 갔습니다." "누구하고 갔어?" "그때
뭐 알고 지내던…… 먹었습니다." "너, 영화관도 갔었잖아." "네." 〈헤비
히메사마蛇姬〉라는 그때 일본의 시대극을 했던 설 무렵 대작 영화였어
요. 대중적인 대작, 유명한…… "누구하고 갔어?" "셋이서 갔어요." 이
름 댔어요. "또 있지?" 이제 정말 진짜 없습니다. 하늘에 맹세코 없습니
다. "그래?" 서랍을 열더니 한 통의 편지를 싹 내밀어요. 보니까 내가 보
낸 편지야.

김 : 그게 압수가 된 걸까요?

차 : "어? 이거 네가 쓴 거지?" 묵묵무답이지. 어떻게 이게 왔을까. 난 이게
걱정이지. 그 여학생 아버지가 자기 집에서 자기 딸한테 편지가 오니까
여학생 아버지가 안을 뜯어 보니까 남학생이야. 그래 학교에다 신고를
한 거야. 그게 인제 훈육 들어간 거지. 얘기가 다 들통 난 거지. 그때 난
세상에 태어나서 처음으로 선생한테 따귀를 맞았어요. "이노무 새끼.
평상시에는 벌레 한 마리 안 죽일 것처럼 얌전히 그러더니 뒷구멍으로
호박씨 까고 다니는 이런 식으로……" [네] 그것만 했으면 좋았는데 인
제 그 얘기가 진짜 드러났으니까. "가 봐! 연락해 줄 테니까 집에 있어."
그동안에 학교에서 놀고 나하고 같이 우동 먹었다는 사람, 나하고 같이

영화관 갔던 사람, 그 애들을 하나하나 불러들이는 거야. (……) 그렇게 해서 걸린 사람이 이십 몇 명이야. [어휴] 큰 사건이었어요. 그러니까 그 당시에 광주 학, 서중의 도색 사건이라 그랬거든. 모모 리스트……도색은 아닌데 인제.

김 : 아무것도 아닌데.

차 : 연애편지를 도색이라고. 그것을 도 학무문과에서 전국에다 통첩을 냈대요. 진상을 안 보냈지만은 요즘 학생들이 정신상태가 해이해졌다. 기강을 바로잡아야 한다. 그래서 광주 쪽에서 이러이러한 연애편지 사건이 있었다. 각별히 보라고 통첩을 냈단다라는 걸 훨씬 뒤에 들었어요. 그것이 진짠지 아닌지 뭐 결국은 그 사건이 그 장본인이 나 아니냐. 그러니까 외부에서 그걸 봐두느냐 정학이야. 무기정학이야. 집에 가서 근신, 목포 가서 근신하라 이거야. 그리고 일주일에 한 번 반성문 써서 보내고. 그래 정학 맞고 내려간 거야. (……) 안채에 어머니가 계시더라고. 어머니도 이제 들어서 아실 거 아냐, 멋쩍지 뭐. 잘 왔다 할 수도 없고 가라 할 수도 없고. "아버지 사랑에 계시다. 가서 인사 드려라." 냉랭하더라구. 할 수 없이 갔죠. 아버지가 혼자서 보료에 앉아서 골패를 떼고. 골패 하거든. 아무 말 안 하죠. 나도 안하죠. 무릎을 꿇고 앉아서 픽 웃어요, 아버지가. "너한테도 그런 재주가 있었냐? 가 봐." 나는 재떨이가 날아올 줄 알고 그것만 마음 쓰고 있는데 한 마디만 나오고. 나는 그다음 날부터 인제 창살 없는 감옥에서 산 거죠. 인제 문제는 그렇게 학교에서 쫓겨 오니까. 아버지가 엄마한테 (……) "그놈도 알고 보니까 사내새끼는 사내새끼네." 그랬다고 나한테 얘길 해 줘요. (웃음) 그랬더니 이제 소문이 났으니까 목포에 친구들이 놀러 올 거 아냐. 목포 상업학교 친구들이. 우리 집에 오고 사랑방에 와서 걔네들이 알고 있는 부분이 "야, 범석이 너 광주에서 하숙방에서 날

마다 여학생들하고 화투치기하고 트럼프 놀이하고 진 사람은 여학생들은 옷을 하나하나씩 벗고 그다음에 진 사람이 우동을 사 주기로 했다며?" 그 얘기가 전부 다 다시 작품을 짠 거야. 그래 가지고 원흉 중에 원흉이죠. 내가 대강도가 된 거지. 그래 처음에는 아니다라고 변명을 했는데 변명할 여지가 없어요. 그래 했다 그래 그랬어. (웃음)

(……)

김 : 그 시대가 워낙에 전쟁 시기이기도 했지만 이 규율과 통제가 말도 못했네요.

차 : 네. 말도 못했어요. 그래서 나는 이제 가끔 반성문 써서 보내고 했는데 반성문 쓰다가 "나는 잘못했습니다." 이렇게 써야 점수 따니까 할 수 없이 쓰면서 내가 잘못한 게 뭐가 있을까? 여학생한테 편지 와서 그것을 답장을 했다는 자체가 뭐가 나쁠까. 요즘 말해서 손을 잡았다던가, 키스를 했다던가, 뭐 여관방에 갔다던가, 또는 진짜 아무것도 아닌데 말이지. 답장한 것이 그렇게 나쁜 짓일까. 내가 나한테 묻는 거야. 반발이 생겨요.[71]

차범석은 여학생에게 답장을 보낸 것이 '서중의 도색桃色 사건'이라 불릴 만큼의 문제라고는 생각이 들지 않았다. 그것도 여학생이 먼저 보낸 편지에 대한 답장이었을 뿐인데 자신이 무기정학의 징계를 받을 만큼 그렇게 크게 잘못한 것인지에 대한 회의와 그런 억압적인 상황에 숨이 막혀 반항심이 생겨나기 시작했다.

---

[71] 차범석 구술, 김성희 채록연구, 《2004년도 한국 근현대예술사 구술채록연구 시리즈 49 ― 차범석》, 62면.

이상스럽게도 시간이 흘러감에 따라 나에게는 그 죄책감이나 수치심 대신 하나의 반감이 고개를 쳐들고 있었다. 내가 한 일이 어째서 무기정학 처분을 받아야만 되는가라는 반발심이었다. 내가 쓰고 싶어서 쓴 편지일 뿐이다. 그리고 편지 사연도 언제까지나 꺼지지 않는 마음의 등불이 되어 주기를 바란다는 간절한 소망이었을 뿐, 어느 것 하나 반도덕적이거나 반사회적인 구절은 없었다. 하물며 불온한 사상에 오염된 것도 아닐진대 그 편지 하나로 무기정학을 내린 학교 측 처사에 대해서 저항감과 반발심이 쳐드는 것을 억제할 수가 없었다.[72]

그나마 차범석의 아버지는 이 사건에 대해 사춘기 소년이 흔히 할 수 있는 일로 치부해 비난이나 꾸지람을 하지 않았고 도리어 차범석의 의외의 모습에 신기해했다. 근신기간 동안 차범석은 목포의 집에서 반성문을 쓰며 지냈고 목포에 있는 친구들이 집으로 찾아와 정학 사건을 재미 삼아 비약해서 이야기를 하고는 했다. 차범석은 부끄러워하지는 않았지만 그 이야기가 전달되는 과정에서 도색 사건으로 비화하는 것은 견딜 수 없었을 것이다.

본래 말이 없고 조용한 성격의 차범석은 이 일로 더욱 말이 없어지고 집의 사랑에 있는 골방에서 전에 읽다 만 세계문학전집이며 수필집 등을 읽었다. "톨스토이의 《부활》이나 도스토프예스키의 《죄와 벌》을 읽다 말고는 제정러시아 시대의 잘못된 사회제도나 인습에 대한 비판과 반항심은 언제나 어느 나라에나 있는 것이라고 느끼"면서 자신의 상황과 빗대어 생각하기도 했다. 그리고 일본의 휴머니즘 작가 아쿠타가와 류노스케芥川龍之介, 아리시마 다케오有島武郎의 소설들에 공감하기

---

72 전성희 편, 《차범석 전집 11 — 자서전/수필 외》, 99면.

도 했다. 조용하지만 그나마 외부와 소통하고 있었던 그에게 연애편지 사건은 그를 자신의 내부로 들어가게 했으며 내면에 반항심 같은 것을 움트게 했다.

나는 3형제 가운데서 유별나게 내성적이었지만 사실은 음성에 가까운 반항심의 소유자였다. 형이나 아우가 외향적이며 남성적인 양성이었다면 나는 안으로만 숨어들며 좀체로 내 의견을 표출하지 않는 음성적이라는 성격이라는 것을 이때부터 자각하고 있었다. 그리고 그 자각심은 알게 모르게 반항 기질로 변질되어 가고 있다는 것도 깨닫게 되었다.[73]

이 사건은 차범석의 인생에서 그의 성격을 형성하는 데 '골격'을 이루었다.[74] 한 달 반의 정학이 끝나 다시 학교로 돌아온 차범석은 이내 우울해졌다. 이 사건으로 주변에서는 차범석을 "보는 시각이 사뭇 달라지고 있었"는데 "더러는 경멸과 냉소의 색깔이 깔렸는가 하면 더러는 의외성과 이단아異端兒에 대한 놀라움으로 바라보는 것 같았다." 그는 이에 대해 창피하다기보다는 우울감이 찾아와 친구들과의 교분도 끊고 시간이 나면 혼자 서점에 가서 소설책, 주로 성인 소설을 서서 읽었다.

그렇게 해서 한 달 반 정도. 학교에서 날 잘 봐준 거죠. 아버지 친구도 있고 하니까. 그래서 해제가 됐어요. 갔어요. 갔더니 동료들이 나를 보는 눈이

---

73 전성희 편, 《차범석 전집 11 — 자서전/수필 외》, 101면.

74 차범석은 자신의 성격 형성과 관련하여 광주서중 시절에 그 골격이 이루졌다고 했다. "온순, 과묵, 비사교성 등의 음성적인 면과, 그와는 정반대로 회의적이고 반항적이면서 한편으로는 미지의 세계에 대한 도전성과 공격성까지 갖추고 있었다." 전성희 편, 《차범석 전집 11 — 자서전/수필 외》, 102면.

그 뭐야 상상할 수 있잖아요. "이야, 너 대단하더라." 그래 나는 쥐구멍을 찾는다기보다 우울해지지요. 얘기하고 싶지도 않고…… ＊＊ 그러면서 결국은 이제 책을 읽는…… 그때부터 성인 소설들 거기서 책방이 있었는데 일본 사람 책방이죠. 그 책방에서 서서 읽는 걸 다찌요미라고 그러거든. 학생들이 돈이 없으니까…….

(……)

서서 읽다가, 응, 다찌요미立讀. 설 '입立' 자하고 읽을 '독讀' 자. 그래서 읽다가 58페이지까지 읽으면 외워 뒀다가 또 와서 59페이지까지 읽고 그래. (……) 그때 뭐 일본의 소화 문학, 대정[75] 문학까지 올라갔지만 명치,[76] 대정, 그때 것은 아까 처음 얘기한 대로 작은아버지들이 읽다 둔 책들을 방학 때면 책들을 봐왔기 때문이기도 하지만 최근에 나왔던 소화 시절의 책을 책방에서 읽기도 하고 사기도 하고 그러니까 뭐 이시까와 다쓰조石川達三니 하야시 후미꼬林芙美子, 뭐 후나바시 세이이찌舟橋聖一 다 읽었어.[77]

이 사건 이후 차범석의 성격은 "약간 비뚤어져 가는 경향이 나타났다." "그것은 기성에 대한 반항감과 사회에 대한 사시안斜視眼이 마음 한구석에서 처들고 있었다."라고 술회하고 있다. 그래서 이때부터는 상당히 삐딱한 시선으로 세상을 바라보면서 반항심을 키워 갔을 것으로 추측된다.

---

75 대정大正(다이쇼): 1912년에서 1925년까지 일본에서 사용된 연호.

76 명치明治(메이지): 1868년에서 1911년까지 일본에서 사용된 연호.

77 차범석 구술, 김성희 채록연구, 《2004년도 한국 근현대예술사 구술채록연구 시리즈 49 — 차범석》, 66면. 이하 한국문화예술위원회의 '한국 근현대예술사 구술채록 연구 시리즈' 인용문 중 ＊는 채록연구자가 녹취 작업 시 무슨 말인지 알아듣기 어려운 말을 표시한 것이다.

3
입시 실패, 징집, 해방
고난을 딛고 일어서다

도쿄에서의 재수 생활

차범석이 5학년을 마칠 무렵인 1941년 12월 8일 일본은 미국에게 선전 포고를 하고 하와이의 진주만 공격을 감행하여 승리했다. 당시의 상황으로 차범석은 "이제 이 지구상에 앵글로색슨 족의 제국주의적 침략행위를 몰아내고 진정한 세계평화는 일본을 핵으로 하는 대동아공영권 형성만이 성공하는 길밖에 없다고 절규하는 시국 속에서" 자신도 모르게 일본화되고 있었다.

그러나 상급학교 진학이 시급했던 그는 1942년 2월 광주서중을 졸업하자마자 일본 관서 지방에 있는 히메지姬路고등학교에 응시했다. 그리고 합격자 발표가 있던 날 차범석은 자신이 명단에 없다는 것을 알았지만 동요하지 않고 묵고 있던 "여관으로 돌아오는 길에 책방에 들렀다. 후지자와 다케오藤澤恒夫의 소설집《신설新雪》을 사 들고 올 정도로 마음의 여유까지도 보였다."

그러나 그것은 하나의 위장이자 가식이었을 게다. 허무하고 무기력한 자신

의 모습을 뭔가 다른 의상으로 갈아입힘으로써 태연하려고 하는 어리석은 허영심이었다.[78]

차범석은 자신의 그런 태도를 '어리석은 허영심'이라고 표현했지만 그 당시 입시에서 한두 번 낙방하는 것은 예사로운 일이었고 서너 번의 실패 끝에 합격하는 것이 참된 청춘의 모습이라는 풍조도 있었다. 차범석은 이 시절을 가리켜 '회색灰色의 계절'이라 명명하고 자신의 글 모음집 표지에 '회색 노트'라고 붙이기도 했다. 왜 그때를 회색이라고 표현했을까?

나는 그때 대학 진학에 실패하고 일본 동경에서 재수 생활을 하던 시절이고 보면, 그 회색이라는 표현은 나의 우울하고 암담했던 젊은 날의 이미지를 상징했음은 의심할 여지가 없다. 그러나 아주 캄캄한 밤이나 절망을 연상케 하는 '암흑'으로 표현 안 했던 점으로 미루어 봐서 아주 세상을 비관하거나 절망했던, 그런 경지는 아니었던 모양이다. 막연한 패배감이나 덧없는 감상주의 속에서 장차 나의 운명이 이렇게 될 것인가라는 불확실성을 많은 빛깔 중에서도 회색에다 빗대어 표현했으니, 아직도 희망과 소망의 여백은 살아 있었는지도 모를 일이다.[79]

'회색의 시절'이라고 명명한 그때 차범석은 진정한 자유를 맛보았다. "자유! 그것이 얼마나 멋있고 힘 있고 그래서 무한한 공상의 세계로 날개를 펴는 원동력인가를 조금씩 알게 된 것도 이 '회색의 시절'이었

---

78 차범석, 《예술가의 삶 6 — 차범석》, 77면.
79 차범석, 《예술가의 삶 6 — 차범석》, 77면.

재수생 시절. 앞줄 왼쪽부터 정명진, 김평중, 김철한, 뒷줄 왼쪽부터 문훈회, 차범석. 1942년 여름.

다." 차범석에게 일본 유학은 자유였으며 집과 아버지, 식민지 현실의 억압으로부터 벗어나는 길이었으며 극세계와의 본격적인 만남이 있었던 시기로 중요한 의미를 갖는다.

입시에 실패한 차범석은 내년 입시에 재도전한다는 이유로 도쿄에 머물기로 했다. 아버지는 그것이 네 뜻이라면 그렇게 하라며 쉽게 허락했다. 그 대신 19세의 차범석을 돌봐줄 사람을 구했는데, 어린 아들이 낯선 곳에서 혼자 힘들 것을 생각해 그렇게 한 것이었다.

아버지는 그것이 네 참뜻이라면 굳이 말리지 않겠다면서 쉽게 허가를 내렸다. 그 대신 나를 보호해 줄 사람을 딸려 붙였다. 조맹윤趙孟允, 그는 그 당시 일본 척식대학拓殖大學에 재학 중인 매우 건실한 청년이었다. 아버지가 그 형에게 나를 부탁한 데는 그럴 만한 까닭이 있었다. 나이 열아홉이라지만 온실에서만 자라 온 아들을 무턱대고 타관에 혼자 떠나보낼 수 없었던 부성애의 발로였으리라.[80]

도쿄에서의 재수 생활에 시급한 문제는 대학(그때는 3년제 고등학교) 입학이었다. 그런데 차범석은 시간만 나면 영화관이나 연극 공연장을 드나들었다.

> 나에게 더 큰 영향을 준 일은 극장 출입이었다. (……) 어려서부터 유달리 영화를 좋아했던 내가 그 연애편지 사건 이후로 엄두도 낼 수 없는 금지구역으로 떨어진 지도 어언 2년이 흘렀다. 그러나 이 동경 하늘 아래서 누가 나에게 눈을 부라리며 참견을 할 수 있단 말인가. 죄 아닌 죄 때문에 감옥 생활을 한 무고한 죄인의 복수심 같은 것이 나의 마음속에서 고개를 쳐들고 있었을지도 모른다. 비록 그때는 한마디 대꾸도 못 한 채 일방적으로 당하고 있었지만, 지금은 그 누구도 나에게 간섭할 삶이 없는 절대 자유의 소유자임을 스스로 확인하려는 나의 작은 반란이 일어난 것도 바로 이 시기였다.[81]

고향에 계시는 부모님은 그런 사정을 전혀 알지 못했는데, 차범석이 편지마다 열심히 공부하고 있다고 썼기 때문이다.

차범석에게 도쿄는 자유의 표상이었다. "일본에서 생활하게 되면서 아주 자유로웠다. 말리는 게 막는 게 없었다. 그러니까 (……) 중학교 5년 동안 생활하면서 총만 없는 병사"였던 것이다. 중학 시절 5년 동안 식민지에서의 '군국주의적 규율과 감시와 억압'에서 벗어나고 부모의 곁을 떠나 간섭과 감시도 없는 도쿄에서 보낸 재수 생활은 차범석에게는 봄날이었다.

---

80 전성희 편, 《차범석 전집 11 — 자서전/수필 외》, 102~103면.
81 전성희 편, 《차범석 전집 11 — 자서전/수필 외》, 104~105면.

동경은 자유로운 도시여서 좋았다. 지난 5년 동안의 군국주의적 규율과 감시와 억압으로 얼룩진 중학 생활의 틀에서 벗어났다는 해방감만으로도 나는 즐거웠다. 비록 지금은 예비교에 다니는 재수생이지만 내게도 미래가 있다는 자격지심과 자부심은 아직도 살아 있었다. 미래가 있다는 자각 자체가 삶이 아니겠는가. (……) 이제는 그 누구도 나의 행동에 대해서 간섭도 감시도 없으니 얼마나 당당한가. 난생처음으로 부모 곁을 떠나 내 의사에 따라 행동할 수 있는 그 무한한 자유가 한동안 나를 들뜨게 했다. (……) 그 지긋지긋했던 교련(군사훈련)도, 하루에도 몇 번씩 하는 동방요배東方遙拜도, 야간 외출과 식당, 극장 출입 금지도 없다. 그리고 사복私服도 이제는 자유가 아닌가. 게다가 여학생에게 편지를 썼다는 이유만으로 나를 전과자(?)로 몰아 대던 에노모토 교장 선생의 그 일그러진 얼굴도 과거라는 물결을 타고 멀리멀리 사라지고 있다는 현실 앞에서 나는 어쩌면 하나의 작은 승리의 개가를 부르고 있었는지도 모른다.[82]

차범석이 중학교 때부터 품었던 꿈은 소설가였다. 집안의 어른들은 막연하게 그가 법과를 나와 판검사나 변호사 혹은 의사가 될 것을 기대했지만 그의 꿈은 문학이었다. 그리고 영화와 연극 관람은 문학 수업에 절대적으로 필요한 삶의 여러 단면을 알 수 있는 공부였다. 식민지의 청년이 느꼈던 답답함이 유학 시절 내내 그를 지배했고, 재수생이라는 신분에서 오는 열등감이나 패배감으로 잠시 우울하기도 했지만 그는 자신의 미래에 걸었던 문학의 꿈을 포기하지 않았다.

나는 흘러간 서양의 명화 아니면 일본의 연극이나 영화를 즐겨 찾아 다녔

---

82 전성희 편, 《차범석 전집 11 — 자서전/수필 외》, 104면.

다. 그러나 그것은 단순한 취미나 여가 선용의 차원이 아니었다. 중학 시절부터 내가 품은 꿈은 문학이었다. 그것도 소설가가 되고 싶었다. 그러나 부모님 앞에서는 한 번도 그 포부를 밝힌 적이 없었다. 물으나마나 그 당시 어른들은 법과나 나와서 판검사나 변호사가 되어 주기를 역설하였으니 나는 그저 막연하게 문과文科에 진학하겠다고 말했을 뿐 더 구체적인 의사 표명은 하지 않았었다. 그런 점으로는 나는 매우 지능적으로 부모를 속여 왔다고 해도 과언이 아니다.

나는 그런 생활이 즐거웠다. 장차 문학을 하기 위해서는 삶의 여러 단면을 알아야 하며 그 수단으로써 영화며 연극은 가장 적합한 공부의 대상이라고 생각했기 때문이다. 나는 그 재수 생활이라는 불우한 환경 속에서도 나의 꿈이자 포부인 문학을 잊어 본 적이 없다.[83]

친구들은 어른 행세를 하느라 서로 어울려 식당이나 술집을 드나들면서 낭만과 호연지기浩然之氣를 구가하는 것처럼 술을 마셔 댔지만 차범석은 그렇게 하지 않았다. "뭐라 말할 수 없는 오기와 심술이 배꼽 밑에서부터 치밀어" 올라 스스로 대학생이 되기 전에는 술, 담배를 하지 않겠다는 반항심 같은 것이 작동했다. 그는 도리어 그런 욕구를 해소하기 위해 영화관을 드나들었다고 회고했다.

차범석은 재수를 하면서 학원이 끝나면 신주쿠新宿의 이세탄伊勢丹 백화점 건너편 3, 4층에 있는 작은 영화관 고온자光音座로 매일 출근하다시피 했다. 두 편의 영화를 동시상영하는 싸구려 영화관이었지만 조선 땅에서 억압되었던 욕구를 풀기에는 더할 나위 없이 좋았다. 고온자는 차범석에게 "예술적인 호기심에다 불을 붙인 하나의 매체이자 기폭

---

83 차범석, 《예술가의 삶 6 — 차범석》, 79면.

제였다. 영화개론, 영상론, 드라마트루기, 감독론 등을 책으로 읽은 적이라고는 없었던" 그에게 "직접적으로 '드라마'가 무엇인가를 암시하고 시사하고 터득해 준 교실"이기도 했다.

> 나는 학원을 마치기가 무섭게 국철을 타고 신주쿠 3정목에서 내려 고온자로 직행했다. 일주일마다 상영 영화가 바뀌기 때문이다. 여기서 몇 번이고 되풀이 보았던 영화는 모두가 먼 훗날 우리 후배들이 말로만 듣고 글로만 읽었던 명작들이었다. (……) 비록 필름은 낡았고 선명치 않은 흑백영화였지만 그것을 대할 때마다 가슴에 와닿는 감동은 새롭고 깊었다.
> 잠시 기억을 더듬어 그 고전적 영화를 헤아려 보자.
> 〈우리에게 자유를〉, 〈파리제巴里祭〉, 〈무도회의 수첩〉, 〈뻬뻬르 모코(일본에서 개봉 당시 제목은 망향望鄕)〉, 〈몽파르나스의 밤은 깊어〉, 〈모로코〉, 〈배신〉, 〈창살 없는 감옥〉, 〈죄와 벌〉, 〈미모자관〉, 〈외인부대〉, 〈처녀의 호수〉, 〈전원교향악〉, 〈미완성 교향악〉, 〈회의는 춤 춘다〉, 〈보아전쟁〉, 〈고향〉, 〈밤의 탱고〉……. 내가 그 초라한 영화 교실에서 배웠던 상식은 '극劇'의 묘미였다. 꾸며진 얘기, 꾸며진 연기, 그리고 꾸며진 구도 속에서 전개되는 상황이 보는 사람을 꼭 붙들고야 마는 그 마력은 도대체 어디에서 오는 것일까. 시나 그림이나 음악하고는 다른 그 '극'의 세계란 도대체 어디에서 비롯되는 생명체인가. 어둠 속에서 숨을 죽이고 화면 속으로 빨려들어 가는 마음의 세계란 말로써 형용키 어려운 독특한 매력을 지닌 또 다른 세계였다.[84]

이 '회색의 시절' 차범석은 영화를 보면서 문학에 대한 막연한 동경이 조금씩 구체화되는 것을 느꼈다.

---

[84] 전성희 편, 《차범석 전집 11 — 자서전/수필 외》, 105면.

그런데 이때 차범석은 한편으로 재수생이라는 열등감에서 헤어나지 못하고 있었다. 당시 일본에서 대학생은 사각모를, 재수생은 둥근 빵모자를 쓰고 다녔다. 재수생 신분이 드러나는 빵 모자를 쓰고 식당에라도 갈라치면 사각모를 쓴 대학생들과는 달리 어린애로 취급하는 것이 비위에 거슬렸다. 같은 나이인데도 대학생과 달리 취급하는 세상에 대한 반발인지 차범석은 백화점에 가서 베레모를 사서 썼다. 당시 "베레모는 으레 화가나 소설가들의 전용물이자 성숙한 어른들이" 쓰는 것이었다. 이 베레모의 추억은 차범석에게 자기합리화와 허세가 있다는 것을 보여 주는 이야기다.

> 나는 재수생이 아닌 또 다른 차원의 사람임을 과시하고 싶은 객기와 저항심에서 비싼 베레모를 샀다.
>
> 내가 왜 그런 얼뚱한 발상을 했는지 그 진의를 짚은 길은 없지만 동경이라는 대도시 가운데서 내가 학생 모자를 쓰건 베레모를 쓰건 그 누구도 간섭을 안 할 거라는 게 나의 최대한의 변명이었을지도 모른다. (……) 내가 굳이 그것을 내 머리에 쓰고 태연자약했던 독선과 오만은 나도 잘 알 수 없는 비정상적인 자기과시의 증거임에는 틀림이 없다.
>
> '그 누구의 눈치를 보기가 싫을 뿐이다. 나는 내 식대로 살아갈 뿐이다. 남에게 폐가 되지 않는 일이라면 무슨 일이든 못 하겠는가. 나는 내가 가고 싶은 길을 갈 뿐이다. 남들의 눈에는 그게 어떻게 비쳐지건 그건 내가 알 바가 아니다!'[85]

베레모는 차범석의 성격을 보여 주는 일화다. 이런 것은 "자기합리

---

[85] 전성희 편,《차범석 전집 11 — 자서전/수필 외》, 107면.

화이자 허세"로 "재수생이라는 실격인생을 굳이 변명하려는 하나의 허영심"에서 비롯된 것이라 생각할 수도 있지만, 이 일은 그가 먼 훗날까지도 자신의 "인생 항로를 짚어 나가는 데 길잡이"가 되기도 했다. 그런 자신을 차범석은 "겉으로는 천연스럽게 행동하지만 그 내면에 도사리고 있는 어떤 음흉(?)스러운 계략이랄까 자기 계산"이 생겨나기 시작한 것으로 스스로 이해했다.

재수를 하는 동안 차범석은 영화뿐만 아니라 일본의 연극도 보았는데 구극이라 부르는 가부키歌舞技나 노能 같은 것보다는 신극, 신파, 레뷰revue, 대중연극 등을 자주 보았다.

태평양전쟁 선전포고를 했던 초기에 일본은 전쟁의 승리로 활기를 띠었으나 점차 전세가 기울어지자 소비적이고 향락적인 생활 대신 긴축생활로 바뀌었다. 이런 영향으로 영화와 연극도 자중하는 분위기로 전환되었는데, 특히 일본 연극의 주도권을 갖고 있던 "사회주의나 무정부주의 그리고 계급주의에 바탕을 둔 연극은 모두 지하로 숨거나 해산을 한 대신 오락성이나 계몽성을 내세운 경연극輕演劇"만이 공연되고 있었다. 이런 환경에서 차범석은 당시의 공연을 보면서 예술적 가치도 보잘것없는 작품들이 대중들에게 지지를 받을 수 있는 이유는 무엇일까 생각했다.

전시하의 궁핍한 일상생활 속에서도 가는 곳마다 초만원을 이루는 그들의 국민성은 무엇인가. 연극이나 영화를 보다가도 공습경보가 울리면 질서정연하게 대피하는 그들은 누구인가. 그런가 하면 오락적인 레뷰나 소녀 가극의 공연 중에도 자기가 좋아하는 스타가 등장할 때마다 괴성을 지르고 열광하는 그 기질은 어디에서 비롯되는 것일까. 내일을 알 수 없는 절망의 나락에서 그냥 순간을 즐기려는 찰나주의만은 아닌 것 같았다. 그렇다고 그들이 자기네 무대예술을 지켜 나간다는 의식이 뚜렷한 것도 아니었을 것이다. 문제는 삶의 위협을 피부로 느끼는 절박한 상황 속에서 무대를 향하여 박수와 환호성을 보낼 줄 안다는 그 기질이 어린 나에게는 수수께끼같이 느껴지는 것이었다.[86]

그런데 전쟁의 상황이 점차 급박해지면서 병역이 문제가 되었다. 조선의 청년들에게도 병역의무가 부과되었던 것인데, 1924년생인 차범석은 1기의 징집 대상이었다. 차범석은 그때 군대에 끌려가면 죽음이 따라올 것이고, 죽게 되면 자신의 꿈인 문학도 없을 것이라는 자포자기의 심정에 빠져 '데카당(퇴폐적)'으로 변해 술을 마시고 무전여행도 했다.

1943년 2월, 이런 상태에서 차범석은 두 번째 고등학교 입학시험에 응시했는데 규슈九州에 있는 가고시마鹿兒島 제7고등학교에 지원했다. 규슈 최남단의 고등학교를 선택한 이유에 대해 차범석은 어렴풋하게 당시의 기억을 떠올렸다.

> 당시 일본 문학계에서 시시분로쿠獅子文六라는 작가가 쓴 〈해군海軍〉이라는 소설이 호평인 데다 영화화까지 되어 평이 좋았다. 그 배경 무대가 태평양을 마주 바라보는 항구도시이자 일본에서도 남국 정서가 특이하게 남아 있다는 가고시마라는 점에 마음이 이끌렸을 가능성이 짙다.[87]

이런 선택에 대해 차범석은 두 가지 이유를 생각했다. 규슈 남단에 있는 지리적인 환경조건에 더해 도쿄나 오사카 같은 대도시와는 달리 조선인이 많지 않아 경쟁률도 낮지 않을까 하는 '나름대로의 계산'에서였다.

---

86 전성희 편, 《차범석 전집 11 — 자서전/수필 외》, 109면.
87 차범석, 《예술가의 삶 6 — 차범석》, 81면.

낭만적인 생각 안에 계산 속이 숨어 있었던 가고시마 제7고등학교 응시는 결국 실패로 끝났지만 "지금까지 나의 생활 표면에서 나타나지 않았던 엉뚱하면서도 모험적인 호기심이 강하게" 일어난 것이라고 생각했다. 이런 학교 선택은 차범석의 '자유의사'였으며 다시 도쿄에서 재수를 하기로 한 것도 차범석의 '독단이자 자발적인 행위'였다. 언제부터인가 차범석은 구속이나 간섭을 받는 것을 싫어하게 되었는데, 이것은 자유인이고 싶은 그의 인생철학 때문이기도 하지만 아버지로부터 배운 "네 일은 네가 알아서 해라."라는 가르침에서 비롯된 것이기도 하다.

낙방을 하고 2년째 도쿄에서 재수를 하면서 차범석에게 이 시기의 "방황 생활은 단순한 좌절이 아니라 하나의 새로운 삶을 잉태하는 진통"의 시간이기도 했다. 재수를 위해 예비교에 입학하고 이전과 달리 아파트에서 자취를 하는 대신 취사의 번거로움을 덜도록 하숙집으로 옮겨 재기를 다짐하며 학업에 몰두했다.

그러나 1943년 4월 15일 미군의 도쿄 공습이 현실이 되자 전세가 심상치 않다는 것을 알게 된 그의 집에서는 귀국을 재촉하는 "즉시 귀국. 父"라는 내용의 짧지만 절박한 전보를 보내 왔다. 며칠간 고민하고 귀국을 결심했지만 그의 심경은 편치 않았다. "12시간의 기차여행을 마치고 시모노세키下關에서 관부연락선에 오를 때 나의 청운靑雲의 뜻은 현해탄의 사나운 파도 위에서 갈기갈기 찢겨 나갔다."

광주사범학교 입학과 징집

일본에서 아버지의 재촉으로 집으로 돌아온 차범석은 겉으로는 평온해 보였다. 그러나 곧 징병제도의 실시로 조선의 청년도 만20세가 되면 징병

의무가 부여된다는 법령이 공포되면서 아찔한 불안함이 그를 찾아왔다.

앞으로 무엇을 할 것인가? 상급학교 진학을 한다 해도 징병 적령자이니 군대로 끌려갈 몸이 아닌가. 그렇다고 취직을 할 수도 없는 노릇이다. 무슨 일이든 하고 있어야지 그냥 세 끼니 밥만 축일 수는 없지 않은가. 무엇을 해야 옳단 말인가? 갈 길이 없다. 비상구도 없다. 꽉 막힌 지하실이다.[88]

이런 막연하고 답답한 상황에서 그는 당시의 답답한 심정을 구체적으로 남기는 방법은 소설을 쓰는 것밖에 없다고 생각했다. 소설작법을 따로 공부한 적은 없었지만 어렸을 때부터의 독서량이 기반이 되어서인지 소설 쓰는 것이 그리 어렵게 느껴지지 않았다. 전쟁 중이라 물자가 귀해 원고지를 마련하지는 못했지만, 사랑채에 공부방을 만들고 책상에 앉아 그는 지물포에서 파는 누런 벽지를 16절지 크기로 잘라 묶은 종이에 일본어로 소설을 썼다. 그리고 이때 자신의 신변 이야기를 담은 단편 소설 〈바다가 보이는 집〉, 〈달마達摩 이야기〉를 완성했다.[89]

이러한 답답한 상황에서 뜻하지 않은 소식을 들었는데 사범학교 강습과에 입학하면 병역 면제의 혜택을 준다는 것이었다. 당시 일본인 교

---

88 차범석, 《예술가의 삶 6 ─ 차범석》, 89면.

89 "(……) 내 신변 얘기를 소재로 한 단편이었다. 그것은 작가가 되기 위해서라기보다는 그 꽉 막혀 버린 사방 둘레 속에서 무엇인가를 토해 내고 싶고 자유로워지고 싶어 하는 하나의 갈구이자 발작이라고 생각했기 때문이다."(차범석, 《예술가의 삶 6 ─ 차범석》, 8면.) 《2004년도 한국 근현대예술사 구술채록연구 시리즈 49 차범석》, 68쪽에 이때 썼던 글에 대한 언급이 있다. "몇 군데 공습이 있고, (……) 어쩔 수 없이 나와 가지고 있으면서 그때 시간이 있으니까. (……) 그때 집에 있을 때 소설을 썼어요. 제목이 〈봉숭아〉야. (……) 그런데 그것이 날짜로 보면 열아홉 살 땐데 그때 보면 조카 애인데 형의 딸, 해자(가족들에게 이름을 확인해 본 바 혜자임. 자료의 오기)거든. 해자가 나를 기본으로 쓴 걸로 돼 있어요, 그 원고가 내 지금 있거든."

사까지 보충병으로 소집하고 보니 교사의 수가 절대적으로 부족해졌기 때문이었다. 그래서 조선인이라도 5년제 중학 과정을 마치고 사범학교 강습과를 1년만 수료하면 2종 훈도(준교사)의 자격을 부여하여 일선 초등학교에서 교사로 근무할 수 있도록 하였다.

그래서 차범석은 병역 면제의 특전을 받기 위해 아버지에게 관립 광주사범학교 진학을 의논하고 1944년 3월 광주사범학교 강습과에 입학했다.

> 나는 처음부터 훈장이 되고자 한 의지를 갖지 못했었다. 일제 말기에 2종 훈도二種訓導의 직함을 따기 위한 K 사범학교(광주사범학교-필자) 강습과를 다닐 때만 해도 나는 페스탈로치의 후예가 되리라는 야심은 없었다. 일본의 군국주의가 단말마의 가파른 고갯길을 넘기 위해, 우리 한국의 젊은이들을 일터로 전쟁터로 무자비하게 징발해 가던 바로 그 시기였던 만큼 나는 우선 위급한 상태에서 피해야겠다는 개인적인 이익에서였다. (……) 그러나 얼마 안 가서 그 특전마저 없어질 만큼 전국戰局은 위급했고 한국 청년의 정신은 병들어 야위어 갔다.[90]

당시 광주사범학교 강습과에는 나이, 지역, 전직 등이 다양한 사람들이 모여들었다. 그 가운데 아홉 명이 모여 "군인은 아니지만 언제고 군문에 가게 될 운명의 별 아래 태어났으니 수수하게 전우회戰友會"를 결성했다. 이들과 함께 차범석은 "언제 죽을지 모를 이 젊음을 유익하게 보내기 위해"라면서 술과 담배로 시간을 보내고 있었다.

그러던 중 전황이 일본에게 불리하게 돌아가자 강습과 재학생에 대

---

90 차범석,《목포행 완행열차의 추억》, 융성출판, 1994, 59면.

광주사범학교 강습과 시절 '전우회' 회원들과 함께. 뒷줄 맨 왼쪽이 차범석. 1944.

한 병역특례가 사라지게 되었고, 차범석은 실의에 빠졌다. 그가 이 학교에 적을 둔 것은 교사가 되기 위해서가 아니라 군 면제가 이유였기 때문이다. 그는 학교를 계속 다녀야 할지 고민하다가 수업을 빠지고 광주서중 동창이자 광주 의과대에 재학 중인 문훈회와 지리산으로 여행을 떠났다. 이 여행에서 차범석은 도쿄에서의 방황이 "단순한 좌절이 아니라 하나의 새로운 삶을 잉태하는 진통"이었다는 것을 깨달았다.

1945년 새해가 밝아왔다. 경성법학전문학교(지금의 서울법대) 재학 중이던 형 차문석이 학병으로 출정하게 되었다. 지역 유지였던 아버지의 체면과 명예를 유지하기 위해 어쩔 수 없는 것[91]이었지만 "어려서부

---

91 "자발적인 출정이라기보다는 아버지의 사회 유지로서의 체면과 명예를 유지하기 위한 불가항력이었다. 형으로서도 굳이 반대할 수 없는 노릇이었다. 뿐만 아니라 이 지역의 명문가인 차씨 집안의 자제가 흔연스럽게 군문에 들어간다는 사실은 당시의 민중들을 계몽하고 선동하기에는 좋은 선전 자료였을 것이 분명했다."(차범석, 《예술가의 삶 6 — 차범석》, 89~90면.)

터 행동적이며 적극적인 성격의 소유자"인 차문석으로서는 학병으로
가는 것을 "남아다운 용맹성과 기백을 과시할 수 있는 좋은 기회"로 생
각했을 것이다. 차문석은 학병으로 출정하는 것을 "마치 운동 경기에 출
전하는 선수마냥 대담하고도 득의만면 표정"으로 받아들였고 입영 전
에 사귀던 여자와 결혼하겠다고 선언했다.

전시였기 때문에 물자와 식량이 부족하던 때였지만 형의 결혼식은
목포가 시끄러울 정도로 성대하게 치러졌다. 차씨 문중 종손의 혼례여
서 아버지는 "아낌없는 사랑"과 "군문으로 들어갈 자식의 마음을 풀어
주기" 위해서 아끼지 않고 지원했다. 차범석은 형의 결혼식을 보면서 결
혼의 의미를 생각했다.

> 죽기 전에 씨라도 받아야 한다는 그 고리타분한 생각도 문제이거니와 생
> 사를 알 수 없는 사나이에게 자신의 운명을 내맡기듯 결혼하겠다는 여자
> 의 마음이란 또 무엇인가. 그것은 어찌 보면 동양적인 부덕일 수도 있고 인
> 종과 헌신의 미덕일 수도 있을 것이다. 그러나 만약에 그렇게 떠나간 남편
> 에게 만약의 사태가 벌어졌을 때 결국은 청상과부가 되어도 불사한다는 그
> 고집스러움이 곧 사랑이라고 여겼던 지난날의 여성들의 도덕관이 어딘지
> 모르게 허물허물하고 불안스럽기만 했다.[92]

이 글에서 차범석의 여성관이 드러나는데 그는 전통적으로 여성
이 자식을 낳아 대를 잇고, 여성에게는 인종과 헌신이 미덕으로 여겨
지는 것에 대해 부정적이었다. 게다가 어머니가 살아온 세월을 보며 이
땅에서 여성들이 "시달리며 살아 나온 어떤 상처"를 보았다. 어머니의

---

92 차범석, 《예술가의 삶 6 — 차범석》, 91면.

모습은 후일 차범석이 희곡을 창작할 때 여성 캐릭터 창조에도 많이 반영되었다.

1월 20일 형이 출정하기 위해 목포를 떠나자 그는 많은 생각에 사로잡혔다. "슬퍼도 슬프다는 말 못 하고 마음이 쓰리고 아파도 아프다는 말 못 하는 백성이라야 충신이요, 애국자라고 여기던 시대"를 살아가는 사람들에 대한 생각으로 착잡해졌다.

그러던 중 강습 과정을 수료하고 소집 영장은 나오지 않아 불안한 채로 차범석은 1945년 4월, 모교인 목포북교국민학교에 발령받았다. 당시 22세였던 그는 4학년 2반 담임교사로 부임해 48원의 봉급을 받을 수 있었다. 한편으로는 전장에 나가 소식이 없는 맏아들에 대한 걱정이 컸지만, 물자가 귀했던 시절이라 어머니는 그의 월급을 받아 들고는 무척 기뻐했다.

하지만 교사 생활을 한 지 미처 3개월도 안 된 1945년 5월 23일, 차범석에게 소집 영장이 날아왔다. 형과 차범석 모두 군에 입대하게 됐지만 동생 차재석은 관절염으로 몸이 불편해 불행 중 다행으로 입대 대상이 아니었다.

> 부임한 지 채 3개월도 못 되어서 소집 영장이 날아든 것도 얄궂은 운명의 장난이려니와 조선 사람인 내가 하루아침에 일본 군인으로 둔갑해야만 하는 현실이 어떤 허무감마저 안겨 주었다.[93]

군 입대를 앞두고 학교와 친구들이 송별연을 열었지만 차범석은 술 마시는 것이 편치만은 않았다. 어느 날 술 몇 잔을 먹고 집에 들어

---

[93] 차범석, 《예술가의 삶 6 — 차범석》, 94면.

갔는데 어둠 속에서 그를 기다리는 어머니의 모습에 가슴이 아팠다. 이러한 어머니에 대한 연민과 시류에 떠밀려 가는 무기력한 자신의 모습에 "아들을 그렇게 떠나보내고 밤이면 밤마다 이렇게 마루 끝에 댕그라니 앉아만 있을 우리들 어머니는 과연 무슨 죄"때문인가 하며 그는 괴로워했다.

> 모든 일은 일방통행식으로 강요당해야 했고, 일방적으로 굴종과 침묵으로 응답해야 했던 현실 속에서 나는 이미 말을 잃어버렸던 게 분명하다. 그렇다고 해서 머리띠를 내던지고 어깨에 멘 일장기日章旗와 격려의 띠를 갈기갈기 찢어 버릴 수 있는 용기라곤 생각도 못 했다. 내가 누구를 위하여 목숨을 바쳐야 하는가 하고 당당하게 항의할 힘이라곤 없었다. 그런 의미에서 나는 이미 길들여진 동물처럼 순종과 눈치 보기로 시류에 떠밀려 가는 스물두 살의 청년이었다.[94]

식민지의 청년이 무엇을 할 수 있을까? 지배국 일본의 전쟁에 강제적으로 참여해야만 하는 현실에 저항은커녕 아무 말도 못 하는 자신이 답답하기만 했다.

2주일 동안의 기본 훈련을 마치고 목포 부두에서의 출항을 위해 임시 병사였던 학교를 떠나 가는 길에는 훈련생들의 마지막 가는 모습을 보기 위해 가족들이 모여들었고, 자식의 마지막 모습을 보려고 애타게 이름을 부르던 군중 사이에는 차범석의 어머니와 누이도 있었다. 훈련생들이 가는 곳이 어디인지는 몰라도 배를 탄다는 것은 '죽음'으로 간다는 것을 의미했다. 당시에는 "배에 실려 가면 영락없이 남양군도南洋

---

94 차범석, 《예술가의 삶 6 — 차범석》, 95~96면.

群島요, 기차로 수송되면 만주 아니면 중국이었다. 그런데 뱃길은 위험 부담이 훨씬 가중되었다." 배를 타고 이동하고 있었던 훈련생들은 미군 잠수함의 어뢰 공격과 공습으로 많은 수송선들이 침몰되고 있다는 소식을 들었기 때문에 침몰의 위험성을 익히 알고 있었다.

배 안에서 그들은 비통해하기보다는 죽음을 향해 가는 자신들의 모습을 잊으려는 듯 왁자지껄 음담패설을 주고받았지만 차범석은 그 자리에 끼어들 수 없었다. 다만 뱃전에서 바닷바람을 느끼며 어디론가 실려 가고 있다는 사실만을 생각하고 있었다. 그때 누군가가 차범석의 곁으로 다가왔다. 그날 밤 차범석은 그의 인생에서 소중한 인연이 된 호리우치 소조[95]를 만났다. 중대 내무반 책임자였던 그는 이미 차범석의 신상을 파악하고 있어, 다른 병사들에 비해 지적 수준이 높고 교사 출신에 일본어도 잘하는 차범석을 자신의 당번병으로 임명했다.

그를 태운 수송선은 5일 만에 육지에 도착했는데, 그곳은 남양군도가 아니라 제주 한림이었다. 고향 가까운 곳에 도착했다는 것에 차범석과 병사들은 안도했고, 그들이 속한 부대는 전투 부대가 아니라 작업 부대였다. 제주도 해변가에 상륙용 소형 선박을 은닉할 수 있는 굴을 뚫는 것이 그들 부대의 임무였다.

게다가 차범석은 장교의 당번병이어서 다른 소대원들이 중노동에 시달리는 것에 비해 비교적 수월한 빨래나 청소, 호리우치의 식사 시중을 하면서 편하게 지낼 수 있었다. 호리우치는 이미 차범석이 문학에 뜻을 두고 있다는 것을 알고 있었기 때문에 자신이 가져온 일본의 신초샤

---

95 "그때 누군가가 내 옆에 바시락 소리를 내며 다가왔다. 우리 중대 내무반 책임자 호리우치 소조堀內曹長였다. 내가 그날 밤 그를 만났다는 사실은 어쩌면 나의 인생에서 무엇보다도 소중한 인연 가운데 하나라고 지금까지도 기억한다."(차범석, 《예술가의 삶 6 — 차범석》, 98면.)

新潮社에서 발간한 문학 전집을 빌려 주기도 하고 원고용지까지 내주며 글을 써 보라고 권하기도 했다. 차범석은 호리우치가 내준 원고지에 일본어로 수필, 시, 꽁트 같은 짤막한 글을 썼다. 호리우치는 그 글에 대해 평을 해 주기도 했다.

해방 후 목포북교국민학교 교사가 되다

차범석은 1945년 8월 16일이 돼서야 호리우치를 통해 해방의 소식을 들었다. 그때 호리우치는 그간 차범석이 썼던 일본어 원고가 해방된 조국에서 화근이 될지 모른다며 소각할 것을 권유했지만 차범석은 그 원고지를 신문지와 함께 말아 들고 9월, 고향으로 돌아왔다.

> 1945년 9월 전쟁이 끝나자 나는 조국의 품으로 돌아왔다. 일본 군복을 벗어던지고 어머니가 손수 지어 주신 흰 모시 적삼과 바지로 갈아입었을 때의 그 날아갈 것 같은 상쾌함은 비로소 내가 살아 있다는 것을 실감케 했다. 만약에 내가 죽어서 돌아왔다면 어떠했을까를 떠올렸다.[96]

전쟁터에서 돌아온 차범석은 "사람은 살아남아야 한다. 전쟁에는 무슨 수를 써서라도 이겨야 하듯 사람은 살아남아 자기 갈 길을 가야 하는 것이라고 생각"했고 이 생각은 차범석의 이듬해 대학 진학에도 영향을 미쳤다.

---

96 차범석, 〈나의 삶 나의 생각: "해외 연극계가 그러니 우리도…" 식은 착각〉, 《경향신문》, 1994.3.31.

일단 며칠 휴식을 취한 차범석은 전에 근무했던 목포북교국민학교를 찾아갔다. 교내에 있던 일본인들의 성역 봉안전奉安殿이 부서져 있는 것을 보면서 일본 문화나 세력이 이제는 발붙일 곳이 없다는 현실에 직면했다.

차범석의 아버지는 조국 광복의 날 이후 바깥출입을 할 수가 없었다. 일제강점기 때 목포 부회의원(시의원), 전남 도회의원, 중추원 참의라는 직책을 가졌던 데다가 대지주이고 지역 사회 번영회 등 여러 공직에 일본인들과 이름을 올려 친일파로 지목되었기 때문이다. 미 군정이 민족반역자인 친일파를 숙청하겠다는 흉흉한 소문까지 나도는 판국에 두 아들이 일본 군대에 복무까지 했으니 가족들의 근심이 이만저만이 아니었다.[97]

이런 상황에서 차범석은 목포북교국민학교에 나가기로 했다. 전에 근무했던 경력도 있는 데다가 일본인 교사가 물러나면서 교사가 많이 필요한 상황이었다. 당장 "교사들부터 한글을 알아야 했고 바른말을 써야 했다. 그러나 상황은 달랐다." 다행히 차범석은 중학교 1학년 때까지 《조선어 독본》을 배웠고 문학책들을 읽었기에 한글 사용에 전혀 불편함이 없었지만 대개의 젊은 선생은 그렇지 못했다.

당시 현실적으로 신탁통치 문제가 표면화되자 학교는 친탁과 반탁의 입장에서 어떤 노선도 취하지 말 것을 요구했지만 젊은 교사들은 친

---

97 "조국 광복이 되던 날부터 아버지는 바깥출입을 안 하셨다. 내가 군에서 제대하고 집으로 돌아왔을 때도 아버지의 표정은 어딘지 그늘져 보였다. 원래가 감정 표현을 억제하며 이른바 선비다운 중용지도를 견지해 나온 아버지로서는 그럴 법하다고 생각이 들었다. 그러나 그 당시 아버지는 심각한 번민 속에 시달림을 받고 있었다. 다름 아닌 이른바 친일파로 지목된 사람 가운데 끼어 있었기 때문이다. (……) 아버지는 사랑방에서 혼자서 골패를 떼거나 친구분들과 바둑이나 화투로 소일을 할 뿐 바깥출입을 삼가는 자중의 나날이 계속되었다."(전성희 편, 《차범석 전집 11 — 자서전/수필 외》, 104면.)

목포북교국민학교 고등과 담임 시절. 맨 오른쪽에 서 있는 사람이 차범석. 1945.9.

탁을 지지하는 쪽으로 기울었다. 그러나 누구도 차범석에게 자신들과 정치적 입장을 같이할 것을 권유하지 않았다. 아마도 차범석의 집안 사정을 잘 알고 있었기 때문이었을 것이다. 그래서 차범석은 아이들 교육에 열과 성을 다했다. 당시 6학년을 마쳤으나 상급학교에 진학하지 못한 학생들을 대상으로 고등과를 개설하여 중학 과정을 가르쳤는데, 차범석은 고등과 담임을 맡아서 급훈을 자신이 그토록 열망하던 '자유'라고 붙이고 영어와 영어 노래를 가르쳐 주고 영화나 문학 이야기를 들려주면서 사춘기 소년들의 감성을 어루만져 주었다.

1945년 겨울, 해방된 해의 첫 겨울방학이니 학예회를 하라는 학교의 지시에 따라 여학생 4학년 반 담임과 남학생과 여학생이 협연하는 연극을 하기로 했다. 차범석은 극본과 연출을 맡아 〈눈 내리는 밤〉[98]이라는 노래극을 썼는데, 이것이 그가 최초로 쓴 대본인 셈이다.

---

98 목포예술인 단체 '예술문화동맹' 연극부는 동명의 〈눈 내리는 밤〉(존 밀링턴 싱그 작, 장병준 역)을 1945년 12월 하순 평화극장에서 공연했다. "자발적이고 예술적인 각성에 의해 올려진" 것으로 "목포에다 연극 예술의 씨앗을 뿌린 작품"이다. (김선태, 〈목포의 문화와 예술〉, 목포시사편찬위원회, 《목포시사 다섯 마당: ② 예향 목포》, 126면.)

독립운동을 하던 남편이 조국 해방의 소식을 듣고 집에 돌아왔으나 진정한 독립이 올 때까지 자기 길을 가야 한다면서 눈 내리는 밤 다시 혁명의 길을 떠나가는 내용이었다. 어쩌면 이 노래극은 실질적으로 나의 처녀작이라고 봐도 무방할 것이다.[99]

〈눈 내리는 밤〉 공연에는 춤이 필요했는데 학교에서는 안무를 맡을 사람이 없었다. 차범석은 홍난파가 작곡한 곡 〈봉선화〉의 이미지를 생각하며 안무를 짰다. 차범석이 대본, 연출에 이어 안무까지 맡는 과욕을 부린 이유는 "뭔가 한 가지 일에 열중함으로써 현실에서 도피하자는 속셈이었을지도 모른다."라는 고백에서 엿볼 수 있다. 그처럼 당시 현실의 문제가 차범석에게는 지난했다.

차범석은 이때 같이 연극을 준비했던 여교사에게 연애 감정을 품기도 했지만 당시 그가 여자를 대하는 태도는 아직도 "어리고 겁 많은 소년" 같았다. 차범석은 이 연애사를 순수한 플라토닉 러브라고 표현하면서 "혼돈의 현실 속에서 오직 아이들하고 생활하면서 한편으로는 여교사와의 청순한 사귐이 어쩌면 나를 하나의 고뇌에서 피신시켜 준 계기"였을 것이라고 정리했다.

목포북교국민학교에서 보낸 교사 생활은 학생들과 함께할 수 있었던 시간과 여교사와의 연애 등으로 즐거운 시간이었다. 그러나 그의 꿈은 교사가 아니라 연극과 문학의 길을 가는 것이었기 때문에, 그는 대학 진학을 결심하고 아버지에게 자신의 심정을 토로했다. 아버지는 차범석에게 "너 좋을 대로 해라. 어떻든 대학 공부는 해사제."라며 남의 이야기하듯 불쑥 내뱉으셨다. '네 일은 네가 알아서 해라'라는 아버지의 무뚝

99 목포시사편찬위원회, 《목포시사 다섯 마당: ② 예향 목포》, 108면.

뚝한 말에 차범석은 아버지가 너그러운 것인지 무관심한 것인지 분간을 할 수가 없었고, 그런 아버지에게서 사랑을 느끼지 못했다. 차범석은 평생 아버지를 뭔가 불편하게 느꼈고 자신에게 정이 없었던 것으로 이해했으며, 그의 희곡에서도 남성 노인들은 시대에 뒤떨어져 있고 무뚝뚝하고 정이 없는 캐릭터로 주로 표현되었다.

차범석이 연희전문학교 문과를 진학하려고 했던 것은 "문학 공부를 하려면 연희전문학교가 다른 학교에 비해서 전통과 역사가 있다는 초보적 판단"에서 비롯한 것이다. 그러나 아버지는 차범석이 자신의 동생 차남수처럼 의사의 길을 걷기를 바랐다. 장남인 차문석이 경성법학전문학교에 진학하여 집안에 법을 공부하는 사람이 있으니 의사 한 명쯤 나오면 좋겠다는 생각이었다. 이렇게 아버지와 엇갈리는 가운데 그는 문학과 연극을 공부하기 위해 전공을 문과로 선택했다.

46년 여름에 여기서 이대로 초등학교 선생으로 썩을 것인가, 아니면 나는 대학 공부를 못하고 일본 군대 갔으니까 이제 내 인생 다시 시작해야겠다. 대학 공부해야겠다. 그래서 이제 그때는 9월 개학이었어요. 서울에 올라가서 대학에 다니기로 결심을 했고 부모님하고 의논했더니 부모님도 허락을 해서. 서울에 가려고 했더니 그때 입학시험이 여름이었어요. 가을 시즌이었으니까. 갑자기 큰 사건이 터진 게 뭐고 하니 호열자(콜레라-필자). (……) 만연을 해 가지고 여행을 못 한 거예요. 갈려면 무슨 주사를 맞아야 하고 건강진단하고 또 여행 증명서하고 차도 전부가 올스탑all stop이고 특별한 사람만 가게 되고. 그런데 시험을 보러 가야 하는데 어떻게 하느냐. 이제 집에서는 어떻게 아버지가 얘기해 가지고 쓰리코타[100], 쓰리코타라는 게 있었어요. 어떻게 빌려 가지고 집에 돈은 있었다고 생각이 되니까. 그래서 그걸 타고 서울까지 올라왔어요. 그래서 서울에 있으면서 이제 시험을 본 게

연희전문학교였거든요. (……) 내가 연희전문학교 문과, 이제 문과를 들어
간 게 나였어요.[101]

1946년 8월 전염병으로 이동이 자유롭지 않은 상황에서도 차범석
은 9월 신학기[102] 시작에 맞춰 연희전문학교 문과에 응시하기 위해 시
험 2주 전에 상경하여 광화문에 있는 임林여관[103]에 투숙했다. 당시 여
관방에서 영어책을 읽던 차범석은 불현듯 창작 욕구가 일어나 3일 만에
76매의 〈폭풍전야〉라는 단막극을 완성하기도 했다.[104]

그런데 며칠 후 아버지가 반민특위反民特委에 출두하라는 연락을 받
고 서울로 올라와 차범석이 묵고 있는 여관으로 왔다. 그때 아버지는 목
포 지역민들의 서명을 받은 진정서[105]를 들고 왔다. 해방 이후 그의 아버
지는 이전의 친일 행위로 바깥출입을 삼가고 은인자중하고 있었던 터
였다. 그는 친일은 살아남기 위한 어쩔 수 없는 선택이었으며 자신은 조
선인에게 도움을 주면 줬지 반민족적 행위나 사리사욕을 취한 적은 없

100 Three Quarters, 적재량이 3/4톤인 지프와 트럭의 중간급 트럭.
101 차범석 구술, 김성희 채록연구, 《2004년도 한국 근현대예술사 구술채록연구 시리즈 49
　　— 차범석》, 79~80면.
102 당시 학제는 일제의 흔적을 지우자며 미국의 학제를 받아들여 신학기가 9월에
　　시작되었다.
103 옛 경기여고 뒤편 골목에 있었던 한식 여관으로 아버지와 안면이 있는 고향 사람이
　　운영하였다고 한다.
104 차범석 구술, 김성희 채록연구, 《2004년도 한국 근현대예술사 구술채록연구 시리즈 49
　　— 차범석》, 79~80면.
105 "차 영감님(여기서는 차범석의 아버지를 지칭함)은 잘못 없제. 일본 사람에게 이용을
　　당한 것뿐이란 말이여. 그동안 차 영감이 우리 목포 발전을 위해 하신 일이 어디 한두
　　가지인가? 간척 사업, 학교 설립, 고아원 사업, 불우한 이웃 돕기(……) 막말로 차 영감
　　이 죄인이라면 지금 세상에 죄인 아닌 놈 나와 보라제!"(차범석, 《예술가의 삶 6 — 차범
　　석》, 105면.)

다고 항변했다. 그러면서도 죄책감과 함께 조금이라도 벌이 가볍게 내렸으면 하는 바램을 갖고 있었다. 차범석 역시 강제 징집이기는 했으나 일제의 군대에 나간 것이 일본에게 이로운 일을 한 친일 행위라고 생각하여 마음이 편치 않았다.

모처럼 며칠 동안 좁은 여관방에서 함께 기거하면서 아버지의 모습을 가까운 거리에서 보고 겸상도 할 수 있는 시간을 가졌지만 차범석은 아버지의 결백을 믿는 것이 옳을지 민족의 심판을 받는 것이 옳을지에 대해 고민했다. 이런 고민도 이들 부자 사이에 절대적 신뢰 관계가 형성되지 못했던 탓이었을 것이다.[106]

1946년 가을 차범석은 목포북교국민학교를 사직하고 연희대학교 전문부[107]에 입학했다. 그리고 아버지는 죄상이 가볍다는 이유로 곧 풀려나, 차범석의 집안에는 겹경사가 났다.

---

106 차범석은 아버지에 대해 비판적 시선을 갖고 있었다. 1945년이 되었는데 차범석이 아직 군에 징집되지 않은 것을 보고 친구들은 운이 좋다거나 아버지의 입김 덕이라고 했지만, 정작 차범석은 아버지가 그런 일에는 수동적인 사람이기 때문에 자신의 군 입대에 입김을 불어넣지는 않았을 것이라고 생각했다. 아버지에 대한 불신이 뿌리 깊었던 것이다. "그러나 내가 알고 있는 아버지는 그런 일에는 수동적이었다. 사회적으로 지명도가 있는 사람일수록 관官이 하는 일에는 협력을 할 수밖에 없었던 시대였다. 그러기에 나의 형이 학병學兵으로 끌려갔을 때도 아버지는 아무런 대책을 세운 것 같지가 않았다. 오히려 '나라를 위해 바친 가정'으로 칭송받기를 원했을지도 몰랐다."(전성희 편, 《차범석 전집 11 ─ 자서전/수필 외》, 115면.)

107 연희전문학교는 1946년 8월 연희대학교로 승격되었는데, 같은 해 7월에 처음으로 예과 즉 전문부 입학생을 모집하기 시작했다. 차범석은 이에 응시하여 합격했고, 전문부 1년을 마친 후 시험을 봐서 학부 영문과로 진학했다. 당시 학부는 4학원 11개 학과 체제로, 차범석이 진학한 문학원에는 국문과·영문과·사학과·철학과·정치외교과 등 5개 학과가 있었다.

2부

별은 밤마다

4
연희대학교 진학
드디어 연극을 시작하다

연희극예술연구회 활동

1946년 23세에 연희대학교의 대학생이 된 만학도 차범석은 자신이 가야 할 길을 이미 정해 놓고 있었다.

> 나는 제주도 한림에서 일본 군대의 일원으로 복무하면서도 어렴풋하게나마 내 마음속에 자라고 있는 한 가닥 빛을 보았다. 기다림이었다. 언젠가는 그날이 오리라는 막연한 기대였다. 그것은 행복일 수도, 죽음일 수도 있었던 기다림이었다. 나는 전쟁의 와중에서도 상관의 눈을 피해 일기를 썼고, 수필과 시도 썼다. 연극이 무엇인지도 모르면서도 언젠가는 오겠지 하고 기다리던 스물두 살의 젊음.
>
> 드디어 그날은 왔다. 1945년 8월 15일, 이때부터 나의 본격적인 문학 수업은 시작되었고, 대학 시절은 강의보다는 연극 순례와 대학 극 활동으로 채워진 광분과 폭풍의 계절이기도 했었다.[108]

---

108 차범석, 《거부하는 몸짓으로 사랑했노라》, 64면.

애초에 차범석에게는 대학 진학의 목표가 문학과 연극을 하는 것이었다. "이미 나의 갈 길을 정해 놓고 대학에 들어갔다. 넓게는 연극이고, 좁게는 극작가가 되겠다는 게 일제 말기의 재수생 시절부터 품어 온 꿈"[109]이었던 것이다.

차범석은 대학에 입학하자마자 연희극예술연구회를 조직해 교내 연극 공연을 하면서도 기성 극단의 연극을 보러 다니면서 연극을 향한 열정을 불태웠다. 그러나 마음 한켠에서는 희곡을 읽지 않고 어떻게 극작가가 될 수 있을까라는 생각이 들었다. 희곡집의 출판이 거의 없었던 시절이라 현실적으로 희곡집을 구해서 볼 수가 없었던 것이다. 그래서 차범석은 종로나 충무로 일대의 헌책방을 뒤지며 "연극이나 희곡이라는 활자가 박힌 책은 모조리 사들"였다. 차범석이 극작가의 꿈을 구체화할 수 있도록 자극을 주었다고 했던《근대극 전집》은 1927년 3월부터 5월 사이에 간행된 일본의 다이이치 쇼보第一書房가 '헨리크 입센 탄생 백년제 기념 출판'이라고 부제를 붙여 출판한 희곡집으로, 따로 200장의 무대 사진이 들어 있었다.

그러던 어느 날 충무로 중앙우체국 근처에 있는 책 가게에 들렀을 때 가게 출입구 앞에 노끈으로 묶인 채 쌓인 한 질의 책이 시야에 들어왔다.《근대극 전집》. 북구, 프랑스, 미국, 독일, 러시아, 아일랜드, 영국 편 등 -. 얼마인지 기억은 안 나지만 나는 주인에게 계약금을 치르고는 곧바로 고향에다 전보를 쳤다. 책을 사겠다는데 돈을 안 보내 줄 부모는 없으리라는 자신감이 있었다. 그리고 며칠 후 그 책은 영락없이 내 수중에 들어오게 되었다.

내가 희곡에 눈을 뜨고 연극에 관한 상식을 얻었다면 그건 전적으로 이《근

109 차범석,《예술가의 삶 6 — 차범석》, 113면.

대극 전집》의 덕이었다.

근대 연극의 대표적인 작가와 그 작품은 곧 나를 키워 낸 젖줄이자 혈관이었다. 그래서 나는 지금도 그 책에서 배우고 나의 자화상을 그리는 버릇이 있다.[110]

어린 시절 최승희의 공연에 이끌린 이후 연극은 오랜 그의 꿈이었다. 차범석은《근대극 전집》을 통해 세계 연극의 동향과 동시대 작가들의 희곡을 읽으면서 자신의 꿈이었던 극작가가 되기 위한 훈련을 할 수 있었다. 이 전집은 일본에서 간행된 책이었지만 차범석은 2년 동안이나 일본에서 재수 생활을 했기 때문에 책을 읽는 데 무리가 없었다.

내가 희곡을 쓰게 되었고 연극에 몸을 바치게 된 유혹의 손길은 바로 꾸밈의 세계였던 게 분명하다. 막 하나를 사이에 두고 현실과 꿈이 갈라지고 이승과 저승이 나누어지고, 눈물과 웃음이 소용돌이치는 무대 세계에 나는 이미 신들린 무당의 아들이 되었던 모양이다. 누가 시킨 일도 아니고 누가 가르친 것도 아닌데 밤이면 극장으로 달려가서 막 앞에 도사리고 앉아 막이 오르기를 기다리는 것에 길들어 버린 나는 기다리면서 살아가야 하는 한 인간의 숙명을 이미 타고난지도 모른다.[111]

차범석은 대학 입학 이후 새마을문학회라는 문학 서클에 가입하고, 일제강점기에 발행되다 폐간되었던 문학잡지《문장文章》한 질을 구입하였다. 입학 당시 그는 문학이 리얼리즘에 바탕을 두어야 하며 역사와

---

110 차범석, 〈스무 살의 독서:《근대극 전집》— "〈희곡 황무지〉 밝힌 등불"〉, 《동아일보》, 1993.5.12.
111 차범석, 《거부하는 몸짓으로 사랑했노라》, 63~64면.

민족의 현실을 도외시해서는 안 된다는 사실조차도 알지 못했지만 문학 서클을 통해 그러한 것들을 알게 되었다. 차범석은 어린 시절부터 일본어로 된 책만 읽었고 특히 일본 유학 기간 동안에는 일본어만 읽었기 때문에 한국어로 된 글에는 익숙하지 않았다. 그런 그에게《문장》구독은 한국 문학에 눈을 뜨게 되는 계기가 되었다.

그들의 문학관은 이른바 사회주의 리얼리즘에 바탕을 두고 있었다. 나는 그들과의 만남에서 하나의 개안을 시작했으니 문학은 곧 리얼리즘에다 바탕을 두어야 하며 역사적, 민족적 현실을 도외시하는 문학이란 이 시대에서는 아무런 의미도 없다는 데 차츰 감화되어 가고 있었다. 따라서 민족 진영의 작가들보다는 이른바 진보적 세력이라 불리웠던 작가들의 작품에 더 매력을 느꼈던 것도 숨길 수 없었다. 나의 친구 가운데 박종석 군이 있었다. 인천에서 기차 통학을 하는 문학청년이다. 그가 어느 날 일제시대에 발간되었다가 폐간된《문장》이라는 문학잡지가 한 질 고스란히 헌책방에 나와 있다면서 필요하다면 말하라는 것이었다. 잘 아는 책 가게이니 가격을 할인할 수 있으리라는 조언이었다. 솔직히 말해서 지금까지 읽어 온 문학 책이란 대부분이 일본말로 된 책이었으며 우리의 문학 작품에는 비교적 소홀한 편이었다. 그러나 앞으로 작품 생활을 하기 위하여는 때늦은 감이 없지 않지만 과거의 작품을 읽을 필요가 있다고 판단되자 나는 그《문장》을 구입했다. (……)《문장》을 통하여 배출된 문학인들의 작품을 읽는다는 것은 곧 우리의 현대 문학(해방 전의)을 한눈에 읽을 수 있을 뿐만 아니라 그 당시 사상적 대립 관계에 있었던 양대 세력의 대표적 문인들의 작품이 모두 거기 모여 있었다. (……)《문장》을 읽어 나가면서 나의 현대 문학에 대한 새로운 개안은 바로 문학적 진로에 결정적인 획을 그었다고 해도 무방할 것이다.[112]

연희대학교 전문부 문과 시절 문학 서클 '새마을문학회' 동인들과 함께. 왼쪽부터 차범석, 두 사람 건너 노영칠, 한영택. 1946년 겨울.

당시 대학가는 해방 이후 우익 학생단체인 학련學聯과 좌익 학생단체 민청련民靑聯 간의 갈등과 충돌이 빈번하게 일어나 어수선했다. 서울에 와서 차범석은 해방 정국에서 "민족 반역자, 친일파를 몰아내고 일본 제국주의 잔재를 말끔히 씻어 냄으로써 깨끗이 과거를 청산해야 한다는 진보 세력들의 주장이 부당한 것은 아니었다."[113]라는 사실을 알게 되었다. 늦게 시작한 대학 생활에서 차범석은 비로소 사회적, 정치적으로 개안하고 역사의식을 가질 수 있었다. 자아의 각성이 일어난 이때부터 문학과 연극에 대한 그의 생각은 방향을 잡기 시작했다.

"우리가 처해 있는 현실을 있는 그대로 거울 속에 비춰 보고 싶다. 추하다고 미화시키지 말고 글렀다고 숨기지도 말고, 못생겼다고 부끄럼 타지 말

---

112 차범석, 《예술가의 삶 6 — 차범석》, 116~117면.
113 전성희 편, 《차범석 전집 11 — 자서전/수필 외》, 132면.

고, 가난하다고 꾸밀 것도 없는 우리의 실상을 있는 그대로 표출하는 수밖에 없잖은가! 이와 같은 나의 소박한 리얼리즘론은 이때부터 옷을 입기 시작했다. 부정, 불의, 모순, 기만, 가식의 옷을 모조리 벗기게 하고, 알몸과 알몸으로 솔직하게 끌어안을 수 있는 연극이 있어야 한다. 미국도 아니고, 일본도 아니고, 소련도 아닌 한국은 한국일 수밖에 없는 명징한 연극이 있어야 한다."라고 주먹을 쥐곤 했다. 그것은 종속되거나 추종하는 노예근성에서가 아니라 스스로 주인임을 당당하게 외치는 일이다. 남에게 붙어먹거나 아부하지 않은 떳떳한 가난이라면 결코 부끄럽게 생각하지 않는 시대가 와야 한다고 다짐했다.[114]

이 글은 그의 리얼리즘에 대한 견해를 소박하게 밝힌 것으로, 차범석이 이미 대학 시절부터 리얼리즘 연극관을 갖고 있었다는 것을 보여 준다. 다시 말해 차범석의 연극은 리얼리즘으로부터 시작되었고, 리얼리즘은 그의 희곡 작품에 바탕이 되었다.

연희대학교 전문부 문과에서 1년을 수학한 차범석은 1947년 9월 문학원 영문과로 진학했다. 당시 연희대학교에는 1920년 초 결성된 기존의 연희연극부가 유진 오닐의 희곡 〈지평선 너머〉를 공연한 후에 내부의 갈등과 반목으로 해산 직전이었다.

　　1946년 …… 10월쯤인가[115] 연희연극부가 유진 오닐 작 〈지평선 넘어〉[116]

114 전성희 편,《차범석 전집 11 — 자서전/수필 외》, 132~133면.
115 《연세연극사》에 의하면 공연이 그다음 해인 1947년 6월 2일부터 3일간 국제극장에서 이루어진 것으로 기록되어 있는데, 1947년 6월 공연이면 지나치게 연습 기간이 긴 것이다. 오래전 일이라 차범석의 기억에 혼선이 있는 것 같다.
116 일부 기록에는 작품명이 〈지평선 저 건너〉라고 기록되어 있지만 동일 작품이다.

를 공연하기 위하여 연습 중이라기에 연습장을 기웃거리기 시작했다. 그런데 여자 연기자는 외부에서 불러다 출연시켰고 일하는 모양이 학생답지 않은 게 못내 탐탁치가 않았다. 그러나 모두가 나이는 나보다 아래지만 선배들이 하는 일이라 참견할 수가 없었다. 공연을 시공관에서 한다는 것도 학생극답지 못하다고 나름대로 불평을 했다. 학생극은 좀 더 신선하고, 연구적이고, 겸손해야지 않겠는가 하는 게 나의 지론이었다.[117]

무엇보다도 제작비를 둘러싼 추문이 나는 것은 대학극이 가서는 안되는 길이라고 생각했던 차범석은 새로운 연극부를 만들기로 작정했다. 이처럼 차범석은 학생극이 학생극다운 태도를 갖지 못하고 기성 극단의 흉내를 내는 것에 대해 반기를 들어 새로이 연극 서클을 조직했다. 이미 "세 끼 밥보다도 더 입맛이 당기는 연극무대의 마력"에 이끌렸던 차범석에게 "연극은 삶의 목적이요, 생명이요, 소우주"였다.

1947년 "이미 있었던 연극부와는 성격도, 행위도 그리고 이념도 다른 연구적인 서클을 원했기 때문"[118]에 신태민, 호기수, 장운강, 구선모, 김병규, 모개수, 박상필 등과 연희극예술연구회(후에 연세극예술연구회로 명칭을 바꿈)를 함께 조직하여 대학 연극 활동을 시작했다.

문과 학생이 약 120명 정도 모집을 했어요. (……) 나는 들어가면서부터 이제 글을 썼는데 다른 사람들은 그냥 전문학교 들어온 목적이 없이 들어왔는데 나는 들어오면서부터 목적이 혼자 딱 정했어요. 나는 희곡을 써야겠다. 연극을 해야겠다. 그때는 연극과다 이런 거 없으니까. 아무튼 전문부

117 차범석, 〈'연희극예술연구회'를 회고하며〉, 연세극예술연구회 편, 《연세연극사》, 연세극예술연구회, 1981, 30면.
118 차범석, 〈'연희극예술연구회'를 회고하며〉, 연세극예술연구회 편, 《연세연극사》, 30면.

들어가서 책을 읽으면서 그걸 해야겠다. 그러니까 들어가면서부터 목적이 뚜렷이 있기 때문에 다른 데 신경 쓸 필요가 없었어요. (……) 그러면서 문제는 이거 연극을 해야 할 것인데 어떻게 할 것인가. 그럼 인제 동아리를 만들어야 하니까 만들은 게 극예술, 연희극예술 연구회를 처음 만들었죠.[119]

연희극예술연구회는 민영규 교수를 지도교수로 삼아 "창립공연으로 안톤 체호프의 〈결혼신청結婚申請〉[120]을 공연했고 뒤이어 〈주리유 할아버지의 유언〉, 〈깨어진 항아리〉[121]를 채플 강당과 노천극장"에 올려 "비교적 학교 측이나 학생들 사이에서도 호평을 받았다."[122] 〈결혼신청〉을 첫 공연 레퍼토리로 채택한 것은 "대학 연극의 구체적인 징표로서 우선 단막극부터 접근하기로"했으며 "연극사적 접근을 토대로 해야 한다는 주장 아래 러시아의 문호이자 근대연극의 큰 기둥"인 안톤 체호프의 희곡이었기 때문이었다.

차범석의 연극 인생이 연희극예술연구회와 더불어 '조심스럽게 막이 오르게' 된 것이다. 이때 차범석은 자신이 가야 할 길이 문학과 연극에 있다는 신념을 견지하고 있었다. 영문학부로 진급하면서 차범석은 시, 소설, 희곡을 전공하는 학생들의 모임인 문학 서클 '새마을회'에서

---

119 차범석 구술, 김성희 채록연구, 《2004년도 한국 근현대예술사 구술채록연구 시리즈 49
     ― 차범석》, 81면.
120 일부 기록에는 작품명이 〈구혼〉으로 기록되어 있다.
121 차범석이 1981년에 쓴 글에 따르면, 연희극예술연구회 창립 공연으로 안톤 체호프의
     〈결혼 신청〉을 올리고 이후 〈주리유 할아버지의 유언〉(마르탱 뒤가르의 〈루리 할아버지
     의 유언〉)과 〈깨어진 항아리〉를 올린 것으로 되어 있다. (차범석, 〈'연희극예술연구회'를 회
     고하며〉, 연세극예술연구회 편, 《연세연극사》, 30면.) 그러나 차범석의 2004년 구술 기록
     에 따르면, 이들 작품 외에 이태준의 〈산사람들〉도 공연한 것으로 되어 있다. (차범석 구술, 김
     성희 채록연구, 《2004년도 한국 근현대예술사 구술채록연구 시리즈 49 ― 차범석》, 83면.)
122 연세극예술연구회 편, 《연세연극사》, 30면.

도 활동했다. 당시 첨예한 갈등으로 이념들이 부딪히는 것을 보면서 문학이나 연극에 대한 차범석의 인식은 달라지고 있었다.

그는 일제강점기에 발간되었다가 일제 말기에 폐간된 순수문학지 《문장》 한 질을 사서 다시 문학 공부를 시작했고, 문학 서클 새마을회에 참여하여 문학을 공부했다. 그리고 "시대조류며 역사적 현실 속에서 변해 가는 우리를 알기 위해서는 현장에 뛰고 있는 스승과 선배들의 의견에도 귀를 기울일 필요가 있다고 생각해" 김기림, 이인수, 염상섭, 이무영, 유치진, 김동석, 설정식, 최재서, 권중휘, 윤태웅, 이호근 등의 강의를 들었다.

한편 직업 극단의 공연 외에도 연습장까지 찾아다니면서 연극 제작의 현장을 경험하는 등 그의 연극에 대한 관심은 대단했다. 당시의 유명 연극인들이었던 안영일, 이서향, 허집, 조영출, 김선영, 남궁련, 고설봉, 김승호, 강정애, 오화섭, 박노경 등과 연출가나 배우로 만나 연극적 개안을 하고 엑스트라로 무대에 서기도 했다. 이것은 타고난 재능에서 비롯된 것이 아니라 무대예술을 향한 차범석의 '후천적인 의욕과 정열'에서 온 것이리라.

그러나 당시 문화 예술계는 좌익과 민족 진영의 대립으로 예술인의 집회뿐만 아니라 공연장에까지도 폭력이 난무했다. 이에 대해 차범석은 "이 땅에서는 예술도 궁극적으로는 투쟁일 수밖에 없는 거라는 현실을 직시하면서 대학 생활에 익숙해져 갔다."

1947년 가을부터 차범석은 명동 YWCA에 있는 함귀봉咸貴奉조선교육무용연구소에서 춤을 배우기 시작했다.[123] 초등학교 6학년 때 목포에서 보았던 최승희의 춤을 보고 무대에 매료된 지 12년 만이었다.

조동화와는 함귀봉무용연구소에서 만났는데, 그도 차범석처럼 신문에 난 광고를 보고 최창봉, 김경옥 등과 함께 무용연구소를 찾아간 것이다.

> 조 : 네, 그때에 (……) 신문에 대학생 무용·연구생이라고 모, 모집하는 그런
> 광고가 나갔어요. [네] 그런데 그, 그 당시에는 무용이라는 거는 대학이
> 라고 하는 거하고 연결시킬 수 없어요. 그 당시에는 그러, 그런 게 재미
> 있잖아요. 무용……
>
> 인 : ……을 어떻게 대학에서 하나……
>
> 조 : 연구하고 이렇게 흥미가 있어서 갔어요. 그쪽에 갔더니, 거기에, 최창
> 봉허고, 최＊, 최창봉이허고.
>
> (……)
>
> 인 : 거기서 최창봉 선생님을 처음 만났어요?
>
> 조 : 어, 최창봉, 차범석, 김경옥, 미국에 가 있는 김경옥, 무용, 연극, 무용
> 평론하는 분이 있어요. 그런 사람 만났어요.
>
> (……)
>
> 조 : 나는 뭐 연극하고 관계 없지만은 연극에 나를 여 줬다고 하는 그것만
> 해도 참, 나는 완전 쑥맥이에요. 쑥맥이고, 문화하고도 멀었고 [네] 그
> 래서 그럴 때 그런 친구들을 만났기 때문에, 다행히 그 친구들 나랑 같
> 이 성장을 했어요.[124]

---

123 명동유치원 자리에 있었던 함귀봉조선교육무용연구소에서 낸 '대학무용연구생 모집'이
라는 신문광고의 문구를 보고 모인 김경옥, 최창봉, 차범석, 조동화의 인연은 훗날 제작
극회의 창립에까지 이어졌다. (조동화, 〈친구 따라 강남으로 가는 제비처럼〉, 주명덕 외,
《예술가의 이야기가 있는 방》, 한국문화예술위원회 출판미디어사업팀, 2004.;《월간
춤》, 2018.5. 재수록.)

124 조동화 외 구술, 박선욱 외 채록연구,《2007년도 한국 근현대예술사 구술채록연구 시리
즈 106 - 한국 근현대문화예술의 거점 공간 1950년대 명동의 다방과 술집》, 한국 문화예
술위원회, 2007, 542~544면.

함귀봉[125]은 당시 현대무용을 하는 소장파 무용가였다. 차범석도 위의 글에서 조동화가 이야기하는 것처럼 함귀봉 무용연구소에서 신문에 낸 광고를 보고 찾아갔던 것이다. 이 일은 춤에 대한 차범석의 생각을 보여 주는데, 차범석은 "어려서부터 막연하게나마 마음이 끌렸던 그 춤의 세계로 들어가고 싶었다. 그것은 어떤 미지의 세계에 대한 동경이요, 도전"[126]이었다. 차범석을 보고 함귀봉은 연극을 하는 사람이 무용을 한다면서 그리 달갑지 않게 생각했지만 차범석은 "연극과 무용은 따지고 보면 그 뿌리도 하나 아닙니까? 좋은 연극무대를 만들기 위해서는 무용도 필수적 요소라고 생각합니다."라며 춤에 대한 강한 의지를 밝혔다.

강의는 일주일에 4일 있었고 오후 5시부터 세 시간의 실기에 이론 시간도 있었는데 실기는 함귀봉이, 이론은 문철민[127]이 담당했다. 강의를 들으며 차범석은 "무용도 연극 못지않게 창조적 예술이자 정신문화의 소산임을 깨닫게 되었다. 그것은 먼 훗날 내가 무용계와 인연을 맺게 된 청신한 자극제 구실을 한 셈이다." 재미있는 것은 "이 연구소에서 제작극회 동인이 된 최창봉, 조동화, 김경옥 등을만났다는 사실이다."[128]

---

125 함귀봉咸貴奉은 일본 동경에서 주로 아동교육무용 혹은 건강무용운동을 주도했다. 해방 후 귀국하여 한국 교육무용을 위해 힘썼다. 이사도라 던컨과 마리 뷔그만의 현대무용을 기초한 교육무용의 교육과 전파에 힘썼다. 6·25 전쟁 때 북한으로 갔다.(《한국민족문화대백과사전》.)

126 차범석,〈자전 에세이〈나의 길 41〉—'광대의 울음' 달랜 '맑은 대숲 바람'〉,《동아일보》, 1991.1.27.

127 문철민文哲民은 한귀봉, 박외선과 함께 모던 댄스를 예술적, 교육적 차원에서 수용하였고, 1946년 함귀봉의 조선무용연구소의 수업에서 이론적 부분에 도움을 주었다. 1946년 무용가들의 정식 협의체인 '조선무용예술협회'가 출범하는데 여기서도 주도적인 역할을 맡아 서기장을 역임하였다. 당시 최초이자 그리고 유일한 무용평론가로서 한국에서 무용비평을 본격적으로 시작한 인물이다. 그의 제자로 김문숙, 김기전, 평론가 조동화, 김경옥, 정병호, 극작가 차범석과 최창봉 등이 현대무용의 기반을 다지는 데, 이들 무용평론 1세대들에게 지대한 영향을 미쳤다.(《한국민족문화대백과사전》.)

이들 중에 차범석이 6개월 먼저 1기로 무용연구소에 다녔고 이때 나중에 극단 산하에서 함께 연극을 하게 되는 배우 구민과도 만났다. 이어서 최창봉, 김경옥, 조동화 등이 무용연구소 2기로 합류했다. 이론과 실기를 겸한 무용 수업은 이후 차범석이 무용극을 창작하는 계기가 될 수 있었다. 춤을 알고 대본을 쓸 만한 작가가 없었던 때, 춤을 이해하고 애정을 갖고 있었던 차범석은 무용극의 중요한 작가로 활동할 수 있었고 대학극회와 제작극회로 이어지는 연극계의 최창봉과 김경옥, 조동화와의 인연도 여기서 시작되었다. 김경옥과 조동화는 무용평론가로 활동했으며 특히 조동화는 월간《춤》이라는 무용 전문잡지를 발행하기도 했다.

결혼, 그리고 목포에서의 연극

1947년 겨울, 차범석은 대학 입학 후 맞은 첫 겨울방학에 목포에 내려갔는데 아버지가 자신의 건강이 악화되고 있다며 더 이상 예전 같을 수 없으니 결혼을 하라고 차범석에게 강요했다.

> "두말 말고 애비 시키는 대로 해라! 이게 다 자식 잘되라고 하는 소리닝께…… 알것지야? 안에 가서 네 엄마헌테 이야기 들어 봐. 이미 혼담이 오가고 있으니……. 자식의 장래를 위한 부모의 깊은 뜻을 그 누가 모를까마

---

128 함귀봉조선교육무용연구소에서 "동기생 가운데 최창봉(전 MBC 사장), 조동화 (무용평론가), 김경옥(극작가) 등이 끼여 있어서 먼 훗날 제작극회制作劇會 창단 동인이 된 기연基緣 도 이때 맺어진 셈이다."(전성희 편,《차범석 전집 11 ─ 자서전/수필 외》, 135면.) "조동화, 김경옥 두 사람은 1948년 함귀봉무용연구소에서 처음 만나 우정을 쌓아 온 사이였다."(최창봉,《방송과 나 ─ 영원한 PD 최창봉의 방송인생 다큐멘터리》, 동아일보사, 2010, 204~205면.)

는 당사자의 의견도 듣지 않고 일방적으로 혼담이 오고 가고 있다는 말에 나는 다시 한번 놀라움을 금치 못했다.[129]

평소 문학과 연극만 생각하고 있었던 차범석으로서는 이러한 아버지의 강요를 받아들일 수 없었다. 아버지가 "네 성(형)이 제정신을 차리고 집안에만 있어 준다면 이 애비는 덜 속상하것는디……. 어떻든 늬가 장가가야지 늬 동생들도 결혼시키고…… 그래야 마음 놓고 두 눈 감게 되겠는디 지금 심정 같아선……. 농지도 토지 개혁령 따라 지가증권地價證券 받고 넘기고 나면 수중에 남는 것도 뻔한 일 아니냐? 그런디 네 성놈은 밤낮……"이라고 하는 말에 차범석은 자신에 대한 결혼 강요가 형 때문이라는 데 생각이 미쳤고, 형에 대한 원망은 더욱 커졌다. 아버지가 자신에게 결혼을 강요하는 것은 형이 장손으로서 제 구실을 하지 못하는 데서 시작된 셈이었다. 그런 형과 차범석은 일생 동안 화합하지 못했고, 형의 일방적인 처사는 아버지가 돌아가신 뒤에도 계속되어 아버지가 차범석에게 남겨 준 목포역 앞의 땅도 형이 처분해 버렸다고 한다.

아들과 딸의 차별과 '장남 위주의 일방적인 편애주의'로 형에 대한 아버지의 기대와 사랑은 절대적이었는데, 장남이 법학을 전공했으니 판검사나 군수라도 한자리를 차지해 문중을 끌어 가기를 기대했으나 차범석의 형 차문석은 아버지의 기대에 미치지 못했다.

형은 본래 씀씀이가 커서 어려서부터 아버지의 돈을 거리낌 없이 썼다. 광주에서 유학하던 시절에도 아버지가 보내 준 용돈 외에도 갖은 핑계를 대서 돈을 자주 타서 쓰는 등 장남으로서의 의무보다는 권리를 누리려 했다.

---

129 전성희 편, 《차범석 전집 11 — 자서전/수필 외》, 176~177면.

학병으로 끌려갔던 형은 해방이 되고도 소식이 없다가 1946년 2월 중순 중국에서 돌아왔다. 해방되기 직전 광복군에 편입되었다가 상하이에서 귀국선을 타고 돌아온 것이다. 죽은 줄만 알았던 맏아들이 돌아오자 집안은 경사가 난 분위기였다. 그러나 돌아온 형은 직장에 다니면서도 "낙천적이며 씀씀이가 헤픈 성벽은 여전한 데다가 친구들과의 향락적인 생활은 아무리 장남이라지만 부모에게는 고통이요 아픔이었다. 밤마다 마작이며 화투 놀이로 귀가가 늦으니 아버지는 심부름꾼을 보내서 귀가를 독촉하는 지경에 이르렀다."

맏아들에게 실망한 아버지는 차범석에게 결혼을 강요하였다.

> 1946년에 학교에 들어가 가지고 47년 초에 겨울방학이죠. (……) 정월달인데 갑자기 나한테 결혼하라는 거예요, 집에서, 나는 결혼 생각지도 못했고, 아마도 얘기했죠. 나는 대학 들어가서 열심히 공부하고, 희곡 쓰고 연극하는 그것만 있었지. 결혼이다, 사랑이다 생각도 못했고 (……) "너 결혼해야겠다. 부모가 시키는 대로 해."[130]

차범석은 이성에 대해 생각해 보지도 않았지만 받아들였다. 당시 차범석의 아버지는 친일파라는 낙인이 찍히면서 주변의 눈길을 피해 거의 두문불출하다시피 하던 처지였다. 그런 상황에서 장남에 대한 실망에 자신이 언제 세상을 떠나더라도 자식들을 결혼시켜 부모로서의 책임을 다하려고 했던 것이다. 부당하다는 생각이 들었지만 아버지는 자형까지 동원해 강하게 압박해 왔다. 이에 자형은 차범석에게 아버지 마음의 짐

---

130 차범석 구술, 김성희 채록연구, 《2004년도 한국 근현대예술사 구술채록연구 시리즈 49 — 차범석》, 94면.

을 덜어 드리는 것이 효도라고 부추기기까지 했다. 또 맞선을 보고 정 마음에 안 들면 거절할 수도 있지 않냐며 차범석의 마음을 흔들었다.

맞선 상대 박옥순朴玉順은 네 살 아래로 광주 양림동에 살고 있었으며 "제법 큰 한식韓式 와가瓦家에 축산업畜産業을 하는 박씨 집안이었다. 그리고 이 혼담을 맨 먼저 거론한 사람은 양림동에서 차車 고약 집으로 알려진 차씨 집안인 데다가 둘째 사위가 규수의 큰오빠이고 둘째 오빠가 나의 중학 선배"라는 것이 차범석에게는 낯설지가 않았다.

그래서 결혼 의사는 없었지만 "맞선이라는 말에 문득 호기심을 느껴" 맞선을 보기로 하였다. "맞선을 보는 그 순간의 짜릿하고도 아기자기한 긴장감과 설렘을 체험을 한다는 것도 무의미하지 않다."라고 생각했다.

맞선을 보고 집에 돌아오자 가족들은 차범석에게 맞선 본 처자가 어땠는지 궁금해하며 물었는데, 어머니는 처자의 어디가 마음에 들더냐고 물었다. 차범석은 어머니와 숙모와 함께한 맞선 자리에서 만난 박옥순이 "살결이 희고 곱게 빗어 넘긴 광택 나는 머리가 파마머리가 아니고 반듯하게 갈라진 가르마의 하얀 선이 인상적이었다."라고 말했다. 그 말을 들은 그의 부모님은 차범석이 맞선 상대가 싫지는 않은 모양이라며 혼례를 서둘러, 방학 중인 2월 13일에 결혼을 시켜 버렸다. 차범석은 아내가 될 사람을 사랑해서라기보다 '부모님의 마음을 조금이라도 편하게 해 드린다는 전근대적 소박성'에서 결혼을 선택했다.

당시 목포는 전라도 지역 내에서 광주보다는 작은 도시였지만 연극적 전통이 강해 연극 활동이 활발하게 이루어지고 있었다. 해방 후 목포에는 예술인단체 '예술문화동맹'이 있었는데 당시 일본에서 연극과 문학을 공부하고 온 유학생들이 상당히 있었고 특히 니혼日本대학 출신의 이화삼, 박경창, 양병준, 홍순태, 백두성 등이 목포 연극의 씨앗을 뿌렸다. 첫 공연으로 〈눈 내리는 밤〉(존 밀링턴 싱그 원작 〈그늘진 계곡〉, 이화삼[131] 번

차범석과 박옥순의 결혼 기념사진. 광주 신부 집에서. 당시 차범석은
24세, 박옥순은 20세였다. 1947.2.13.

안·각색·연출)이 평화극장 무대에 올랐다.

　전라도 지역에서도 목포만은 조금 달랐다. 광주에 비해 작은 도시지만 그
곳에서는 김우진金祐鎭이라든가 차범석 등과 같은 한국 최고의 극작가들
을 배출한 데다가 이화삼, 박경창 등과 같이 일본 유학까지 갔다 온 뛰어
난 연극인들이 여럿 있었기 때문에 광주 지역 이상으로 프로에 가까운 연
극을 펼쳤었다. 해방과 함께 모두가 고향에 모여 신극 운동을 펼치기 시작

한 것이다. 대부분이 니혼대학 예술학과 출신들인 이들은 1945년 12월에 해방의 감격을 풀기라도 할 듯이 특별히 극단이라는 이름을 붙이지도 않고 이화삼 연출로 〈눈 내리는 밤〉(싱그 작 〈계곡의 그늘〉 번안극)을 평화극장 무대에 올렸는데, 이것이 호남 지역의 첫 번째 연극다운 연극이었다. 이 작품을 관극한 차범석은 논평에서 "신파연극에 길들여진 일반인들에게는 싱거웠을지도 모르지만 다소의 문학 기질을 가진 사람들에게는 신선한 무대라고 할 수 있었다."라면서 "특히 그 '노라' 역을 맡은 여인의, 보통 여인의 체격보다는 커 보이며 유난히 흰 살결이 어딘지 이국정서를 자아내게 한 인상이 45년이 지난 지금도 내 뇌리에 남아 있다."라고 회고한 바 있다.[132]

차범석의 연극에 대한 열정은 이러한 당시 목포의 연극적 상황과

---

[131] 기록에 따르면 장병규 번역으로 되어 있는데 차범석의 회고에도 그렇게 기록되어 있다. 동명의 차범석 최초의 대본 〈눈 내리는 밤〉에는 장병규의 딸 장성희가 출연하였다고 한다. (차범석, 〈지방연극사(2): 목포편(상) — 내가 살다가 온 목포연극〉, 《한국연극》 제14권 제10호, 한국연극협회, 1989. 10.) 이화삼李化三은 일제강점기와 해방 직후 연극배우이자 연출가였고 영화배우로도 활동했다. 목포에서 태어났으며, 일본 와세다대학 문과를 졸업했다. 1929년 조선어극단 입단을 통해 연극에 데뷔했으며, 1935년 동경 츠키지소극장을 중심으로 재일본 조선인 유학생들이 창립한 조선예술좌에 동인으로 참여했다. 귀국해서는 1936년 조선연극협회, 1938년 낭만좌 등의 창립 멤버로 활동했다. 1940년 협동예술좌 소속으로 있으면서 영화에 진출하여 이규환이 연출한 〈창공〉(원제: 돌쇠)의 제작을 맡는 동시에 주연으로 출연했다. 해방 후 1945년 극단 전선 단원으로 활동했고, 1947년 유치진을 주축으로 설립된 극예술협회(극협) 동인으로 〈마의태자〉를 연출하였다. 1950년 국립극장 설립과 함께 극협이 극단 신극협의회(신협)로 흡수되자, 신협의 국립극장 개관기념공연 〈원술랑〉(1950.4.30.)의 공동 연출을 맡아 큰 성공을 거두었다. 1948년 1월에는 박경창, 백두성 등과 함께 고향 목포에서 '유달유학생회'를 조직하여 〈눈 내리는 밤〉, 〈산촌〉, 〈집을 떠나는 사람들〉을 무대에 올리기도 하였다. 그러나 전쟁 발발 직후인 1950년 8월 인민군에 납치되었으며, 그 이후로는 소식을 알 수 없다. 극작가 이해랑은 근대연극사상 천부적인 재능을 타고난 명배우로 이화삼을 꼽으며, 그의 내면적이고 인간적인 연기의 깊이에 대해 극찬했다. (출처: 한국학중앙연구원.)

[132] 유민영, 《한국근대연극사 신론》, 태학사, 2011, 656면.

〈신촌〉(박경창 작, 차범석 연출·주연) 공연 후 기념사진. 앞줄 왼쪽에서 네 번째가 차범석. 둘째 줄 왼쪽부
터 양수아, 박경창. 1948.1.

맞물리면서 타오르기 시작했다. 차범석은 1948년 1월 유달학생회 주최
의 박경창 작 〈신촌〉에서 연출과 주연을 맡아 목포극장에서 공연했다.
유달학생회는 목포 출신의 서울 유학생 모임으로 겨울방학 때 주로 연
극 공연을 했는데, '전재민 동포 구호'라는 슬로건을 내걸고 공연수입
금으로 어렵게 살아가는 사람들을 돕기까지 하였다.

> 차범석은 1948년 1월 18일 목포 출신의 서울 유학생 모임인 '유달학생회'
> 에 가입하고 주축이 되어 박경창 작 〈신촌〉을 연출하면서 연극 일선에 나
> 타났다. 이어서 차범석은 박경창 작 〈집을 떠나는 사람들〉과 크리스트 원
> 작 〈깨어진 항아리〉를 각색하여 연출을 맡아 공연하면서 그의 능력과 재능
> 을 인정받게 되었다.[133]

박경창은 "일본대학 예술과 출신으로 연극광이었고 먼 훗날 서울에

---

133 한옥근, 《광주 전남연극사》, 금호문화, 1994, 194면.

서 '서울극회'를 창단하여 소극장 운동에 헌신"했던 인물이다. 〈신촌〉은 연습에 들어가면서 주역을 맡을 사람이 없었다. 그래서 연출을 맡았던 차범석이 배우로 직접 출연하게 되었다. 차범석 외에 출연자들로는 "신파 배우 출신의 김막 한 명을 제외하고 김승해,[134] 김생길, 김숙자, 김덕자 등 이화여대생들과 김승한, 김철환 등 서울대생, 김대순(숙명여대), 이상률(성대), 정해선(고대), 강대익(연대) 등 모두가 방학 중에 고향에 내려와 있던 대학생들이었다." 특히 "남자 주인공 역할을 맡은 차범석은 여주인공 역을 맡은 김승해(박화성의 딸)와 호흡을 맞춰 상당한 성과와 호응을 얻어 낸 바 있다."

차범석에게는 〈신촌〉의 공연이 대단히 의미 있었으며 애착이 가는 작품이었다. 〈신촌〉은 "목포에서 해방 이후 올려진 의미 있는 창작 공연물로서 이 작품은 당시 대단한 파장과 감동을 던져"[135] 준 공연으로 평가된다.

> 생각 끝에 결국 내가 주역을 맡게 되었다. 그리고 당시 신파극단에서 경험을 쌓은 기성 연극인 '김막'을 찬조 출연하게 하였다. (……) 지방 엘리트들이 대거 참여했던 이 연극은 무대도 참신했고 흥행도 성공적이었다. 그러나 전재민 동포 구호라는 미끼로 우리들 순진한 학생들의 양심을 짓밟은 악덕 흥행사의 농간으로 잔치의 뒤끝은 아수라장이 되었고 하마터면 법정 사태로 비화될 뻔했다가 무마되었다.[136]

---

134 김승해金勝海는 목포 출신의 소설가 박화성의 딸로 당시 이화여자대학에 재학 중이었다. '김승해'와 '김승혜'가 기록에 혼용되어 있다. 박화성의 자서전 〈눈보라의 운하〉(서정자 편,《박화성 문학전집 14 — 눈보라의 운하·기행문》, 푸른사상, 2004.)에 보면 '김승해'로 기록되어 있다.

135 김길수,《남도의 희곡 미학》, 누리기획, 1998, 20~21면.

136 차범석, 〈지방연극사(2): 목포편(상) — 내가 살다가 온 목포연극〉,《한국연극》제14권 제10호, 한국연극협회, 1989.10.

이후 차범석은 유달학생회의 공연 〈집을 떠나는 사람들〉(박경창 작, 차범석 연출), 〈깨어진 항아리〉(하인리히 폰 클라이스트 작, 차범석 각색·연출) 등의 공연에도 참여하였다.

1947년 차범석은 혼례를 치른 지 10일 만에 개강을 맞아 서울로 혼자 올라왔다. 남편인 차범석의 욕심 때문이었는지 부모님이 며느리를 데리고 있고 싶었는지, 목포의 본가에 신부를 두고 올 수밖에 없었다. 부모님의 입장에서는 새 며느리를 얼마 동안 데리고 있는 것이 체통을 세우는 일이었고, 차범석의 처지에서는 자신의 결혼을 비밀에 붙이고 싶었기 때문이기도 했을 것이다.

> 맏며느리와 둘째 며느리를 나란히 거느리고 가사를 꾸려 나가는 건 시부모의 눈으로는 대견하고도 또한 자랑스러운 일이 아니겠는가 하고 내심으로는 회심의 미소를 지었을 것이다. 그러나 나는 원래가 자의에 의한 결혼이 아닌 데다가 겨울방학 동안에 도둑장가 들더니 신부를 서울까지 대동하고 나타났는가 하는 주변 사람의 시선에 거부감을 느꼈기 때문이다. 아직도 면학免學 도상에 있는 몸인데 뭐가 바빠서 결혼부터 했는가라는 주위의 시선이 적지 않게 마음에 걸렸다. 뿐만 아니라 연극 관계로 주변에 남녀 대학생과 자주 생활하는 처지이고 보면 내 딴에는 생각지도 않게 조혼早婚한 이유를 낱낱이 설명해야 할 번거로움도 결코 배제할 수가 없었다. 그래서 당분간은 비밀에 붙이기로 했다. (……) 나는 결혼했다는 사실을 당분간은 아무에게도 알리고 싶지 않았던 게 솔직한 심정이었다.[137]

서울로 올라오기 전날 밤, 차범석은 아내의 황금 쌍가락지를 한 짝

---

137 전성희 편, 《차범석 전집 11 ― 자서전/수필 외》, 142~143면.

씩 나누어 한 짝은 아내에게 끼워 주고 한 짝은 자신의 손가락에 끼고는 "여름 방학에 만날 때까지 이렇게 나눠 끼자구(……) 응?"**138**이라며 약속했다.

유치진과의 만남, 그리고 대학극회 조직

1947년 가을, 차범석은 전문부 문과에서 문학원 영문과로 진학했다. 여전히 연극부의 친구들과 자주 만나기도 하고 교내 연극 발표회와 기성 극단의 연극 공연을 보러 다니는 등 바쁘게 시간을 보냈다.

가을학기, 차범석은 유치진의 〈희곡론戱曲論〉 강의를 들으면서 연극에 눈을 뜨고 희곡 창작의 이론을 익히게 되었다.

> 내가 이 세상에 태어나서 희곡이 무엇인가라는 지식을 얻게 해 주신 분이
> 바로 유치진 선생님이시다. 1948년**139** 가을학기에 유 선생님께서 맡으신
> 〈희곡론〉 강의를 들은 게 나의 희곡문학과 연극에 관한 개안이었다. 선생
> 님은 물론 희곡의 기법에 관해서 강의하셨지만 연극 이전에 인간성을 존중
> 해야 하며 예술 이전에 사람이 되어야 한다는 말씀을 누누이 주장하셨다.

---

138 《차범석 전집 11 — 자서전/수필 외》 143~144면에서 보면 이 말을 들은 차범석의 아내
는 차범석이 더 이상 설명해 주지 않아도 될 만큼 표정이 "온화하고 안정된 빛이었다.
그것이 무엇을 의미하는 행위인지 다 알고 있으며 자기도 반대하지 않겠다는 듯 가락지
를 낀 손가락을 폈다 오므렸다 하는 것이었다. 그것은 무언의 승낙이자 순종의 몸짓이었
으리라."
139 강의를 들은 시점에 혼동이 있는 듯하며 이는 기억의 오류로 보인다. 다른 기록에서는
1947년 문학부 영문과에 편입하고 1947년 유치진의 강의를 들은 것으로 되어 있으며
1947년이 맞다.

그것은 단순한 작법이나 기교를 터득했다고 해서 작가가 되는 게 아니라는 뜻이다. [140]

유치진은 1930년대부터 극예술연구회를 주도했는데, 당시 연극계는 신파극이 주류 연극으로 자리 잡고 있었고 연극인들의 자질도 예술인으로서는 부족하다고 생각했다. 그래서 "진정한 의미에서의 민족 연극 수립은 바로 신선하고 진지한 대학생들 가운데서 인재를 골라 교육시켜야 한다."라고 생각했다. 그래서 "극예술연구회 시절에도 실험무대를 창설하여 신인 양성에 힘을 쏟았다."

유치진은 연희대학교 교수가 아니었지만 마침 1947년 국문과의 〈희곡론〉 강의를 위해 한 학기 동안 출강했다. 당시 차범석은 영문과에 재학 중이었는데 앞으로 "극작을 공부하겠다는 목표가 서 있는 데다가 학교 연극부를 이끌어 나가던 처지에 있었"기 때문에 선택과목으로 〈희곡론〉을 신청했다.

동랑 선생은 등이 약간 굽은 듯하셨지만 6척 장신의 거구이고 보면, 나로서는 그 지명도가 아니더라도 우러러봐야 할 만큼 높은 자리에 계신 분이었다. 목요일 오후 3시부터 내리 세 시간을 강의하시던 선생의 첫인상은 한 치의 빈틈이나 흐트러짐이라고는 찾아볼 수 없었던 열기에 가득 찬 강의였다. 전문적인 교수가 아닌, 극작가이자 연출가로서는 누가 뭐라고 해도 당대의 제1인자이고 보면 그분에 대한 동경심과 외경감은 거의 무조건이었다고 해도 과언이 아니었다. 게다가 극작에 관한 이론 서적이 출판된 것도 없

---

140 차범석, 〈이상주의자 유치진〉, 《동시대의 연극인식 ― 차범석 연극논총》, 범우사, 1987, 165면.; 차범석, 〈잊을 수 없는 사람들 ― 유치진〉, 《목포행 완행열차의 추억》, 472~473면.

고, 고작해야 일어 서적을 읽었던 나는, 선생의 강의가 하나의 금과옥조와
도 같았다. 그것은 내가 극작가로서 눈을 뜰 수 있도록 만든 결정적인 계기
였다고 해도 결코 지나친 말이 아니었다.

(……)

"연극은 갈등이다."

"연극이란 들려주는 것이 아니라 보여 주는 예술이다."

"희곡은 우선 문학으로서 정립되어야 하며, 연극은 학교 교육을 통하여 이
루어져야만이 민족 연극으로 뿌리를 내린다."

이와 같은 말씀은 그 당시의 나에게는 하나의 광맥을 짚어 낸 기쁨이기도
하거니와 하나의 신념이자 문학관으로 자리 잡기도 했다.[141]

유치진의 희곡론 강의는 차범석에게 운명적인 것이었다. 더구나 유
치진이 식민지 시대에 연극을 선택할 수밖에 없었던 이유를 들으면서
차범석은 자기가 연극을 해야 하는 이유를 다시금 분명히 깨달았다. 차
범석이 그랬던 것처럼 유치진도 일제강점기였던 청춘 시절에 허무주의
에 사로잡혀 있었고 "처음에 시를 쓰기도 하고 멀리 만주 대륙까지 방
랑의 길을 떠돌며 삶에 대한 패배와 회의 속에서 젊음을 불사르기도 했
다."라는 말을 듣고 차범석은 앞으로 자신이 가야 할 연극의 길에 더욱
확신을 가질 수 있었다.

소년 시절 영화에 빠졌던 그가 대학에서 희곡론을 강의하러 온 동랑 유치
진과 운명적인 만남을 갖는다. 여기서 운명적이라 함은 그가 리얼리스트인
동랑의 강의를 듣고 극작가의 길을 찾은 데 따른 것이다. 그러니까 그는 후

---

141 전성희 편, 《차범석 전집 11 ― 자서전/수필 외》, 167~168면.

141 전성희 편, 《차범석 전집 11 ― 자서전/수필 외》, 167~168면.

진국의 문인은 동적인 문학이라 할 희곡이 적절하다고 확신한 것 같다.[142]

1949년 6월, 해방 이후 처음으로 연극의 연구기관인 한국연극학회가 결성되었고 그해 10월 18일부터 3일간 한국연극학회 주최로 제1회 전국남녀대학 연극경연대회가 열렸다. 이것은 유치진이 회장으로 있었던 학술단체 한국연극학회가 지적이고 수준 높은 연극인을 기르고 민족 연극을 수립하기 위해 '신선하고 진지한 대학생들 가운데서 인재를 골라 교육'시키고자 만든 대회였다.

차범석은 유치진의 꿈과 이상에 공감했으며, 로맹 롤랑의 〈민중연극론〉에 자극받아 유치진이 연극에 눈을 뜨게 된 것처럼 차범석도 그의 영향을 받았다. 차범석은 "연극을 통하여 인성을 고양하고, 사회를 개혁하고, 그래서 연극이 단순히 놀이와 오락에서 벗어나서 하나의 예술로 승화되는 날이 하루속히 와야 한다는 원칙이고도 소박한 염원"으로 연극을 시작했던 것이다.

나가는데 작품을 뭘로 할 것인가. 우리는 모르니까. 유 선생한테 의논을 드렸더니 (……) 그러니까 니들 희랍극 한번 해 봐라. 그러면서 〈오이디푸스 왕〉을 추천해 주더라고요. (……) 그러니까 인제 대본이 없어요. 그러니까 일본사람 계조사에서 나오는 《세계 희곡 대계》라는 게 있었어요. 그거를 번역을 하는데 희랍극은 오늘날과는 달라서 그 원래가 〈오이디푸스〉가 단막극이지만은 장막극이나 마찬가지죠. 제대로 한다면 그게 한 네 시간 내지 다섯 시간 걸릴 거예요. 이것은 한 시간 이십분인가 시간이 제한되어 있으니까 원작대로 안 되거든요. 그러니까 그래서 인제 뭐랄까 그 각색을 해

142 유민영, 《지나간 것은 모두 아름답다》, 푸른사상, 2023, 190면.

가면서 편집을 해 가면서 줄여 가면서 번역을 한 거예요. 그래서 아무튼 한 시간짜리를 만들어서 했는데 그게 최우수상을 탔거든요.

(……)

그래 가지고 인제 우리가 말이 희랍극이지 희랍극 본 일도 없고. 그래서 어떻게 하느냐. 그랬더니 역시 그 유치진 선생이 또 한 사람을 소개를 해 줬어요. 허집[143]이라는 젊은 연출가였다고. 그 사람 일본대학 연극과 나온 사람인데 실력가니까 그 사람한테 지도를 받아라. 그분을 모셔다가 여러 가지 연출상의 문제 뭐 이런 거를 무대, 뭐 다 [조언을] 받았어요. 그래서 인제 좋은 성과를 얻었죠. 그래서 끝나고 나서 무대 위에서 찍은 사진이, 기념사진이 지금도 있는데 (……) 전부 나와서 우리 상 타고 그러니까 칭찬해 주고 학생들 있고 나에게는 유일한 재산 같은 사진인데 그래서 난 그거를 보면서 이제 이렇게 인정해 주니까 나는 죽으나 사나 연극 할 수밖에 없다고 그런 구체적인 게 그 있어요.[144]

경연대회 참가에 앞서 차범석은 유치진에게 레퍼토리 선정을 의논했다. 유치진은 대학극이니까 상업극이 아닌 학구적으로 접근할 수 있는 연극으로 희랍극을 추천했다. 마땅한 대본이 없었던 시절이라 본정통本町通(현 충무로 일대)에 있는 책방에서 일본어판 희랍극 선집을 구해 읽으면서 소포클레스의 비극 〈오이디푸스왕〉을 발견하여 직접 번역했다. 이것만으로도 만만치 않은 작업이었는데 "연출까지 맡게 되

---

143 허집許執 : 니혼대학 예술과에서 수학하였고 일본 축지소극장 연극을 많이 관람하면서 연극수업을 했다. 1945년 11월 동경학생예술좌 출신 이철혁, 김동원, 장계원, 이화삼 등이 창립한 극단 전선全線의 창단 공연 〈검찰관〉(고골 작)을 연출했다. 1946년에는 무대예술 전반에 대한 연구와 신인 양성을 목표로 사재를 털어 극단 '무대예술연구회'를 창립했다.
144 차범석 구술, 김성희 채록연구, 《2004년도 한국 근현대예술사 구술채록연구 시리즈 49 — 차범석》, 85~87면.

니 장치·의상·음악·소품 심지어는 신발까지도 연극 도서에서 찾아야 했다.”[145] 그러나 경연의 성적이 좋아 학교에서도 인정을 받게 되자 차범석은 자신이 가야 하는 길이 연극에 있다고 확신할 수 있었다.

> 연극학회 주최로 전국대학연극경연대회를 개최했다. 전국 대학을 상대로 한 것이라고는 하지만 지방에는 이렇다 할 대학도 없었고 서울에도 대학이 많지 않았던 때이므로 참가 대학은 고작 9개뿐이었다. 10여 개 대학 중 9개 대학이 참가했으므로 당시로서는 전 대학이 참여했다고 해도 과언이 아니었다.
>
> 당시로서는 제일 좋은 시설의 시공관에서 개최된 전국대학연극경연대회에 참가한 대학은 동대(〈밀고〉), 세브란스 의대(〈칼레의 시민〉), 숙명여대(〈춘향전〉), 정치대(후일의 건국대-필자)(〈정직한 사기한〉), 중앙대(〈비오는 산골〉), 고대(〈왕치王癡〉), 연대(〈오이디푸스왕〉), 치대(〈흔들리는 지축〉), 서울대(〈베니스의 상인〉) 등이었다. (……)
>
> 전국대학연극경연대회를 해 보니 역시 젊은이들의 패기는 나로 하여금 어려움 속에서도 희망을 갖게 하고도 남음이 있었다. 비록 참가 작품들이 대부분 번역극이었지만 그들의 자긍심과 포부는 대단한 것이었다. 그들이 번역극은 앞으로의 창작극의 자양滋養 이상은 아니라는 생각을 갖고 나온 점에서 그렇다.[146]

이때 유치진은 전국대학연극경연대회에 참여한 대학생들에 대해

---

145 재미있는 일화로, 주최측에서 보조금이 나왔지만 장치 제작비에도 못 미치니 의상, 가발 등의 마련이 쉽지 않은 상황이었다. 그때 차범석은 묘안을 짜내는데, 희랍극이니 어깨에서 아래로 흘러내리는 의상이면 될 것이라고 생각해 목포의 아내에게 시집올 때 해 온 이불과 요 홑청을 뜯어 보내라고 해서 해결했다.

146 유치진, 〈자서전〉, 《동랑 유치진 전집 9 — 자서전·서간문》, 서울예대출판부, 1993, 191~192면.

제1회 전국남녀대학 연극경연대회에서 〈오이디푸스 왕〉으로 수상한 직후의 연희극예술연구회 기념사진. 앞줄 오른쪽에서 네 번째가 차범석, 그 왼쪽이 유치진. 1949.10.

"한국 문화, 더 나아가 세계 문화에 이바지한다는 생각으로 나선 것"이며 "역사의 격변을 겪어서 그런지 대학생들의 성숙도는 어른들을 능가할 정도"라고 극찬했다. 그리고 유치진은 이 대회의 가장 큰 소득은 연극계의 재목들이 배출된 것이라며 "연희대학의 차범석·신태민, 중앙대학의 박현숙·최무룡·주동운, 고려대학의 최창봉·김경옥, 서울대학의 전광용·신영균·박암·김기영" 등이 그들이라고 꼽았다. 유치진은 참가한 대학생들의 진지함에 놀랐고 "연기는 미숙했지만 때 묻지 않았고 매우 늠름했으며 호기에 차 있었"던 그들의 연극 사랑과 한국문화에 이바지한다는 사명감에 또 한 번 놀랐다.

이 경연대회의 성과에 대해서 당시 연극계에서는 물론 여러 신문들도 모두 "신선하면서도 획기적인 연극행사였다."라고 입을 모았다. 상업주의 연극, 신파, 좌익극단들의 정치 선전 선동극들이 판을 치고 있을 때 희랍 고전과 셰익스피어, 그리고 유럽의 수준 높은 현대극과 우리나라 창작극 등이 고루 갖추어진 대학극회들의 대극장 공연은 당시 관객들에게 충격적인 감동을 안겨 주었다.

동국대학교의 장한기張漢基 교수는 그의 《한국연극사》에서 이 경연대회를 "(……) 실로 한국 연극사상 찬연한 금자탑을 이룩한 대회였다."고 기술하고 있다. 연출가 이진순 씨는 그의 《한국연극사》에서 "(……) 이는 연극계 근래의 성사盛事로서 주최 측의 노력과 참가 대학의 진지한 성의가 일치되어 신극 운동의 활력소가 되고 침체한 기성 연극인들과 전치주의 연극인들에게 강렬한 자극을 주어 연극의 수준을 높이는 한 기연機緣을 갖게 하였으며, 신인을 발견할 수 있는 좋은 계기가 되었다고 볼 수 있다. 차범석, 전광용, 김경옥, 최창봉, 박현숙, 최무룡 등은 모두 이 경연대회에 참가했던 당시의 대학생들이었다."라고 기술하고 있다.[147]

제1회 전국남녀대학 연극경연대회에서 연희극예술연구회는 신태민, 민창기 주연의 〈오이디푸스왕〉을 공연, 단체상(차석), 연기상(신태민)을 받는 성과를 올렸다.

우리나라에서 처음으로 희랍극을 공연했다는 자긍심, 학교 측의 무관심을 유관심으로 진로 변경시킨 자부심, 그리고 공동체 의식에서 싹튼 동지애와 협동 정신의 발견은 곧 나로 하여금 연극의 길이 아니면 아무것도 못 하겠다는 결심을 품게 했다. 그 너무나도 드라마틱한 감동은 내 주변에서 떠나지 않는 '인간 승리'가 된 셈이다.[148]

---

147 최창봉, 《방송과 나 — 영원한 PD 최창봉의 방송인생 다큐멘터리》, 243~244면.
148 전성희 편, 《차범석 전집 11 — 자서전/수필 외》, 147면.

이 대회는 차범석에게 연극의 길에 분명한 자기 확신을 갖게 되는 계기였다. 연극은 개인의 작업이 아니라 협동을 통해 만들어 내는 집단 예술이다. 함께하는 예술의 즐거움을 깨달으면서 희열에 차 있었던 그에게 11월 초순, 고려대학교 연극부에서 만나자는 전갈이 왔다.

고려대학교 연극부는 제1회 전국남녀대학 연극경연대회에서 피란델로의 〈천치天癡〉로 최우수 작품상을 수상한 팀이었다. 고려대학교에서 김경옥과 최창봉이, 연희대학교에서는 차범석과 김병규가 만나 '이 기회에 각 대학교 연극부가 뭉쳐 대학극회를 창립'하자는 데 의견을 모았다.

"대학생들이 모여 이 땅의 연극계에 새바람을 일으켜야 한다는 다소는 저돌적이고 소영웅주의적인 발상"으로 연극 동지[149]들을 규합, 함께 대학극회를 조직했다. 대학극회는 전국남녀대학 연극경연대회에 참가했던 학생이 중심이 되어 당시 미공보원OCI 소강당을 근거지로 삼고 한 달에 한 번씩 시연회나 희곡 낭독회를 갖기로 했다. 그러나 대학극회의 멤버들은 연극 공연보다는 작품 분석이나 희곡 낭독 등 기초적이며 연구적인 접근 방법을 시도하는 데 중점을 두었다. 대학극회 최초의 희곡 낭독회는 헨리크 입센의 〈우리들 작품에서 깨어나는 날〉이었고 이어 토머스 머리[150]의 〈장남의 권리Birthright〉와 유진 필롯[151]의 〈기갈飢渴, Hunger〉 등을 무대에 올렸다. 차범석은 이들 공연에서 번역과 연출을 맡았다.

이 대학극회에서 차범석은 평생 잊을 수 없는 한 여성, 숙대생 이

---

149 고려대 김경옥·최창봉·김지숙, 연세대 차범석·김병규·구선모, 동국대 조성하·김효경, 서울 약대 조동화·김화숙, 숙대 이인선·김혜경, 정치대 김민애·백봉기 등이다.
150 Thomas Cornelius Murray(1873~1959), 아일랜드의 극작가.
151 Eugene Pillot(1886~1966), 미국의 극작가.

인선을 만나지만 이미 결혼한 처지였기 때문에 고백도 하지 못했다. 이후 이인선은 일본에 살면서 차범석의 아이들에게 만화책도 선물로 보내 주고 차범석에게는 연극 도서를 보내 주는 등 음으로 양으로 도움을 주었다. 차범석의 표현에 의하면 그들의 만남은 "내 아내나 자식들에게 애인이라고 말하기에는 너무 멀고 친구라고 하기에는 너무나 가까웠던 그 미묘하고도 흐리멍텅한 환영이 평생을 두고 따라다닌" 것이었다.

이 무렵 차범석은 우리나라 최초의 오페라 〈라트라비아타〉에 이어 〈카르멘〉의 조연출을 맡았다. 〈카르멘〉의 연출 이화삼은 차범석과 목포에서 함께 연극을 했으며 고대극회의 김경옥과 최창봉에게 연극을 하라고 권했던 인물이다. 차범석은 그때의 일에 대해 "최초의 오페라 〈라트라비타〉에 이어 〈카르멘〉 공연 때 나와 김경옥은 무대 뒷일을 도왔다."라고 회고했다.

〈카르멘〉은 1950년 1월에 공연된 국제오페라사의 작품으로 외무부가 후원했다. 앞선 국제오페라사의 제1회 공연 〈라트라비아타〉에 비해 완성도가 높았다. 차범석은 훗날 오페라 대본도 쓰는데, 〈라트라비아타〉와 〈카르멘〉의 조연출 경험이 도움이 되었을 것이다. 이러한 차범석의 적극적 태도와 극 형식에 대한 다양한 경험은 이후 국극 대본의 창작이나 시나리오, 방송 드라마의 창작 등 자신의 창작 영역을 넓혀 가는 기회가 되기도 했다.

차범석은 결혼을 했지만 방학이 되면 목포에 돌아가서도 아내와 시간을 보내지 않고 아마추어 연극 운동을 벌이거나 여행을 다녔다. 목포 인근의 시골이나 흑산도나 홍도 같은 섬에 작품의 소재를 구하러 다녔고 그 경험은 훗날 〈밀주〉와 〈귀향〉의 소재가 되었다.

방학이 되면 나는 더욱 바빴다. 고향에서 아마추어 연극 운동을 벌이기도 하고 근처의 시골이나 섬 지방으로 여행을 다니는 일이 잦았다. 극작가가 되기 위해서는 세상을 알아야 하고 사람이 살아가는 모습을 두루 봐야겠다는 나름대로의 설계가 있었기 때문이다. (……) 그래도 그곳에는 시가 있고 사상이 있고, 그래서 드라마가 무수히 숨 쉬고 있었다. 그때의 체험이 훗날 나의 데뷔작인 〈밀주密酒〉나 〈귀향歸鄕〉을 잉태시키고 분만케 한 것도 우연은 아니었으리라.[152]

그때 갓 신혼이었던 아내는 남편이 방학에 돌아오면 함께할 줄 알았으나 제멋대로 동창들 모임에 나가거나 연극 활동을 하고 여행을 다니자 불만이 고조되었다. 그런 아내를 달래기 위해 차범석은 1950년 정월 부모님께 아내와 함께 서울에 가겠다고 의사를 밝혔다.

그는 부모의 반대[153]에도 불구하고 2월 말경 아내와 함께 서울로 이사를 감행하여 3년 만에 서대문구 송월동 33의 1에서 살림을 차렸다. 방 두 칸의 셋집 중 한 칸에는 아내와 차범석이 기거하고 다른 하나는 차범석의 동생 차재석이 거처했다. 관절염으로 보행이 불편했던 차재석은 "해방이 되었으니 보다 넓은 세계로 뛰어들어서 뭔가를 해야겠다는 자각증상"[154]이 생기면서 서울로 오고 싶어 했고, 부모님은 그 책임을 차범석에게 맡겼던 것이다.[155] 그리고 그는 그제야 대학극회에 자신의 결혼 사실을 알렸다.

---

152 전성희 편, 《차범석 전집 11 ─ 자서전/수필 외》, 150면.
153 부모님의 분가 반대 이유는 차범석의 아내가 "시집살이하기 싫어서" 차범석을 사주한 수작이라는 것에다가 마침 그때 형이 다니던 은행을 그만두고 육군사관학교에 입학하여 단기 교육을 받고 대위로 임관, 의정부 부대로 발령을 받아 식구들과 함께 가고 없는 상황이라 집이 허전하다는 것이었다.
154 차범석, 〈고개를 넘으면서 ─ 재석을 생각하며〉, 《삼학도로 가는 길 ─ 다목동 차재석 유고집》, 세종문화사, 1991, 310면.

이후 한국전쟁 전까지 4개월 동안 그는 아내와 함께 자주 극장에 갔다. 다정다감했던 차범석은 당시로서는 드물게 부부 동반으로 극장 관람을 하곤 했는데, 이런 점이 아내로 하여금 평생 그의 연극 활동을 지지하고 후일 차범석 재단을 설립하게 한 동력이 되었을 것이다.

전쟁이 발발하던 당일에도 그는 수도극장[156]에서 영화 〈크리스마스 휴가〉[157]를 보러 부부 동반 외출을 했고, 입덧이 심해 힘들어하던 임신 중인 아내가 모처럼 냉면이 먹고 싶다고 하자 충무로에 있는 올림픽회관에서 냉면으로 외식을 했다.

그러면서도 그는 적극적으로 연극을 위한 길을 찾아다녔다. 당시 국립극장에는 전속 극단으로 극단 신협이 있었는데, 국립극장장이었던 유치진이 "새로운 연극 문화를 위해서는 새로운 대학생 연극인을 양성해야 한다는 주장"으로 연구단원제를 신설하자 차범석은 김경옥, 김정섭과 함께 연구단원으로 가입하여 극단 신협의 공연에 스태프 조수로 활약하였다. 국립극장 제2회 공연 〈뇌우〉 때에는 음향 효과를 담당, 뇌성 소리를 무대 뒤에서 칠판을 걸어 놓고 만들어 냈다.[158] 또 연희극예술

---

155 "결혼은 했다지만 아직도 별거 중인 데다가 학생 신분인 우리더러 아우를 맡는 조건부로 아내를 서울로 올라가게 한 시부모의 의중을 내 아내는 훨씬 뒤에 가서야 분석했다. 그것은 어찌 보면 나보다도 재석을 편애한 처사였는지도 모른다."(차범석, 〈고개를 넘으면서 — 재석을 생각하며〉, 《삼학도로 가는 길 — 다목동 차재석 유고집》, 310면.) 이 글에서도 차범석은 부모님이 자신을 장남인 형, 몸이 불편한 아우 등과 차별하고 있다고 느꼈음이 확인된다.

156 1935년 약초극장으로 오픈한 뒤 해방 이후 소유주 변경으로 1946년 수도극장으로 개칭했다. 1962년 스카라 극장으로 이름을 바꾸었으나 2005년 철거로 사라졌다.

157 디애나 더빈 주연의 1944년 미국 영화로 디애나 더빈은 1937년 〈오케스트라의 소녀〉에 출연했다. 차범석은 〈오케스트라의 소녀〉를 서중 때 단체관람으로 보았다.

158 "국립극장, 1950년에 국립극장 〈뇌우〉 할 때도 옆에서 효과맨이 있어요. 뭔가 그 〈뇌우〉할 때 벼락치고 번개 치고 했잖아요. '다다다다' 하는 거. [네] 그거 내가 했다고요. 효과를. (……) 그럼 했지. 그때는 그것도 숨은 얘기지만 [네] 대학극회 끝나고 나서, 예를 들어서 소위 인재들이 나타났잖아. 유 선생이 옛날부터 새 시대의 연극은 새로운

연구회의 신태민을 〈뇌우〉 공연에 추천, 주인공 평(당시 이해랑이 역할을 맡음)의 동생 역할을 맡게 했다.

사람이어야 한다. 그 새 사람을 키운다는 게 극예술연구회 때부터 그 사람 꿈이에요. (……) 1회가 〈원술랑〉이고 두 번째가 〈뇌우〉인데 연장 공연까지 했지. 그래서 6월달에 는 월급이 나오게 됐었어요. 그래서 이제 너 맡아라. 효과. 그때 배웠죠. 무슨 말인고 하 니, 길거리 가면 도로 공사 때 철판 깔아 놓고 (……) 천장에 걸어 놓고 치는 거예요. 손 으로 치는 거야. 그러면 웅 울리잖아요. 그럼 언제 치느냐. 언제 치느냐. '츠츠츠' 전기를 접선을 해 가지고 '츠츠츠'. (……) 벼락이 나오잖아요. 그런데 우리는, 소리가 나면 이 게 나오는 줄 알았더니 아니에요. 불이 빛이 나고, 하나 둘 있고 우르르르 치는 거예요. (……) 그때 유 선생이 그러더라고. 벼락하고 천둥 치는 것은 시간이 있다. 불빛이 나고 하나 둘 두두두두 쳐야 한다. 그 연습을 얼마나 했다고. (……) 그러니 그게 얼마나 리얼 하냐고. 그 리얼한 연극이니까 리얼하게 할 수밖에. 그런데 지금은 그게 아니에요. '부 르르' 소리 나고 뭐 불벼락 치고 하는데 그건 거짓말이지.”(차범석 구술, 김성희 채록연 구, 《2004년도 한국 근현대예술사 구술채록연구 시리즈 49 — 차범석》, 161~163면.)

5
한국전쟁 발발
다시 목포에서

뒤늦은 피란, 그리고 부역

1950년 6월 25일 전쟁이 터지고 6월 27일 인민군의 전차대가 녹번동 고개를 넘어오자 차범석은 전쟁이 났다는 것을 비로소 실감했다. 그날 은 낮부터 비가 내렸는데 차범석은 피란을 갈 수도 없고, 가서는 안 된 다는 판단으로 피란 가자는 아내의 제안을 단번에 거절해 버렸다.

> 6·25 동란이 터졌을 때 나는 대학 졸업반이었다. 임신 3개월인 아내와 서대 문에서 셋방살이를 하던 한 사람의 가장이기도 했다. 게다가 동생까지 얹혀 살고 있었다. 집이 서대문 쪽이라 북쪽에서 쳐들어오는 인민군의 군화 소리 며 전차의 캐타비라[159]가 지축을 흔드는 소리를 남보다도 빨리 들었던 만큼 충격과 놀라움도 그만큼 컸다. 그러나 나에게 휘몰아 온 공포와 불안은 전 쟁도 기총소사도 아닌 '먹는 전쟁'이었다. 다달이 고향에서 보내 온 학비에 만 의존해 온 나에게 저축이 있을 리도 없거니와 식량의 비축도 없었다.[160]

---

159 캐터필러caterpillar.

전쟁이 나자 의정부에서 육군 대위로 복무 중이던 형을 제외한 형의 가족들, 쌍둥이를 임신한 형수, 네 살짜리 큰조카가 같이 피란을 가려고 차범석의 집을 찾아왔다. 형이 살던 주인집의 아주머니까지 데리고. 차범석은 임산부 두 명에 어린 조카, 함께 살고 있던 다리가 불편한 동생 차재석까지 데리고 피란길을 나서는 것이 무모하다고 생각했기 때문이다. 벌이도 없는 집에 한 입이라도 덜어야 했기 때문에 형수와 함께 온 주인댁 아주머니는 돌려보냈다. 그러나 한 집에서 많은 식구가 연명하는 것이 쉬운 일은 아니었다. 아직 학생이었던 차범석은 여유도 없었고 형의 가족들까지 합세하면서 더욱 어려워졌다. "결혼 때 마련했던 금가락지와 금비녀, 은수저 재봉틀을 하루가 멀다 하고 처분하여 식량을 샀"지만 배를 굶기 마련이었고, 이 생활이 얼마나 지속될 수 있을지도 의문이었다. 그렇지만 차범석은 여러 이유로 쉽게 피란길에 오르지 못하고 있었다. 반면 아내는 피란을 가는 것이 맞다며 강경한 입장으로 맞섰다. 그리고 망설이는 차범석을 설득하여 전쟁 발발 한 달가량이 지난 7월 26일, 서울을 떠나기로 결정했다.

한강 다리는 이미 끊어졌고 모든 교통편도 끊어진 상태였기 때문에 차범석과 가족들은 걸어서 목포까지 가야 했다. 차범석은 그때의 기억을 "17일간의 유민流民 생활"이라고 표현하면서 "우리는 걸어서 남쪽 끝까지 가야만 했다. 등에 업고 배 안에 담고, 문둥이 패처럼 떠났다. 논두렁, 밭두렁을 지나 신작로길 철둑길을 따라 남쪽 끝까지 가는 걸인 생활을 하면서 고향을 찾아 나섰"던 것이다. 특히 다리가 불편한 아우는 "남이 열 걸음 옮길 때 그 절반도 못 걷는" 사람이었다. 차범석은 흐르는 강물이 앞에 있으면 차재석을 업고 건너고 가파른 고갯길을 만나면

---

160 차범석, 《예술가의 삶 6 — 차범석》, 125면.

또 업고 건널 수밖에 없었다.

> 나는 내가 그를 업고 넘은 장성長城 갈재 부근의 풍경을 생각했다. 그것은 어쩌면 고되다는 말 한마디 없이 불쑥히 살아 나온 인생 고개를 넘다가 쓰러진 재석의 운명이 이미 그 시절에 하나의 계시啓示처럼 전해진 게 아닌가 하고 나는 생각할 때가 있다. (……) 그래서 말이 적은 것이 미덕이라고 교육받은 어린 시절이 이제는 한스럽게만 여겨지는 것이다. [161]

위의 글은 차재석이 죽고 난 뒤 이를 애통해하며 그의 유고집에 실었던 것이다. 업고 함께했던 동생의 죽음은 차범석에게 특히 가슴 아픈 일이었고, 평소에 동생에게 감정을 표현하지 못했던 것을 깊게 후회하고 있다. 이 피란길은 20대의 차범석에게 삶과 죽음의 의미, 생존의 문제를 깊이 생각하게 만드는 계기가 되었다.

> 산다는 것은 궁극적으로 죽음을 전제로 하는 말일 게다. 그것은 언제까지나 살아남겠다는 의지의 표시라기보다는 언젠가는 만나게 되는 죽음을 위하여 있는 것이 아닌지 모르겠다. 그래서 나는 문득 산다는 것은 죽는다는 것이라 독선적인 생각을 할 때가 있다. 바꾸어 말하자면 사람은 사는 일보다는 죽는 일이 더 어려운 일이라는 생각을 해 보는 것이다. 나이가 들면 병에 걸려 죽는다는 식의 자연사가 아니라 어떻게 살다가 어떻게 죽는가에 대해서 생각을 다듬어야 한다. 그냥 먹고, 입고 놀다가 가는 사람들도 나름대로의 행복론이 있고, 인생 철학이 있을 것이다. 그러나 나는 못 먹고 못

---

161 차범석, 〈고개를 넘으면서 ― 재석을 생각하며〉, 《삼학도로 가는 길 ― 다목동 차재석 유고집》, 311면.

입고 못 놀았을지라도 내가 살아 나온 발자취가 어디쯤 있으며 그것은 죽음을 위하여 얼마만큼 의미를 지녔는가를 생각해 보자는 것이다.[162]

피란길의 차범석과 그의 일가는 "끼니때가 되면 우리 일행은 한 사람씩 흩어져서 각기 다른 집의 싸리문을 열고 들어가 밥을 얻어먹"으면서도 고향으로 간다는 목적과 소망으로 버텨 냈다. 걸인 생활로 버티며 목포로 귀향하던 중 광주의 처가에서 하루를 쉬고 17일 만에 고향집에 도착했다.

17일 동안 걸어서 고향집에 도착했을 때는 이미 밤의 장막이 내려앉은 시각이었다. 미군의 폭격 목표가 된다고 해서 불도 켜지 않은 우리 집은 그날 따라 절간처럼 텅 비어 보였다. 우리가 대문을 지나 중문에 들어서자 마루 끝에 앉아 계시던 어머니가 버선발로 우루루 내려오시더니 나의 손을 덥석 쥐셨다. "윗다, 윗다! 내 새끼들 살아 왔냐! 윗다! 이것이 뭣이란가! 세상에 우리 새끼들이 거지가 다 되었네!" 어머니의 목소리는 울음도 아닌 그저 떨리며 안으로 기어들어 가기만 했다. 아내는 비로소 울음을 터뜨리고 엉엉 울었다. 나는 소리를 안 내려고 있는 힘을 다하여 어금니를 악물었지만 눈물과 콧물이 한없이 쏟아졌다. 사랑방에서 아버지가 나오셨다. 아버지의 눈에는 벌겋게 핏발이 서 있었다. 보행이 불편한 아우는 마루에 벌렁 누워 버린 채 말이 없었다. 우리들의 만남은 왜 그렇게 슬프기만 했을까. 만남은 반가운 일이라야 했는데 말이다.[163]

---

162 차범석, 《예술가의 삶 6 — 차범석》, 127면.
163 차범석, 《예술가의 삶 6 — 차범석》, 130면.

무사히 고향집에 도착했지만 차범석의 집은 이미 '인민군 장교크럽'으로 사용토록 정치 보위부가 결정한 후였다. 그것은 재산몰수에 해당하는 하나의 보복 처분이었다. 그날 밤 가족들은 대청마루에서 뜬눈으로 밤을 새웠다. 다음 날 차범석의 가족들은 집을 비워 주고 아버지와 어머니는 누나네로, 차범석 부부는 고모네 집으로 뿔뿔이 흩어졌다.

해방 이후 차범석의 아버지는 친일파 민족 반역자의 리스트에 올라가 있었고, 직장을 다니던 형은 뒤늦게 군에 입대, 육군 대위로 부임했기 때문에 인민위원회와 정치 보위부에서는 각각 차범석의 가족을 요시찰 대상으로 주목하고 있었다.

해방 이후 5년간 차범석의 아버지는 "역사의 심판 앞에서 오직 침묵과 회한으로 나날을 보내"면서 살았다. 그러다 인민위원회의 진상조사와 주변 사람들의 증언 등을 취합한 결과 악질은 아닌 것으로[164] 판명되어 풀려났다. 그러나 이런저런 고초로 부쩍 쇠약해진 아버지의 모습에 차범석은 애처로움을 느끼기도 했다.

이러한 갑갑한 상황에서 아버지의 친일 경력은 가족들을 불안에 떨게 했고, 그 상황에서 차범석은 무엇인가 해야겠다고 생각했다. 그때 그가 서울에서 했던 연극 활동이 알려져, 연극동맹으로부터 나오라는 연락을 받고 불려 나갔다. 또 누이동생 차순희는 중앙대학교 보육과 출신으로 무용에 소질이 있어 무용동맹에 가입했다. 차범석은 서울에 있을 때 무용연구소에 다녔던 경력이 있어 무용동맹에도 가입하였다.

차범석의 아버지는 일제시대 때 친일적인 인사였고, 형은 국군으로 전쟁에 참여하고 있었으므로, 그의 가족들은 인민군 치하에서 요시찰 대상 또는

---

164 전성희 편, 《차범석 전집 11 ─ 자서전/수필 외》, 211면.

'반동'적인 인물로 치부되기에 충분한 조건을 갖추고 있었다. 그러므로 차범석이 이러한 위기를 벗어나서 삶을 도모하는 길은 어떤 방법으로든지 북쪽 사람들에게 협력하는 일뿐이었다. 그리하여 그는 연극과 무용동맹에서 잠시 동안 일을 하게 된다.[165]

일제강점기에 친일을 했다는 것과 형의 입대로 군인 가족이라는 이유로 아버지와 가족들이 겪는 고초를 보면서, 그는 혹 자신의 행동이 집안에 도움이 되지 않을까 하는 생각으로 연극동맹과 무용동맹의 위원장까지 맡았다.

전세가 다급하게 전개되고 있던 어느 날, 상부로부터 지시가 내려왔다. 음악, 시 낭송, 무용, 연극의 종합예술제 '인민군 위안의 밤'을 개최하기 위해 각 동맹에서 공연 작품을 준비하라는 명령이 내려온 것이다. 연극을 맡은 차범석은 "이북에서 발행한 소인극집에서 신고송의 작품을 택했다. 제목은 잊었지만 이승만 대통령을 희화적으로 풍자한 작품"(212면)을 선택했다. 이 희곡은 1948년 신고송이 북한에서 발표한 〈새나라의 어린이〉(212면-2막)[166]로, 노골적으로 남한 이승만 정부에 대한 비난을 신고 있다.

그런데 아까도 얘기했지만 내가 갔을 때는 인제 벌써 아버지는 인민정치본위부에 끌려가서 며칠 취조받고 돌아왔고, 죄는 없지만은 근신하는 거죠. 형이 국군 장교 아니에요. 군인 가족이거든. 친일파 가족에다가 군인 가족

---

165 권순종, 〈작가의 이데올로기와 역사에 대한 인식〉, 무천극예술학회 편, 《차범석 희곡 연구》, 중문출판사, 1999, 174면.

166 김봉희, 〈재북 시기 신고송 문학과 통일문학의 전망 1 — 신고송의 아동극집 《새나라의 어린이》(조선인민출판사, 1948)〉, 《영주어문》 제40집, 영주어문학회, 2018.10., 4면.

이다. 우린 꼼짝 못 하는 거죠. (……) 그전에도 여름 방학 때나 동창회 때 춤도 추고 노래도 불렀으니까 그런 계통에 재능이 있다니까 연극동맹에서 나오라 이거죠. [연극동맹] 네, 네가 맡아라. 그런데 뭐 시골이니까 연극동맹은 있지만 사람 몇 되지 않고 또 무용동맹도 있었어요. 무용동맹도 갈 사람 있어요? 그래 내가 무용동맹 위원장, 연극동맹 위원장 둘을 같이 했었어요. 형식적이지만은.[167]

9·28 수복이 되면서 국군이 목포에 진주하고 경찰이 주둔하자 인민군에 협력한 사람들을 색출하는 일이 대대적으로 벌어졌다. 그런데 차범석이 연극동맹과 무용동맹 위원장 등을 맡아 부역을 했던 것이 문제가 되었다. 민족 진영의 인사였던 차범석의 아버지는 구국총연맹救國總聯盟 목포 지부장이라는 감투를 쓰게 되었는데 차범석에게 출두 명령이 나오기 전에 인민군 치하에서 부역을 했다는 사실을 자수하는 것이 좋겠다고 권유했다. 숙부도 차범석에게 아버지가 민족 진영에 가담한 우익 인사이고 자신도 인민군 치하 때 감옥에 갇혀 있다 탈옥한 전력이 있으니 어떻게든 빼낼 것이라며 차범석 남매에게 자수를 권유했다. 차범석은 누이동생 차순희와 함께 그길로 가서 자수했고 두 남매는 열흘간 유치장 생활을 하고 목포의 유지였던 아버지와 작은아버지의 도움으로 풀려났다.

그리고 얼마 안 있어서 9·28이 됐잖아요. (……) 어찌 됐건 연극동맹, 무용동맹 위원장을 했으니까 부역을 한 거 아냐. 부역을 한 사람은 자수를 해야

---

167 차범석 구술, 김성희 채록연구, 《2004년도 한국 근현대예술사 구술채록연구 시리즈 49 — 차범석》, 99~100면.

한다. 자수할 수밖에 없죠. 그때는 인제 아버지는 인제 세상이 바뀌니까 우익 편에 섰기 때문에 발언권이 서는 거죠. 구국동맹, 저 구국연맹[168], 구국연맹 위원장인가? 뭐 그런 걸로. 또 인제 작은아버지는 붙들려 갔다가 형무소에 있다가 탈옥하고 나왔어요. 그러니까 인제 우익 쪽이죠. 그래서 발언권 있으니까 작은아버지가 가서 자수하라고 말하면서 그럼 내가 가서, 서에 가서 어떻게 얘기해서 빼내겠다. 자수하면서 한 일주일? 난생처음으로 콩밥을 먹어 봤죠. 거기에서의 생활이 또 내겐 굉장한 많은 공헌을 했는데 일주일…… 일주일 넘어서 한 열흘쯤 되었을 거예요. 나가라 그래서 나왔어요.

(……)

매일 취조만 받고 자술서 쓰라고 뭐하고. 그런데 문제는 나왔더니 전과자 아니에요. [네] 말하자면 부역을 했다는 것이 늘 따라다니는 거예요. 뭐 별로 한 건 없는데. 그럼 내가 무엇을 했느냐. 연극동맹 갔다, 무용동맹 갔다, 한 건 어쩔 수 없는 거. 그리고 또 상황이, 집안이 그렇기 때문에 그런 걸 해 주면 조금 관대하게 받아 줄 것도 같아서 했지, 다른 건 아무것도 없었거든요. (……) 그래 아무튼 그것이 늘 내게 따라다니면서 정신적으로 쇼크를 많이 줬어요.[169]

차범석은 어려운 상황에서 벗어나기는 했지만 여전히 조심스러웠다. 인민군에게 부역했다는 사실은 늘 그를 따라다녔고 이는 초창기 그의 문학 세계를 결정 짓는 중요한 요소가 된다. 그러나 그가 부역한 것

---

168 구국총연맹 : 6·25 전쟁 발발 후 좌익과 맞서 싸우기 위해 결성된 조직.
169 차범석 구술, 김성희 채록연구, 《2004년도 한국 근현대예술사 구술채록연구 시리즈 49 ― 차범석》, 98~101면.

은 선택이 아니었다. 그는 좌익이 아니었지만 일제강점기 때의 친일 행위로 아버지가 곤란한 처지에 있었기에 아들인 자신이 연극동맹이나 무용동맹의 일을 거들면 "조금 관대하게 받아 줄 것도 같아서"였다는 것이 이유였다.

목포중학교 교사가 되다

차범석은 9·28 수복 후인 1950년 11월 10일 아버지의 도움으로 목포중학교(일명 목중) 교사로 새로운 생활을 시작했다. 전공은 영어였지만 담당 과목은 국어였다. 영어 과목에는 결원이 없는 데다가 차범석이 문학을 한다고 하니 국어도 가르칠 수 있지 않겠느냐 하는 것이었다. 부역을 했다는 전과 때문에 한층 움츠러들어 있었던 차범석에게 학교에서 학생들과 생활한다는 것은 "허무와 회의와 절망에 가득 찬 젊음을 이겨 내는 길"이 될 수 있었다.

차범석이 일생 동안 직장 생활을 한 곳은 학교와 방송국뿐이다. 해방 후 목포북교국민학교에서 1년의 교사 생활 이후 중고등학교에서 11년간 있었는데 목포중학교에서 6년, 나중에 덕성여자고등학교에서 5년간 교사를 했다. 그리고 청주대학교와 서울예술전문대학에서 교수로 근무했다. 목포중학교에서의 교사 생활은 그에게 여러 가지 의미를 안겨 주었다.

> 차 : 그게 뭐냐, 자유라는 게 뭐냐. 그러던 차에 나는 이제 나와 가지고 결국은 중학교 선생으로 들어갔잖아요. 중학교 들어간 것도 그것이 9·28 때고 10월달 되고 이제 주섬주섬 한물갔다가 또 물러나고, 가면서 죽

이고, 오면서 죽이고 혼란이 일어났죠. (네) 그리고 목포에 있는 사람, 대부분 사람들은 영암 월출산으로 피란, 입산이죠. 입산. (……)

그러니까 인민군 따라서 가는 거죠. 거기에 인제 입산한 가운데 말하자면 자율적으로 정말로 인민 과업에 충성을 다하기 위해 가는 사람도 있고, 그냥 가자고 하니까 따라가는 사람도. 천차만별이죠.

(……)

그런데 우리는 그런 일 있으니까 따라갈, 그것도 따라갈 생각도 못 했었죠. 이제 그런 가운데서 인제 나는 굉장히 허무주의에, 에 이 세상이 뭐냐 말이야. 거의 어떤……

그것이 인제 내가 허무주의적인 것이 있으면서 사실은 데카당적인 그때 난 처음 술을 배웠어요. 학교 선생 있으면서.

김 : 그 전에 군대 가기 전에 술 좀 드셨다고 하셨죠. 징집되기 전에……

차 : 아, 그땐 좀 그랬죠. 막걸리. 학교 들어가니까 학부형들이 담임선생님이라고 해서 요즘 같은 식으로 대접하고 했는데. 희망이 없다고 생각했죠. 그때만 해도 전시 연합 대학이 부산에 있었잖아요. 연합 대학에 갈 수 있었는데 그런 상황에서 내게 딸린 식구가 있고 또 그냥 가 봤자 되지 않겠다, 해 가지고 복학은 생각지도 못했어요.

(……)

그러니까 학교 선생 하면서 마음 맞는 사람끼리 매일 술 먹고 놀러 다니고 징 치고 뭐 이렇게 그런 가운데 결국은 데카당. 그런 생활을 했죠. 그런 가운데 잉태된 작품이 〈산불〉이에요. 그래서 내가 늘 얘기하는 게 ＊＊맨 끝에 그 작품에 점례가 군인이 실제 순순히 말하라니까 "내가 손을 댄다고 죽었던 사람이 깨나지 않을 거예요. 모든 건 다 재로 돌아가 버렸어요." 그 사실, 내 심정이 세상이 이렇게 돼 버렸는데 좌고우고 없고, 아무것도 없는 거다.[170]

목포중학교에서 교편을 잡게 되었지만 전쟁의 상처는 그를 허무주의와 자포자기 상태에 빠지게 만들었다. 당시 부산에는 전시의 연합 대학이 설치되어 있었지만, 차범석에게는 돌보아야 할 가족이 있었기 때문에 그들을 두고 부산으로 갈 수도 없었다.

전쟁이 나면서 대학극회는 해산되었지만 부산에는 동인이었던 최창봉과 김경옥 등이 피란 와 있었다. "1·4 후퇴 때 피란 수도 부산에서 그곳까지 갔던 김경옥 등이 몇몇 동지를 모아 광복동 근처에 있는 절간을 빌려 로맹 롤랑의 〈이리떼〉를 상연"[171]하는 등 전쟁 중에도 연극은 계속되었다.

> 1952년 가을의 부산은 아직 정부 환도 이전이어서 서울을 부산에 옮겨 놓은 듯 모두들 부산에 모여 있었다. 각급 학교들은 물론 문화계와 예술계 사람들도 모두 내려와 있어서 부산 어디를 가나 낯익은 얼굴들을 만날 수 있었다.
>
> 나는 김경옥 형을 따라 광복동 근처 40계단 위에 있는 다방에 앉아 마치 서울 명동 어느 다방에서처럼 여러 서울 사람들을 만났다. 작곡가 김동진, 시인 양명문 씨 등 (……). 그들 중에서도 연극을 하다 내려왔던 전근영, 노능걸 씨들과는 금세 친하게 지내게 되었다. 니혼대학 영화과 출신인 전근영 씨는 평양국립극장 연출가였고 이름이 나 있던 도쿄 가와바타 미술학교 출신인 노능걸 씨는 평양에서 극단 '포도좌'를 주재하고 있었다고 했다. 그들은 '스타니슬라브스키의 연기론' 같은 것도 이쪽 연극인들보다 구체적으

---

170 차범석 구술, 김성희 채록연구, 《2004년도 한국 근현대예술사 구술채록연구 시리즈 49 — 차범석》, 101~102면.

171 김경옥, 〈연극계비화 (11): 젊은 지성연극인의 집단 〈제작 극회〉 — 소극장 운동의 남상 濫觴〉, 《한국연극》 109호, 1985. 6, 50~51면.

로 알고 있었다.[172]

　당시 부산에는 서울의 연극인들뿐 아니라 월남한 연극인들이 모여 활기찬 분위기를 띠고 있었다. 대학극회의 동인이었던 김경옥은 서울대 사범대학의 연출을 맡아 존 어빙의 〈배〉를 노능걸의 무대장치로 11월 12일부터 3일간 동아극장 무대에 올리고, 대구에 있었던 고려대학교 피란 캠퍼스에서 고대극회의 공연 〈테바이의 항거〉를 공연하는 등 활동을 계속했다.

　전시임에도 그들은 1953년 오화섭을 중심으로 프랑스 앙드레 앙투안의 '떼아뜨르 리브르Théâtre Libre(자유극장)'[173]와 같은 소극장 운동을 펼쳤다. 1953년 12월 17일에는 1·4 후퇴 때 북한에서 내려온 전근영의 연출로 아서 밀러의 〈세일즈맨의 죽음〉을 아시아에서 가장 먼저 동양극장에서 공연하기도 했다.

　이렇게 다른 대학극회 멤버들이 피란지에서도 연극 활동을 이어 갔지만 당시 차범석은 연극을 할 수 없는 상황에 대해 거의 자포자기한 상태였다. 그런 심정으로 목포중학교에서 교사를 하면서 밤이 되면 술을 마시면서 짙은 허무를 이겨 내고 있었다.

　그러던 중 차범석은 학생들과 연극을 해야겠다고 생각하고 연극반을 지도하면서 목포중학교 예술제(일명 목중예술제)를 기획했다. 차범석에게 목포중학교는 "첫사랑 같은 것이어서 나의 청춘을 고스란히 바친

172　최창봉, 《방송과 나 — 영원한 PD 최창봉의 방송인생 다큐멘터리》, 203면.

173　떼아뜨르 리브르 : 1953년 2월 피란지였던 부산에서 조직된 단체. 대학극 경력을 가진 사람들로 구성되어 '영리를 떠난 순수한 실험무대를 가져 보자'는 의도로 출발했다. 창립공연은 호손의 〈The Dear Departed〉로, 1953년 5월 16일에 있었다. 1956년 유진 오닐의 〈지평선 너머〉 공연을 마지막으로 사라졌다. (정호순, 《한국의 소극장과 연극운동》, 연극과 인간, 2002, 40~41면.)

곳"으로 전쟁의 상처가 있었던 학생들에게 깊은 애정을 갖고 진정한 시
민정신을 함양할 수 있도록 노력하였다.

차 : 그러니까 낮에는 교사를 하면서 밤에는 또 하나의 생활이 있었죠. 자포
자기한 세상 비관적으로, 희망이란 없고.

김 : 그러니까 이 전쟁을 겪으면서 생긴 거죠?

차 : 그렇죠. 또 거기다 부역을 했다는 어떤 상처, 꼬리표가 따라다니고 그
랬어요. 그러나 그런 가운데서도 나는 학교에 몸담고 있으니까 내가 할
일이 뭐냐. 아이들 데리고 연극하는 거 밖에는 없다.

김 : 중학생들인데도…….

차 : 중학생. 그래서 목포중학교에 들어가서, 강당이 없었어요. 그래서 강
당이 있는 그 유달국민학교라고 일제시대부터 있었던 국민학교, 그 강
당이, 큰 강당이 있기 때문에 그걸 빌려 가지고 1년에 한 번씩 '목중 예
술제'를 했어요. 그래서 예술제 하면서 나는 작품을 처음에는 일본 작
품 기꾸지깡[174]의 작품을 각색을, 번안, 번안이죠. 〈저주〉라는 작품. 2
층에 사는 2층에 광인이란. 2층에 사는 광인이라는 미치광이. 그래서
나는 〈저주〉라고 해 가지고 그것을 번안해서 했고, 이제 두 번째는 내
가 저 서울에서 **해서 그 뭐죠? 스토, 스토 부인[175]의 〈검둥이는 서
러워〉 그거를 인제 했고 그거 세 번째는 내 창작으로……

---

174 기쿠치간菊池寬(1888~1949) : 일본 작가. 히로시寬라고도 한다. 1916년 교토제국대학
영문과 졸업, 1918년 〈무명작가의 일기〉, 〈다다나오경 행장기忠直卿行狀記〉 등을 당시
의 권위지인 《중앙공론中央公論》에 발표함으로써 일약 신진작가가 되었다. 1920년 도
쿄와 오사카의 두 일간지에 동시 연재된 〈진주부인眞珠夫人〉을 비롯해 50편에 이르는
장편 통속소설로 신현실주의 문학의 새 방향을 열었다. 1923년 종합지 《문예춘추》를
창간하고 '아쿠타가와상芥川賞', '나오키상直木賞'을 창설하여 작가의 복지, 신인의 발
굴, 육성 등에 공헌하였다. (차범석 구술, 김성희 채록연구, 《2004년도 한국 근현대예술
사 구술채록연구 시리즈》 참조.)

김 : 〈별은 밤마다〉 하셨나요?

차 : 아닙니다. 중학생들이니까 '목중 예술제'. (아) 〈백의〉, 하얀 옷. 그게 광주학생사건을 소재로 한 작품이었어요. 그리고 번안극으로 아일랜드의 마담 그레고리[176]가 쓴 〈문 라이징〉, 〈월출〉. 그것을 〈달이 뜨는 무렵〉. 다섯 작품[177]을 했어요. 그러면서 이제 나는 희곡 습작을 하면서 그때 마침 목포에서 해군 경비부에서 돈을 내 가지고 두 가지 인쇄물이 나왔는데 하나는 주간으로 〈전우〉라는 주간지가 나왔고 월간지로…… 〈전우〉 (……) 이따 얘기하면 거기에 희곡을 써서 실었어요. 거기에 실린 게 〈제2의 벽〉 사실 〈밀주〉도 거기에 들어가요.[178]

"1950년 전쟁기 차범석은 험난했던 시대 상황에 얽혀 유별난 어려움을 겪었다."[179] 1938년 차범석이 중학교에 진학했을 때 중일전쟁이

---

175 스토Stowe(1811~1896) 부인 : 미국의 여성 작가. 기독교적 인도주의 입장에서 흑인 노예의 참상을 그린 〈톰 아저씨의 오두막〉으로 노예 해방을 주장했다. 이 소설은 희곡으로 각색되어 연극으로 공연되어 선풍적인 인기를 끌었다.(차범석 구술, 김성희 채록연구,《2004년도 한국 근현대예술사 구술채록연구 시리즈 49 ─ 차범석》참조.)

176 그레고리Gregory(1852~1932) 부인 : 아일랜드의 극작가. 1892년 남편이 죽자 글을 쓰기 시작했다. W. B. 에이츠를 만난 후로는 평생을 두고 그를 비호하였고, 국민극장의 창설에 협력하여 아일랜드의 문예 부흥에 공헌하였다. 〈퍼지는 소문Spreading the News〉, 〈월출月出, The Rising of the Moon〉 등의 1막짜리 희곡이 포함된《일곱 편의 짧은 극Seven Short Plays》(1909)으로 세상에 알려졌고, 그 밖에도 국민극장을 위해 쓴 희곡과 아일랜드 고대 전설을 앵글로 아이리시 농민의 사투리로 번역한 이야기 등이 전한다.(차범석 구술, 김성희 채록연구,《2004년도 한국 근현대예술사 구술채록연구 시리즈 49 ─ 차범석》, 103쪽.)

177 '네 작품'의 오류. 1952년 제1회 목중예술제에서 〈저주〉, 1953년 제2회 목중예술제에서 〈달 뜨는 무렵〉, 1954년 제3회 목중예술제에서 〈백의〉, 1955년 제4회 목중예술제에서 〈내 고향으로 나를 보내 주오〉 등 모두 네 편이다.

178 차범석 구술, 김성희 채록연구,《2004년도 한국 근현대예술사 구술채록연구 시리즈 49 ─ 차범석》, 102~103면.

179 박태일, 〈목포지역 정훈 매체《전우》연구 ─ 한국전쟁기 정훈문학 연구 1〉,《현대문학이론연구》38집, 현대문학이론학회, 2009.9., 238면.

일어났고, 한국전쟁까지 무려 13년 동안 그는 전쟁 속에서 성장했다. 특히 한국전쟁은 차범석에게 "전쟁이 몰고 오는 불안과 궁핍과 위축과 방황에 시달려야만 했"던 고통을 주었다. 그중에서도 불안이 그의 영혼을 잠식하면서 살아남아야 한다는 생존의 욕구와 가족을 건사해야 하는 일이 절실했을 것이다. 그래서 그의 희곡 창작은 출발부터 반공적 요소를 지닐 수밖에 없었다. 그는 한국전쟁 당시 해군목포경비부에서 발행한 정훈 잡지[180]《전우》와 《갈매기》에 습작을 다수 발표하였는데, 이것이 초기 희곡의 성격을 결정지었다. 정훈과 반공에 초점을 맞추고 있었던 이 두 잡지의 성격에 따라 그도 반공적 색채를 띤 희곡을 창작했던 것이다. "《전우》에 차범석은 모두 여섯 편의 작품을 실었다. 희곡 세 편, 수필 두 편, 그리고 평론 한 편이 그것이다." 그리고 "1951년 2월 1일 자 발행 《갈매기》 창간호를 보면, 시에 김현승, 조희관, 목일신, 이수복, 박흡, 이석봉, 박순자, 임성순, 장병준, 소설에 이가형, 김해석, 희곡에 차범석 등의 작품이 실"려 있다.

차범석은 희곡 〈닭〉을 써서 1951년 7월 《전우》 13호에 처음으로 발표했는데 줄거리는 다음과 같다.

1950년 10월 2일 인민군이 점령한 목포에 국군이 상륙하던 날 아침, '목포서 얼마 떨어져 있는 촌길'과 그 길가의 유 첨지네 마당 집에서 일어나는 일이다. 인물은 "65살인 유 첨지와 60살인 그의 아내, 그리고 닭을 얻기 위해 마을에 나타난 인민위원회의 강 동무와 윤 동무가 모두

---

180 1950년 9·28 수복이 되면서 해군목포경비부는 정훈 사업으로 월간지 《갈매기》(1951년 2월 1일 창간호 발행 후 4호까지 발행됨)와 주간지 《전우》(1950년 12월부터 나왔으며 주간지였지만 매주 발행되지 못할 때도 있었고, 1952년까지 35집이 나온 것으로 보임)를 발간했다. (박태일, 〈목포지역 정훈 매체 《전우》 연구 ― 한국전쟁기 정훈문학 연구 1〉 참고.)

다." 유 첨지의 아들 은수는 국군으로 전쟁에 나갔기 때문에 인민군 치하에서 유 첨지네는 반동으로 낙인이 찍힌 상황이다.

은수 동생 은복은 '제 형이 국군이라는 죄를 썼으려고' 매일 인민위원회에 나가 일을 거든다. 오늘도 은복은 벌써 일하러 나가고 없다. 유 첨지와 그의 아내는 전쟁이 끝나고 은수가 돌아오면 먹일 닭을 마을 사람들 몰래 숨겨서 키우고 있다. 윤 동무와 강 동무 두 사람은 목포 식당에서 무슨 부장 동무를 대접하기 위한 닭을 얻어 오라는 명령을 받아 온 처지다. 그러나 쉬 얻어질 리가 없다. 이미 집짐승이라는 집짐승은 모두 인민군의 공출 탓에 마을에서 사라진 지 오랜 까닭이다.

(……) 인민군이 일찌감치 마을 집짐승들을 빼앗고 쑥대밭으로 만든 사실이 잘 드러난다. 강과 윤도 마을에 닭이 있을 리 없다고 생각한다. 그래도 유 첨지네 집에 가서 알아보기는 하기로 한 뒤 그의 집에 들른 것이다. 그런데 마을에 닭이 있을 리 없다는 유 첨지의 말을 곧이듣고 그대로 집을 나오려 하다 유 첨지가 숨겨 키웠던 닭이 헛간에서 내는 소리를 듣는다. 닭을 찾아낸 그들은 유 첨지를 꾸짖으며 유 첨지와 아내의 만류를 물리치고 닭을 잡아가려 한다. (……) 닭을 빼앗고 빼앗기지 않으려 실랑이를 하는데, 동구 밖에서는 요란한 대포 소리와 자동차 소리가 들리고, 태극기를 든 사람이 보인다. 그리고 이어서 만세 소리. 유 첨지와 그 아내는 "은수가 오나 봐 대한민국 국군이!"하면서 "미친 듯이" 뛰어나간다. 강과 윤은 말없이 닭을 버리고 도망질을 하고, 늙은 부부가 아들을 부르는 소리는 만세 소리와 종소리에 섞여 들고 막이 내린다. 목포가 탈환된 것이다.[181]

---

181 박태일, 〈목포지역 정훈 매체 《전우》 연구 — 한국전쟁기 정훈문학 연구 1〉, 《현대문학 이론연구》 38집, 241~242면.

해군목포경비부가 발간한 정훈 잡지는 월간《갈매기》와 주간《전
우》였는데 차범석은《전우》의 편집위원이었고 동생 차재석은 편집국장
이었다. 차범석의 희곡 〈닭〉은 촌극이라 짧기는 하지만 그가 공식적으
로 지면에 발표한 최초의 희곡[182]이다. 그 창작 배경은 인민군 치하에서
"부역이라는 따가웠을 혐의와 눈길을 벗어날 터무니로서 누구보다 앞
서 체제 선전극·계몽극을 써야 할 필연성이 뚜렷"[183]했다는 것이다. 이
에 대해 차범석이 초기 희곡에서 "전쟁의 참상과 전쟁이 빚어낸 황폐한
환경에 갇혀 있는 인간의 모습을 담아"[184]냈다고 보기도 한다.

차범석은 1951년 8월과 9월에 걸쳐 16, 17, 18호에 〈밀주〉를《전
우》에 분재,[185] 발표했다. 〈밀주〉는 1955년《조선일보》신춘문예에 가작
으로 입선한 것과 동일한 작품이다.[186]

1951년 10월부터 12월 사이《전우》의 22, 23, 24, 25호에 실린 〈제
2의 벽〉은 목차에서도 확인되지만, 이 작품은 다른 기록에 의하면 1952
년 작 〈제4의 벽〉으로도 알려져 있다. 〈제2의 벽〉은 "철없는 후방 젊은
이와 피란살이의 어려움을 겪는 혼인녀가 벌이는 거짓 혼례식으로 말
미암은 소동을 그린 극"으로 "정훈극으로도 사실극으로도 나아가지 못

---

182 박태일은 차범석의 〈닭〉에 관해 다음과 같이 글을 쓰고 있다. "차범석이 맨 처음 썼던 희
곡은 1951년 3월, 목포문화협회 예술제에서 공연한 〈별은 밤마다〉로 알려져 왔다. 이 대
본은 그 뒤《소인극 17선》(성문각, 1962)에 실려 전한다. 이렇게 본다면 1951년 7월에
실었던 〈닭〉은 오늘날 확인할 수 있는 차범석의 희곡으로서 가장 먼저 발표한 것이다.
됨됨이는 차범석이 곁텍스트로 붙여 둔 대로 '촌극'에 드는 짧은 작품이다."(박태일, 〈목
포지역 정훈 매체《전우》연구 — 한국전쟁기 정훈문학 연구 1〉,《현대문학이론연구》
38집, 240면.)

183 박태일, 〈목포지역 정훈 매체《전우》연구 — 한국전쟁기 정훈문학 연구 1〉,《현대문학
이론연구》38집, 253면.

184 정미진, 〈차범석의 전후 희곡 연구〉, 고려대학교 대학원 문예창작학과 석사학위논문,
2009, 11면.

한 채 어정쩡한 웃음극에 머물고 말았다."[187]라고 한다.

　1951년 1월 14일에는 장남 순환이 태어났다. 이 해 1월 27일 전국 문화단체총연합회 목포지부가 발족되었다. 목포문화협회(예총지부의 전신) 주최 3·1절 기념 예술제에서 해군 정훈부의 도움으로 차범석 스스로 '비공식 데뷔작'이라 부르는 〈별은 밤마다〉(2막, 차범석 작·연출)를 공연했다. 차범석의 〈별은 밤마다〉는 그의 희곡으로는 처음 무대화된 작품으로 "차범석의 어떤 작품보다도 반공적 성격을 노골적으로 드러낸 것이 특징"[188]이다. 이 희곡은 2막으로 구성되어 있는데 1막은 산악지대의 토굴, 2막은 항구에 있는 송춘식의 집이다.

185　차범석의 구술에 의하면 〈밀주〉를 《갈매기》에 발표한 것으로 기억하고 있다. (차범석 구술, 김성희 채록연구, 《2004년도 한국 근현대예술사 구술채록연구 시리즈 49 — 차범석》, 104면.) 그러나 〈밀주〉는 이후 여러 약력에 언급되는데 특히 《전우》의 총 목차에도 〈밀주〉의 분재가 있었다는 것을 밝히고 있다. 1951년 8월 15일 발행된 《전우》 16호에 〈밀주 ①〉, 1951년 8월 27일에 발행된 《전우》 17호에 〈밀주 ②〉, 1951년 9월 6일 발행된 《전우》 18호에 〈밀주 ③〉 등이다. (박태일, 〈자료 공개 — 전쟁기 목포 해군 정훈 매체 《전우》 목차〉, 《한국지역문학연구》 2집, 한국지역문학회, 2013.5.) 한편, 1960년 출간된 《희곡집》의 차범석 약력에는 이렇게 적혀 있다. "1952년 희곡 〈밀주〉(1막), 〈제2의 벽〉(1막) 등을 지방지에 발표하다. 1955년 《조선일보》 신춘문예 현상 모집에 응모 희곡 〈밀주〉가 가작 입선 되다."(백철과 여럿 엮음, 《희곡집》(하), 민중서관, 1960, 550면.; 박태일, 〈자료 공개 — 전쟁기 목포 해군 정훈 매체 《전우》 목차〉, 《한국지역문학연구》 2집, 239면에서 재인용.)

186　1. "연대 표기의 잘못은 〈밀주〉에서도 예외가 아니다. 1955년 신춘문예 입선과 1956년 당선 뒤에 나온 《희곡집》(하)의 약력에서 《전우》에 〈밀주〉를 발표한 사실은 밝혔으나, 그해는 1952년으로 적었다."(박태일, 〈자료 공개 — 전쟁기 목포 해군 정훈 매체 《전우》 목차〉, 《한국지역문학연구》 2집, 239면.)
　2. 《전우》에 실린 〈밀주〉와 《조선일보》에 입선한 〈밀주〉 사이에는 "'전시기'와 '전후기'라는 시간 배경 차이를 젖히고 보면 커다란 변화가 나타나지 않는다. 대사나 지문에서 잦은 손질이 있었지만 극 진행에 영향을 미칠 만한 정도는 아니다."(박태일, 〈자료 공개 — 전쟁기 목포 해군 정훈 매체 《전우》 목차〉, 《한국지역문학연구》 2집, 242면.)

187　박태일, 〈자료 공개 — 전쟁기 목포 해군 정훈 매체 《전우》 목차〉, 《한국지역문학연구》 2집, 255면.

188　정미진, 〈차범석의 전후 희곡 연구〉, 11면.

〈별은 밤마다〉(차범석 작·연출) 공연 후 기념사진. 앞줄 왼쪽에서 두 번째가 김길호, 둘째 줄 왼쪽에서 네 번째가 차범석. 1951.3.1.

1막에서는 빨치산의 허구성과 야만성 등을 드러내어 주인공 송춘식이 그의 애인인 백인선과 함께 도망가려는 상황이다. 여기에서의 탈출은 반공이나 다름없다. 빨치산을 떠나는 것은 공산주의 이데올로기의 거부를 의미하고 공산주의 이데올로기의 거부는 반공 이데올로기의 또 다른 선택이기 때문이다.[189]

이러한 차범석의 반공 이데올로기는 그가 전쟁 당시 연극동맹과 무용동맹 위원장으로 공산주의 이데올로기에 복무했다는 것에 대한 반성에서 나온 것이기도 하지만, 해군 정훈부의 지원으로 발행된 정훈 잡지의 성격상 반공 이데올로기를 전면에 내세울 수밖에 없었던 것도 있다.

---

[189] 정미진, 〈차범석의 전후 희곡 연구〉, 11면.

그래서 〈별은 밤마다〉는 "공산주의의 비인간성에 대한 고발과 반공주의의 선전이라는 일반적 공식을 드러냈다."라는 한계가 지적되기도 한다. 그러나 자신의 첫 작품 〈별은 밤마다〉의 공연에서 차범석은 연출과 주연을 맡았고 자신이 아끼는 배우 김길호金吉浩를 발굴해 냈다. 또한 이 희곡은 습작 시절의 작품으로서 이후 차범석의 연극세계를 만들어 내는 바탕이 되었다.

차범석은 목포중학교에 근무하면서 목포중학교 예술제(일명 목중예술제)를 기획하고 연극반을 지도했다. 그리고 1952년 제1회 목중예술제에서 〈저주〉(1막)를 공연했다.

나는 차별의식이라든가 권위주의라든가를 싫어했다. 그것은 '목중예술제木中藝術祭'를 시작하여 연극반을 지도하면서 더해 갔다. 장차 극작가가 되기 위하여 습작을 했던 내가 어린 중학생들과 어울려 연극을 했을 때 목중의 이미지의 또 다른 면을 학부형들에게 보여 준 셈이다. (……) 〈저주〉, 〈백의白衣〉, 〈월출月出〉, 〈내 고향으로 날 보내 주오〉 이렇게 네 편의 연극 공연을 마치고 목중과 작별 (……)

차범석은 목중 교사 시절 동안 습작을 하고 연극을 연출하면서 학생들을 위한 희곡 텍스트가 없다는 것을 알았다. 그래서 학생극으로 공연하기 적당한 희곡을 썼지만 "좀 더 정확하고 정통적인 시각에서 학생들을 위한 희곡"의 필요성을 절감하고 《근대 1막극선》을 출판했다. 이 책은 번역극이기는 하지만 그가 처음 출판한 희곡집인데 버나드 쇼, 유진 오닐, 존 밀링턴 싱의 단막극들을 번역한 것으로 동생 차재석이 관계하고 있던 항도출판사에서 1954년 발간했다.

분가分家, 그리고 강효실과의 만남

차범석은 삶의 모토를 일찌감치부터 '자유'로 삼고 있었는데 한 지붕 아래 20여 명의 대가족이 함께 사는 대가족제도는 그에게 부담이었으며, 그로부터 벗어나고 싶었다. "얄팍한 월급봉투일망정 그것으로 세 식구[190]가 독립된 생활을 갖는 권리와 자유는 그 누구도 막을 수 없다." 하고 생각했다. 그는 마침 학교 사택이 비었다는 이야기를 듣고 집에 분가를 선언했다. 사택은 "열 평 남짓한 허술한 일본식 연립주택으로, 네 가구가 들어선 일자집의 맨 갓집"으로 부잣집 아들의 분가치고는 초라했다. 차범석의 생각에는 차남이라 하더라도 "장성한 아들이니 집이라도 한 채 마련해서 당당하게 분가를 시켜 줄 만한데도 그의 분가를 가족들은 부정적 시각으로 바라볼 뿐이었다."

더구나 집에서는 그의 분가 선언을 "시집살이가 싫어진 며느리의 충동질"에 넘어간 것이라고 얕보았다. 그러나 분가 선언은 자유를 갈구했던 차범석의 의지에 따른 것이었다. 차남이었던 차범석은 장남이었던 형과의 차별이 부당한 처사라는 생각이 들었고 그래서 아버지의 편파적인 굴레에서 벗어나고 싶었던 것이다.

> 부잣집 둘째아들이 분가하는 날, 짐이라고는 리어카 하나로 두 번 져 나르면 족했다. 그리고 우선 먹을 양식으로 각각 석유통으로 쌀, 보리 한 통씩과

---

190 '세 식구'라는 표현을 쓰고 있지만 차범석의 《예술가의 삶 6 — 차범석》 141면에는 "나는 생각 끝에 아버지 그늘에서 벗어나기로 결심했다. 첫아들에 이어 첫딸을 낳게 되자 나는 그 이상 부모 그늘에 있을 수가 없었다."라고 쓰여 있다. 이를 보면 차범석 일가의 분가는 1953년 2월 2일생인 장녀 차혜영(현 차범석연극재단 이사장)이 태어난 1953년일 것이다.

냄비, 솥, 수저, 그리고 몇 개의 그릇이 고작이었다. 그러나 나는 즐거웠다. 닳고 헤어져 바닥이 들여다보이는 일본식 다다미방과 잇대어 있는 한 평 반 정도의 온돌방에 마주 앉은 우리 식구는 후련한 기분이었다. 자유롭다는 것, 그것 하나만으로도 우리 부부는 배가 불렀다. 부모에게 이것저것 요구 하려고 마음만 먹었던들 나에게 돌아올 물건은 있었을 것이다. 집도, 곡식 가마니도, 세간도 실어 낼 수가 있었을 것이다. 그런데 이상하리만큼 나는 부모님 앞에서 손 내미는 일에는 소질이 없었다. 차려 준 밥상도 마다하는 나의 졸장부 같은 소견머리는 내가 생각해도 겁 많고 어리석고 자기 권리 행사도 못하는 얼간이었다. 나를 교육시켜 주고 결혼시켜 준 그것으로 족하 다고 나는 억지를 썼다. 그것은 나의 반항이자 무언의 역습이었을지도 모른 다. 자식을 차별 대우하는 고루한 의식에 대한 항거이자 항변이었다.[191]

차범석은 분가로 얻은 독립적이고 자유로운 삶에 만족했다. 부모는 그가 "한두 달 후면 부모의 그늘 밑으로 다시 기어들 것으로" 생각했지 만 차범석은 그렇게 하지 않았다. 분가하면서 그의 아내는 "처녀 시절 익힌 양재 기술로 삯바느질을 했다. 학생들 여름 교복을 지어 주기도 하 고 동네 아이들의 원피스며 속바지를 만들"[192]어 팔면서 가계를 도왔다. 차범석은 학교 일과를 마치고 돌아오면 극작가를 꿈꾸며 희곡을 쓰거 나 예술제에서 있을 학생들 공연을 위해 단막극 등을 번역하면서 중학 교 교사로서 학교 생활에 충실했다.

분가할 당시 차범석의 어머니는 그에게 작은 집이라도 마련해 주려 고 했지만 아버지는 "농지개혁으로 농토도 다 날렸는데 그런 돈이 어디

---

191 전성희 편, 《차범석 전집 11 — 자서전/수필 외》, 170면.
192 차범석, 〈자전 에세이 〈나의 길 41〉 — '광대의 울음' 달랜 '맑은 대숲 바람〉, 《동아일보》, 1991.1.27.

있어. 이제 먹고살기도 힘들게 되었단 말이여!"라며 어머니의 의견을 무시해 버렸다. 결국 아버지의 도움 없이 시작한 살림살이는 부잣집 아들의 분가치고는 초라하기 그지없었고 경제적으로 어려웠지만, 그는 아버지에게 재산을 맡겨 놓은 것도 아니니, 아버지의 무관심에 대해 항변하거나 재산을 요구하지도 않았다. 또 지금은 중학교 교사이지만 훗날 극작가가 되어 넓은 세상에 나가 연극 운동을 펼치리라는 꿈을 갖고 있었으므로 물질적으로는 다소 부족했지만 잘 견뎌 낼 수 있었다.

> 나는 학교에서 돌아오면 희곡을 썼다. 그리고 단막극을 번역했다. 그것은 언젠가는 내가 극작가로 대성할 날에 대비하는 기초공작이었다. 내가 지금 중학교 교사를 감수하고 있는 것은 하나의 과정일 뿐, 나의 목적은 극작가가 되어 넓은 바닥에 나가 연극 운동을 하는 데 있다는 분명한 백서가 있었다. 따라서 내가 교사로서 안주하려는 생각보다는 언제고 저 높은 하늘로 날아가기만을 기다리는 한 마리 새이기를 바랐을 뿐이다. 황무지와도 같은 연극계에서 유치진柳致眞이나 함세덕咸世德이나 진우촌秦雨村이나 박노아朴露兒나 조영출趙靈出 같은 극작가가 되어 만인에게 감동을 주는 작품을 써야겠다는 꿈은 언제나 안고 있었다.[193]

목포에서 지내는 동안 연극에 대한 갈증이 있던 차범석은 가끔 서울에서 극단이 내려온다고 하면 아침부터 들떠 있었다. 국립극단으로 출발한 극협劇協이 1952년 12월, 첫 공연으로 유치진의 〈통곡痛哭〉을 피란지인 부산 동아극장에서 올렸다. 목포에서도 순회공연이 있었는데, 최무룡과 오사량이 주연이었다. 차범석은 이미 서울에서부터 그들과 알

---

193 전성희 편, 《차범석 전집 11 — 자서전/수필 외》, 171면.

던 사이[194]여서 그들이 온다는 건 옛 동지들을 만나는 반가운 일이었다. 차범석은 그들을 집으로 초대해 점심을 먹고 공연 시간이 가까워 오자 차를 마시러 새마을 다방에 갔다. 새마을 다방은 당시 목포에서 유명했으며 커피 맛도 괜찮은 곳이었다. 차범석은 여기서 〈통곡〉에 출연하는 여배우 강효실姜孝實[195]을 소개받았다.

> 우리가 다방 안에 들어섰을 때 구석에 한 젊은 여자가 혼자 앉아 있었다. 검은 목도리로 머리를 싸매고 검은 외투 차림에 유난히도 눈이 큰 게 마치 외적을 경계하는 동물의 눈빛 같았다. 최무룡이 그 여자 쪽으로 다가갔다. 같은 단원으로 이름이 강효실이라고 했다. 나는 반사적으로 이북에서 내려온 여자배우 강효실이냐고 물었다.
>
> 최무룡과 강효실은 한참 애기를 나누더니 먼저 극장으로 가서 분장을 하겠

---

194 최무룡 : 파주 출생. 1946년 경성법학전문학교에 입학, 1947년 국대안 파동과 관련해 시위에 참여했다가 경찰에 연행되어 고문을 당했다. 그 뒤 경성법학전문학교를 중퇴하고 1948년 중앙대학교 법학과에 입학해 연극반을 창설했으며 당시 서울특별시 중구 명동에 있던 시공관에서 연극 〈햄릿〉을 공연하면서 연극 배우로 데뷔했다.
차범석 구술, 김성희 채록연구, 《2004년도 한국 근현대예술사 구술채록연구 시리즈 49 ― 차범석》 121면에 보면 "최무룡이가 국립극장이 생겼을 때 신협, 극협 했잖아요. 극 아니고 신협 했어."라고 나온다. 당시 오사량도 신협의 배우였다. 한국전쟁이 나기 전 국립극장이 설치되면서 전속 극단으로 '신협'이 생겼고 대학생 연극인 양성을 위해 연구단원을 뽑았는데 차범석도 김경옥, 김정섭 등과 함께 연구단원으로 공연 때 스태프로 참여했다. 이때부터 최무룡, 오사량과 차범석의 인연이 시작되었다고 할 수 있다.

195 강효실 : 평양 출생. 북한 최초의 극영화 〈내 고향〉(1949)의 감독이자 무성영화 시대의 배우 강홍식姜弘植과 '눈물의 여왕'으로 알려진 여배우 전옥全玉의 딸이다. 전옥이 백조가극단을 만들어 활동하고 있을 때 강효실은 아버지와 함께 평양에서 활동했다. 한국전쟁 때 남으로 내려와 백조가극단에서 활동하다가 어머니 전옥의 반대에도 불구하고 당시 단원이었던 최무룡과 결혼했다. 평양에서 1950년 〈맥베드〉에 출연하였고 1952년 극단 신협新協 단원으로 출연하면서 본격적인 연극 활동을 시작했고 이후 영화에도 출연하였다. 1963년 극단 산하의 창립 단원으로 참여하고 국립극단 전속 단원(1965)을 거쳐 다시 산하에 정착하였다.

다며 자리에서 일어섰다. 강효실은 키가 작은 편이었다. 그러나 꼭 다문 입술과 곱슬머리가 헝클어져 내린 아래서 빛나는 두 눈은 이상한 광채를 발산하는 매력을 지닌 여자라고 나는 직감했다. 그 강효실이 먼 훗날 나와 함께 극단 산하를 창단하여 연극의 황금시대를 여는 데 불꽃을 태우게 되리라고는 상상도 못 할 일이었다.[196]

이날 차범석은 극단 산하를 창단할 때 동인으로 함께하게 되는 강효실을 운명처럼 만나고, 그에게 이끌렸다. 나중에 그는 최무룡과의 이혼으로 방황하는 강효실을 위해 〈열대어〉의 글로리아라는 인물을 설정, 극단 산하의 공연으로 올렸다.

신협의 〈통곡〉 공연은 "피란민의 애환을 리얼하게 그린 인상 깊은 작품"으로 초만원의 객석에서 강효실의 "프롤로그에서 암흑 속을 질주하는 화물열차 위에서 어린애가 추락사하는 순간 절규"하는 "피맺힌 목소리"는 차범석에게 깊은 인상을 남겼다.

이 무렵 차범석은 현재의 "사회 현실에 대한 반감과 허무, 자신에 대한 힐책과 불안, 그리고 막연한 미래에 대한 동경 등"으로 힘들어지면 그것을 잊기 위해 퇴근 후 동료 교사들과 술집을 드나들며 술을 마셨고 그러면서 조금씩 주량이 늘어 갔다.

목포 연극의 활성화

차범석은 대학에서 영문학을 전공했지만 목포중학교에서는 국어 교사

---

196 전성희 편, 《차범석 전집 11 — 자서전/수필 외》, 172면.

로 5년간 근무하면서 목포 연극의 활성화에 기여했다. 1951년 1월 27일 전국문화단체 총연합회 목포지부가 결성되었는데, 이를 계기로 각 예술 분야를 총망라한 종합예술제를 기획하고 3·1절 기념 행사를 개최했다.

차범석은 1952년 크리스마스 때 셰익스피어의 〈베니스의 상인〉의 법정 장면을 연출하여 무대에 올렸다. 이것은 목포 최초의 셰익스피어 공연이라는 점에서 의미가 있다. 당시 제자였던 김길호가 샤일록을, 최명수가 안토니오를 맡았다.[197] 〈베니스의 상인〉 공연은 교회 선교 사업의 일환이기는 했지만 당시에 목포에서 셰익스피어의 희곡을 공연했다는 것은 서구 근대극의 지방 유입 가능성을 예고한 것으로 '목포 연극의 웅비'를 의미한다고 할 수 있다.[198]

1953년에는 정훈 잡지 월간《갈매기》에 희곡 〈윤씨 일가〉(3막), 〈잔재殘在〉(3막)를 발표했다. 제2회 목포중학교 예술제에서는 자신의 희곡 〈달 뜨는 무렵〉을 공연했으며, 이 해 2월 2일에는 장녀 혜영이 탄생했다.

1954년, 재직 중인 목포중학교에서 학생들과 공연을 준비하다 보니 학생들이 공연할 만한 적당한 희곡이 없었다. 그래서 학생들을 위한 단막극집이 필요하다고 생각한 그는 앞서 이야기했듯 아우 차재석이 운영하고 있던 항도출판사에서 희곡집《근대 1막극선》(번역극집)을 출간했다. 특히 지역에서 발간했다는 점에서 목포의 문화적 위상과 아울러 목포의 연극적 전통을 잇는다는 의미를 갖는다고 할 수 있다.

---

197 "1951년 봄 목포문화협회(예총지부의 전신)가 주최하여 종합예술제를 개최했다. 연극은 나의 처녀작 〈별은 밤마다〉(2막)이며 내가 연출하고 주연까지 맡은 작품이다. 이 연극에서 오늘날 정진 배우로 자리를 굳힌 19세의 김길호金吉浩를 발견한 것은 나에게도 사람을 보는 안목이 있었다는 증거가 될지도 모를 일이다."(전성희 편,《차범석 전집 11 ─ 자서전/수필 외》, 165면.)

198 김길수,《남도의 희곡 미학》, 누리기획, 1998.

목포중학교 교사 시절, 제2회 목포중학교 예술제에서 〈달 뜨는 무렵〉(그레고리 부인 작, 차범석 각색)
공연 후 기념사진. 뒷줄 왼쪽에서 다섯 번째가 차범석. 1953.

제3회 목포중학교 예술제에서는 자신의 희곡 〈백의〉를 무대에 올렸
다. 목포중학교에서 근무하면서 희곡을 창작하고 무대에 올리고 희곡집
을 발간했던 것은 그에게 습작기로서의 의미를 갖는 중요한 시간이기
도 했다.

내가 6년 동안 근무했던 목포중학교 교사 시절은 나의 일생에서 가장 소중
한 시기였다. 왜냐면 내가 극작가로서 등단하기 위한 습작품이 모두 이 시
기에 씌여졌고, 연극 운동을 하기 위한 연출 수업도 이 시기에 이루어졌기
때문이다. 스승도 선배도 없는 연극의 황무지에서 나름대로의 뜻과 꿈을
살려 가며 희곡을 써 나가겠다는 외로운 삶이 없었던들, 나는 지금 결코 극
작가도 연극인도 되지 못했을 것이다.[199]

그는 당시 한국전쟁으로 목포에 피란 와 있던 최인훈과 김은국 등

---

199 전성희 편,《차범석 전집 11 — 자서전/수필 외》, 164면.

에게 문학을 가르쳐 주었고 차인석
(철학박사), 최종수(언론인), 신상현
(신문인), 천승세(소설가, 희곡 〈만선〉
의 극작가), 최영철, 강대진(영화 〈마
부〉의 감독, 1961 베를린 영화제 은곰
상 : 심사위원 특별상 수상), 김성옥(연
극배우), 이억순(기업인, 방송인), 강
대선(영화제작자, 영화감독), 정일성
(극단 미학 대표, 시인 김지하의 외삼
촌), 김지하[200] 등이 차범석이 목포
중학교에 근무할 때 가르쳤던 제자

차범석 역, 《근대 1막극선》(항도출판사,
1955) 표지.

들이다. 그 가운데 특히 김성옥은
"중학교 2학년 때 담임선생님이셨는데 영어 노래[201]를 가르쳐 주고 자
유롭게 학교생활을 할 수 있도록 지도도 해 주었다. 그리고 북교동 선생
님 댁도 드나들면서 격의 없이 지냈다."[202]라고 말한다. 차범석과 김성

---

200 "에피소드가 있는데 마담 그레고리의 〈문 라이징〉, 〈월출〉. 그걸 하는데 거기서 독립
　　운동하는 독립투사가 피해 다니면서 경찰을 놀려 먹는 그런 이야기거든요. 그때 이
　　제 효과를 누가 봤냐면 극단 미학을 하는 정일성이 (아, 네) 또 김지하. 김지하. 둘이
　　이종 간이거든요. 그 이때 효과를 봤어요. 스스 이렇게 하는 거다. (손으로 키를 좌우
　　로 기울이는 시늉) 그러면서 대사를 할 때는 방해되니까 봐 가지고 대사 없을 때 쓰
　　으하고 대사 있으면 끊고 그게 요령이다. 몇 번 연습을 시켰어요. 그런데 막이 올랐
　　어. 아이, 자기도 긴장한 거죠. 어린애가 뭐 3학년인데 뭘 알겠어요. 끝나고 나서 이
　　노무 새끼 (웃음) 한 번 뺨을 때리니까 영일이, 지하는 이름이 김영일이니까, 영일이
　　가 혼비백산 도망가 버리고 정성일이는 나한테 따귀 맞고 말이야. 지금도 만나면 '에
　　이, 선생님 그때 나 때렸죠?' 그런 에피소드가 있어요."(차범석 구술, 김성희 채록연
　　구, 《2004년도 한국 근현대예술사 구술채록연구 시리즈 49— 차범석》, 104~105
　　면.) 김지하는 1954년 중학교 2학년 때 가족의 이사로 원주중학교로 전학했다.
201 인터뷰에서 김성옥은 〈The sailor song〉이라는 노래를 가르쳐 주었다며 직접 들려주었다.

옥은 1963년 극단 산하를 조직할 때 함께 동인으로 참여하고 창단 공연 〈잉여 인간〉도 함께하는 등 사제지간이면서도 연극계의 선후배로도 가깝게 지냈다.

> 나는 교육이란 이를테면 스파르타식이라야 된다는 쪽이었다. 그러나 그것이 어떤 형식에 의한 제도적인 훈련이 아니라, 자각과 자아의식의 각성을 바탕으로 한 학습이요 자유스런 행동의 근원으로서의 훈련이기를 바랐다. 억지로 시키는 것이 아닌, 학생 스스로 눈을 뜨게 하는 일이 더 중요했다. 그래서 나는 수업 중에 곧잘 문학, 연극, 영화 얘기를 들려주었고 때로는 영어로 부를 수 있는 노래도 가르쳐 주었다. 전쟁으로 인해 멍들고 굳어 버린 어린 영혼을 훈훈하게 녹여 주자는 셈이었다. 학생들은 즐거워했다. 그것은 사춘기 소년의 마음에 자유를 동경하고 미의식을 인지하게 하자는 내 나름대로의 의식적인 행위였다.[203]

차범석은 목포중학교에서 근무하는 동안 목포중학교 예술제를 통해 자신의 희곡을 발표하고 외국의 작품을 번안, 각색 및 연출을 맡아서 학생들과 활발하게 연극 공연을 했다. 지역 사회의 연극 운동이 학생극 운동으로부터 출발한다는 신념이 있었기 때문이다.

> 목포중학교 예술제는 곧 목포 연극을 활성화시키는 횃불 구실을 하였고 그 무대를 통하여 후일 연극, 영화, 방송으로 진출한 젊은이들이 적지 않았다.

---

202 김성옥 인터뷰, 2021년 3월 22일, 김성옥 산정동 자택. 차범석의 장녀 차혜영은 김성옥이 아버지와 가깝게 지내 삼촌이라고 불렀고 김성옥이 춤을 잘 추어서 집에 오면 어머니, 차범석의 아내에게 춤을 가르쳐 주었다고 한다.
203 전성희 편, 《차범석 전집 11 — 자서전/수필 외》, 163면.

차범석의 가족사진. 왼쪽부터 차범석, 아내 박옥순과 장녀 혜영, 장남
순환. 1950년대.

목포에서 일 년에 한 번 올려진 연극 무대는 학생들뿐만 아니라 일반 서민
들에게까지 호평을 받았던 것이다. 이 때문에 목포중학교 예술제는 후일
학생극 경연대회를 열게 만든 기폭제가 되었던 것이다. (……)
차범석이 남기고 간 대표적인 흔적으로 59년 11월 7, 8일 개최된 제1회 학
생 연극 콩쿨 대회라 할 수 있다. 중등부 〈역마을 소년〉(주평 작)과 고등부
〈운명의 굴레〉(차범석 작) 공연으로 시작된 학생 연극 콩쿨은 점차 제 궤도
에 진입하기에 이른다. 차범석이 번안 각색한 〈검둥이의 설움〉은 전국학생
연극경연대회에 참가하여 최고상을 수상함으로써 목포 학생극의 수준을
가일층 향상시키는 데 기여했다.[204]

목중예술제에서 차범석의 연극 공연은 전후의 한국 사회, 그리고 목
포라는 지역적 한계에도 불구하고 목포의 연극 수준을 높이는 데 기여
했고, 학생극의 중요성을 인식할 수 있는 계기가 되었다.

---

[204] 김길수, 《남도의 희곡 미학》, 가람기획, 1998, 35면.

신춘문예 당선

차범석은 목포중학교 예술제에 적극적으로 참여하면서 습작 생활에도 열심이었다. 그리고 드디어 1955년 《조선일보》 신춘 문예에 〈밀주〉가 가작으로 당선(당시 당선작은 임희재의 〈기류지寄留地〉였다.)되었다.

당시 심사위원은 오영진과 유치진이었는데, 오영진은 차범석의 희곡을 당선작으로 밀었으나 대학 시절부터 그의 연극에 대한 열정을 익히 알고 있던 유치진은 그가 작가로서 한 번 더 도전하도록 하기 위해 가작으로 결정하였다.

> 1956년 10월 1일, 나는 기쁜 소식을 받았다. 《조선일보》 신춘 문예에 나의 희곡 〈귀향〉이 당선되었던 것이다. 나는 그 전해에 이미 〈밀주密酒〉라는 희곡으로 가작에 뽑혔었다. 심사위원은 유치진, 오영진 두 어른이셨다. 그러나 나는 '가작'으로는 양이 안 찬다고 생각하고 다시 1년을 기다렸다. 그래서 기어코 당선을 따낸 것이다. 그 순간 나는 유 선생님께서 나를 뽑아 주신 것으로 알고 나름대로 기뻐하고 있었다. 그러나 세월이 훨씬 흐른 뒤에야 오영진 선생님이 이렇게 말씀하셨다. "차 형, 그 〈밀주〉 말이야. 사실 그때 나는 당선을 시키고자 했었는데 유 선생님이 결사반대하시더군. 그 이유가 뭔지 알아? 차 형 같은 사람은 단 한 번으로 당선시키면 오만불손해질 염려가 있으니까 일 년 더 눌러 앉히자고 하시더군. 차 형은 틀림없이 다시 작품을 써서 응모할 거라고 말이야. 그리고 보면 유 선생님은 사람을 보는 안목이 있으신가 봐.[205]

---

205 차범석, 《동시대의 연극인식 — 차범석 연극논종》, 범우사, 1987, 170면.

신인소극장의 연극 〈밀주〉(차범석 작, 문명철 연출) 공연 사진. 국립극장. 1962.8.

1955년 《조선일보》 신춘문예에 희곡 〈밀주〉가 가작으로 당선되자 목포의 문화인들은 목포 출신의 연극인으로 극작가 김우진과 배우 이화삼 다음으로 배출된 극작가라며 축하를 해 주었지만 차범석의 아버지는 "문화인이 밥 먹여 준다디야?"라며 별반 반응이 없었다. 이러한 반응은 가뜩이나 아버지 앞에서 움츠러들어 있었던 차범석에게는 서운한 마음을 주었다.

가작으로는 성에 차지 않았던 차범석은 재도전했고 1956년 〈귀향〉이 《조선일보》 신춘문예 현상공모에 당당히 당선되었다. 그러나 차범석은 이태주와의 인터뷰에서 당선작이었던 〈귀향〉을 제치고 자신이 마음에 들어 하는 희곡으로 가작 당선작인 〈밀주〉를 꼽았다.

이(이태주) : 마음에 드는 작품은 무엇입니까?

차(차범석) : 〈밀주〉, 〈산불〉, 〈새야 새야 파랑새야〉, 〈꿈 하늘〉입니다.[206]

그리고 《예술가의 삶 6 — 차범석》에서도 자신의 대표작으로 〈밀주〉를 뽑아 책 뒷부분에 실었다. 정작 당선작이었던 〈귀향〉보다 〈밀주〉에 더 깊은 애정을 가진 것은 아마도 기성의 중앙문단에 그를 알린 최초의 작품이었기 때문일 것이다.

그는 연희대학교 재학 중 유치진의 희곡론 강의를 들었고, 유치진이 주재했던 제1회 전국남녀대학 연극경연대회와 이후 유치진의 젊은 연극인 인재 양성을 위한 국립극단의 연구단원으로 활동을 이어 왔는데, 신춘문예 당선을 계기로 그는 동랑 유치진과 더욱 깊은 관계로 인간과 예술 양면에서 두루 영향을 받게 되었다.

1955년 제4회 목포중학교 예술제에서는 〈내 고향으로 나를 보내주오〉(3막)를 공연했다. 이때 차녀 혜진이 출생하여 장남과 장녀까지 삼남매를 슬하에 두게 되었다. 그러나 목포중학교에서 처우 문제로 이른바 12·12 사건을 계기로 사표를 제출하고 때마침 신춘문예에 당선되자 이것을 이유로 서울로 이사를 감행했다. 그것은 연극을 하고 싶었던 차범석에게 목포를 떠나 서울로 갈 수 있는 명분이 되었다. 아버지는 인정하지 않았지만 자신은 중앙에서도 인정한 작가라는 것을 이유로 집을 떠날 수 있었다.

> 1955년 12월 12일. 12·12 사건이죠. 이건 차범석의 프라이빗한 12·12 사건. (……) 목포중학교, 공립학굔데 대우가 아주 좋지 않았어요. 묘하게. 그래서 학교 선생들이 처우 개선해 줘야 하지 않겠느냐. 지금처럼 노조도 아니지만 교무 회의를 해 가지고 그렇게 하자. 그 인제 주동적인 역할을 내가

---

206 이태주, 〈원로예술인에게 듣는다/극작가 차범석: 희곡을 쓰는 일은 내 생에서 휴가를 얻는 일〉, https://www.arko.or.kr/zine/artspaper2000_12/11.htm

해서, 그 기성회장이나 교장 다 나를 믿고 알았죠. 발언권이 센 차 선생이 얘기하자. 섭외를 했어요. 그런데 결과적으로 그 얘기가 우리는 선량한 직업인으로서 이렇게 처우가 나빠 가지고는 똑같은 학곤데 왜 여기만 이렇게 처우가 나쁘냐. 같은 수준으로 해 줘야 않겠느냐. 그것을 상담했는데 이것을 결국은 학교 측에서 학교장이죠, 이것을 반란으로 몰은 거예요. (네) 그래서 인제 우리가 그날 몇 번 얘길 해서 안 되기 때문에 아침 조회 시간에다 모았죠. 자, 학교 당국에서 우리한테 이렇게 해답이 왔는데, 무성의한 해답이 왔는데 어떻게 했으면 좋겠는가, 라는 전체 회의를 하는 거예요. 거기에서 첫째 시간을 까먹었어요. (네) 9시면 첫 수업에 들어가야 하는데. 그러니까 이것을 대 가지고 교직원들이 대우 개선을 대 가지고 스트라이크를 했다, 파업을 했다. 보통 일이 아니죠. (네) 그래 그 얘기가 인제 도로 건너가고 해 가지고 이제 발칵 뒤집혔어요. 이거 법적으로 처리하겠다. 우리는 전혀 다르기 때문에 이것은 정당방위가 아니라 정당 발언을 하는 과정에서 이렇게 된 것뿐이지 처음부터 파업을 했던 건 아니다. 그렇지만 우리는 김하중이라는 변호사가 (……) 그 사람이 우리 얘기를 듣고 아, 그럼 무료로 변호하겠다. 선생들의 얘기가 옳은 건데 말이야. 그래서 법정투쟁까지 하게끔 됐어요. 그래서 인제 도에서 장학사가 내려와서 진상 조사하고 이렇게 뭐…… 난 그런 거 보면서 아, 더럽다. 내가 밥 먹고 살기 위해서 하는데 밥을 굶지는 않지만 이렇게 교육계라는 게 말이지 썩어 가지고 아니, 교장이 선생들의 얘기를 못 들으면 그거를 법정에서 뒤집어 씌워 가지고 (……) 에이, 떠나야지 이런 생각을 가지고 있을 때였어요.[207]

---

207 차범석 구술, 김성희 채록연구, 《2004년도 한국 근현대예술사 구술채록연구 시리즈 49 — 차범석》, 126~127면.

세칭 12·12 사건은 1950년대 교육 현장의 부조리 때문에 생긴 일이다. 전쟁 이후 경제적으로 어려운 사람들이 많은 상황에서 학교에서는 학생들에게 교사가 등록금을 독촉하고 학급비니 환경 정리비니 하는 갖가지 잡부금을 모아야 하는 일이 비일비재했다. 게다가 목포중학교는 유난히 교사의 대우가 좋지 않았는데 이에 문제를 제기한 것이다.

그렇지만 이 일은 도리어 차범석과 함께 하는 친목 모임 7인회의 멤버들을 주모자로 몰았다. 이런 일들로 학교와 고향을 떠나고 싶었던 차에 1956년 《조선일보》 신춘문예에 〈귀향〉이 당선되었다는 전보를 받은 차범석은 결국 사표를 쓰고 목포를 떠나 서울에서 연극을 하기로 결심했다. 그러나 아버지와의 관계가 살갑지 못했던 차범석은 다섯 가족의 이사를 아버지에게도 알리지 않았다.

> 서울로 가야겠다는 원칙은 서 있었지만 그 방법과 절차는 적지 않은 압박을 초래했다. 무엇보다도 갓난 셋째까지 합한 다섯 식구가 서울에서 살아갈 방법이 막연했다. 평소부터 아버지와 자주 대화를 나누었거나 아버지가 나의 처지에 적극적인 관심을 보여 주셨던들 나는 맨 먼저 아버지를 찾았을 것이다. 그러나 나는 그렇지 못했다. 이미 나 스스로의 힘으로 살아남기를 침묵으로 선언한 처지에 이제 와서 아버지 앞에 무릎을 꿇을 수는 없었다. 그것은 결코 적대 감정이나 저항이 아닌 나의 작은 자존심에서였다.[208]

---

208 전성희 편, 《차범석 전집 11 — 자서전/수필 외》, 177면.

3부

껍질이 째지는
아픔 없이는

6
제작극회 결성
동인제 극단의 소극장 운동

덕성여고 교사가 되다

1956년 차범석은 아내와 첫째 아들 순환, 첫째 딸 혜영, 둘째 딸 혜진을 데리고 신학기에 맞춰 서울로 이주를 결심하였다. 그리고 1월 5일 목포 미네루바에서 열렸던 신춘문예 당선 축하의 밤을 끝으로 상경했다.

> 이제 서울로 가자! 서울 가서 연극 운동을 시작한다. 불모지와도 다름없는 연극계의 땅을 일구고 씨앗을 뿌리자. 몇 년이 걸리건 상관없다. 나는 그날이 오기를 기다렸고 그날을 위해 참아 왔다. 가자! 서울로! 나는 더 넓은 자유세계로 비상하리라! 좁은 골목 안 쓰러져 가는 판자 울타리를 걷어차고 뛰쳐나가리라.[209]

다섯 식구가 서울로 이주를 하기 위해서는 돈이 필요했다. 그러나 차범석은 아버지에게 도움을 청하지 않았다. 평소 아버지와 관계가 살

---

[209] 전성희 편, 《차범석 전집 11 — 자서전/수필 외》, 228면.

갑지 않아 데면데면했고 대화도 없었기 때문이다. 서울에서의 생활이 아무것도 준비되어 있지 않았지만 그는 자립의 의지를 갖고 시작하기로 마음을 먹었다. 그가 문학의 길을 선택하자 "권위적이고 체면 의식이 강한 아버지는 아들에게 무관심의 도를 넘어 경멸의 시선까지 보냈다. 그를 아들로서 인정하지 않는 아버지와의 갈등으로 대가족 제도의 숨막히는 현실에서 벗어나고자 한 차범석의 분가는 부자간의 갈등 관계를 심화"[210]시켰을 뿐이었다.

차범석은 목포 용당동에 있는 소설가 박화성의 집을 찾아가 도움을 청했다. 박화성은 목포 출신의 문단 선배이기도 했고, 차범석이 목포중학교에서 그의 아들 천승준, 천승세, 천승걸 삼형제를 가르치기도 했던 인연이 있었다. 박화성은 사정을 듣고 그의 서울 이주를 적극적으로 도와주기로 했다.

> 전 해에 차범석 씨가 《조선일보》 신춘문예에 희곡 가작이 되고, 이 해에는 당선이 되었기에 그의 문화운동의 편의를 위하여 서울 전근의 협조를 하면서 그의 앞길에 영광이 있어지라 빌었다. 이런 축도야말로 내 고장 문학의 눈부신 발전을 위한 적은 거름이 되지 않을까.[211]

박화성은 직장을 구하는 데 도움을 주겠다며 함께 서울로 올라가겠다고 약속했다. 그리고 1956년 2월 이화여고의 신봉조 교장에게 차범석을 소개했다. 박화성과 신봉조 교장은 도쿄 유학 시절부터 가까이 지

---

210 최연화, 〈차범석의 생애와 작품 활동〉, 무천극예술학회 편, 《차범석 희곡 연구》, 중문 출판사, 1999, 37면.

211 박화성, 〈눈보라의 운하〉, 서정자 편, 《박화성 문학전집 14 — 눈보라의 운하·기행문》, 푸른사상, 2004, 300면.

내 온 사이였기 때문에 격의 없이 차범석의 취직을 부탁했던 것이다. 그러나 신 교장은 박화성의 부탁이라면 무조건 채용하겠지만 얼마 전에 신규 채용을 했기 때문에 내년 새학기까지는 어렵겠다며 임시로 다른 학교에 있다가 다시 오라고 했다. 지금 당장 취직을 해야만 했던 차범석은 실망했다. 그런데 며칠 뒤 박화성으로부터 전갈이 왔다. 덕성여고에 취직을 부탁했고 송금선 교장과의 면담이 잡혔다는 것이었다. 박화성과 숙명학교 선후배 관계로 친분이 두터웠던 송금선 교장은 박화성의 부탁을 거절하지 않고 차범석을 채용했다.

채용 면접을 보고 집에 돌아오는 목포행 야간열차 안에서 차범석은 부모님이나 일가에게 도움을 청하지 않고 왜 남의 힘을 빌려서 일자리를 구했을까 하는 생각을 했다. 그러면서 "남의 힘에 의지하지 말자던 나의 작은 약속에 위배된 것 같지만 역시 남의 힘을 입었으니 그것은 행운인가 부채인가?"라며 갈등에 빠지기도 했다.

한편 아버지는 차범석의 생각과는 달리 서울로 이사하는 차범석에게 집을 구할 수 있는 돈을 건네주었다. 차범석은 아버지의 도움을 받지 않으려 했지만, 경제적 원조가 필요한 상황이었고 이쯤 되면 암묵적으로 아버지도 자신의 문필 활동을 인정한 것이 아닌가 하는 생각이 들기도 했다. 2월에 면접을 보고 목포로 돌아온 차범석은 학교 부근 가회동에 셋방을 마련하고 신학기 개학에 맞춰 서울로 이사했다.

이사래야 이불 짐과 의복과 간단한 식기 등이 고작이었다. 그런데 한 가지 놀라운 일이 일어났다. 아버지께서 셋방 얻는 데 보태라고 일금 30만 환을 보내 온 것이다. 30만 환이라는 화폐 가치가 지금 화폐로 치자면 얼마인지 알 수 없지만 그 돈으로 가회동 산꼭대기 삼청공원 입구에 방 두 개짜리를 얻는 데 큰 도움이 된 것만은 사실이다. 역시 피는 물보다 진했던 모양이다.[212]

아버지의 도움으로 셋집[213]을 얻고 비교적 안정적으로 이사한 차범 석은 덕성여고에서의 교사 생활도 즐거웠다. 남학교였던 목포중학교와 달리 여학교였던 덕성여고의 학생들은 차범석에게 적지 않은 호감을 표시했고, 작가적 입장에서는 근거리에서 여성을 관찰할 수 있는 기회 이기도 했다.[214]

서울로의 이사는 무엇보다도 다시 대학극회의 동지들과 만날 수 있 는 기회였다. 차범석은 그때의 기대감을 "솔직히 말해서 나의 마음은 콩 밭에 있는 격"이라고 표현했다. 1950년 봄, 전쟁 때문에 헤어졌던 대학 극회의 동지들, 1949년 가을에 있었던 제1회 전국남녀대학 연극경연대 회에서 만났던 사람들이다. 그중에는 월북을 했거나 죽거나 행방불명된 사람들도 있었지만 고려대학의 김경옥, 최창봉, 노희엽, 김지숙과 연세대 의 구선모, 서울대 약대의 조동화, 숙대의 김혜경 등 다시 만난 몇몇 이들 과 그는 젊은 날의 꿈이었던 소극장 연극을 하자는 데 의견을 모았다. 이 제 대학극회의 동지들은 학교를 졸업해 사회인으로 성장했지만 만남을 거듭하면서 그들의 꿈이 신협과 같은 기성의 연극을 거부하고 소극장 연 극에 있다는 것을 확인한 그는 대학극회의 정신을 잇는 극단을 창단하기 로 했다.

"극단을 만들어야 한다. 그것도 공연 위주의 극단이어서는 안 된다. 학구적 이면서 현대사회에 걸맞는 새로운 현대 연극의 창조와 예술운동으로서의

---

212 전성희 편, 《차범석 전집 11 ― 자서전/수필 외》, 179면.
213 이 셋집은 고려대 총장이었던 현상윤의 집으로 당시 다른 집에 비해 가격이 저렴했는데 고지대라 늦은 밤에나 물이 나오고 사는 데 불편했다. 게다가 그 전에 먼저 살던 사람이 자살을 했다는 말도 있었다.
214 전성희 편, 《차범석 전집 11 ― 자서전/수필 외》, 179면.

소극장 연극이 있어야 한다."는 우리들의 자각은 여전히 강한 의지로 표현되었다. 학창시절부터 그토록 외치던 그 목소리가 다시 되살아난 것이다. 다방이며 대폿집을 넘나들며 우리의 꿈과 이상을 차츰 재확인했다. 이 땅에 극단이래야 신협新協 하나 정도밖에 없는 황무지 같은 연극계에 새바람을 일으키고 새 파도가 출렁대는 원동력이 있어야 하겠다는 우리들의 갈증과 맥박은 문자 그대로 새 시대의 연극 주인임을 자부하고 있었다.[215]

1956년 3월 말쯤 제작극회 창립을 위한 첫 모임이 명동 시공관 옆 식당에서 있었다. 그때 차범석과 임희재는 각각 목포와 대전에 있어서 참여하지 못했고 김경옥, 오사량, 노희엽, 조동화, 구선모, 최백산, 박양경, 최창봉 등이 참여했다. 이들 여덟 명에 차범석과 임희재가 합쳐져 열 명의 발기인이 구성되었다. 이어 평양에서 온 전근영과 최상현이 가입하면서 공식적인 창단 모임을 가졌다.

제작극회 창단

1956년 5월 26일 동방문화회관에서 제작극회制作劇會의 창단 모임이 있었다. 이 모임에 참석한 사람은 기존의 대학극회 회원들, 차범석, 김경옥, 최창봉, 조동화, 노희엽, 구선모 이외에 오사량, 최백산, 최상현, 임희재, 박양경, 전근영 등 모두 열두 명이었다.[216] 제작극회는 제1회 전국남

---

215 전성희 편,《차범석 전집 11 — 자서전/수필 외》, 180면.
216 제작극회의 창단 동인에 관한 것은 차범석이나 최창봉의 글 외에 유민영과 박명진, 김경옥, 양윤석의 글에도 기술되어 있지만 자료마다 기록이 서로 다르다.
　＊최창봉의《방송과 나》(246면)에는 "최창봉, 김경옥, 오사량, 노희엽, 조동화, 구선모, 최

녀대학 연극경연대회와 대학극회 때의 동인들이 다시 모여 만들었다. 6
년 동안이나 흩어져 있었지만 그들의 "연극에 대한 집념은 조금도 시들

백산, 박양경, 차범석, 임희재, 전근영 등 11명이 공식 창립회의 발기인으로 참석했다고
기록되어 있다.

＊《차범석 전집 11》의 자서전 〈떠도는 산하〉(180면)에는 이들 외에 최상현을 포함하여
12명이 발기인으로 기록되어 있다. "1956년 5월 27일 우리는 창단 모임을 가졌다. 여
기에 참가한 사람은 왕년의 대학극회 회원이었던 차범석, 김경옥, 최창봉, 조동화, 노희
엽, 구선모 이외에 오사량, 최백산, 최상현, 임희재, 전근영 등 열두 명이었다."

＊차범석 구술, 김성희 채록연구, 《2004년도 한국 근현대예술사 구술채록연구 시리즈 49
— 차범석》, 132면에 보면 제작극회에 관한 이야기가 나온다. "1949년부터 1950년 봄
까지 활동했던 대학극회의 후신. 1956년에 대학극회의 옛 동인들인 차범석, 김경옥, 최
창봉, 조동화, 구선모, 노희엽 등과 오사량, 임희재, 전근영, 최백산, 최상현, 박양경 등이
창단함."이라 기록되어 있다.

＊차범석은 자신의 논문 〈한국의 소극장 연극 연구〉(《대한민국예술원논문집》, 27집,
1988)에서 "1956년 5월 동인 차범석의 향리인 목포에서의 상경을 기다렸던 옛 동인 김
경옥, 최창봉, 구선모, 노희렵, 조동화 등은 재규합을 다짐하고 여기에 기성 극단에서
오사량, 임희재, 전근영, 최백산과 신인배우 박양경이 합세"했다고 쓰고 있다.

＊《고려대학교 연극 백년사》(양윤석 저, 연극과 인간, 2021.)에도 "1956년 3월 최창봉은
졸업한다. (……) 이 무렵 김경옥, 최창봉, 노희엽, 조동화, 오사량 그리고 전쟁 전 전국
남녀대학연극경연대회에 출연했던 몇몇이 명동 '금문다방'에서 자주 모였는데 '이미
대학을 졸업한 이들은 〈대학극회〉가 아닌 새로운 극단을 창립하기로 뜻을 모은다. 그리
하여 3월 말경 명동 시공관 옆 어느 식당 안방에서 김경옥, 최창봉, 노희엽(이상 고대극
회 출신), 조동화(서울 약대 출신), 오사량(신협 출신), 구선모, 최백산, 박양경 등이 참석
하고, 당시 목포와 대전에 있었던 차범석(연희극회 출신), 임희재(월남 문인, 1954년 《조
선일보》 신춘문예로 등단, TV 연속극 〈아씨〉의 작가)도 동참하기로 하여 총 10명의 발
기인 모임을 한 후 전근영(평양 국립극장 출신) 등도 가입하여 총 11명이 5월 26일 당시
문화예술인들의 보금자리였던 명동 동방문화회관에서 공식 창립회(결성회)를 갖는다.
연이어 이두현(서울대 출신), 박현숙(중앙대 출신), 김자림(월남한 교사 출신), 최명수(
교사 출신) 등도 속속 가입했다."

＊서연호·이상우의 《우리 연극 100년》(현암사, 2000.)에는 제작극회의 멤버로 "고려대학
출신 김경옥, 최창봉, 최상현, 연세대학 출신 차범석, 서울대학 출신 이두현, 조동화, 중앙
대학 출신 박현숙, 신협 출신 오사량 등이 참가했다."라고 기록하고 있으나 이 명단은 창
단 동인이 아니라 제작극회 동인을 기록한 것으로 보인다.

＊김경옥은 《한국연극》 109호(1985.6.)에 연재한 〈연극계비화(11): 젊은 지성연극인의
집단 〈제작 극회〉— 소극장 운동의 남상濫觴〉(51면)에서 창립 동인의 명단을 가나다 순
으로 소개했다. 구선모, 김경옥, 노희엽, 박양경, 오사량, 임희재, 전근영, 조동화, 차범
석, 최백산, 최상현, 최창봉이 그들이고 연구단원으로 허규와 조광일이 있다.

지 않고 있었"다. 대학극회의 연장선상에 있었던 제작극회[217]라는 명칭은 차범석의 제안[218]으로 결정되었다. 이는 기존의 일본식 명칭인 ○○좌나 △△연구회 같은 딱딱하고 고지식한 명칭을 피해 "의욕적인 이름을 희구하는 데서 지어 낸" 것이다.

이들은 창단 총회에서 창단 공연과 "제작극회가 단순한 공연단체가 아니라 이 나라의 새로운 현대 연극의 산실이자 그 견인차 구실을 한다는 사명감을 만천하에 천명할 연극 선언"의 필요성을 절감하고 그 선언

그러므로 제작극회의 창단 멤버는 차범석, 김경옥, 최창봉, 조동화, 구선모, 노희엽, 오사량, 임희재, 전근영, 최백산, 박양경, 최상현 등 12명이다. 이후 이두현, 김자림, 박현숙, 최명수 등이 제작극회에 참여했다. 차범석과 김경옥은 제작극회 창단의 주역이면서 동시에 적극적인 활동을 했던 열혈 단원이었다. 최창봉도 열심히 참가는 하였으나 방송국 일로 분주해 제작극회 활동에 참여하지 못할 때가 많았다. 차범석의 기록 중 12명을 언급한 것이 있고 이것은 김경옥이 12명이라고 기록한 것과 일치한다. 그러므로 제작극회의 창단 동인은 모두 12명이다.

217 "제작극회라는 명칭은 내가 지었다. 그것도 제製가 아닌 제制라야 한다고 우긴 점에는 이유가 있었다. 전자는 물질적인 경우이며 후자는 정신적인 창조에 쓰인다는 억지(?) 같은 주장을 했지만 사실은 일본의 미술계에서 쓰여진 '제작회制作會'라는 이름에서 얻은 발상이었다. 제작극회는 그 명칭부터 흔히 쓰던 '극단'이라는 말을 피했다. 지금까지 있었던 연극하고는 뭔가 다른 연극을 해 보자는 순수하고도 학구적인 이념에서였다. (차범석, 〈제작극회와 나〉, 《예술가의 삶 6 — 차범석》, 177면.) "제작극회라는 이름도 질 때 대개 극단 이름이라는 것은 대개 비슷비슷하잖아요. 무슨무슨 극회니, 뭐뭐 하고 그랬는데 나는 언젠가 일본책을 보니까 오페라를 많이 만든 제작회라는 게 있어요. 그 제작도 옷 '의衣'가 없는. 이렇게 '제製' 자에 옷 '의衣' 자가 있잖아요. 제작이라는 말이 그렇게 신선하달까? 그래서 어떻게 했냐고 물어봤더니 어떤 정신적인 면에 있어서의 그 크리에이티브 한 것은 옷 의衣가 없는 거고 물질적인 형태가 있는 걸 만드는 거 상품을 만드는 것은 옷 의衣가 있고 뭐 이런 얘기가 나오대. 그러면 아주 빼고 제작극회制作劇會라고 만들어서 했죠."(차범석 구술, 김성희 채록연구, 《2004년도 한국 근현대예술사 구술채록연구 시리즈 49 — 차범석》, 132면.)

218 이 부분에 대해서는 차범석과 최창봉, 김경옥의 기억이 각기 다르다. 최창봉과 김경옥은 김경옥이 제작회의 명칭을 제안했다고 한다. 특히 김경옥은 자신의 글에서 "제작극회'란 이름을 김경옥이 우연히 일본 신문을 보다가 '제작좌制作座'라는 신극 단체가 있음을 보고, 그 이름을 따서 '제작극회'라고 지었다."(김경옥, 〈연극계비화(11): 젊은 지성 연극인의 집단 〈제작극회〉 — 소극장 운동의 남상濫觴〉, 《한국연극》 109호, 51면.)라고 적었다. 또 최창봉도 김경옥이 극단명을 제안했다고 기억하고 있다.

문 작성을 김경옥에게 일임할 것에 합의했다.

宣言(선언)

劇場藝術(극장예술)이란 時代(시대) 생활의 綜合的(종합적) 觀照(관조)로써 創造(창조)되는 文化形式(문화형식)이므로 現代演劇(현대연극)은 諸屬性(제속성)을 條件(조건)으로 制作(제작)되어야 할 것을 再確認(재확인)한다. 現代人(현대인)의 美意識(미의식) 感覺(감각)에 反應(반응)되지 않는 退嬰的(퇴영적) 舞臺(무대)에 現代人(현대인)은 親近(친근)함을 느낄 수 없다. 따라서 즐거움과 印象(인상)을 받을 수 없을 뿐 아니라 아무런 意味(의미)도 찾을 수 없음이 確實(확실)하다. 形象化(형상화)하는 樣式(양식)이 寫實的(사실적)이건 象徵的(상징적)이건 간에 고도하게 洗練(세련)된 現代人(현대인)의 생활 뉘앙스에 溶解(용해)해 들어가고 그들의 銳利(예리)한 생활感情(감정)에 感觸(감촉)되는 舞臺美(무대미)를 制作(제작)하는 것만이 必要(필요)하다.

그러므로 現代劇(현대극)의 題材(제재)가 거의 생활의 內部(내부) 및 그 周邊(주변)에 生起(생기)하는 諸現象(제현상)임을 다짐하는 同時(동시)에 現代劇(현대극)의 舞臺(무대)도 現代人(현대인)의 생활的(적) 發聲(발성)과 動作(동작)을 基調(기조)로 하여 表現(표현)되어야 함을 强調(강조)한다. 그러면서 觀客(관객)들이 즐거운 마음으로 舞臺(무대)의 情緒(정서)를 共感(공감)하며 觀照(관조)하며 생명化(화)하도록 制作(제작)되어야 한다.

우리는

觀客(관객)의 官能(관능)과 哀傷(애상)에 野合(야합)하는,

觀客(관객)에게 獨善的(독선적) 印象(인상)과 美(미)의 享受(향수)를 强要(강요)하는.

또는 皮相(피상)의 知性(지성)으로써 觀客(관객)을 현혹하는,

그리고 觀念(관념)의 孤城(고성)에 獨尊(독존)하는.

一切(일체)의 劇樣式(극양식)을 拒否(거부)한다.

우리는

現代(현대)에 있어서의 우리 劇(극)의 참다운 前進的(전진적) 姿勢(자세)를 追求(추구)하고 主潮的(주조적) 樣式(양식)을 制作(제작)하기 爲(위)하여 試圖(시도)할 것이다.

現代(현대)의 行動的(행동적) 휴매니즘과 개성의 尊重意識(존중의식)으로써 結合(결합)하는 우리의 結束(결속)은 人間精神(인간정신)의 자유로운 創意(창의)에 立脚(입각)하여 참된 現代劇(현대극) 樣式(양식)을 創作(창작)하려는 우리의 理念(이념)과 아울러 우리의 表現 行動(표현행동)을 保障(보장)해 주리라고 굳게 믿는다.

制作劇會(제작극회)

이와 같은 선언문은 그들이 추구했던 것이 신극이 아니라 현대극이었다는 것을 보여 준다. 그러면서 "관객의 관능과 애상에 야합하는 관객에게 독선적 인상과 미의 정수를 강요하는 또는 피상의 지성으로써 관객을 현혹하는 그리고 관념의 고성孤城에 독존하는 일체의 극 양식을 거부하는" 제작극회의 선언은 기존의 연극계에 충격을 주었다. 이에 대해 유민영은 《한국 근대연극사 신론》에서 "신극 운동을 주도했던 극단 신협에 반기를 들고 나오면서 현대 연극의 기치를 내세운 제작극회가 결성된 1956년을 현대 연극사의 출발점으로 봐야 한다."[219]라고 했다.

---

219 유민영, 《한국 근대연극사 신론》(하권), 태학사, 2011.

뚝섬 봉원사로 소풍 간 제작극회 동인들. 뒷줄 왼쪽부터 김유성, 최상현, 안평선, 김경식, 오현준, 이노미, 최명수, 차범석, 김경옥, 최창봉, 조동화. 앞줄 왼쪽부터 허규, 한 아이 건너 김자림, 오사량, 임영빈, 한 사람 건너 전상애. 1959년 가을.

당시 한국 연극계는 국립극단이 있었지만 거의 신협[220]이 독주하고 있었던 상황이다. 특히 차범석은 신협의 연극에 대해 상당히 부정적인 시선을 갖고 있었고 이를 비판하는 평론[221]을 신문에 싣는 등 활발한 활동을 했다.

---

220 "신협新協 : 1950년 국립극장(극장장 유치진)이 개관하면서, 그 산하에 '신극협의회'를 두었는데 약칭으로 신협이라 불리다가 국립극장 전속 극단의 이름이 되었다. 이 신협은 창단 공연 〈원술랑〉과 2회 공연 〈뇌우〉를 하고는 6·25 전쟁 발발로 해체되고 말았다. 피란지 대구에서 민간 극단 신협으로 재발족하여 활발한 공연 활동을 폈고, 9·28 수복 후 신협은 다시 모여 이광래를 중심으로 박경주, 고설봉, 오사량 등 기존 멤버에다 신인인 장민호, 최무룡, 김경옥, 최창봉 등이 신협을 재건했고 부산에서 상경한 이해랑과 남북길에 탈출해 온 김동원 등이 합류했다. 국립극장의 환도 후 다시 전속 극단으로 들어가 국립극단이 되었으나 당시 극장장 서항석과 유치진의 불화로 결국 신협 단원들은 탈퇴하여 민간 극단으로 활동한다. 1950년대에 연극계를 주도했으나, 1960년대에 이르면 젊은 동인제 극단들의 대두와 한국 영화의 융성으로 쇠퇴했다."(차범석 구술, 김성희 채록연구, 《2004년도 한국 근현대예술사 구술채록연구 시리즈 49 ─ 차범석》, 137면.)

신협이 그때 연극에 독점을 하다시피 하고 했는데 우리가 신협의 연극을 볼 거 같으면 예술에의 유파로 자라 나가는데 그 무대상에 이뤄지는 것이 우리가 보기에는 현대적인 감각이 없다. 첫째로 그 배우가 하는 화술. 에로키션elocution, 이것이 아직도 신파까지는 아니지만은 신파의 물이 덜 빠진 과장 거. 발성 자체가 목을 짜는 소리. "어" 장민호 아니에요? {네} 야, 우리 제발 앞으로 연극 할 때는 그런 연극 하지 말자.222

제작극회는 창단 당시 흥행이나 상업주의에 경도되었던 연극계, 특히 극단 신협을 지목하여 신협의 "과장된 표현법이나 상업주의적 레파토리 선정"에 대해 문제의식을 제기했다. 그러면서 "좀 더 내면적이고도 현대적 감각에 맞는 연극"을 해야 하기 때문에 소수의 관객을 대상으로 하는 소극장 운동을 일으켜야 한다고 주장했다.

좀 더 내면적이고도 현대적 감각에 맞는 연극을 하자는 게 우리 젊은이들의 주장이었다. 연극이 상업주의적인 방법으로 관객에게 아부하거나 영합하려는 자세는 예술이 아닌 타락이라고 입을 모았다. 따라서 연극과 금전을 연결시키는 발상 자체는 이미 예술이 아닌 만큼 우리는 소수의 관객을 대상으로 하는 소극장 연극 운동을 일으키는 수밖에 없었다. 척박한 문화 풍토 속에서 가당치도 않게 소극장 연극 운동의 봉화를 처음으로 쳐든 '제작극회'는 보는 시각에 따라서는 이단자이기도 하고 선구자일 수도 있었

---

221 차범석은 〈1957년 문화계 총평: 금년도 연극계의 결산 — 내일을 위한 포복〉(《조선일보》, 1957.12.30.)이라는 글에서 국립극장이 환도 후 첫 공연으로 올렸던 〈신앙과 고향〉이 창작극이 아닌 번역극이라는 점을 비판했다.

222 차범석 구술, 김성희 채록연구, 《2004년도 한국 근현대예술사 구술채록연구 시리즈 49 — 차범석》, 134면.

다. 아니 어쩌면 우리나라 연극사를 돌이켜 보건대 '토월회'나 '극예술연구회'가 미처 이루지 못했던 연극 개혁 운동을 다시 계승했다고 봐야 할 것이다.[223]

제작극회의 창단은 "돈을 의식한 연극이 아니라 이 시대의 관객을 눈뜨게 하고 이 시대의 아픔과 기쁨을 같이하는 연극이 아쉬운 것이다. 그러나 아직은 연극 예술의 기술적인 연마나 극작가로서 창조 정신이 요청되는 현실 속에서 나날이 상업주의로만 기울어 가는 추세가 안타까울 뿐"[224]이라는 차범석의 고백에서처럼, 이 땅에 진정한 연극의 씨를 뿌려 보고자 했던 젊은 연극인들의 의지에 의해 이루어진 것이다.

제작극회는 당시의 매스컴이나 지식인 그리고 젊은 연극인들 사이에 비상한 관심을 불러일으키며 출발하였다. 연출가 이진순 씨는 그의 《한국연극사》에서 "제작극회의 발족은 그동안 새로운 극단의 탄생을 갈망하던 연극계에 큰 기대를 던져 주었다."라고 강조하면서 이 선생 자신이 "침체된 연극계의 각성을 위해 현대극 운동을 전개하기 위해 범 기성 연극인들을 총 망라해서 '연극부흥협회'를 발족시킨 것도 새로운 지성인들로 구성된 제작극회의 출현이 큰 동기가 되었다."라고 기술하고 있다.

진정한 소극장 연극을 이 땅에 뿌리 내리게 하기 위해 회원들의 자체 교육과 연극 이론의 월례 발표회 등 연구 활동과 연극 공연을 병행해 나가는 제작극회 활동은 연극계에서 독자적인 위치를 차지하였을 뿐만 아니라 이에 자극을 받아 온 연극인들이 저마다 소극장 운동에 끼어들게 했다. 그것은

---

223 차범석, 《예술가의 삶 6 — 차범석》, 177~178면.
224 차범석, 《예술가의 삶 6 — 차범석》, 178면.

이 땅에 소극장 연극의 필요성을 확인시켰고 대학 출신의 지식인이 연극
운동의 전선에 나가게끔 기폭제 구실을 했다.

제작극회가 선봉이 되어 소극장 운동을 주창하기를 기다렸다는 듯이 이와
형태를 같이하는 군소 극단들이 꼬리를 물고 탄생함으로써 가히 이 땅의
소극장 연극 전성시대가 도래하는 듯한 현상을 보였다.[225]

창립 동인 최창봉의 회고에 의하면 제작극회의 창립은 기존의 연극
계에 신선한 바람을 일으키는 계기였으며 이후 동인제 극단의 탄생을
예고하고 있다고 하였다. 대학생 출신의 인텔리들이 기성의 한국 연극
에 문제를 제기하고 학구적인 자세로 연극을 하겠다는 시도는 연극계
에 변화를 기대할 수 있게 하였다.

좀 더 내면적이고도 현대적 감각에 맞는 연극을 하자는 게 우리 젊은이들의
주장이었다. 연극이 상업주의적인 방법으로 관객에게 아부하거나 영합하려
는 자세는 예술이 아닌 타락이라고 입을 모았다. 따라서 연극과 금전을 연결
시키는 발상 자체는 이미 예술이 아닌 만큼 우리는 소수의 관객을 대상으로
하는 소극장 연극 운동을 일으키는 수밖에 없었다. 척박한 문화풍토 속에서
가당치도 않게 소극장 연극 운동의 봉화를 처음으로 쳐든 '제작극회'는 보는
시각에 따라서는 이단자이기도 하고 선구자일 수도 있었다. 아니 어쩌면
우리나라 연극사를 돌이켜 보건대 '토월회'나 '극예술연구회'가 미처 이루지
못했던 연극 개혁 운동을 다시 계승했다고 봐야 할 것이다.[226]

---

225 최창봉, 《방송과 나 — 영원한 PD 최창봉의 방송인생 다큐멘터리》, 248~249면.
226 차범석, 《예술가의 삶 6 — 차범석》, 177~178면.

제작극회의 창단 소식은 연극계는 물론 언론이나 문화계의 관심을 한몸에 받았다. "정규 대학을 졸업한 신선하고 패기 있는 연극학도들로 구성된 제작극회 창단 소식은 일간신문에서 대서특필로 보도"되었고 "상업주의 연극을 배척"하고 "소극장 연극 운동을 전개한다는 만만찮은 기백"에 많은 이들이 격려와 찬사를 보냈다.

제작극회 창단 공연, 〈사형수〉

제작극회의 창단 공연은 1956년 7월 24일부터 3일간[227] 을지로 입구 대성빌딩 소강당에서 있었는데 미국의 홀워시 홀Hallworthy Hall 원작의 〈용사The Valiant〉를 번역한 〈사형수〉를 공연하기로 했다. 동인이었던 노희엽이 미국에 다녀오면서 일본어로 된 책을 구해 왔고 차범석이 번역을 맡았으며 연출은 전근영과 차범석이 함께 했다.

---

[227] 창단공연의 날짜가 기록마다 상이하다.

  * 1956년 6월 28일: 차범석, 《예술가의 삶 6 — 차범석》, 178면.
  * 1956년 7월 20일: 차범석, 〈떠도는 산하〉, 전성희 편, 《차범석 전집 11 — 자서전/수필 외》, 182면.
  * 1956년 7월 28일: 차범석 구술, 김성희 채록연구, 《2004년도 한국 근현대예술사 구술채록연구 시리즈 49 — 차범석》, 132면.
  * 1956년 6월 30일: 최창봉, 《방송과 나 — 영원한 PD 최창봉의 방송인생 다큐멘터리》, 249면.
  * 1956년 7월 24일: 김경옥, 〈연극계비화(11): 젊은 지성연극인의 집단 〈제작 극회〉 — 소극장 운동의 남상濫觴〉, 51면.
  * 1956년 7월 24~28일: 양윤석, 《고려대학교 연극 백년사》, 128면.
  정확한 날짜는 당시의 《조선일보》 기사를 통해 확인할 수 있다. "제작극회에서는 동회同會 제1회 발표회로서 미국의 홀시 홀 외 1인 합작으로 된 희곡 〈사형수死刑囚〉 1막을 차범석 씨의 역본으로 24일부터 3일간에 걸쳐 매일 하오 8시 시내 명동 '大成빌딩' 집회실에서 개최하기로 되었다 한다."(〈새로운 현대극의 태동 — 제작극회 제1회 발표회〉, 《조선일보》, 1956.7.23.) 그러니까 7월 24일부터 27일까지이다.

이러한 제작극회의 창단 공연은 "연출을 전근영, 차범석 양 씨가 담당하기로 된 이 연극은 극평가 김경옥 씨 및 연출가 오사량 씨를 위시하여 연극에 있어서 젊은 '제네레리슌'[228]의 지도적 역량을 담당하는 신예 연극인들이 직접 출연하고 있어 우리나라의 극예술에 새로운 것을 제시하는 것으로 기대가 크다."[229]라고 기사화되었다.

그들의 공연은 당시 연극계에 큰 반향을 일으켰고 그들의 활동은 언론도 주목했다. 그런데 차범석과 공동 연출을 맡았던 전근영이 간첩 활동을 한다는 이야기가 분분했다.

> 전근영 양반이 첼리스트 전봉초의 동생이에요. 또 그 동생은 또 전봉건이라고 시인, 일찍 죽었고 아무튼 그 집안이 형제가 칠 남맨가, 전부 다 예술가들이에요. 그중에 하나가 전근영이에요. 그런데 '봉' 자 항렬인데 이 사람만 그 항렬에 빠졌으니 어디 첩의 아들인지 모르겠지만은 아무튼 이 친구가 이북에서 김일성대학을 나왔다고 난 그렇게 들었는데 이북서 대학 나와 가지고 연극을 하다가 1·4 후퇴 때 내려왔어요. 그래서 부산에 왔어. 부산에서 어떻게 했느냐, 오화섭 씨가 그때 부산대에 갔었는데 거기서 대학생들이 떼아뜨르 리이블[230]을 만들었거든. 그때 전근영이가 연출을 해 줬어요. 그런 인연이 있었거든. 일본 교육도 받은 걸로 알고 있고 사람이 성실하고 아주. 그 사람 넣자. 난 오케이. 그래 영입을 했죠. (……) 대학극회

---

228 제너레이션generation, 세대라는 뜻.

229 〈새로운 현대극의 태동 — 제작극회 제1회 발표회〉,《조선일보》, 1956.7.23.

230 1953년 피란지인 부산에서 오화섭이 주축이 되어 황은진, 이기하, 이진형, 노양환, 임택근, 서영석, 김세영 등이 창단한 극단. 프랑스 소극장 연극 운동의 창시자였던 앙드레 앙투안의 '자유극장Théâtre Libre'에서 이름을 따왔으며, 마찬가지로 소극장 운동을 지향했다. 창단 공연은 〈세일즈맨의 죽음〉(아서 밀러 작, 오화섭 역, 전근영 연출). 1954년 서울 환도와 함께 동양극장에서 재기 공연을 가졌다가 실패하자 문을 닫았다.

멤버 아닌 사람으로 들어온 것이 전근영, 임희재,**231** 그리고 최백산이라고 그 수필간데 (……) 그 공연 날짜 대 놓고 연습실에 갔더니 전근영이가 어젯밤에 붙들려 갔다는 거야. 왜? 간첩이래. 1956년입니다. 그때 간첩 그러면…… 그건 어…… 우리가 놀라, 그럼 우리가 간첩하고 같이 일했다는 얘기니까. [네] 또 재미난 게 있고 전근영이 부인이 양성옥. 여배우예요. 이북서 여배우였어. 여기 와서도 〈무영탑〉**232**에 아사녀도 하고 얼굴 갸름하고 평안도 사투리 강한. 그럼 그 사람도 간첩이냐, 그는 간첩 아니에요. 그래서 아무튼 연습 중에 붙들려 갔다는 거야. 그럼 우리는 어떡하느냐, 이거 어떡하느냐. 제작극회 창단 공연 그만둘까? 아니지. 이미 보도가 나가고 약속했으니까 약속은 지켜야 한다. 그럼 할 수 없다. 나보고 네가 번역했으니까 작품 잘 알 거 아니냐. 네가 연출해라. 그래 가지고 내가 연출까지 겸한 거예요. 그래서 어느 면에 있어서는 전근영이가 나한테 있어서는 은인이죠. 제작극회 창단 작품을 (웃음) 번역하고 연출했으니까. 그런 걸로 해서 이제 공연되니까 동정점도 있었겠거니와 그 작품이 소극장 용으로 좀 좋았어요. (……) 그러니까 그 당시로서는 조용하면서 무게가 있고 괜찮은 작품이었어요.**233**

이 대담에서 차범석은 〈사형수〉의 주인공으로 출연했던 고대극회

---

231 임희재任熙宰: 극작가, 드라마작가. 충남 금산 출생. 이리농림학교를 거쳐 니혼대학 법과를 중퇴했다. 1955년에 《조선일보》 신춘문예에 단막극 〈기항지寄港地〉가 당선되어 데뷔했다. 극단 산하의 운영위원 등을 역임했으며, 희곡, 시나리오, 라디오, TV 드라마 등 다방면에서 작품활동을 했다. 대표작으로 단막극 〈복날〉(1955), 〈고래〉(1958), 장막극 〈꽃잎을 먹고 사는 기관차〉(1956, 신협 공연), 〈잉여인간〉(손창섭 소설 각색, 산하 창단 공연, 1963). 등이 있다.
232 현진건의 장편소설 〈무영탑〉을 각색한 연극.
233 차범석 구술, 김성희 채록연구, 《2004년도 한국 근현대예술사 구술채록연구 시리즈 49 — 차범석》, 141~142면.

출신의 배우 최상현[234]을 이야기하면서 당시로서는 보기 드문 화술을 가진 배우라고 칭찬했다. 차범석은 최상현을 제1회 제작극회 공연부터 나중에 자신의 희곡 〈불모지〉와 자신이 연출했던 제작극회의 7회 공연 〈유리동물원〉에도 출연시켰다. 최상현은 최창봉의 고대극회 후배로, 전쟁 중이었던 1952년 영문과에 입학했으나 학교를 중도에 그만두었다. 다른 동인에 비해 나이가 어린 최상현이 창단 공연에서 주연을 맡을 수 있었던 것은 연기력이 좋았기 때문이다. 당시 창단 공연에서는 "형무소장 홀트 역에 김경옥, 형무소교회사刑務所教誨師 달리 신부 역에 오사량, 사형수 젬스 달이크 역에 최상현, 젬스의 애인인 죠세핀 파리스 역에 박양경, 간수 단역에 조광일(연), 고원雇員 역에 허규(연) 현 국립극장장장이었다. 그러면서 연출은 전근영, 차범석 공동작업이었으며 장치는 조동화, 분장은 오사량이 맡았다."[235]

그런데 그때 제작극회 만들면서 하나의 큰 수확을 얻은 게 사형수 역할의

---

234 최상현崔相鉉 : 배우, 방송인. 고려대학교를 중퇴하고 제작극회, 국립극단, 민중극장 등에서 활동하다가 KBS에 입사하여 PD로 활동했다. 오현경의 구술채록에 보면 최상현에 대한 이야기가 나온다. "최상현 씨가 그때 하믈렛을 했었는데 참 그 양반이 참 그 아주 굉장히 아주 소위 말하는 심리극을 잘하신 분이에요. 그리고 우리나라에서 아마 지금까지도 그렇게 미성이 없으실 거야 아마. 아주 음성이 굉장히, 그리고 (……) 아주 굉장히 인기가 있었어요. 우리 한 대 위의 선배로서 제작극회 멤버야 그분이 이제. (……) 거기에 배우지. 대표 배우시죠."(오현경 구술, 서지영 채록연구,《2011년도 한국 근현대예술사 구술채록연구 시리즈 207 — 오현경》, 한국문화예술위원회, 2012, 86면.) 박현숙도 최상현을 좋은 배우로 기억하고 있다. "그리구 최상현이라구 [음] 그 사람은 지끔 연극하다 말았는데, 그 사람이 남자로서는 연기자론 (손가락을 세우며) 1인자예요. (……) 아주 인물두 좋구 성대두 좋구 키두 좋구."(박현숙 구술, 문경연 채록연구,《2009년도 한국 근현대예술사 구술채록연구 시리즈 190 — 박현숙》, 한국문화예술위원회, 2010, 52~53면.)

235 김경옥, 〈연극계비화(11): 젊은 지성연극인의 집단 〈제작 극회〉 — 소극장 운동의 남상濫觴〉,《한국연극》109호, 51면.

주인공이었던 최상현. (네, 최상현 씨) 고대 다니다가 그만뒀거든. 졸업을 못 했어요. 그런데 최상현이가 우리는 그때 팔면서 한국의 제임스 딘이다 그랬어요. 우리들이 판 거야. 아주 우울하면서 키가 굉장히 크고 말도 없어요. 그런데 무대에서 연기를 하는데 그 화술이 우리가 바라는 그런 거야. 김동원이나 장민호하고는 댈 것도 못해. 조용조용 하는데 진짜 시를 읊는 거 같애. 저래야 한다. 그러니까 옆에서 보러 와 가지고 저 누구야? 처음 보는데? 처음 보는데. 다 처음 봤지. 학교 다닐 때만 연극을 했는데. 그래서 최상현이가 일약 유명해졌어요. 그러니 계속 최상현이 주인공이지. 그 7회 공연 때 내가 그 원각사에서 했지만은 저 우리나라 처음으로 테네시 윌리엄스[236]의 〈유리동물원〉 그걸 내가 연출했잖아요. 그때 최상현 씨 주인공 시켰어요. 멋있었지. 멋있었지. 그러니까 영화계에서 덜컥 채 갔어. 어떤 영화냐. 우리나라의, 안양영화소에서 최초의 시네마스코 김말봉 원작의 〈생명〉이라는 작품이 있었어요. (……) 그 영화 일약 주인공으로 뽑혀 갔잖아.[237]

창단공연은 제작극회 활동에 열성적이었던 전근영과 차범석의 공동 연출[238]로 올려졌다. 7월의 더운 날씨임에도 불구하고 공연은 성공적이었다.

---

236 테네시 윌리엄스Tenesse Williams: 미국의 극작가. 1939년 〈아메리칸 블루스〉로 인정받은 이래, 〈유리동물원〉, 〈욕망이라는 이름의 전차〉, 〈뜨거운 양철지붕 위의 고양이〉, 〈지난 여름 갑자기〉 등을 발표했다. 무대에 있어 시적인 언어와 무대 메커니즘의 교류, 극적인 포에지poesie의 세계를 표현하고자 한 점이 특징이다.
237 차범석 구술, 김성희 채록연구, 《2004년도 한국 근현대예술사 구술채록연구 시리즈 49 — 차범석》, 142~143면.

연출가, 평론가, 극작가로 활동하다

창단공연이 끝나자 차범석은 신협의 공연 〈다이알 M을 돌려라〉를 보고
1956년 9월 22일 자《조선일보》에 그 평을 실었다.

---

238 제작극회의 창단공연에 대해 차범석은《떠도는 산하》와《2004년도 한국 근현대예술사
구술 채록연구 시리즈 49 ─ 차범석》등에서 전근영이 간첩 혐의로 연습 도중 검거돼 자
신이 그 뒤를 이어 연출한 것으로 기록하고 있다. 그러나 김경옥은 〈연극계비화(11): 젊
은 지성연극인의 집단 〈제작 극회〉 ─ 소극장 운동의 남상濫觴〉(《한국연극》109호, 51
면)에 전근영과 차범석의 공동 연출로 기록하고 있다. 그리고 최창봉의 구술채록에 보
면 "차범석 씨가 제작극회에 전근영 연출 예정했던 게 있대는 그거 착각이야. (……) 간
첩 사건은 그 뒤야. (……) 범석이 거 저 책에 헷갈린게 많아."(김성호 채록연구,《한국 근
현대예술사 구술채록연구 시리즈 90 ─ 최창봉》, 126면)라고 한다.《조선일보》1956
년 7월 23일 기사 〈새로운 현대극의 태동 ─ 제작극회 제1회 발표회〉에도 "연출을 전근
영, 차범석 양 씨가 담당하기로 된"이라고 되어 있다. 이런 정황으로 미루어 보면 오래
전 일이라 차범석이 혼동을 해서 생긴 것으로 제작극회의 창단공연은 전근영, 차범석이
공동 연출한 것이 맞다. 전근영의 활동과 간첩 혐의에 대한 기록은 여럿 있지만 서로 다
르다.
① 원래 계획은 평양에서 국군 후퇴할 때 월남한 연출가 전근영(니혼대학 영화학부 출신으
로 평양국립극장에서 연출을 맡았던 연출가)이 연출을 맡기로 하고 연습에 들어갔다.
그런데 그가 남파간첩이라는 사실이 밝혀지면서 공연이 중단될 위기에 번역과 각색을
맡았던 차범석이 관객과 약속을 지키기 위해 연출을 맡았다고 한다. 이후 전근영은 간
첩 혐의로 처형되었다. (차범석의 회고)
② 이해랑은 북으로 도망치다 사살되었다고 기억하고 있다. "이해랑이 연출을 맡았던 전근
영이 놀랍게도 남파 고정간첩이 아닌가, 전근영이 1·4 후퇴 때 월남해 서울에 머물고 있
으면서 당시 연극계에서 가장 영향력이 있었던 이해랑에게 접근하여 니혼대 예술과 후
배라면서 연출을 한번 하겠다고 간청해서 맡은 작품이 바로 〈민중의 적〉이었다. 그런
데 북한에서 연출을 많이 해 보았다고 자기 선전을 많이 했지만 행동선 하나 제대로 찾
아내지 못할 정도의 실력이었다. 어딘가 낯설었던 전근영이 신협의 공연을 망치는 큰
몫을 했는데, 그 몇 달 후 그가 월북 직전 사살되었다는 보고를 보고서야 신협 측에서는
남파 간첩임을 알고 놀랐고 동시에 곤욕도 치러야 했다."(유민영,《이해랑 평전》, 태학
사, 2016, 351면.)
③ 유용환은 전근영을 고등학교 때부터 알고 있었다. "전근영, 그는 당시 미국의 전기제품
제작사인 RCA가 종로 보신각 옆에 세웠던 한국 최초의 TV 방송국 HLKZ의 제작과장"
으로 "1·4 후퇴 때 평양에서 피란 온 북한 출신의 연출가였다. 평양 모란봉 극장의 연출
부장이었던 설도 있으나 확인된 바는 없다. 그는 1958년 HLKZ 사무실에서 체포되었
고 간첩죄로 사형을 당했다. (……) 나와의 인연은 1956년 경기고등학교가 화동으로

저속과 영리만을 위주로 하는 국산 영화가 횡행하는 위험지대에서 연극의 정체가 눈에 띄는 이때 금년도 극계 하반기의 첫 화살을 던진 금번의 신협 공연은 극계만이 아니라 일반 연극 애호가들이 한결같이 기대하고 또한 찬사를 바칠 수 있는 발전이라 하겠다.

이번에 상연한 레퍼토리 〈다이알 M을 돌려라〉는 제2차 세계대전 후 구미 각지에서 절찬을 받은 후레데릭 놋트[239]의 희곡으로 정평 있는 탐정극이

환교한 기념으로 공연한 유치진의 〈은하수〉를 전근영이 연출하면서부터였다. 1957년 모리에르의 〈탈튜프〉 공연도 그가 연출을 했다."(유용환, 《무대 뒤에 남은 이야기들 — 한국연극 50년 비사祕史》, 지성의샘, 2005, 119~120면.)

④ 임영웅은 휘문고등학교 재학시절 6·25를 만나 부산 임시 교사에서 수업을 받고 있었을 때 전쟁으로 떨어진 사기를 진작시키기 위해 학교 당국에 축제 개최를 건의했고 휘문 동문들의 후원으로 제작비를 마련, 전근영 연출로 〈여로의 끝〉을 무대에 올렸다.(이세기, 〈이세기의 예술인 탐구 10 — '인간미의 향기' 연출하는 임영웅의 연극〉,《문화예술》 271호, 한국문화예술위원회, 2002.2. 101면.)

⑤ 오현경은 전근영이 북한에 그 당시에 진짠지 가짠지 모르겠지만 평양 국립극단의 상임 연출자로 떼아뜨르 리블과 HLKZ TV에서 연출을 했는데 간첩 혐의로 처형되었다고 기억하고 있다.(오현경 구술, 서지영 채록연구, 《2011년도 한국 근현대예술사 구술채록 연구 시리즈 207 — 오현경》, 105~106면.)

⑥ 최창봉은 전근영을 기억하고 있는 당시의 다른 누구보다도 전근영과 가깝게 지냈다. 전근영과의 인연은 피란지 부산에서 시작되었고 고대극회 6회 정기공연 〈상하上下의 집〉(박향민 작)의 연출을 전근영이 했다.(최창봉 구술, 김성호 채록연구, 《2006년도 한국 근현대예술사 구술채록연구 시리즈 90 — 최창봉》, 한국문화예술위원회, 2006, 116면.) 최창봉이 HLKZ방송국에 근무하면서 제작극회의 동인이었던 전근영이 니혼대 예술과 영화 전공이었기 때문에 TV 드라마의 제작 과정을 잘 알고 있다고 생각하여 HLKZ의 제작과장으로 입사시켜 같이 활동했다. 전근영은 최초의 TV 드라마로 제작극회의 〈사형수〉를 연출했다. "전근영 씨, 본격적인 영화 저 수업한 분이니까. 이 사람 연출로 정말 드라마, 그때까진 뭐 평면으로 이케, 연극 같은 거, 카메라 비치는 그. (……) 그 양반이 텔레비전 드라마 연출 본격적으로 하면서 세트도, 정말, 카메라가 세 쪽에서 다 잡을 수 있는, 어 구성 제대로 나오게 되는, (……)(최창봉 구술, 김성호 채록연구, 《2006년도 한국 근현대예술사 구술채록연구 시리즈 90 — 최창봉》, 130면.)이상의 기록들과 증언을 종합해 보면 오래전 일이라 기억의 오류가 있지만 최창봉이 가장 정확하게 기억하고 있다. 최창봉은 어느 날 전근영이 방송국 회의에 참석하지 않아 그의 행방을 알아보니 간첩 혐의로 체포되었다는 것을 알았다. 그는 전근영을 구명하기 위해 고대 연극부 출신이었던 국방부 헌병 대장에게 석방을 부탁하는 등 전근영의 마지막까지 함께 했다.

다. 뿐만 아니라 이 희곡은 미국 영화계에서 스릴라 영화의 제일인자인 알프렛 히치콕의 연출로 영화화되자 일층 호평과 관록을 견지한 이색 작품이다. (영화에서는 레이 미렌드와 그레이스 주리 주연)

아내의 재산을 횡령할 목적으로 치밀한 계획을 세워 아내를 교살하려던 남편의 간계가 폭로되어 스스로 죄악의 나락에 떨어지고 마는 얘기로 빈틈없는 플로트와 그리고 서스펜스와 스릴이 교묘하게 얽혀 가는 쾌작이다.

극단 신협이 이와 같은 작품을 올리게 된 의도는 추석 공연이 광범위한 관객(비교적 관극 수준이 낮은)을 상대로 하느니만큼 좀 더 참신 기발한 기획이 필요해서였겠지만 필자는 두 시간 사십 분의 숨 막히는 흥분과 극적 위기에서 풀려 나왔을 때 새삼스레 이번 공연의 보람을 높이 평가하였다. 그 이유로는 첫째 극단 신협은 상업단체인데도 불구하고 지금까지 해외의 새로운 명작을 꾸준히 소개하였다는 점에서는 아카데믹한 연극 집단 못지 않게 모험을 했다는 것은 이미 정평이 있거니와 이번 공연을 통해서 본격적인 탐정극을 무대 위에서 우리에게 보여 준 최초의 기념할 만한 공헌을 남긴 점이라 하겠다. 우리는 2차대전 후 구미 각국에서 유행하는 스릴라 극은 영화를 통해서는 흔히 봤지만 연극으로는 이번이 처음 시도라 기억하는 까닭이다. 따라서 신협이 가지는 표현상의 스타일에 또 하나의 가능성을 내포하고 있으며 장래를 약속해 준 점이 그 둘째 이유인 것이다. 그러나 필자의 욕심을 말하자면 첫째로 대사의 구사에서 과장된 에로쿠숀[240]을 완전히 씻어 주었으면 하는 서운함이다.

관객에게 친절해야 한다는 것은 절규함으로써 이해시킨다는 것이 아니라 현실적이며 자연스러운 대사의 융화에서 오는 분위기 속으로 관객을 이끌

---

239 Frederick Knott, 영국의 극작가. 대표작으로 〈다이얼 M을 돌려라〉, 〈어두워질 때까지〉, 〈퍼펙트 머더〉 등이 있다.

240 에로큐션elocution, 발성.

어 간다는 것이라고 생각한다. 이 점에서 볼 때 맥쓰 핼러데이(조항 분)는 좀 더 정력을 아껴야 할 것 같다. 그리고 어떤 순간 지상에서 도약하려는 듯한 포오즈의 조작은 불필요한 멋이 아닐가 한다. 토니 웬타이스(장민호 분)는 좀더 자연스런 발음을 해 주었으면 한다. 말마다 숨을 길게 들이마셨다가 뱉는 듯한 화술은 너무 조작적인 것 같다. 그리고 번역극을 볼 때마다의 느낌이지만 연기자 전반이 동작에 좀더 세밀한 플랜과 연마를 거쳐 유연성을 가져 주었으면 한다. 상식적인 한국인으로 굳어 버렸으니 말이다. 이해랑 씨의 연출은 원작이 지니고 있는 중후하고도 위기에 찬 분위기를 잘 이끌어 놓아 스릴의 본령을 재현하였다. 다만 레스케얕(최남현 분)이 마이콜(백성희 분)을 죽이는 전후를 좀 더 압축시켰으면 좋을 듯했다. 마이콜이 뒷문으로 비틀거려 나가는 언저리의 템포가 애매하다. 그리고 음악을 좀 더 효과 있게 이용할 수 있는 여백이 있지 않았을가 한다. 끝으로 온갖 악조건을 무릅쓰고 극계의 명맥을 이어 나가는 신협의 감투 정신에 경의를 표한다.[241]

차범석은 낮에는 덕성여고 교사로 근무하면서 퇴근 이후에는 희곡을 쓰거나 제작극회 동인들과 어울리고 연극을 보는 일들로 채웠다. 위의 비평은 차범석이 신협의 공연을 보고 쓴 글이다. 그는 여기서 신협에 대한 예의를 지키면서도 공연에 있어 배우들의 화술과 연기, 레퍼토리 선정에 문제가 있었다고 지적하고, 연출에도 압축과 템포에 문제를 제기한다. 이처럼 신협의 연극에 대한 그의 스탠스는 비판적이었다.

제작극회는 제3회 공연 무렵부터 연극 공연 외에도 연극을 학문적으로 접근하는 발표회를 준비했다. 한국 연극을 연구하는 민속학자 이

---

241 차범석, 〈하나의 야심작 — 신협 〈다이알 M을 돌려라〉를 보고〉, 《조선일보》, 1956.9.22.

두현이 동인으로 참여하게 되었는데 "진정한 소극장 연극을 위해서는 회원들의 자체 교육과 연극의 이론적인 탐구가 필요하다는 합의에 따라 월례 발표회[242]를 열어 한국연극의 자료를 수집하고 이론을 체계적으로 연구하고자 했다. 그래서 외부의 인사들, 유치진, 현철, 안종화, 김팔봉 등을 초청하여 한국 연극 재정리 작업을 하기도 했다.

제작극회는 창단 공연의 여세를 몰아 제2회 공연은 〈청춘〉(막스 하벨 작, 오사량 연출, 1956.12.28.~29. 가톨릭문화관), 제3회 공연은 〈공상도시〉(차범석 작, 오사량 연출, 1958.3.29.~30. 서울문리사범대 강당[243]), 제4회 공연은 〈불모지〉(차범석 작, 김경옥 연출, 1958.7.26.~28. 서울문리사범대 강당), 제5회 공연은 〈제물〉(김경옥 작, 차범석 연출, 1958.12.7. 서울문리사범대 강당), 제6회 공연은 〈묵살된 사람들〉(오상원 작, 최창봉 연출, 1959.5.25.~28. 원각사), 제7회 공연은 〈유리동물원〉(테네시 윌리엄스 작, 차범석 연출, 1959.10.8.~10. 원각사), 제8회 공연은 〈돌개바람〉(김자림 작, 차범석 연출)과 〈사랑을 찾아서〉(박현숙 작, 오사량 연출) 등이다.

1957년 차남 순주가 태어나 차범석은 2남 2녀의 아버지가 되었다.

---

242 제작극회의 월례발표회 : 1회 〈세계 연극의 동향〉(유치진), 〈한국산대극에 대하여〉(이두현)2회 〈초창기의 우리 극계〉(현철), 〈무용이 걸어온 길〉(조동화)3회 〈희랍극의 구조〉(김경옥), 〈한국의 가면〉(이두현)4회 〈토월회 전후 이야기〉(안종화) 5회 〈토월회 이야기〉(김팔봉), 〈현대극의 내용〉(차범석) 서연호·이상우, 《우리 연극 100년》, 현암사, 2000.; 양윤석, 《고려대학교 연극 백년사》, 연극과 인간, 2021, 129면에서 재인용.

243 서울문리사범대학은 명지대학교의 전신으로 명지대학교 재단의 상임이사가 된 유용근이 당시 국민대학의 총학생회장으로 김경옥과도 안면이 있었으며, 또 연극을 좋아했다. 그때 오사량이 국민대학에서 〈소〉라는 작품을 연출했을 때 인연이 되어 배우는 아니지만 연극을 돕겠다고 나서서 후원회 회장을 자처했다. 또 극장이 없는 제작극회가 문리사범대학 강당을 쓸 수 있도록 도와주었다. 3회 공연부터 4회, 5회, 6회까지 공연했다. (차범석 구술, 김성희 채록연구, 《2004년도 한국 근현대예술사 구술채록연구 시리즈 49 ― 차범석》; 김경옥, 〈연극계비화(11): 젊은 지성연극인의 집단 〈제작 극회〉― 소극장 운동의 남상濫觴〉, 《한국연극》 109호, 53면 참조.

이때 차범석은 〈불모지〉(《문학예술》), 〈무적〉(《문학예술》), 〈사등차〉(《자유문학》), 〈성난 기계〉(《사상계》), 〈계산기〉(《현대문학》) 등을 발표했다.

1958년 제작극회는 제3회 공연으로 차범석 작 〈공상도시〉²⁴⁴를 올렸는데 차범석은 이 연극에서 "현대인, 특히 인텔리들의 윤리적 부패와 위선을 매도"²⁴⁵했다. 그중에 《문학예술》에 게재한 희곡 〈불모지〉는 1958년 제작극회 4회 공연으로 무대에 올렸다. 1950년대 차범석은 일관되게 "사회의 현실의 소리를 재현시켜서 들려줘야겠다는"²⁴⁶ 사실주의 창작관에 입각, 희곡을 창작²⁴⁷했는데 〈불모지〉도 그 창작 경향의 연장선상에 놓여 있는 작품이다.

〈불모지〉는 전후의 상황을 그리고 있는데, 무대 설정에서부터 전통과 현대의 충돌을 보여 주는 "고층 건물의 틈바구니에 낀 음지의 최 노인의 고옥"으로 상정하고 있다.

구시대의 심볼인 최 노인은 이 집에서 50년 동안이나 살았고 끝까지 혼구점 婚具店을 고수하고 있다. 빌딩에 가려 햇볕이 안 들어오고 주변 다방에서 흘러나오는 폐수가 마당을 흥건하게 하지만 최 노인은 그 집을 좋아한다. 신식

---

244 "자아自我를 억압하는 부정不正에 항거는커녕 도리어 굴복하는 개인의 우울과 타성, 자신의 그늘진 과거를 감추기 위하여 외계를 향해 발산하는 신경과민과 불안, 돌아갈 수 없는 꿈을 되씹는 미소 (……) 이것들은 모두가 현대인의 비극이요 생활의식生活意識의 흐름인 것이다."(〈공상도시〉 팸플릿.)

245 유민영, 〈변천하는 사회의 풍속도〉, 《한국현대희곡사》, 홍성사, 1982, 460면.

246 차범석, 〈무엇을 어떻게 쓸 것인가〉, 신구문화사 편, 《현대한국문학전집 9》, 신구문화사, 1966, 498면.

247 "차범석은 연극이 사회의 거울로 기능해야 한다는 창작 철학을 가지고 리얼리즘 미학을 창작의 기본 원리로 신봉한다. 이에 따라 차범석은 서구에서 수입된 현대극의 양식, 특히 비사실주의적 경향의 연극 양식에 대해서는 비판적 입장을 취했다."(박명진, 〈1950년대 후반기 연극의 특징과 의미〉, 한국연극협회 편, 《한국현대연극 100년 — 공연사 II(1945~2008)》, 연극과인간, 2008, 109면.)

제작극회의 〈불모지〉(차범석 작, 김경옥 연출) 공연 후 기념사진. 뒷줄 오른쪽에서 두 번째가 차범석.
1958.7.

결혼 유행으로 혼구가 팔리지 않지만 최 노인은 그것을 신앙처럼 고수한다. 가난할 수밖에 없는 이 집 자녀들은 당 시대를 잘 대변하고 있다. 즉, 큰아들(경수)은 제대군인으로 실업자이고 큰딸(경애)은 영화배우 지망생이며 둘째 딸(경운)은 출판사 식자공으로서 겨우 살아간다. 인물 설정에서도 전근대와 근대는 선명히 구별된다. 고가와 최 노인은 전근대의 유물이고, 그의 자녀들은 전후의 사회 상황 그대로이다. 혼구점을 폐업하고 이주하자는 자녀들의 요구를 끝까지 묵살하는 최 노인의 외고집은 그대로 무너져 가는 전통을 붙잡는 구세대의 안간힘인 것이다. (……) 차범석은 새 세대의 출발을 전쟁의 상처와 결부시켜 극히 부정적인 눈으로 보았던 것이다.[248]

이와 같이 차범석은 〈불모지〉를 통해 전후의 한국 사회의 문제, 구

---

248 유민영,《한국현대희곡사》, 464~465면.

세대와 신세대의 갈등을 보여 주고 있는데, 신세대에 대해 부정적인 시선을 가지고 등장인물인 신세대들을 소극적이고 부정적으로 그려 냈다는 지적을 받기도 했다.

> 이 작품은 그의 비극적 세계관과 사실주의적 연극관을 여실하게 보여 주고 있다. 그러나 이 작품은 주요 등장인물들의 행동 노선이 선명하고 적극적인 것에 반해서, 이 작품의 긍정적 인물이라고 할 수 있는 경운과 경재 같은 인물의 캐릭터를 소극적이고 부정적으로 그려 냄으로써 당대 사회의 지배적 이데올로기와의 본질적인 대결 양상은 미루어 놓고 있다. 이는 부정적인 사회 현실이나 가치관과의 인식론적인 단절을 감행하지 않고 상황에 대해 외면적이고 중립적인 객관성만을 가치중립적으로 추구한 결과라고 할 수 있다.**249**

차범석은 자신의 창작극 〈불모지〉를 고향인 목포에서도 공연했다. 목포에서 3천 명의 관객을 동원한 이 공연은 목포 출신인 차범석의 작품인 데다가 "목포 출신의 배우 최명수와 장신영 등이 출연, 목포의 지역적 프리미엄으로 관객 동원에 성공"했다. 그리고 〈불모지〉의 공연은 훗날 "목포 연극 운동에 활력소"가 되었다는 평가를 받는다.

제3회 공연에 올렸던 〈공상도시〉**250**의 작자 차범석 동인이 주선으로 그의

---

249 박명진, 《한국 전후희곡의 담론과 주체 구성》, 월인, 1999, 138면.; 박명진, 〈1950년대 후반기 연극의 특징과 의미〉, 한국연극협회 편, 《한국현대연극 100년 — 공연사 II(1945~2008)》, 109면에서 재인용.

250 본래 〈공상도시〉는 오사량이 연출했으나 지방 공연에 갈 때 연출과 배우들을 교체했다. 연출은 김경옥으로, 배우들은 지역적 특성을 살려 목포 출신의 배우 최명수와 장신영 등이 출연해 단 2회의 공연으로 3천 명의 관객을 동원하는 등 기획적으로 성공했을 뿐만 아니라 "후일 목포 연극 운동에 커다란 활력소"가 되었던 공연이다.

고향인 목포에서 지방 순연을 하기로 되어 〈공상도시〉를 가지고 갔는데, 이때의 연출은 김경옥이 담당했으며 신귀환, 최명수, 최성진(상현)[251]과 김소원, 장신영, 안영주, 김경애 등이 참가했으며, 목포에서는 일 5회라는 강행군을 하다 보니 너무 지쳐서 김소원은 주사를 맞아가며 무대에 선 일도 있었다. 역시 허규가 조연출을 맡았다. 목포와 광주에서 공연을 마치고 돌아온 동인들은 아직 젊은 나이였기 때문에 그리 몸에는 지장이 없었다.[252]

제작극회의 〈공상도시〉 목포 공연 포스터. 1959.

'현대극 추구와 인간 정신의 자유로운 창의에 따라 극형식을 제작한다'라는 목표를 내걸고 시작한 제작극회는 1956년 창립공연 이후 1958년까지 5회 공연을 했고 이 해에 차범석은 임희재, 하유상, 주평, 이용찬 등과 함께 《희곡 5인선집》을 성문각에서 출판했다. 또 주간에는 교사로, 야간에는 연극인으로 분주하게 살아가면서도 목포에서의 경험

---

251 제작극회의 배우 최상현은 방송국 PD로 가면서 성진으로 개명했다.

252 김경옥, 〈연극계비화 (11): 젊은 지성연극인의 집단 〈제작극회〉— 소극장 운동의 남상濫觴〉, 《한국연극》 109호, 53면.

때문인지 학생극에도 관심이 많았기에 당시 일간지에 관극 소감[253]을 싣거나 연극계의 1년 총평과 비평을 싣기도 했다. 이것은 그의 초인적인 연극에 대한 열정 때문이었을 것이다. 그러면서도 방송작가로의 활동도 활발히 하고 있었다. 당시 1961년 12월 6일 자《조선일보》의 '본지 출신 작가 근황'이라는 기사에서 차범석에 대해 연극 활동 외에 "HLKV 민간 방송극의 작가 실장으로 활약 중"[254]이라고 전하고 있는 것으로 보아 1960년대부터 이미 활발하게 방송극을 쓰고 있었던 것으로 보인다.

그리고 1960년에는 제작극회 공연 중 가장 완성도 높은 작품으로 평가받고 있는 9회 공연, 존 오스본John Osborne 작, 김경옥 번역, 최창봉 연출로 〈성난 얼굴로 돌아보라〉(1960.7.5.~8., 원각사)가 무대에 올랐다. 당시 을지로 입구에 소극장 원각사가 들어서자 제작극회는 소극장 연극의 진수를 보여 주겠다며 당대 영국의 문제작을 선정했던 것이다.[255] 그런데 연습 도중 개막을 2주 앞두고 주연을 맡았던 최상현이 "그런 연출 밑에서 연극을 할 수 없다."라며 잠적해 버렸다. 차범석과 제작극회 동인들은 우리나라 최초로 '앵그리 영 맨'을 얘기한 비트 제너레이션의 문제작인 존 오스본의 희곡을 공연한다는 것에 상당한 자부심을 갖고 있었는데 이 공연이 엎어질 상황이 되었다.

> 연출 누가 했냐, 최창봉이가 하고 배우가 최상현이었어요. 그런데 어느 날 다방으로, 그때 우리 아지트가 돌다방이라고. 명동에 있는 다방이었어요. 그랬는데 최상현이가 안 나와요. (……) "나는 이런 연출가 밑에서는 연극을

---

253 〈별 아래 열린 향연 — 이화여고 〈에렉트라〉 발표회를 보고〉(《조선일보》, 1957.6.4.), 〈대사의 묘미 — 서울대의 〈원 슬로우 소년〉 공연평〉(《조선일보》, 1957.7.19.), 〈친근한 무대 — 연희극예술연구회 14회 발표를 보고〉(《조선일보》, 1957.11.1.).
254 〈본지 '신춘문예'가 낳은 작가들 — 프로필과 근황〉, 《조선일보》, 1961.12.6.

할 수 없습니다. 최상현." 이러고 가 버린 거야. 이런 연출가는 최창봉이죠. 지 고등학교 선배야. [그렇죠] 또 최상현이가 그때까지만 해도 어디서 밥 먹고 살았나, 군 방송국의 성우야. 그때 군 방송의 책임자가 최창봉이야. (……) 그러면 그런 연출가는 어떤 연출가냐. 얘기를 해 줘야 할 거 아냐. 아무튼 나는 그런 연출가 밑에서는 연극 못 합니다. 그러고 몸만 감춰 버린 거예요. 그럼 어떡하냐.[256]

공연을 앞두고 주연배우가 잠적해 버리자 차범석은 '관객과의 약속은 지키는 것이 연극의 윤리'라며 목포에서 교직에 있을 때 학생이었던 김길호를 추천했고 무사히 공연을 마쳤다. 차범석은 최상현이 '그런 연출 밑에서 못 하겠다'고 했던 말을 기억하고 그후 그의 행적을 보니 국립극장에서 연기를 좀 하다가 나중에 방송국의 PD로 갔다며 그때 잠적의 이유를 궁금해했지만 끝까지 그 이유를 알지 못했다. 여기서 차범석의 성격이 드러나는데 '따지기를 좋아하면서 꼭 결정적으로 따져야 할 때는 못 따지는 약한 점이 있'는 성격이라 끝내 잠적의 이유를 알아내지 못했다. 차범석이 1966년 처음 해외여행을 앞두고 바쁠 때 최상현은 차범석의 제자와 약혼한다며 자신의 약혼식 주례를 부탁했지만 그때도

255 최창봉의 구술채록에 보면 〈성난 얼굴로 돌아보라〉 선정 과정에 대해 이야기하고 있다. 당시 제작극회 동인들은 《씨어터 아트》와 미국 연극 잡지 등을 보고 있었는데 그 잡지에서 한 달에 한 편씩 희곡을 소개했다. 그리고 거기에 평까지 소개하는 글이 같이 실려 있으니 동인들이 작품을 고르기가 쉬웠다고 한다. "차 : 〈룩 백 인 앵거〉, 그거 또 좋잖아? 여 영국 연극에 영국에 젊은이들이 말야. 젊은 애들의 분노니까. 같이 해 가지구 나 바빠 죽겠는데 나보구 하라 그래. (……) 경옥이, 범석이 지들끼리 뭐하다가. 나도 얘긴 아 알지, 얘긴 아는데 '하자' 결정하는 건 지들끼리 정해 가지구 나한테 맡긴 거야."(최창봉 구술, 김성호 채록연구, 《2006년도 한국 근현대예술사 구술채록연구 시리즈 90 — 최창봉》, 145~146면.)
256 차범석 구술, 김성희 채록연구, 《2004년도 한국 근현대예술사 구술채록연구 시리즈 49 — 차범석》, 159면.

예전의 잠적 이유는 끝내 말해 주지 않았다.

제작극회는 9회 공연까지 동인제 극단답게 "동인들의 회비와 후원 회원의 회비로써 공연비를 충당"[257]해 왔다. 이때까지 제작극회 공연 활동은 "연극계에 새로운 바람을 일으켰다."라는 평가를 받으며 소극장 운동에 앞장서면서, 이후 1960년대 한국 연극계에 동인제 극단의 탄생을 주도했다.

제작극회 균열의 시작

1961년 제작극회의 10회 공연 〈껍질이 째지는 아픔 없이는〉은 소극장에서 벗어나 국립극장에서 공연되었다. 제작극회가 추구했던 소극장 연극이 아닌 대극장 연극이었지만 이 공연으로 국립극장에서도 차범석의 연극적 재능이 인정받았고, 이후 〈산불〉이 탄생할 수 있었다.

이 무렵 사무실이 없었던 제작극회 동인들은 명동에 있는 다방들, 즉 청동, 돌, 보리, 새 명동, 동방 싸롱을 전전하면서 만났다. 약속이 없어도 차범석은 학교가 끝나면 곧바로 다방으로 나갔다. 거기에는 일정한 직업 없이 자유기고가로 살아가는 조동화와 김경옥이 있었다. 당시 원고를 청탁받거나 원고료를 받으려면 일정하게 나가는 다방이 있어야 했기 때문이다. 다들 하루에 한 번은 다방에 들러야 직성이 풀렸고, 여기에는 제작극회 동인들 외에 작가, 화가, 음악가, 연극인들이 모여들었다. 가난했지만 자신들이 하고 있는 예술에 자긍심을 갖고 있는 이들의 동인 정신과 결속력은 매우 끈끈했다.

---

257 〈줄기찬 전위극의 선구, 창립 6년의 제작극회〉,《조선일보》, 1962.1.29.

제작극회가 우리나라 최초의 본격적인 소극장 연극 운동을 지향하는 긍지는 떳떳했고 또 자랑스러웠다. 그리고 무엇보다도 이른바 동인제同人制를 지켜 나가려는 인간적 결속과 유대감은 주위에서도 부러워했다. 하기야 연극이 좋아 연극을 하겠다는데 누가 말릴 수 있겠는가.

그러나 우리는 가난했다. 어쩌다 대폿술에 취하여 명동 거리로 나서면 이따금 같은 처지의 젊은이와 만나게 되었다. '주막酒幕 동인'들이다. 전광용, 정한모, 정한숙, 전영경 등 문학인들로 구성된 '주막'은 문단의 일각에서도 알아주는 패기 있는 동인제 집단이었다. 연극과 문학의 표현 양식은 다르겠지만 이른바 '동인 정신'으로 결속된 그 우정과 창조적인 의욕은 천만금을 주고도 살 수 없다는 점에서 상부상조하는 관계였다.[258]

주위에서도 부러워하는 동인제를 지켜 나가려는 동인들의 인간적 결속과 유대감으로 유지되던 제작극회는 9회 공연을 기점으로 동인들 간의 공연에 대한 이견으로 균열이 생겨나기 시작했다. 1961년 이후 제작극회는 2년간 활동이 없었지만, 1963년에 김경옥 작, 이원경 연출 〈산여인〉으로 재기 공연을 가졌다. 그러나 이전의 명성을 찾지는 못했고, 이는 차범석과 김유성이 이탈해 극단 산하를 창단하는 계기가 된다. 이후 제작극회는 다시 안평선安平善으로 대표가 바뀌면서 새 단원을 맞아 1980년대까지 공연 활동을 지속했다.

제작극회가 도전의식과 실험정신으로 공연과 연구 활동을 병행하며 소극장 운동을 벌여 나가자 이에 자극을 받은 연극인들은 저마다 동인제 극단을 만들고 소극장 운동에 뛰어들기 시작했다. (……) 신세대 연극인들이 이

---

258 전성희 편, 《차범석 전집 11 — 자서전/수필 외》, 189면.

땅에 소극장 연극의 필요성을 확인시켰고 대학 출신의 지식인들이 연극 운동의 전선에 나가게끔 기폭제 구실을 한 것이다. (……) 1950년대 후반부터 60년대 초까지 제작극회는 신협과 더불어 연극계의 쌍벽을 이룬 소극장 운동의 선구이자 핵심이었다.[259]

다시 말해 제작극회는 한국 연극사에서 동인제 극단을 탄생시키며 소극장 운동을 시작했고, 대학 출신 지식인들이 연극 운동에 앞장서는 계기를 만들어 냈다고 할 수 있다.

1986년 5월 1일 제작극회 창립 30주년 기념 공연에 즈음하여 유민영은 제작극회의 위상과 업적에 대해서 다음과 같이 평가했다.

제작극회는 6·25의 포연이 채 가시지 않은 1956년 초여름에 서울에서 발족되었다. (……) 신협 외 리얼리즘 정신도 전쟁을 겪는 동안 대중과 부대끼면서 많이 변질되었다. (……) 극예술연구회가 말기에 가서 현실과의 타협, 낭만적 성향으로 흐른 경우와 비교될 수 있을 정도로 신협은 낭만적 리얼리즘으로 기울어져 있었다. 이것은 사실 연극사의 답보 내지 후퇴 현상이었다. 그 점을 지적인 젊은이들이 간파하고 우려하기 시작한 것이다. 제작극회라는 젊은 극단이 등장하는 것도 그러한 정신사적 배경에서였다. 즉 일단 의식이 강한 대학극 주도자들(차범석, 최창봉, 김경옥, 조동화 등)이 한국 연극사의 정체성을 극복하자는 의견을 집약한 것이다. 그리하여 생겨난 것이 혜성과 같은 제작극회였다. (……) 그들이 내건 캐치프레이즈는 만만치 않았다. 가령 대학극 출신 신진 기예들인 창립 멤버들이 현대극 양식을 표방한 점에서 그렇다. 언뜻 보기에는 대단찮게 보일지 모르나 현대극

259 차범석, 《예술가의 삶 6 차범석》, 177~178면.

양식이란 용어가 나타내 주는 혁명적 참신성은 침체의 늪에서 허덕이는 연극계에 신선한 충격을 주고도 남음이 있었다. 왜냐하면 현대극 양식이라는 용어 자체도 그들이 처음 쓴 것이기 때문이다.[260]

제작극회의 창립 이후 1960년을 전후로 신무대실험극회, 햇불극회, 옆선 스테이지, 사월극회, 원방각, 청포도 극회, 중앙예술극회, 토월극회, 동인극장, 회로무대, 행동무대, 오솔길, 발견극회, 청맥, 혈맥, 동우극회, 독립무대, 희극, 처용극회, 실험극장 등 수많은 극단들이 줄을 이어 창단했고, 소극장 연극 운동이 활발해졌다. 차범석은 소극장 연극 운동이 활발해진 배경에는 연극을 오락이 아니라 예술로 보는 인식의 변화가 있었고, 소극장 원각사의 설치로 인해 공연장을 확보했으며, 마지막으로 기성 연극에 대한 반발과 갈증과 발산 욕구 등이 있었기 때문이다. 그런데 원각사가 개관 1년 만에 화재로 소실되면서 소극장이 사라졌다. 이후 극단들의 소극장 연극 운동은 침체기에 들어서게 되었다. 1960년대 정치적 사회적 변환기에 선 극단들은 다시 소극장 운동을 하려 했지만 결과적으로는 대극장으로 진출할 수밖에 없는 상황이었다. 대극장에서 공연을 해야 관객을 많이 모을 수 있고, 그래야 극단의 수입이 일정 부분 보존될 수 있었기 때문이다. 물론 대극장에서 공연을 한다고 극단이 수익을 낼 수 있다는 보장은 없지만 기대는 할 수 있다. 이런 점에서 차범석은 제작극회의 9회 공연 〈껍질이 째지는 아픔 없이는〉을 국립극장이라는 대무대에서 올린 것이다.

---

260 전성희 편, 《차범석 전집 12 — 논문/평론》, 태학사, 2019, 82~83면.

여성국극 창작 ─ 〈견우와 직녀〉, 〈꽃이 지기 전에〉, 〈사라공주〉

1958년 차범석은 제작극회의 활동으로 바쁜 와중에도 '임춘앵과 그 일행'을 이끌고 있는 대표 임춘앵의 부탁으로 일본에서 공연할 〈견우와 직녀〉의 대본을 썼다. 임춘앵은 유명 신극 연출가와 작가들[261]을 여성국극 공연에 참여시켜 여성국극의 수준을 한 차원 끌어올린 것으로 평가[262]되는 여성국극의 대모다.

〈견우와 직녀〉는 누구나 잘 아는 이야기를 "당시 신인이었던 극작가 차범석, 임춘앵은 일본에 가서도 레퍼토리로 선정할 수 있도록 가능한 한 한국의 전통적 아름다움을 물씬 풍길 수 있는 구성"[263]을 부탁했고 이후 이는 '임춘앵과 그 일행'의 대표 레퍼토리가 되었다. 본래 여성국극은 야사나 전설, 설화와 같이 누구나 다 알 수 있는 것을 바탕으로 사랑과 이별, 은혜와 복수, 권선징악, 인과응보 등을 이야기하는 것이 그 특징이다. 〈견우와 직녀〉는 '임춘앵과 그 일행'의 일본 순회공연 레퍼토리로, 일본 공연에 앞서 7월 31일부터 6일 동안 시공관 무대에 올렸다. 〈견우와 직녀〉는 특히 임춘앵이 분했던 견우의 절창은 관객의 얼을 뺐을 정도였다[264]고 한다.

---

261 여성국극의 "레퍼토리를 제공한 작가들도 조건, 김아부, 이운방 등 삼류급 대중 작가들이었고 부산 피란 중에 유치진이 〈가야금의 유래〉를 한 번 쓴 적이 있고, 차범석도 〈꽃이 지기 전에〉라는 작품을 제공한 정도였다. 그리고 현진건의 소설 〈무영탑〉도 극화된 적이 있다."(유민영, 《우리시대 연극운동사》, 단국대학교 출판부, 1990, 283면.) 이진순과 박진 등도 여성국극의 연출을 많이 했다.

262 "이즈음 조건, 이유진, 박진, 이진순, 차범석, 이원경, 양백명 씨 같은 쟁쟁한 연출가들과 작가들이 여성국극 공연에 활발히 참여했다."(조영숙, 《끄지 않은 불씨 ─ 중요무형문화재 '발탈' 보유자 조영숙 자서전》, 수필과비평사, 2013, 199면.)

263 반재식·김은신, 《여성국극왕자 임춘앵 전기》, 백중당, 2002, 576면.

264 전성희, 〈임춘앵, 여성국극의 찬란한 별〉, 한국연극협회 편, 《한국현대연극 100년 ─ 인물연극사》, 연극과인간, 2009.

나는 언제부터인가 그 여성국극에 관심을 가지고 있었다, 그래서 일찍이 임춘앵 극단을 위해서 〈견우와 직녀〉라는 작품을 쓴 게 인연이 되어 김진진과 김경수 자매가 이끄는 여성국극단(진경眞慶)을 위해서 두 편의 작품을 쓴 인연을 맺었다. 〈꽃이 지기 전에〉와 〈사라공주〉가 그것이다.[265]

차범석은 1958년 여성국극단 진경[266]의 두 번째 무대 〈꽃이 지기 전에〉(4막 6장)의 공연에도 참여했다.

〈사랑탑〉을 가지고 목포에서 공연을 할 때의 일이었다. 지방 공연은 낮 공연과 밤 공연을 하는 것이 관례였다. 낮 공연을 끝내고 숙소인 여관으로 돌아와 쉬고 있었다.

그때 검은 두루마기에 하얀 목도리를 두른 전형적인 타입의 손님 한 분이 찾아왔다. 목포 모 중학교에서 국어를 맡아 가르치신다는 차범석 선생이었다. 그동안 써 오셨다는 〈꽃이 지기 전에〉 연극 대본을 내보이셨다.

당시 연극 대본을 쓴다는 것은 그만큼 개화된 신문화의 선구자들로 유치진 선생과 서왕석, 그리고 차범석 선생 등이 개화의 물결에 탑승하고 있었다.

차범석 선생이 누구의 소개도 없이 대본을 들고 직접 '진경'의 문을 노크했다는 것은 깃발 펄럭이고 있는 '진경'의 여성국극 단체를 그 많은 국극 단체들 중에서 그만큼 인정해 주고 있었다는 이야기가 된다.

차범석 선생은 그동안 써 오신 연극 대본을 단원들이 모인 앞에서 직접 읽어 주셨다. 그 가사들이 너무나 아름답고 줄거리도 감동적이었다. 그래서

---

265 차범석, 〈서문 ― 새벽의 눈밭 길을 가던 님아〉, 한승연, 《꽃이 지기 전에》, 한누리미디어, 2003, 11면.

266 진경眞慶은 임춘앵의 조카 김진진과 김경수가 '임춘앵과 그 일행'을 탈퇴하고 만든 여성국극단이다.

그 자리에서 다음 공연 작품으로 선정을 하게 된 것이다.[267]

이진순도 이 작품에 연출[268]로 참여한 것으로 보아 당시 연극 분야의 작가나 연출가가 심심치 않게 여성국극 공연에 참여했다는 것을 확인할 수 있다. 차범석은 이 작품을 창작하기에 앞서 김진진에게 여성국극 대본을 써 주기로 약속했고, 약속을 지켜 여성국극단 진경에 〈꽃이 지기 전에〉의 대본을 준 것이다.

이 작품의 줄거리는 다음과 같다.

을선국은 회유한 신보 작전비밀도감의 힘을 남용하여 주변 약소국들을 함부로 침략했다. 그리하여 국왕은 용맹한 나달 장군과 자기의 무남독녀 아메리 공주를 혼약케 했다. 그러나 아메리 공주는 거드럭거리는 나갈 장군을 싫어했다. 궁중의 축하연이 벌어지는 날 밤 정원에서 공주는 나달 장군에게 강제추행을 당할 찰라 장군이 포로로 잡아 온 패망국의 사무라가 출

---

267 한승연, 《꽃이 지기 전에》, 200~201면. 진경이 1958년 창단되었고 차범석이 지방 공연 중에 진경을 찾아온 것으로 《꽃이 지기 전에》에 언급되지만 차범석은 1956년 서울로 이사를 하고 덕성여고에서 교사 생활을 할 때이므로 1958년 목포에서 진경을 찾아왔다는 기록은 오류인 것으로 보인다. 아마도 실명 소설이라는 타이틀로 쓴 것이기 때문에 사실을 각색한 것이라고 추정된다. 우리의 소리와 춤을 좋아했던 차범석이 당대의 흥행 단체에게 작품을 써주고 싶어 했을 수는 있지만, 시기적으로 일치하지 않기 때문에 이 사실은 기억의 오류일 것으로 보인다. "진경여성국극단은 여타 단체들과 차별화하기 위해 전도유망한 차범석의 신작 희곡 〈꽃이 지기 전에〉를 시공관 무대에 올리면서 신극 연출가 이진순을 연출가로 영입함으로써 여성국극의 새 활로를 찾아 나섰다."(〈발문 — 살아있는 여성 국극사, 김진진론〉, 한승연, 《꽃이 지기 전에》, 399면.)
268 "그 당시 스텝들은 다음과 같다. 원작은 차범석車凡錫, 연출은 이진순李眞淳, 작곡은 신숙愼淑, 안무는 김수영金秀映, 미술은 장종철張鍾哲, 조명은 서영수徐榮洙, 한범수韓範洙, 진행은 이경희李景姬, 무감은 차찬보, 기획은 전삼룡田三龍과 고월환 高月煥 이었다." (김병철, 〈한국여성국극사연구〉, 동국대학교 문화예술대학원 석사학위논문, 1998, 99면.) 이진순은 연극뿐만 아니라 다수의 여성국극, 창극등의 연출로도 참여하였다.

연하여 극적으로 구출되었다. 사실 사무라는 적국의 태자였지만 나무꾼으로 가장하여 을선국의 작전비밀도감을 입수하려고 잠입한 것이었다. 그로부터 공주와 사무라는 사랑을 하게 되었고 사무라도 자기의 정체를 밝혔다. 공주는 고민에 빠졌다. 자기 나라를 지켜 주는 작전비밀도감을 사무라에게 훔쳐 줄 것인가, 아니할 것인가고, 결국 공주는 아버지(국왕) 방에 있는 작전비밀도감을 훔쳐서 사무라에게 주고 국사범으로 투옥당한다. 얼마 후 사무라는 군사를 몰고 와서 을선국을 정복하고 연인 아메리 공주를 구출함은 물론 천하통일을 하고 성대한 결혼식을 올린다.[269]

낙랑공주와 호동왕자의 설화를 변형한 〈꽃이 지기 전에〉는 당시 프로그램에 "우리 국악계에서는 보기 드문 혁신적인 작품"[270]이라고 소개되어 있다. 이러한 소개의 글로 미루어 볼 때 당시의 다른 여성국극 대본에 비해 내용이 탄탄했던 것으로 보이는데, 그래서인지 인기도 하늘을 찔렀고 흥행에도 성공[271]했다. 차범석은 여성국극의 매력에 대해 다음과 같이 말했다.

여성국극의 매력이라고 한다면 민족적인 정서를 바탕으로 하고 있다는 점이 아닐까 한다. 여성국극에는 함께 흥겹게 춤추고 함께 노래하는 공감하

269 유민영, 《우리시대 연극운동사》, 283~284면.
270 유민영, 《우리시대 연극운동사》, 284면에서 재인용.
271 "서울 시내 극장 도처에서 관중들로 하여금 갈채와 찬사를 받아 가며 초만원을 이루었다. 주인공들에게 증정할 꽃다발은 날이 지날수록 더해 가고 있었고 더욱이 여학생들로부터의 인기는 대단한 것이었다. 개막에서 막이 내리기까지 피를 뿌리는 듯한 열연에 관중석은 죽은 듯 고요했다. 3막에서 공주가 사무라를 그리며 자신의 모습을 거울에 비쳐 보며 사랑에 도취되는 장면은 과히 김진진이 아니고서는 찾아볼 수 없는 특연이다."(유민영, 《우리시대 연극운동사》, 284면.)

는 그러한 민족적인 정서가 깔려 있다. 어깨춤이 절로 난다는 것이 그런 것이 아닌가. 지금도 공연을 하면 어른들이 '얼쑤' 하면서 좋아한다. 그러면서 무대와 관객이 일체가 된다. 일체가 되는 요소는 무엇이냐 바로 민족적인 정서가 같기 때문이다.[272]

이후 여성국극의 부흥기인 1980년대에도 차범석은 진경의 부활을 위해 여성국극 〈사라공주〉의 대본을 쓰기도 했다. 당시 영화와 TV로 관객이 대거 이동하면서 여성국극이 외면을 당해 설 무대를 잃어버리고 있었는데, 1987년 3월 여성국극단 진경은 '고故 임춘앵 10주년 추모 공연'으로 이원경 연출의 〈무영탑〉을 국립극장 대극장에서 올렸다. 이 공연을 통해 자신감을 얻은 진경은 여성국극의 부활을 꿈꾸며 다음 공연으로 〈성자 이차돈〉을 8월에 공연했다. 진경의 차기작 연출을 이정섭에게 맡기자 이정섭은 차범석에게 새로운 여성국극의 대본을 의뢰했다. 그런 배경에서 여성국극 부활의 신호탄처럼 대중의 관심을 받았던 것이 〈사라공주〉[273]였다.

그때의 대본은 이정섭이 평소에 잘 알고 지내던 차범석 선생님에게 지난날 〈햇님과 달님〉 전편 대본을 조금만 윤색해 줄 것을 부탁했었다. 그런데 전날에 여성국극과 인연이 있었던 관계로 그분이 갖는 남다른 애정은 작품 전체를 윤색해 주었고, 그 바람에 새로운 〈사라공주〉가 탄생한 것이었다.[274]

차범석은 여성국극이 "순수예술하고는 거리가 멀다"는 것도 잘 알

---

272 차범석 인터뷰. 2000.12.13. 대한민국예술원; 송송이, 〈여성국극 발전을 위한 교육 방안〉, 서강대학교 언론대학원 석사학위논문, 2001, 21면에서 재인용.
273 1987년 12월 28일부터 30일까지 호암아트홀에서 공연했다.

고 있었지만 "그러면서 예술성보다 대중성과 흥행성에 있어서는 순수
연극이 따르지 못할 세계가 있다"[275]는 것도 인식하고 있었던 것이다.
대중을 사로잡는 부분에서 순수연극과는 다른 속성을 가지고 있다는
것과 그것이 어떻게 작동되는지를 잘 알고 있었다는 말이다.

방송 드라마 창작과 MBC 입사

5·16 군사 쿠데타 이후 성립된 군사정권은 중앙집권적 통치 체제를 갖
추기 위해 한국예술문화단체총연합(일명 예총)을 만들고 문교부에서 관
장을 해 왔던 연극을 공보부로 이관했다. 그 당시 공보부는 개별적인 예
술단체들을 해산하고 예총의 산하단체로 영입, 문학·음악·미술·영화·
연극·국악·무용·연예·사진·건축 등 10개 분야의 단체가 결성되었다. 그
중 연극은 한국연극협회로 예총의 산하단체가 되었다.

　대학극회와 제작극회를 함께한 최창봉은 일찌감치 국군방송[276]에
서 방송활동을 시작했고 미국에서 TV 방송 제작을 위한 해외연수를 받
았다. 그렇게 방송계에서 자리를 잡은 그는 MBC 개국과 함께 MBC로
이직하면서 차범석에게 MBC CM과장으로 입사를 권유했다.

　마침 차범석은 재단 문제로 덕성여고를 그만두려고 생각하고 있던
차였는데, 절친이었던 최창봉이 MBC 라디오 민영방송을 만드는 책임

274　한승연, 《꽃이 지기 전에》, 333면.

275　차범석, 〈서문 ― 새벽의 눈밭 길을 가던 님아〉, 한승연, 《꽃이 지기 전에》, 11면.

276　이때 차범석은 1956년 11월 16일 HLKA(제일방송) 국군의 시간 공군의 밤 프로그램에
　　　방송되는 〈푸른 날개의 꿈〉 원고를 써 주었다. 당시 1956년 11월 16일자 《동아일보》에
　　　실린 라디오 편성표에서 확인된다.

자로서 함께 일하자고 하자 차범석은 이에 응했다. 1956년 덕성여고에서 교사 생활을 시작해서 만 5년간 근무하고 사직한 것이다.

> MBC가 처음 시작한 게 1962년인데 61년부터 시작을 했거든요. [61년에 준비작업, 네.] 그때 뭐고 하니 에, 4·19 직후고 내가 그때 덕성여고 있었을 때인데 [그렇죠] 3학년 졸업반 끝나고 난 뒤에, 학원 사태가 민주화 운동이 4·19 때 굉장했잖아요. [그렇죠] 사립학교는 어디나 문제가 있었으니까. 그런데 나는 개혁파의 수장이고 [예, 지난번에 말씀 다 하셨어요.] 뭐뭐 그런 일이 있었고 그러니까 학원은, 학교는 나는 이제 그만둬야겠다라고 생각했었는데 그때에 최창봉이가 [네] 최창봉이가 예전에 제작극회 동인 아냐. [그렇죠] 최창봉이가 민영방송, MBC 라디오 민영방송을 만드는 책임자가 됐어요. 그러면서 나한테 한국 최초로 민영방송, 부산에 있었지만은 부산, 지역 사회니까, 서울에 생기니까 같이 일하자, 새로운 시스템을 해서 새 술은 새 부대에, 이렇게 나한테 유혹이 왔죠. 제작국, 제작이라는 것은 주로 드라마야. 그게 주 목적이고, 그건 네가 책임져라.[277]

1956년 제작극회의 창단 공연은 척박한 연극계에 변화를 이끌어 낸 하나의 사건이었다. 1956년 5월로 예정된 HLKZ-TV 개국 준비 때문에 당시 최창봉은 제작극회의 일에 적극적으로 참여하지 못했지만 그가 관여하고 있었던 HLKZ-TV 방송국은 제작극회가 창립공연으로 올렸던 〈사형수〉를 1956년 8월 2일 저녁 8시 생방송으로 내보냈다.[278] 배역과 스태프는 공연 때의 캐스팅을 그대로 유지하고 방송했다. 제작

---

277 차범석 구술, 김성희 채록연구, 《2004년도 한국 근현대예술사 구술채록연구 시리즈 49 — 차범석》, 244면.

극회의 창단공연이었던 〈사형수〉가 우리나라 최초의 텔레비전 드라마로 방송되는 기회를 최창봉이 제공했던 것이다.

방송국과 차범석의 인연도 당시 국군방송에 있었던 최창봉으로부터 시작되었다. 차범석은 이후 다수의 라디오 드라마와 TV 극본 창작을 희곡 창작과 병행하면서 방송작가로도 활동한다. 당시에는 차범석과 같은 희곡작가들이 자연스럽게 방송국에서 작품을 의뢰[279]받았는데 방송이라는 매체가 우리나라에 처음 소개되었던 때였기 때문에 방송 전문작가나 연출가들이 따로 없었기 때문이다. 따라서 드라마라는 극 구성의 기본 원리를 이해하고 있는 희곡작가나 연출가들이 쉽게 매체의 전환을 통해 방송작가나 PD 등으로 이직했다.

1950년대 후반에는 연극의 관객도 대거 이동하는 계기가 있었는데, 이것은 1955년 이규환 감독의 영화 〈춘향전〉의 흥행 성공과 맞물려 있다고 볼 수 있다. 영화 제작이 늘면서 당시 같이 활동했던 희곡작가 중 오영진이나 유치진 같은 대작가들도 시나리오 작업에 참여했고, 비교적 신진 극작가였던 노능걸, 이광래, 임희재, 주동운, 하유상, 한노단 등도 이미 1950년대 후반기 시나리오 작업에 적극적이었다.

---

278 "56년 방송된 한국 최초의 TV 드라마 〈사형수〉가 부활한다. 〈사형수〉는 극단 '제작 극회'가 같은 해 창립공연으로 무대에 올렸던 홀워시 홀 원작의 동명 연극을 TV 드라마로 옮긴 것. 당시 연극 출연-제작진이 그대로 드라마에도 참여, 연습이 따로 필요치 않았다고. (……) 그러나 생방송으로 60분간 전파를 탄 이 드라마의 기록 필름은 불행히도 남아 있지 않다."(〈국내 최초 TV 드라마 다시 본다〉,《조선일보》, 1997.11.19.)

279 대한방송大韓放送(호출부호:HLKZ[1]-TV)은 대한민국 최초의 텔레비전 방송국 으로서 1956년 5월 12일에 설립했다. 당시에는 KORCAD-TV라고 불렸다. 사옥은 서울특별시 종로구 관철동 동일빌딩에 있었다. "연출가 전근영 씨가 제작과장으로 들어오면서 드라마는 연극 무대 공연 중심에서 좀 더 본격적인 TV 드라마로 전환하기 위해 독자적인 길을 개척해 나가게 되었다. 이때 참가했던 작가들은 차범석, 임희재. 이용찬 씨 등이 있었고 출연에는 전계현 씨 등 당시의 영화배우들도 배역되었다."(최창봉,《방송과 나 — 영원한 PD 최창봉의 방송인생 다큐멘터리》, 277~278면.)

연극의 침체는 당시 영화가 부흥기를 맞았던 것과는 상반되는 현상이었는데, 일자리가 많이 필요하고 경제성도 뛰어난 영화계로 연극인들이 옮겨간 것이다. 연극계와 영화계 사이의 빈번한 이동은 결과적으로 희곡 텍스트의 대중화의 한 계기로 작동한다.[280]

차범석 연극의 대중성은 이와도 무관하지 않을 것이다. 차범석은 1950년대부터 이미 희곡 창작과 더불어 많은 라디오와 TV의 방송 드라마를 창작했고 소설을 희곡으로 각색하는 일에도 참여했다. 1959년에는 극단 신협의 공연으로 예정되어 있었던 〈의사 지바고〉의 공연이 '부득이한 사정'으로 중지되었다.[281] 〈의사 지바고〉는 구소련의 작가 보리스 파스테르나크의 1958년 노벨상 수상작으로 유치진이 차범석에게 연극으로 각색을 부탁했던 작품이었다. 그런데 차범석의 회고에 의하면 공연이 금지되었던 이유는 파스테르나크가 소련인이었기 때문이다. 당시에는 소련이 우리와 수교를 하지 않은 적성국가였기 때문에 당국에서 공연을 불허했다는 것이다.

1960년에는 신문에 연재했던 박종화의 〈여인천하〉를 각색[282]하기도 했고 이후 〈여인천하〉는 차범석이 다시 TV 드라마로 각색하여 방영되기도 했다. 차범석의 장르를 넘나드는 이런 창작은 이미 그가 서울로

---

280 박명진, 〈1950년대 후반기 연극의 특징과 의미〉, 한국연극협회 편, 《한국현대연극 100년 — 공연사 II(1945~2008)》, 127면.

281 《경향신문》 1959년 3월 7일자 기사 〈의사 지바고 상연 — 신협 53회 공연으로〉에 의하면 "〈의사 지바고〉 상연, 신협 제53회 공연으로. 작년도 노벨문학상 대상 작품이었던 파스테르나크의 〈의사 지바고〉를 차범석 각색으로 3월 18일부터 5일간 시공관에서 상연하게 되었다."라고 했는데, 《조선일보》 1959년 3월 16일 자 기사 〈극단 신협 3월 공연 — 18일부터 시공관市公館서〉에는 "극단 신협 3월 공연 — 3월 18일부터 〈의사 지바고〉 상연 예정이었으나 부득이한 사정으로 이를 중지하고 유치진 작 〈소〉로 대치"라고 전하고 있다.

올라온 1950년대부터 시작되었던 것이다.

---

282 "두 국립극단의 공연 - 민극이 공연하는 박종화 씨의 신문연재 역사소설을 신예 극작가 차범석 씨가 각색한 〈여인천하〉 이진순 씨 연출"(〈두 국립극단의 공연〉, 《조선일보》, 1960.2.20.)

7
제작극회와의 결별 전후
새로운 연극을 모색하다

교사 생활을 정리하다

차범석은 박화성의 추천으로 덕성여고에 취직하여 서울에서의 새로운
삶을 시작할 수 있었다. 그러나 1961년 봄, 덕성여고를 그만두었다. 여
러 가지 이유가 있었지만 4·19가 일어나면서 학원의 민주화와 자율화
가 교육계의 커다란 이슈가 된 것도 그중 하나이다. 당시 차범석이 근무
하고 있었던 덕성여고도 예외는 아니었다. "비민주적인 학원 운영에 반
기를 든 교직원과 학생들이 학원의 민주화와 자율화를 외치며 날마다
궐기대회와 연좌데모에 들어갔다." 차범석은 "학원 민주화를 요구하는
쪽"이었다. 이사장과 교장은 이 난리를 피해 잠적하고 그들의 앞잡이 역
할을 하던 몇몇 교사들과 교감이 학생들의 요구에 시달리고 있었다.

이 상황은 차범석에게 기시감을 주었다. 목포중학교에서 일어났던
것과 유사한 사건이었다. 자신에게 일할 기회를 주었던 송금선 교장을
생각하면 심정적으로는 재단 쪽 입장에 서야 하지만, 객관적으로 보면
학교의 비민주적인 상황을 외면할 수 없었다. 차범석은 "참지 못하는 마
음이 예술가를 만든다."라며 사표를 쓰기로 마음먹었다. 특히 학생들의

호소에, 차범석은 자신에게 일자리를 마련해 준 송 교장 측에서 자신에게 배은망덕하다고 침을 뱉는다고 해도 학생들과 함께하는 것이 옳은 것이라고 생각했다. 그래서 자신이 담임했던 학생들이 졸업하면 자신도 함께 학교를 떠나기로 작정했다.

60년에 4·19가 났는데 어느 학교나 다 그랬지만 (……) 특히 사립학교 부정부패. 지금까지 찍소리 못 하고 눌려 있다가 4·19가 났으니까 학생들이 터졌거든. 그러니까 학교마다 부정부패 없는 학교가 없었죠. (……) 그때 학교가 뒤집어졌어요. 그러니까 자연히 교사, 학생 양 파야. 재단 지지파, 투쟁파. (……) 나는 투쟁파의 이거 (엄지손가락, 우두머리라는 표시) 이게 갈라진 거예요. [네] 그래서 뭐 소위 궐기대회 하고 데모하고 비 오는데 비 맞고 그런 난리 없었지. 그러면서 내가 아이구, 이것도 있을 데가 못 된다. 그런데 내가 3학년, 고등학교 3학년 졸업반 담임이니까, 졸업은 시켜야 할 거 아니에요. 그래서 졸업 끝내 놓고 사표 내고 나와 버렸어요. (……) 지금 생각하면 정의감이 있으니까 불의를 보면 가만 있지 못하니까 그런 표현도 통한 거 있지만 나는 내 혼자 일로 투쟁한 적은 없었어요. 전부 있는데 대표성을 가지니까 당신이 나가서 얘기하쇼. 나는 별로 얘기 잘한 편도 아닌데 내 얘기가 설득력이 있는 모양이지. 연극을 해서 그런지 대사성이…… (웃음) 그때마다 앞장서서 얘기하니까 좋았어. 그때마다 그런 풍파를 겪어서 그만둔 거죠. 그러니까 덕성여고를 그만둘 때도 그렇게 하고 61년 봄에 그만둔 거죠. [네] 그러면서 내가 그때 작품 썼던 게 〈껍질이 째지는 아픔 없이는〉 [네] 이것이 4·19 1주년 기념공연으로 했지만, 쓴 것은 4·19 때 그때 인제 쓴 거죠. 정말 우리 껍질이 째져야 한다. 지금 얘기지만 그때 '껍질이 째지는 아픔 없이는' 제목을 어디서 썼냐? 남들 몰라, 나밖에 몰라요. 미국으로 간 시인이 있었죠. 돌아가셨는데…… 김…… 이따 얘기하다 보면 생각날 거예요.《문학사상》아니,《문학예술》주간을 했어. 그 사람[283] 시를 보니까 껍질이 째지는 뭐……가 나와요. [네] 거기서 힌트를 얻어서 '껍질이 째지는 아픔 없이는', 그래야 혁명이 된다.[284]

〈껍질이 째지는 아픔 없이는〉 공연 후 시작된 균열

4·19는 차범석에게 의미 있는 사건이었다. 그는 학교의 부조리에 맞서 1961년 학교를 떠났고 자신의 최초 희곡집《껍질이 째지는 아픔 없이는》(정신사 간)을 출간하는 등 더욱 연극에 집중했다. 이 희곡집의 대표작 〈껍질이 째지는 아픔 없이는〉은 4·19를 소재로 한 차범석의 첫 정치극으로 "야당 국회의원이 변절하다가 맞는 비극이지만 궁극적으로는 자신을 파는 일이 그 얼마나 추악한 일이며, 우리나라 정치 풍토가 예나 지금이나 다름없이 그러한 철새족에 의해 튕기는 실상"을 그렸다. 차범석은 연극에 대해 "인간의 생각을 표현하는 예술"이며, "무대 위 살아 있는 인간상人間像을 창조하는 예술"인 동시에 "오늘'의 예술"[285]이라는 특징을 지니고 있다고 밝힌 바 있다. 즉, 4·19 이후 혼란한 상황에서 부패한 정치와 변절자에 대해 비판적 태도로 창작한 작품이다. 그가 살고 있는 시대와 사회의 문제를 예민하게 포착하고 비판하는, 이전의 작품들에 비해 사회비판적 경향을 보이는 작품으로, 차범석과 제작극회의 변화를 예고하고 있다.

---

283 《문학예술》주간을 하다가 1975년 미국으로 이민을 간 시인 박남수를 가리킨다.
284 차범석 구술, 김성희 채록연구,《2004년도 한국 근현대예술사 구술채록연구 시리즈 49 — 차범석》, 130~131면.
285 차범석,《동시대의 연극인식 — 차범석 연극논총》, 16면.

제작극회는 〈껍질이 째지는 아픔 없이는〉을 허규의 연출로 1961년 4월 4·19 1주년 기념 공연으로 국립극장 무대에 올렸다. 이전의 제작극회와 차범석은 소극장 연극만을 해 왔는데 "소극장 연극 운동이 지니는 특징과 의미는 그 나름대로 평가를 받았었"지만 "항상 쪼들린 제작비와 제한된 무대공간에서 왜소한 연극만을 강요당해 온 사람에게는 더 넓고 큰 무대 속으로 뛰어들고 싶은 유혹"도 있었다.

차범석 희곡집 《껍질이 째지는 아픔 없이는》 (정신사, 1960) 표지.

나(차범석: 필자 주)는 그 당시의 국립극장장인 서항석徐恒錫 선생을 찾아갔다. 4·19 혁명 1주년을 기념하는 뜻에서 제작극회를 국립극장 무대에 초청 공연을 해 주십사 하는 간청을 드렸다. 나는 그런 외교나 구걸하는 일에는 전혀 능력이 없는 성격이었지만 이때만은 적극적인 자세였다. 아마도 나의 작품이 국립극장 무대에서 화려하게 펼쳐질 꿈을 꾸고 있었기 때문일지도 모를 일이었다. 대관료만 감해 주고 약간의 제작비 보조만 있으면 되는 일이니 승낙을 해 주십사 하고 간청을 올렸다. 원래가 꼼꼼하고 계산이 밝아서 극계에서도 족집게로 알려진 서항석 선생은 잠시 눈을 감고서 끙끙거리더니 담당 직원과 의논해 보겠다는 것이었다. 즉석에서 "안 되겠다."라고 거절을 당하지 않은 것만으로도 다행이었다. 나에게도 사람의 마음을 읽어 내는 힘이 조금은 있었던가 보다. 며칠 후 유종호 과장으로부터 공연에 관한 기획서를 정식으로 올리라는 전갈이 왔다. 우리는 춤을 추고 싶은 심정이었다. 창단 6년 만에 드디어 대극장 진출을 하게 되었으니 어찌 기쁘지 않았겠는가! 그것도 다름 아닌 4·19 혁명 1주년을 기념하는 연극이니 어찌 자랑스럽지 않겠는가. 그것은 곧 제작극회가 하나의 시대의 획을 긋는 매듭이자 성장이었다고 볼 수도 있었다. 우리는 외부에서 한은진, 이기홍, 임동훈 등 기성 연기자를 대거 초빙하되 신인인 최불암崔佛岩을 주역으로, 그리고 역시 연구생이던 허규許圭에게 첫 연출을 맡기기로 합의를 보았다. 제작극회에 또 하나의 새벽이 밝아 오는 것 같았다.[286]

차범석의 입장에서는 창단 6년 만에 제작극회가 대극장으로 진출했고 4·19 혁명 1주년 기념 연극을 무대에 올렸다는 기쁨이 있었다. 평소 남에게 신세를 지기 싫어하는 성격으로서는 쉽게 하기 어려운 부탁을 서항석에게 한 것이었다. 그만큼 차범석에게 연극은 진지하고 절실한 것이었다.

그러나 제작극회의 대극장 진출은 제작극회가 지금까지 추구했던 소극장 운동과는 성격이 달랐다. 어렵사리 국립극장으로부터 제작과 공연 허가를 받자 제작극회는 외부의 연기자들을 영입하고 연구생 허규에게 첫 연출을 맡기는 등 좀 더 본격적인 연극을 시도했다. 이른바 '동인 정신'으로 결속된 우정과 창조적 의욕은 이제 제작극회의 정신이 될 수 없었다. 이후 이 공연이 인연이 되어 차범석은 국립극장으로부터 새로운 희곡을 써 달라는 의뢰를 받는데, 그렇게 탄생한 것이 〈산불〉이다.

제작극회는 번역극보다는 창작극 공연을 우선으로 했고 신인 양성과 문호 개방을 모토로 삼았다. 제작극회는 "무명의 신인 연극 학도들만이 모여서 하는 독선적 연극에서 탈피"하고 이름 있는 연기자들을 영

---

286 전성희 편, 《차범석 전집 11 — 자서전/수필 외》, 187~188면.

228

입, 친근감을 주어야 한다는 의견들이 대두되면서 방송이나 영화에서 활동하는 사람들까지 들이기로 했다. 그리고 "동인들이 추천을 하되 반대 의견이 없는 만장일치제를 전제로 문호를 개방했다."[287]

당시 《동아일보》는 "소극장 운동의 선두에 섰던 제작극회는 〈껍질이 째지는 아픔 없이는〉부터 직업성을 띄우기 시작"[288]했다는 기사를 냈다. 다시 말해 〈껍질이 째지는 아픔 없이는〉은 제작극회와 차범석의 변화가 감지되는 공연이었다. 동인들, 특히 차범석과 김경옥의 열정으로 지탱되었던 제작극회는 의욕에 비해 재정이 허약해 10회 공연 이후부터 침체기를 맞이하고 있었다. 게다가 동인들이 각자 사회에 나가게 되면서 활동이 뜸해지기 시작했던 것이다. 다른 동인들이 아마추어와 같은 태도로 제작극회 활동을 하는 것도 차범석에게는 불만이었다.

> 최 : 제작극회가 이제 그 상업 극단들 있 있는 걸 우리 대학극 출신들이 비
> 상업, 어 상업연극을 배격하면서 혁신운동을 시작했잖아? 그까 에 거
> 기 모이는데 프로페셔널한 사람, 또 장래 지향 뭐 끝까지 할 사람, 글치
> 않은 사람 이렇게 섞어 모였거든. 그중엔 뭐, 몇몇 사람은 나 나오지두
> 않구 그냥 그 분위가 좋으니까 공연 때만 나와서 으스대는 패들도 있
> 구. 그니까 거기에 제일 불만 하 불만을 토로하고 그란 게 범석이란 말
> 이야. 범석인 어……
>
> 이 : 직업인으로서 평생.
>
> 최 : 평생을 참 할라고 뭐 작품도 쓰고 그랬잖어. 그까 평생 할라고 했던 건
> 경옥이, 나, 범석이 정돈데 난 뭐 텔레비전 들어가 삐리니까 연출두 그

---

287 전성희 편, 《차범석 전집 11 — 자서전/수필 외》, 183면.
288 〈침체 속의 연극계〉, 《동아일보》, 1961.8.21.

뒤론 못했는데 그 범석이가 늘 불만, 그 제작극회에 삼각형 세 사람이 있다고 그래. 신경질 내는 사람, 에 차범석, 이두현, 조동화야. (웃음) 삼각형. 그 뭐 신경질들이 무서워요. 그간 범석이는 밤낮 말야, 좀 제대로 하자구 화를 내구 말이야. 어 건 뭐 이해는 물론 하지. 그러나 못 좇아 가지. 그까 어물어물하고 있는 **범석이가 화가 나 가지군 김은성(김 유성의 오기-필자)이라고 내 친군데 중앙대학 나온, 나 때문에 인제 제 작극회에 들어와 있었는데 돈이 많아. 얄 뚝 데리고 나가서 극단 산하 만든 거야.**289**

제작극회 동인들은 "새로운 연극에 대한 의욕은 충만했으나 무대 연출이나 제작 경험이 미숙하고 제작 기반이 약"했다. 그러나 "실험을 하기 어려운 시기에 창작하고 연출과 제작을 도맡아 한 이들의 도전정 신은 그후 동인제 단체의 실험극 운동을 활성화시키는 계기를 제공했 다는 평가"**290**를 할 수 있다.

이 무렵 차범석은 제작극회 활동 이외에도 일간지에 당대 연극을 비판하는 연극평을 실었고 창작도 부지런히 했으며 연출 작업에도 적 극적이었다.

제작극회에서 공연한 차범석의 창작극은 〈공상도시〉, 〈불모지〉, 〈껍 질이 째지는 아픔 없이는〉 등이지만 이 시기에 그는 공연되었던 희곡 외 에도 〈계산기〉(《현대문학》, 1958), 〈성난 기계〉(《사상계》, 1959년), 〈분수〉 등 을 발표했다. 제작극회에서 무대에 올린 차범석의 연출작으로는 창단공 연 〈사형수〉(전근영과 공동 연출), 〈유리동물원〉, 〈제물〉, 〈돌개바람〉 등 네

---

289 최창봉 구술, 김성호 채록연구, 《2006년도 한국 근현대예술사 구술채록연구 시리즈 90 — 최창봉》, 146~147면.
290 서연호·이상우, 《우리 연극 100년》, 168면.

편이 있다. 이렇게 그는 제작극회 동인들 중 가장 활발하게 연극 활동을 했다.

한편 제작극회는 운영위원회에서 레퍼토리를 선정하거나 극단 운영에 관한 것들을 결정하며, 격론을 벌이면서 의견을 좁힌 끝에 결론에 도달하는 시스템[291]이었는데 차범석과 김경옥은 서로 주의 주장이 강해 부딪히는 경우가 많았다고 한다. 거기에다가 김경옥이 4·19 이후 공보국장으로 가면서 정치색을 띠기 시작했고, 차범석은 이러한 상황에 혹여 연극이 정치의 수단이 될까 봐 경계하면서 둘의 대립은 점차 격화되었다.

제작극회와의 결별

〈껍질이 째지는 아픔 없이는〉을 대극장 무대에 올리기 위해 국립극장장을 찾아가 공연을 제안했던 것에서 알 수 있듯 차범석은 연극을 위해서라면 자신을 모두 던지는 적극적인 사람이었다. 덕성여고의 교사로 근무하면서도 퇴근 후에는 어김없이 명동에 있는 다방에서 동인들과 만났고 집에 돌아와서는 희곡 창작에 매진했다. 그러나 다른 동인들은 차범석처럼 연극에 전력 질주하지 않았고, 그러한 아마추어적 태도에 차

---

291 "그러니까 지금 생각해두 그때 그 사람들이 [음] 지끔, 참 몰라요. 지끔 그 (……) 연극 운동하는 사람들은 뭐 어떻게 하는지 몰라두 너무 겁나게, 무섭게, 아주 연극에 대해서는 철~저하게 [네] 그렇게 했어요. [네] 그 연극 (……) 제목을 정하는 것두, 한 사람 맘대루(엄지 손가락을 들며) 작가 맘대루 아니구 갖다 놓구 네다섯 사람이 앉아 가지구 읽구 그 평하구 그리고 인제 배역두 [음] 이러이러한 사람이 이거 할 것이다. [네] 이렇게들 하구 [네] 물론 연출자가 하지만, (숨을 크게 들이마시며) [네] 그렇게 인제 정하구 아주."(박현숙 구술, 문경연 채록연구, 《2009년도 한국 근현대예술사 구술채록연구 시리즈 190 ― 박현숙》, 81~82면.)

범석의 불만이 생겨나기 시작했다.

제작극회는 그때 참 잘 모아서 출발이 좋았고 좀 좋았는데 중간에 뭐가 생겼냐면은 내 자신부터 느꼈는데 회의를 느끼기 시작했어요. 뭐야, 우리는 한국 연극을 사랑하고 현대 연극을 수립하기 위해서 모였다 그런데 그것이 모인 사람들이 대부분이 아마추어예요. 연극 애호가들이었어요, 그런데 나는 애호가가 아니거든요. 직업…… [연극인] ……으로서 잘하고 싶고 작품을 쓰고 싶고 일생을 연극에 파묻고 싶고 연극을 하다가 죽고 싶고 그런 사람인데 (……) 그러니까 그게 아마추어리즘과 프로페셔널리즘이 싹트기 시작한 거야. 난 더 철저하게 하자, 더 제대로 된 거 하자. 대충대충 하는 거 싫다.[292] 에이, 돈 없는데 그냥. 그러면서 그 사람들은 언제든지 그만두면 된다는 식으로, 난 언제든지 그만둘 수 없는 사람이에요. 죽어도 해야 해. 그래 이거 어떻게 할 것인가. 다른 사람보고 이제 그렇게 하자고 해도 말 들어 줄 사람이 없어요. 그래 나는 그게 안 되거든. 내가 나갈 수밖에 없다. 그래서 인제 제작극회에서 그런 한가운데 가장 얘기가 통할 수 있는 사람 먼저 오사량,[293] 배우가 있었거든요 오사량. 그 사람 신협, 극협부터 프로를 하다가 제작극회 좋아서 들어온 사람이니까 나이는 나보다 두 살인가

---

292 연극에 대한 차범석의 철저한 태도를 보여 주는 에피소드다. "차범석 선생이 연출이었어요~ [네] 그 주연이 안 와~ 한 시간 동안을 기다리는데, 남자 주인공이 와야 연습을 하지 않아요. 그런데 한 시간쯤 있다가 술이 거나~하게 취해 가지고, 얼굴이 (웃음) 빨개 가지고 그러고 들어오는 거예요, 그랬더니 그냥 참았던 거를 그냥 터트리는데. (삿대질하며) 당신은 여기에 놀러 오는 놀이턴 줄 아냐 말이야. 대자고짜 그냥 탁! 쏘니까 이 분이 그냥 쩔쩔 매더라고. [음] (고개 숙이며) '아, 죄송합니다.' 그니까 연극을 그따우 껄로 하려면은 아예 하지 말라는 이렇게 얘기를 하더라고. [네] 그게 얼마나 무서운 얘기예요. 연극은 진실하게 해야지. 그런 식으로 무슨 먹고 노는 시간에 나오며 그냥 뭐 연습이나 아무케나 하다가 [음] 무대에 오르는 그런 정신이라면 관둬란 이거야. 그렇게 철저했어요. [음]"(박현숙 구술, 문경연 채록연구, 《2009년도 한국 근현대예술사 구술채록연구 시리즈 190 ― 박현숙》, 81면.)

아래였지만 그리고 기획을 보는 김유성[294]이라는 사람이 있었어요. (김유성) 네, 그 사람은 최창봉이하고 신의주 고보 동기동창이야. 이북 사람이니까 나하고 제일 관계없어. 나는 이남 목포고 그 사람은 신의주니까 전혀 관계없는데 제작극회 들어오면서 나하고 제일 의기투합이 됐어요. 그 사람이 외모부터가, 그 친구 키가 8척 장신이에요. 목이 나보다 두 개가 더 있어. 얘기하려면 나는 쳐다보고 저는 내려다보고. 그런데 어떤 일을 진행하다 보면 어떤 철저하게 나하고 의기투합해요. 그래서 어느 날 내가 술 마시면서 "김 형, 내가 이러이러한 일을 생각 있는데 어떻게 생각해요?" 하자. 우리 제작극회 나가서 다른 것을 만들자. 그렇게 된 거예요. 내가 어디에서 직접적인 생각을 가졌느냐. 어느 날 자다가 꿈속에서 하느님의 계시를 받은 거 아니거든.[295]

제작극회는 10회 공연 이후 2년 동안 활동이 없었다. 그 이유는 동인들의 나이가 30대에 이르러 다들 가정을 건사하고 가장으로서 책임

---

293 오사량吳史良 : 연극배우, 연출가, 교수. 평남 평양 출생으로 경성음악학교(서울음악 전문학교)를 졸업함. 1947년 극예술협회에 입단하여 활동하다가 1950년 국립극장 전속극단 신협이 조직될 때 창립단원으로 입단했다. 중앙국립극장 신극협의회 연기 분과위원, 제작극회 창립동인(1957), 극단 드라마센터 창립단원(1962), 극단 신협 단원(1964~). 부산문화방송국, 서울문화방송국 등에서 연출을 했으며 드라마센터 사무국장, 한국연극협회 부이사장, 서울예술대학 교수를 역임했다.

294 김유성金有聲에 대해 차범석은 다음과 같이 얘기했다. "김유성은 괄괄한 성격이면서도 치밀하고 인정이 후했다. (……) 매우 사무적이며 금전출납에는 깨끗하고 정확했다. (……) 조직적이고 사무적인 능력을 지닌 소중한 인재가 아닐 수 없었다. 게다가 매사에 끊고 맺는 절도가 분명한 데다가 치사스러운 일은 생리적으로 싫어하는 결벽증이 나와 일맥상통했다. 누구보다도 나와 호흡이 맞았고, 그만큼 서로가 신뢰감을 가지고 극단 운영에 성의를 기울인 일꾼이었다. 뿐만 아니라 연극관에서도 나와 의견을 같이한 동지였다."(전성희 편, 《차범석 전집 11 ─ 자서전/수필 외》, 206~207면)

295 차범석 구술, 김성희 채록연구, 《2004년도 한국 근현대예술사 구술채록연구 시리즈 49 ─ 차범석》, 151~152면.

을 다해야 했기 때문이기도 하고 제작극회를 처음 시작할 때 갖고 있던 열정과 같은 동력이 사라진 것이 원인이기도 했다.

1956년 창단 당시 제작극회는 '순수한 연극 애호가들의 모임'이었는데 1960년에는 총회에서 임원을 개편하면서 새로운 사업 계획을 세웠다. "수년 동안 소극장 운동의 중심 역할을 해 오던 동 극회가 올해부터는 실험정신과 아마츄어의 이념을 견지하면서도 직업 무대로서의 성과도 기대하는 방향으로 한 걸음 나간 활동을 구상하고 있는 것이 주목된다. 따라서 멤버를 대폭 강화하고 직업 무대에 나설 준비를 갖추고 있는데 올해 6회 정도의 공연을 계획"[296]하는 등 제작극회 내부에서도 직업 극단으로의 전환, 즉 '연극을 직업으로 삼고 전문화시켜야 한다'는 동인들이 차범석을 중심으로 생겨났다.

총회의 결과 "오사량 씨를 대표 간사로 차범석, 김유성, 김경옥 씨 등을 간사로 선출하였으며 드라마센터와 계약을 하고서 앞으로 연 4회의 공연을 갖기로 한 것이다. 또한 뮤지컬 플레이를 기획, 10여 명의 음악 전공 신인 연기자도 입회시키"[297]는 등 변화를 계획했다. 그러나 그 변화가 쉽게 진행되지 않자 차범석의 불만은 점점 커졌다.

"언제까지나 연극 애호가들만의 연극을 할 때가 아니라는 게" 차범석의 생각이었고 이 생각에 찬동한 동인이 최창봉의 고등학교 동창으로 기획을 맡아 오던 김유성이었다. 김유성은 차범석과 제작극회에서 연극을 해 오면서 의기투합한 사이로, 차범석의 생각에 적극 동의했다.

차범석은 연극이 관객을 전제로 한 예술이기 때문에 "무명의 신인 연극학도들만이 모여서 하는 독선적 연극에서 탈피하되 지명도가 있는

---

296 〈본격 공연단체로 — 제작극회〉, 《동아일보》, 1960.2.12.
297 〈침묵 깬 제작극회〉, 《경향신문》, 1963.5.31.

연기자를 영입하여 관객들에게 친근감을 가지게 해야 한다."라고 생각했다. 다시 말해 연극이 관객을 전제로 하지 않으면 대중으로부터 외면을 당할 수밖에 없다는 것이다. 동인들은 연극사에서 토월회와 극예술연구회의 연극이 관객들에게 외면받았던 사실을 이미 알고 있었던 터라 이 주장에 반대를 하지는 않았다. 그러나 "창단 동인들 사이에서도 연극 애호가의 차원에서 일하는 사람과 연극의 전문화 내지는 직업화를 꿈꾸는 사람이 갈라지면서 문제가 생기기 시작했다."

그런데 2년의 공백 후 1963년 11회 공연을 앞두고 김경옥이 동인들의 반대에도 불구하고 자신의 희곡 〈산여인〉을 무대에 올리겠다고 하면서 차범석과 의견이 엇갈렸다. 본래 "제작극회는 5회 공연 때까지 대표직이 없는 운영위원제로 구성되어 있었다. 그것은 특정인의 독주나 독단을 막되 공동운명체로서의 유대감을 공고히 하자는 데 기본 정신을 두었기 때문이다. 따라서 작품 선정이나 회원 가입 문제는 전원일치제"[298]였는데 김경옥이 이 운영위원제를 무시하고 자신의 작품을 공연해야겠다고 강력하게 주장했던 것이다.

제11회 공연 작품을 선정하는 과정에서 김경옥金京鈺은 자신의 작품 〈산여인〉을 집요하게 요구해 왔다. 그러나 대부분의 운영위원은 그 작품의 완성도에 대해 회의적이었고 나 역시 그랬다. 작가로서 자신의 희곡이 무대에 올려지기를 갈구하는 것은 당연하다. 그렇지만 그 성과 여부에 있어서 부정적일 때는 후퇴하고 양보해야 옳았는데도 그는 막무가내였다. 어쩌면 나의 작품이 극계에서 평가를 받게 되자 그는 시기와 경쟁심에서 자기 작품도 햇볕을 봐야겠다는 의욕이 작용했을 것이다. 그러나 한사코 반대 의견

---

298 전성희 편,《차범석 전집 11 — 자서전/수필 외》, 201면.

을 무릅쓰고 독자적으로 추진을 시키려는 그의 의도는 납득이 안 갔다. 그는 연출자도 외부 인사인 이원경李源庚 씨를 모셔 오겠다면서 극장도 드라마센터로 정하자고 주장했다. 그리고 제작비는 운영위원들이 분담하면 별 지장이 없으리라는 견해였다. 동인이 이 정도까지 나오는데 그걸 마지막까지 거부하거나 정지시킬 용기는 나도 없었다. 한사코 그 길을 원한다면 그런 방향으로 하되 제작비 분담은 꼭 약속을 지키기로 합의하고 〈산여인〉을 채택했다.[299]

그런데 〈산여인〉의 공연 결과는 차범석의 예상대로 실패였다. "희곡 자체의 허약성과 연출의 불확실한 의도는 관객을 감동시키기에는 거리가 멀었"던 것이다. 문제는 공연의 실패, 즉 흥행의 실패는 극단에 빚이 생긴 것을 의미한다는 것이다. 차범석은 공연 전에 제작비를 운영위원들이 분담하기로 했던 약속대로 자신 몫의 부채를 깔끔하게 입금시켰다. 그러나 이 공연의 당사자였던 작가 김경옥과 몇몇 운영위원들은 부채 청산에 미온적 태도를 보였다. 여기에서 제작극회의 딜레마가 생겼고, 이것이 차범석이 제작극회를 탈퇴하는 직접적 이유가 되었다. 차범석은 그들의 '속셈을 꿰뚫어 보'면서 '와야 할 날이 가까워지는 것을 예견했다.'

결국 차범석은 더 이상 동인 의식이 없는 사람들과 제작극회를 같이 한다는 것에 의미를 부여할 수 없었다. 인간에 대한 혐오가 속에서부터 올라왔다. 이제 그들과 결별하는 것이 수순이었다.

차범석은 9회 공연부터 이미 연극을 직업적으로 해야겠다는 생각을 갖고 있었기 때문에, 동인들의 작품이니까 공연해야 한다는 김경옥

---

299 전성희 편, 《차범석 전집 11 ─ 자서전/수필 외》, 201면.

의 아마추어적 태도가 마음에 들지 않았다. 그는 처음 연극의 열정을 키웠던 시절부터 이미 "연극의 길이 아니면 아무것도 못 하겠다는 결심을 품"었고 다른 누구보다도 희곡 창작과 연출 등 연극에 대한 열정이 컸기 때문에, 10회 공연 이후 2년간의 공백을 견딜 수가 없었다. 연극에 빠져 연극만 생각하고 있던 차범석에게 동인들의 이런 아마추어 같은 태도는 그가 더 이상 제작극회와 함께할 수 없는 이유가 되었다.

"우리나라 최초의 본격적인 소극장 연극 운동을 지향하는 긍지는 떳떳했고 또 사랑스러웠다. 그리고 무엇보다도 이른바 동인제同人制를 지켜 나가려는 인간적 결속과 유대감은 주위에서도 부러워했"[300]던 제작극회의 동인 정신에 균열이 일어나기 시작했던 것이다. 또 새로운 연극에 대한 동인들의 의욕은 충만했지만 무대 연출과 제작 경험의 부족, 재정 기반 허약 등의 문제도 있었다.

> 제작극회는 표방하는 이념과 정열은 좋았지만 실제로 무대에 설 수 있는 연기자가 부족했고 또한 연극을 본업으로 해 보겠다는 사람도 있었지만 딜레탕트적인 동인도 있었기 때문에 적지 않은 내부의 진통을 겪어야 했다. 극회를 이끌어 나가는 방법에 대해서 동인 간에 의견의 상충이 잦았다. 다시 말해서 이상과 현실을 추구하는 양론으로 때로는 심각한 언쟁이 벌어지기도 하였다.[301]

그러나 제작극회는 당시 실험극 공연의 어려움에도 불구하고 그 시기에 창작, 연출, 제작을 맡아 동인제 극단의 실험극 운동을 활성화하

---

300 차범석, 〈제작극회와 나〉, 《예술가의 삶 6 ─ 차범석》, 182면.
301 오사량, 〈내가 본 극단 산하〉, 《극단 산하 10년사: 1963-1973》, 극단 산하, 1974, 5면.

는 기회를 제공했다. 그리고 신진이었던 작가 차범석과 연출가 허규의 등장, 〈성난 얼굴로 돌아보라〉의 공연을 통해 이른바 '앵그리 영 맨angry young man'의 저항적인 분위기를 만들어 냄으로써 연극계에 큰 자극을 주었다는 것 또한 큰 성과다.

동인들은 제작극회가 연극의 상업화에 반대하면서 '토월회'나 '극예술연구회'가 이루지 못한 소극장 연극 운동의 정신을 계승하는 데 목표를 두는 것에 의견을 같이했고, 이는 이후 실험극장, 동인극장, 횃불극회, 원방각 등 소극장 연극단체들이 탄생할 수 있는 기회를 제공했다. 그러나 차범석은 제작극회의 공연이 쌓여 가면서 이런 방식의 극단 운영과 연극 제작 방식에 회의를 품게 된 것이다.

특히 4·19 혁명 이후 동인이었던 김경옥이 장면 정권의 공보실장 자리에 앉게 되고 극단 일보다는 정치 쪽에 시간을 쓰면서 차범석의 불만은 더 커졌다. 차범석은 김경옥이 연극을 정치의 도구로 사용하려고 11회 공연을 추진했다는 생각까지 들었다. 그런 데다가 부채 문제까지 생겼던 것이다.

> 더 근본적인 문제는 동인들 자신의 연극에 대한 자세에 변화가 일어났다. 연극 애호가와 연극 전문가 사이에서 생기는 갈등이 바로 그것이다. 1956년 창단 당시 우리는 순수한 연극 애호가들의 모임이었다. 그러나 시간이 흘러감에 따라 연극을 직업으로 삼고 전문화시켜야 한다는 의견이 대두되었다. 그것은 제작극회에 출범에 자극을 받았는지 여러 개의 극단이 꼬리를 물고 창단되었다. '실험극장', '동인극장', '횃불극회', '원방각' 등 소극장 연극 단체가 이어지니 우리는 뭔가 변화가 있어야 언제까지나 연극 애호가의 연극을 할 때가 아니라는 게 나의 주장이었고 여기에 찬동한 동인이 기획을 맡아 오던 김유성이었다. [302]

제작극회에서 활동했던 시기는 차범석에게 초기 사실주의 작가 의식이 형성되는 시기로 볼 수 있다. 차범석은 "제작극회를 조직하여 연극의 상업화를 반대하는 소극장 운동을 전개"했다. "소극장 운동의 목표가 연극의 예술성 확립과 기성 연극, 특히 상업주의 연극에 대한 도전과 새로운 시대의 연극의 창조를 위한 실험정신"에 있는데 이것을 바탕으로 차범석은 "당시 기성 작가들과는 다른 작가 의식을 가지고 전후 혼란기의 모습을 작품화시켰다." 차범석의 사실주의는 그의 초기 창작관을 형성하는 데 큰 영향을 주었던 유치진이 추구했던 것과는 기본적으로 달랐다.

> 차범석의 경우, 유치진을 평생 사로잡았던 민족적·국가적 대의와 같은 거대 담론과는 일정한 거리를 둔 개인적·사회적 담론의 희곡을 내놓으면서 차별되는 지점을 보여 주었다. 이 시기에 발표된 희곡 작품을 보면, 가난한 농어촌의 무지한 사람들의 삶을 다룬 〈밀주〉, 〈귀향〉이 있고, 6·25 전쟁 동안 빨치산 활동이 치열했던 지리산 기슭에서 좌우익의 대립 속에 상처받는 민중들의 모습을 그린 〈산불〉, 전쟁 후 만연한 기계 문명화와 물질만능주의로 인하여 발생한 인간 소외 현상을 다룬 〈계산기〉, 〈사등차〉, 〈분수〉, 〈성난 기계〉가 있으며, 변화되는 사회 속에 적응하지 못하는 구세대와 이를 이해하지 못하는 신세대의 갈등을 다룬 〈불모지〉, 〈껍질이 째지는 아픔 없이는〉 그리고 애정은 있으나 사회통념을 깨지 못하고 아파하는 남녀의 모습을 다룬 〈무적〉, 사회통념 따위에는 신경 쓰지 않고 자신들의 사랑을 위해서는 가족을 버릴 수 있다는 내용의 〈공상도시〉 등이 있다.[303]

---

302 차범석, 《예술가의 삶 6 ─ 차범석》, 182면.
303 신해조, 〈차범석 희곡 연구〉, 국민대학교 교육대학원 석사학위논문, 2003, 10면.

제작극회 시절의 차범석은 전쟁이 끝난 후 한국 사회가 겪고 있는 여러 문제, 빈곤과 인간 소외, 세대 간의 갈등, 애정 문제를 희곡을 통해 표현했다.

제작극회의 창단은 이후 실험극장, 자유소극장 등 여러 동인제 극단 창단의 시발점이 되었다. 또 소극장 운동의 기수로써 10회 공연까지 신협의 상업주의 연극 대신 번역극과 창작극을 고루 공연했다. 그러나 몇몇 운영위원들이 내는 운영비나 후원회원의 회비로 충당하는 것으로는 연극다운 연극을 만들 수 없다고 생각한 그는 이전의 제작 방식 대신 지속 가능한 제작에 대해 고민하고, 연극의 직업화를 생각했다. 〈껍질이 째지는 아픔 없이는〉 공연을 준비하면서 국립극장장을 찾아가 대관료와 약간의 제작비를 지원받아 제작, 공연했던 것이 차범석에게 자신감을 주었다. 연극을 프로페셔널하게 하기 위해 새로운 극단을 창단하고 싶다는 차범석의 의견에 찬동하는 김유성과 함께 기존의 극단에서 활동하고 있는 젊은 연극인들을 접촉했다. 그리고 마침내 그들과 함께 1963년 9월 28일 극단 산하山河를 창단했다.

방송과의 인연

1961년 3월 학원 부조리에 대항해 덕성여고에 사표를 써야겠다고 생각하면서 차범석은 당장 식구들의 생활이 걱정되기는 했다. 그때 대학극회와 제작극회를 함께해 왔던 연극 동지 최창봉에게서 급히 만나자는 연락이 왔다.[304]

최창봉은 한국전쟁 당시 군에 입대했는데 방송의 필요성을 절감했던 군 당국에 의해 미국으로 방송 연수를 다녀오게 되었다. 돌아온 뒤에는 국군방송국에서 일했고 한국방송연구소 소장을 거쳐 한국 최초의 TV 방송 HLKZ-TV의 책임자가 되었다. 그때 차범석은 TV 드라마 극본을 의뢰받아 〈공상도시〉, 〈어둠 속에 피는 꽃〉과 몇 편의 어린이극 등을 집필[305]하기도 했다. 그런데 차범석의 극 창작 재능을 익히 알고 있던 최창봉이 MBC(문화방송) 개국 업무를 맡아 차범석에게 입사할 것을 권유했던 것이다. 이후 차범석은 방송국 직원으로서 업무를 보기도 했지만 방송 원고를 쓰는 일을 하기도 했다.

> 그(최창봉-필자)가 급히 나를 만나자는 전갈을 보내 왔다. 나(차범석-필자)는 소식이 궁금하던 터라 조바심을 금할 수가 없었다. 인사동 네거리에 있는 금잔디 다방에서 오랫만에 대좌한 나에게 최창봉은 그 특유의 허스키 보이스의 진한 평안도 사투리로 대뜸 입을 열었다.
> "야, 범석아, 우리 방송국 하나 하자우!"
> "방송국?"
> "기래, 한국 최초의 민간방송이다."

---

304 "MBC가 처음 시작한 게 1962년인데 61년부터 시작을 했거든요. {61년에 준비작업, 네} 그때 뭔고 하니 에, 4·19 직후고 내가 그때 덕성여고 있었을 때인데 {그렇죠} 3학년 졸업반 끝나고 난 뒤에, 학원 사태가 민주화 운동이 4·19 때 굉장했잖아요. {그렇죠} 사립학교는 어디나 문제가 있었으니까. 그런데 나는 개혁파의 수장이고 {에, 지난번에 말씀 다 하셨어요.} 뭐뭐 그런 일이 있었고 그러니까 학원은, 학교는 나는 이제 그뒤야겠다라고 생각했었는데 그때에 최창봉이가 {네} 최창봉이가 예전에 제작극회 동인 아냐. {그렇죠} 최창봉이가 민영방송 MBC 라디오 민영방송을 만드는 책임자가 됐어요. 그러면서 나한테 한국 최초로 민영방송, 부산에 있었지만은 부산, 지역사회니까, 서울에 생기니까 같이 일하자. 새로운 시스템을 해서 새 술은 새 부대에. 이렇게 나한테 유혹이 왔죠. 제작국, 제작이라는 것은 주로 드라마야. 그게 주목적이고 그건 네가 책임져라."(차범석 구술, 김성희 채록연구, 《2004년도 한국 근현대예술사 구술채록연구 시리즈 49 ─ 차범석》, 244면.)

305 〈어둠 속에 피는 꽃〉, 1959년 HLKZ-TV 〈화요극장〉에서 1회부터 총 5회 방송했다.

"민간방송?"

"기리타니끼니…… 의사가 있어 없어? 날래 대답부터 하라우야!"

민간방송이라는 생소한 낱말도 그렇거니와, 내가 방송 원고는 썼지만 방송 실무에는 백지나 다름없는 터라 어떻게 대답을 해야 할지 감을 잡을 수가 없었다.[306]

최창봉은 KBS와 같은 관영방송이나 종교방송에 익숙한 청취자들에게 센세이션을 일으키고 대중에게 친근하게 접근하여 교양과 오락을 보급하고 '나아가서는 기업 창달에도 기여하는 일석삼조의 문화사업'으로 "궁극적으로 연극 운동의 정신하고도 일치하며 미래는 전파매체가 주도권을 잡는 시대"가 올 것이라고 차범석을 설득했다. 방송과 연극 모두 민중을 위한 정신문화이므로 두 매체가 함께한다면 언젠가는 하나가 될 것이라 판단한 차범석은 최창봉과 MBC에서 같이 일하기로 했다. 이렇게 실직자에서 바로 직장을 얻는 행운이 찾아온 차범석은 이 같은 기회를 '신의 축복'이라고 여겼다. 그러나 최창봉은 이후 MBC 개국을 보지 못하고 준비 과정에서 새로 개국하는 KBS에 강제로 이직하게 되었다.

MBC에서 차범석은 10년간 근무하며 여러 일을 겪었다. MBC는 일단 1961년 2월 21일 '서울민간방송주식회사'로 등기를 마치고 4월 29일에 경기도 시흥군에 송신소가 착공됐지만 정식 개국을 하지 못하고 있었다. 거기에다가 1961년 5·16 군사 쿠데타가 터지고 실질적 사주인 조선견직회사 사장 김지태가 보석 밀수로 구속되면서 개원이 요원해졌다. 직원들을 뽑아 놓기는 했지만 월급 지급도 쉽지 않은 상황이었다.

---

306 전성희 편, 《차범석 전집 11 — 자서전/수필 외》, 191면.

MBC 제작부장 시절의 차범석. 1960년대 말.

"방송부장 최창봉, 편성과장 정순일, 연예과장 차범석, 음악과장 이호로 네 사람은 직제만 정해져 있을 뿐 이렇다 할 생활 보장도, 업무상의 약속도 없이 시간만 흘려보내"[307]는 날들이 지속됐다. 하지만 차범석은 초조해하지 않았다. 방송국 일이 여의치 않아도 그에게는 희곡 창작과 연극 운동을 계속할 수 있는 또 다른 길이 있었기 때문이다. 차범석은 "서둘러서 되는 일이 아니다. 조직이 살고 죽는 일이란 한 개인이 버티어서 되는 일이 아니잖는가. 오늘 안 되면 내일을 다시 기다려 보자. 그렇게 지내는 동안에 볕 드는 날은 온다."라고, 자신이 스스로 세운 인생 지침을 새기며 그 시간을 버텼다.

1961년 12월 2일은 MBC 문화방송이 시작된 날이다. 덕성여고에 사표를 쓰고 9개월 만에 첫 방송이 시작되자 차범석은 "안정된 직장을 버리고 MBC에 합류했으나 개국하기까지 월급도 못 받고 외상 국수와 외상 술을 마셨던 일들이 떠오르자 눈시울이 붉어졌다."

---

307 전성희 편, 《차범석 전집 11 — 자서전/수필 외》, 192면.

당시 차범석의 직책은 CM과장이었는데 일은 만만치 않았다. 당시는 라디오 광고에 대한 인식이 없었던 때라 광고주들은 자신들의 회사명과 상품 이름이 많이 나오는 것만이 좋은 것이라고 생각했다. 차범석은 직접 카피도 작성하고 방송도 만들어 팔았다. 그러나 열심히 일해도 방송국의 사정은 나아지지 않았고, 취재비와 제작비조차 받지 못하고 월급도 제때 받지 못할 정도로 어려웠다. 이때 차범석은 MBC 라디오에서 〈회전 무대〉와 〈이것이 인생이다〉 등의 방송 원고를 쓰기도 했다.

〈산불〉 공연의 성공

1961년 국립극단은 민극과 신협의 합동으로 25회 공연작을 차범석의 〈태양을 향하여〉로 결정하고 이광래 연출로 10월 5일부터 9일까지 시공관 무대에 올렸다. 이미 〈껍질이 째지는 아픔 없이는〉에 이어 〈태양을 향하여〉까지 함께해 왔는데, 이는 국립극장이 차범석의 극작가로서의 실력을 인정했기 때문이다.

그런 이유로 1961년 국립극장은 차범석에게 장막극 집필을 의뢰했다. 자서전 《떠도는 산하》에서도 작품 의뢰를 받은 것에 대해 "뜻밖의 일이 내게 다가왔다."라고 언급했듯 이는 '극작가로서의 생애에서 최초의 충격일지도 모르'는 일이었고, 그가 연극계에서 인정받은 '사건'과 같은 일이었다. 그 집필 의뢰에 대해 차범석은 다음과 같이 생각했다.

아마도 연전에 공연한 〈껍질이 째지는 아픔 없이는〉의 공연 성과도 간접적인 이유가 되었겠지만, 그 당시 연극계에는 극작가란 겨우 몇 손가락을 꼽을 정도였다. 기성 작가로는 유치진, 오영진, 이광래, 김진수가 고작이고,

신인 극작가로는 임희재任熙宰, 하유상河有詳, 그리고 이용찬李容燦이 있을 뿐이었다. 나는 반신반의의 상태에서 집필을 승낙했다.[308]

국립극단의 〈태양을 향하여〉 공연 포스터. 1961.

겸허히 장막극 집필을 수락하고 그는 1951년 처녀작 〈별은 밤마다〉 발표 이후 구상하고 있었던, 10년간의 숙고 끝에 입산했던 빨치산의 하산 이후의 이야기를 썼다. 그리고 처녀작 발표 이후 10년 동안 그 소재를 고민하면서 완성한 이 〈산불〉은 그의 대표작이 되었다. 차범석은 〈산불〉을 쓰게 된 동기가 "문명도 의욕도 찾아볼 길 없는 깊은 산속에서 그릇된 사상의 희생과 갈등을 통해 지난날 우리 민족이 겪었던 상처를 어루만지며 잃어버린 인간성을 찾"는 데 있다고 했다.

이 작품(〈산불〉-필자)을 청탁받고 탈고를 끝낸 것은 1961년 봄이었다. 나는 이 작품을 구상하는 데 약 10년이 걸렸다. 1951년 고향에서 공연한 작품 〈별은 밤마다〉가 〈산불〉의 기본 데생인 셈이다. 그것은 소인극으로 쓴 작품이지만 언제고 본격적인 대작으로 완성해야겠다고 구상을 해 온 지 10년 만에 탈고한 셈이다.[309]

---

308 전성희 편, 《차범석 전집 11 ─ 자서전/수필 외》, 196~197면.

당시 차범석은 MBC에 재직 중이어서 회사 일을 소홀히 할 수 없었다. 그래서 퇴근 후 짬을 내 집필을 이어 갔다.

> 나는 방송국에 출근하면서 작품을 써야만 했다. 회사 측에서 눈치채지 않도록 회사 부근에 있는 수도여관에 방을 정해 놓고 시간이 나는 대로 잽싸게 드나들며 작품을 썼다. 그리고 퇴근 후엔 여관으로 직행을 했다. 그것은 문자 그대로 혼신의 힘을 기울인 작업이자 자신하고의 싸움이었다. 약속된 날 나는 원고를 건넸다. (……) 원고를 보내 놓고 나서 나는 해산을 한 여인처럼 한동안 앓았다. 그러면서도 〈산불〉이 국립극장의 대무대 위에 올려지는 장면을 머릿속에 그리며 마냥 행복감에 젖어 있었다.[310]

직장을 관두고 쓸 수 있었으면 좋았겠지만 차범석은 두 가지 일을 하면서 어렵게 국립극장에서 의뢰받은 작품 〈산불〉을 완성했다. 그렇게 대본을 넘기고 공연 소식을 기다리고 있었는데, 극장 형편상 공연이 무기한 연기된다는 소식이 들려왔다.

이때 차범석에게는 실망의 감정보다는 분노가 일어났다. 그렇게 집필을 독촉할 때는 언제고, 이제 와서 공연을 못 하겠다고 하니 납득이 되지 않았다. 그렇지만 국립극장은 차범석과 같은 '송사리 작가의 항의 따위'에는 아랑곳하지도 않았다. 화가 많이 난 차범석은 원고를 찾아다 서랍 깊숙이 넣어 놓고 "사람의 성의를 무시하고 젊은 작가의 자존심을 짓밟은 극장 측의 처사에 수모감과 배신감"으로 몸을 떨었다. 나중에야 그는 〈산불〉 공연을 거절한 것이 극장 쪽이 아니라 전속 극단 측이었다

309 차범석, 〈관심, 격려〉, 《예술가의 삶 17 — 연극인 백성희》, 혜화당, 1994, 233면.
310 전성희 편, 《차범석 전집 11 — 자서전/수필 외》, 197면.

는 것과 "등장인물이 대부분 여자들이라서 남자 연기자들이 해야 할 일이 없다는 게 '공연 불허'의 이유"[311]였다는 것을 알게 되었다.

그런데 1년 후인 1962년 가을, 다시 국립극장에서 〈산불〉을 공연하고 싶다고 연락이 왔다. 하지만 이미 자존심에 상처를 입은 차범석은 일언지하에 거절했다. 하지만 극장 측에서 간곡하게 다시 부탁하자 "이미 써 놓은 희곡이 햇빛을 보게 된다는데 그 이상 우길 이유가 없지 않겠는가."라며 원고를 내주었다. 그렇게 해서 1962년 12월 24일 크리스마스 이브에 이진순 연출로 〈산불〉이 국립극장 무대에 올라갔다.

> (……) 명동 국립극장에 이변이 일어났다. 첫날부터 관객이 몰린 것이다. 국립극장 연극에는 손님이 없는 것으로 정평이 나 있던 그 시절에 왜 손님이 몰렸을까. TV 선전이 나간 것도 아니고, 전단이나 할인권을 뿌린 것도 아닌데 이게 무슨 변이란 말인가. 극단 측이나 극장 측은 이대로라면 연장 공연도 해 볼 만하다지만 섣달그믐에 끝나는 연극을 정초로 연장한다는 것

---

311 〈산불〉의 공연이 연기된 것은 다음과 같은 이유 때문이었다. "이 작품은 여자들만 나와서 흥행을 바라볼 수 없다. 그래서 제쳤다는 거예요. 누가? 이해랑 씨가. 신협은 여자 배우가 없거든. (웃음) 있어도 몇 사람 밖에 없죠. [그렇죠] 아, 내가 화나 '알았어.' 두말할 것도 항의도 못 해, 그럴 때는. 아, 사정이 그렇다는데 여자가 많이 나온 작품인데 여자가 없어서 못 하겠다는 게 말이 돼?"(차범석 구술, 김성희 채록연구, 《2004년도 한국 근현대 예술사 구술채록연구 시리즈 49 — 차범석》, 165면), 〈산불〉의 공연에 대해 차범석은 구술채록에서 다시 한번 언급했다. "'62년에 내 작품 〈산불〉 할 때도 원래는 신협에서 할 차례였거든. 그런데 이해랑 씨가 작품을 가져오라고 했어. 그때 심부름했던 이가 신봉승이야. 보더니 여자들만 나오니까 신협 사람들이 여자들만 나오면 재수 없다, 재미없다 빠꾸 당한 거 아니에요. 내가 화가 나 가지고 그랬더니 가을에 또 가져오라고. 그때는 이진순 씨가 하겠다고 해서 보더니, 아, 이거 재밌을 거 같다고, 하자! 그래서 인제 열심히 해서 히트를 한 그런 일이 있었거든. 그러니까 사사건건 틀어졌어요."(차범석 구술, 김성희 채록연구, 《2004년도 한국 근현대예술사 구술채록연구 시리즈 49 — 차범석》, 213면.) 전년도에 이해랑이 〈산불〉 공연을 거절했는데 그다음 해 이진순은 〈산불〉 공연을 허락했다. 이 배경에도 둘 사이의 알력이 있었다는 것이다.

도 말이 아니었다. 최종 날에는 현관 유리문이 깨질 지경이 되자 기마 순경이 출동을 하게 되었으니 그것은 분명히 연극계의 이변이자 연극사에 기록할 만한 일이었다.[312]

당시 명동 파출소 순경이 "국립극장에도 손님이 오다니 별난 일도 다 보겠군! 여봐 김 씨! 초대권 좀 보내 줘."라며 푸념을 할 정도로 〈산불〉은 연극계에 화제를 뿌렸다.

〈산불〉은 "해방 후 리얼리즘 연극의 최고봉"[313]이라는 평가를 받은 차범석의 대표작으로 그의 희곡 중 가장 많이 공연[314]되었을 뿐만 아니라 장르를 달리해 창극[315]과 오페라,[316] 뮤지컬[317]로도 제작되었다. 이 희곡은 지리산 자락의 산골 마을을 배경으로 6·25 전쟁의 비극을 그려 냈다. 전쟁으로 인해 남자들이 모두 전쟁에 나가 죽거나 돌아오지 않아 남자라고는 노망 든 할아버지밖에 없는 과부촌에 한 젊은 공비가 내려오면서 이야기가 시작된다.

산에서 "내려온 한 젊은 공비의 얘기를 소재로 전쟁과 이데올로기 대립으로 인한 서민들의 상처와 극한상황에 처한 인간들의 원시적 애욕을 아기자기한 극적 구성과 생동감 있는 인물 묘사로 그려 낸 수작"[318]

312 차범석, 〈관심, 격려〉, 《예술가의 삶 17—연극인 백성희》, 235면.
313 유민영, 《한국현대희곡사》, 458면.
314 〈산불〉은 국립극단 제29회 정기공연으로 1962년 초연한 이후 임영웅 연출의 제204회 정기공연과 2007년 다시 임영웅 연출의 특별공연으로 국립극단에서만 총 세 번 공연했다.
315 국립창극단은 창극 〈산불〉을 2007년과 2008년에 제작했고 2017년 10월 25일부터 10월 29일까지 이성열 연출, 최치언 극본, 장영규 작곡 및 음악 감독으로 국립극장 해오름극장에서 공연했다.
316 국립오페라단이 제작한 오페라 〈산불〉은 차범석의 〈산불〉을 대본으로 한 창작 오페라로 2002년 2월 국립극장 대극장 무대에 올랐다.

이지만 "애욕을 둘러싼 약간의 통속성과 반공적 색채로 지적받기"[319]도
했다.

차범석은 당시 〈산불〉의 성공의 이유를 캐스트와 스태프가 하나가
되어 정열적으로 작품 제작에 임했기 때문이라고 보았다.

> 〈산불〉은 연극계에 화제를 뿌렸다. 국립극단의 연극도 손님을 끌 수 있다
> 는 자신감을 가지게 되었다. 연극에 임하는 캐스트와 스태프가 한 덩어리
> 로 뭉치는 정열만이 좋은 연극을 만들 수 있다는 너무나 당연한 진리를 연
> 극 〈산불〉이 증명했다. 연출자 이진순李眞淳은 자유당 말기 문총文總에 적
> 을 두고 자유당 정권에 협력했다는 이유로 4·19 직후 2년 가까이 연극계에
> 모습을 나타내지 않았던 처지였다. 그러므로 오랜만에 연출할 기회를 얻
> 은 그는 온갖 정열과 창의성을 기울이며 스파르타식 연습을 강행했다. 뿐
> 만 아니라 연기자들도 새로운 출발이라는 다짐 아래 뭉쳤으니 박상익, 백
> 성희, 나옥주, 이순, 진랑, 정애란 등 기성 연기자와 백수련, 노경자, 김금지,
> 박성대 등 신인들이 발탁되어 혼신의 힘을 기울인 게 연극 〈산불〉을 성공
> 무대로 올려 놓은 관건이었다.[320]

317 〈산불〉을 원작으로 칠레 출신의 극작가 아리엘 도르프만이 뮤지컬 〈댄싱 섀도우〉로
각색, 신시컴퍼니가 2007년 7월 예술의 전당 오페라극장에서 공연하였다. (박돈규 기
자, 〈차범석 정신세계에 전할 책임감 느껴 — 뮤지컬 〈댄싱 섀도우〉 작가 도르프만, 원
작 연극 〈산불〉 관람〉, 《조선일보》, 2007.7.2.)신시뮤지컬컴퍼니(대표 박명성)이 제작
한 뮤지컬 〈댄싱 섀도우〉는 고 차범석의 희곡 〈산불〉을 원작으로 극작가 도르프만을 비
롯해, 뮤지컬 〈갬블러〉의 작곡을 담당했던 '알란 파슨스 프로젝트' 출신의 작곡가 에릭
울프슨, 뮤지컬 〈맘마미아〉 등을 연출한 폴 게링턴, 안무가 크리스 베일리 등 해외 유명
아티스트들이 참여해 8년간의 작업 기간을 거쳐 현대적인 우화로 재탄생되었다."(정상
영 기자, 〈아리엘 도르프만 인터뷰〉, 《한겨레신문》, 2019.10.20.)
318 명인서, 〈차범석 연구〉, 기념논총간행위원회 편, 《한국희곡작가연구 — 김호순박사 정
년퇴임기념논총》, 태학사, 1997, 251면.
319 김방옥, 《한국 사실주의 희곡 연구》, 동양공연예술연구소, 1989, 140면.

극단 산하의 〈산불〉 공연 사진. 1962년 국립극단 초연 후 4년 만에 표재순 연출로 다시 공연했다. 국립극장. 1966.12. 한국문화예술위원회 아르코예술기록원(표재순 기증).

당시 이근삼도 12월 29일 자《한국일보》에서 이 공연에 대해 상당한 호평을 했다.

국립극단은 금년도 행사의 마지막을 장식하는 공연물로서 차범석 작 〈산불〉을 들고 나왔다. 서민층의 조그만 사건을 처리하곤 하던 씨가 이번엔 대담하게 과거의 테두리에서 벗어나 적나라한 원시에 가까운 산중 인간들의 생태를 그려 내놓았다. 씨의 말대로 어색한 응접실 극에 싫증을 느껴 새로운 형태의 극을 모색하고자 한 의도일는지도 모르겠다. 그래서 씨의 이러한 의도는 밀도 짙은 연출, 짜임새 있고 공이 든 장치, 연습도가 역력히 보

---

320 김방옥,《한국 사실주의 희곡 연구》, 140면.

320 김방옥,《한국 사실주의 희곡 연구》, 140면.

이는 훌륭한 연기진으로 해서 훌륭한 성공을 거두었다.

일견 6·25의 배경과 로르카의 〈베르나다 알바의 집〉을 혼합한 듯한 느낌을 주는 이 극은 남자란 죄다 학살, 납치되고 여자만이 생활 아닌 '존재'만을 영위하는 세칭 '과부 마을'에서의 사건을 엮어 내놓은 극이다. (……) 국립극단 공연 때마다 유령처럼 따라다니던 프롬프터를 완전히 추방했다는 사실이 반가웠으며, 또한 착실한 연습도를 느낄 수 있어서 좋았다. 가끔 무대에 등장하는 공비 소굴로부터 도망했다는 출장 계기가 모호했음을 지적하고 싶다. 또한 이 청년 역을 맡은 박성대의 틀에 박힌 냄새 나는 발성, 화술은 통일성 있는 극의 흐름을 어지럽게 했다. 작품 자체는 물론 공연을 포함해서 커다란 성과라 아니할 수 없다.[321]

김 노인 역은 박상익, 양 씨 역은 백성희, 점례 역은 나옥주, 사월이 역은 백수련, 규복이 역은 박성대와 귀덕이 역은 김금지 등이 맡았다. 〈산불〉은 백성희에게도 큰 기회가 되었다. 사실 차범석은 모던한 도시 여성의 역할을 줄곧 해 왔던 백성희가 〈산불〉에서 산골 어머니 역으로 출연한다는 것에 반신반의했고, 연습실에 찾아가 연습 과정을 지켜보기도 했다.

최초로 시도한 상업극, 〈갈매기떼〉

〈산불〉의 성공에 힘입어 국립극단은 차범석에게 후속작을 의뢰했다. 전

---

321 이근삼, 〈이 해의 가장 큰 수확 — 국립극단의 〈산불〉 공연〉, 《한국일보》, 1962.12.29.; 유민영, 《한국극장사》, 한길사, 1982. 205면에서 재인용.

작의 흥행으로 자신감이 생긴 차범석은 다음 작품을 신협과 함께하기로 작정했다.

뭔고 하니 제작극회 하는 가운데 1963년경 63년 정월달인가, 2월달 됐을 거예요. 어느 날 이해랑 선생이 좀 만나자고. 신협 할 때거든. 만났더니 신협 재기를 한다. 그런데 신협이 그동안 배우들이 전부 영화로 가 버렸으니까. 뭐 김동원, 장민호는 나중에는 연극 못 했어요. 영화에 바빠서. 뭐 한 사람이 하루에 두 작품, 세 작품 모두 다섯 작품을 겹치기 출연을 한다니까 연극 하자는 말을 꺼내지도 못할 정도로. 이래선 안 되겠다 그래서 이해랑[322] 선생이 자기는 끝끝내 지키고 있으니까 신협 재기 공연[323]을 한다. 그런데 작품을 나보고 써 달라는 거예요. 나로서는 영광이죠. 그런데 내가 상업주의 연극 작품을 처음으로 청탁받은 게 그거죠. 물론 그 전에 〈산불〉은 이제 뭐 국립극장이니까 상업주의라고는 볼 수가 없고. "합시다." 그랬더니 그 대신 조건이 있다는 거야. 뭐냐, 지금 신협 재기한다고 하니까 과거에 악극을 해서 지금 영화계에서 내로라하고 날린 사람들이 전부 여기 신협에 들어오겠다 한다. 그러니까 모처럼 신협에 들어와서 협력해 주면 고마운데 연극이라는 것은 주인공이 있고, 조연이 있고, 단역이 있고 한데 어떻게 하냐. 이 나온 사람 전부 한 가닥씩 하게끔 글을 써 달라는 거야. 그게 말이 그렇게

---

322 1954년 대한민국예술원 종신회원, 1957년 중앙국립극장장, 1962년 한국연극연구소(드라마센터) 극장장, 1966~1988년 이해랑이동극장 대표, 1967~1973년 한국예술문화단체총연합회(예총) 회장 등을 역임했다. 1971년 제8대 국회의원 (공화당전국구), 1973년 제9대 국회의원(유정회)이 되어 정치활동도 했다. 1983년 국립극장 종신단원, 1984~1989년 대한민국예술원 회장을 맡았다. 대표적 출연 작품으로 〈밤으로의 긴 여로〉가 있고, 연출 작품으로 〈햄릿〉, 〈목격자〉, 〈뜨거운 양철 지붕 위의 고양이〉, 〈여성만세〉, 〈광야〉 등 100여 편이 있다. 저서로《또 하나의 커튼 뒤의 인생》,《허상의 진실》등이 있다.

323 신협 재기 공연작은 〈갈매기떼〉(차범석 작, 이해랑 연출)로 1963년 공연되었다.

쉬운 게 아니거든. 나도 그때 멍청해서 그런지 너무 감격해서 "그렇게 합시다." 해 놓고 쓰기 시작하는데 "자, 누구누구 나옵니까?" 김승호, 황정순, 이민자, 조미령, 차유미, 김정호. 남자는 아까 김승호 했죠? 장민호, 방수일, 남춘양, 허장강, 황해 그분들 다 쟁쟁한 거 아니야? 그 사람들 전부 한마디씩 하게끔 쓰라고 그러니 이게 사람 미칠 일이죠. 그래도 아무튼 내가 약속한 거니까 내가 최선을 다했어요.[324]

예전에 차범석은 이해랑의 권유로 장막극 〈태양을 향하여〉를 써서 국립극단에서 공연한 적이 있었다. 이 작품은 단막극 〈나는 살아야 한다〉와 2막극 〈불모지〉를 접목하여 쓴 것으로, 〈태양을 향하여〉에서 차범석의 극작가적 역량을 인정하게 된 이해랑이 이번에는 신협의 공연을 위한 대본을 부탁한 것이다. 그리고 전날 신파 배우였든, 악극 배우였든 당대의 유명 배우들을 캐스팅하여 그들이 '저마다 한가락씩 할 수 있도록 유의해 달라'고 요구했다. 즉 모든 출연자들이 대사를 할 수 있는 공연을 만들어 달라는 주문이었다. 그런 배경에서 창작된 철저한 상업주의 연극 〈갈매기떼〉(이해랑 연출, 1963년 6월 6일, 국립극장)는 그간 활동이 부진했던 신협의 재기를 위한 공연이었다. 이 작품은 예상대로 흥행에는 성공했지만 김승호처럼 영화배우로 이름이 널리 알려진 스타들을 캐스팅함으로써 스타 마케팅이라는 비난을 받기도 했다.

백로라는 "60년대 초반, 대중화는 '대중을 무대로 끌어들이는' 관객 확보와 관련된 것이지만 그 실천의 방향은 각기 달랐다."[325]라고 지

---

324 차범석 구술, 김성희 채록연구, 《2004년도 한국 근현대예술사 구술채록연구 시리즈 49 ─ 차범석》, 151~152면.

325 백로라, 〈1960년대 연극 운동론〉, 민족문학사연구소 희곡분과, 《1960년대 희곡 연구》, 새미, 2002, 78면.

국립극단의 〈갈매기떼〉(차범석 작, 이해랑 연출) 공연 사진. 국립극장. 1963.6.

적하면서 신협 재기 공연이 흥행에 성공한 이유는 "《한국일보》의 집중
적인 후원"[326]과 스타들의 출연에 있다고 보았다. 1960년대 신협의 대
표였던 연출자 이해랑은 당시 연극을 외면하는 대중들의 시선을 붙들
기 위해 스타 마케팅에 의지하는 등 공연 외적인 부분에도 집중했던 것
이다.

'신협' 자체나 주위에서 예상했던 대로 이번 공연은 놀라운 관객 동원 기록
을 수립했다. 최종회까지 객석을 완전히 메운다면 7일 동안 14회 공연에(1
회 8백 명) 모두 1만 1천2백 명이란 계산이 나오는데 근래 연극 공연으로 객
석을 거의 메운 적이 없다고 보면 역시 놀라운 숫자이다. (……) 무엇보다
유서 깊은 '신협'에의 '노스텔지어'가 크게 작용했다고 볼 수 있다. (……) 영
화에서 최대한으로 벌어들인 인기들을 몸에 담은 '스타'들의 '윙크'가 적어

도 어느 층의 관객을 사로잡았다. 그래서 많은 관객들이 모였다. 말하자면 인기 '스타'의 전시효과가 십이분 발휘한 셈이다. (……) 대중에의 무제한 영입이 초점 잃은 박수가 반드시 성공을 말하지 않는다.[327]

차범석의 〈갈매기떼〉는 한국전쟁 이후 목포의 영흥관이라는 술집을 중심으로 벌어지는 문제들을 스케일 있게 그려낸 작품으로, 전쟁으로 무너진 인간 군상을 통해 이데올로기가 삶을 어떻게 파괴하는지 보여 주었다.

"〈갈매기떼〉는 깡패들의 이야기지만 작품의 주제는 사랑과 정의이다. 항구도시를 무대로 정치와 결탁한 조직폭력배들의 이면 세계를 벗기고 있다. 애인인 객주집 딸의 영향으로 점차 진실에 눈을 뜨게 된 깡패 서徐는 청부살인을 거절하고 악과 정면대결하다 파멸하고 만다. 정치의 비리 폭로와 정의가 반드시 승리를 거두지 못하는 현실의 모순성, 삶의 부조리를 묘사"[328]한 희곡이다. 희곡 창작을 할 때 작가는 "언제나 그 시대적 배경이나 역사성과 밀접한 관계를 맺고 있다는 사실을 잊어서는 안 될 것이다. 그리이스의 연극이 그러했고, 근대극이 그러했고, 일본의 가부끼나 노오가 그러했듯이 모두가 시대성의 반영으로 그 구성 형식도 변화를 가져왔던 것이다. 그러므로 작가는 항상 그 시대적 변천에 대해서 민감해야 하고 그것은 또한 희곡의 형식과 내용에도 반영

---

326 〈갈매기떼〉 공연의 성공에 대해 차범석은 다음과 같이 이야기했다. "이해랑은 한국 일보사의 장기영 사장의 적극적인 후원을 얻어 선전 면에서 획기적인 협조를 구할 수가 있었다. 물론 제작비도 《한국일보》장 사장이 부담하는 조건이었다. 예견은 적중했다. 초일 첫 회부터 표가 매진되고 극장 앞에 도열하는 관객의 줄은 문자 그대로 장사진을 이루었다. 극장 현관에는 잠바 차림에 캡을 쓴 장기영 사장이 직접 나와 진두지휘를 했다."(전성희 편, 《차범석 전집 12 — 논문/평론》, 288면.)

327 《서울신문》, 1963. 6. 12.

되어야 할 줄로 믿는다."[329]라는 차범석의 창작관에 입각, 〈갈매기떼〉에서 전후 혼란한 시대를 반영하고, 전후 인간 군상들의 배신과 폭력에 대한 혐오와 비판을 그려 냈던 것이다. 〈갈매기떼〉는 서북청년단, 전장으로 나가 돌아오지 못하는 사람들, 그 뒤에 남겨진 가족들, 전쟁이 지나간 자리에 남은 사람들의 이야기였다.

> 극단 신협의 재기 공연 작품으로 집필한 장막극 〈갈매기떼〉는 고향 목포 부둣가를 무대로 한 첫 작품이다. 그리고 실질적인 무대가 되는 식당 '진남관'[330]도 그 당시 전복회로 이름났던 ○○식당을 빌어서 쓴 셈이다. 항구라는 도시의 생리는 사방에서 흘러왔다가 흘러가는 곳이고 보면 만남도 헤어짐도 많고 그래서 사연이 많게 마련이다. 나는 그러한 항구 도시가 지닌 생리와 애환과 갈등과 좌절을 '멜로 드라마'로 꾸며 보았다. 그것은 의도적이고 작의적인(문맥상 '작위적인'이 맞음-필자 주) 작품이었다. 문학성도 중요하지만 상업주의 연극으로서의 시도를 이 작품에서 했었고 그래서 목포, 광주 지방 순회 공연에서 공전의 성황을 이룬 기쁨과 보람을 맘껏 즐길 수가 있었다. 뿐만 아니라 고향 사람들에게 하나의 긍지를 심어 줬던 추억을 가지기도 했었다.[331]

〈갈매기떼〉의 흥행 성공은 도리어 희곡 〈갈매기떼〉에 대한 평가를

---

328 명인서, 〈차범석 연구〉, 기념논총간행위원회 편, 《한국희곡작가연구 — 김호순박사 정년퇴임기념논총》, 235면.

329 차범석, 〈희곡은 어떻게 쓸 것인가〉, 김동리·성기조·차범석, 《문예창작법 신강》, 장학출판사, 1976, 95면.

330 차범석의 수필집 《거부하는 몸짓으로 사랑했노라》의 〈나를 키워 준 고향〉에서는 '진남관'이라고 했지만 대본에는 '영흥관'이라고 되어 있음.

331 차범석, 《거부하는 몸짓으로 사랑했노라》, 46면.

유보하게 하기도 한다. 유명 배우들의 캐스팅 전략[332]이 극의 밀도를 떨어뜨리는 이유가 되었던 것은 부인할 수 없는 사실이다. 그들에게 대사를 골고루 배정하기 위한 구성은 극의 전개를 무리하게 만들었다. 이런 이유로 〈갈매기떼〉의 공연은 차범석의 대표작 반열에 오르지는 못했지만 상업주의 연극의 가능성을 보여 주었다.

차범석의 작품에서 자주 등장하는 부패한 정치와 정치인의 비리를 보여 주는 정치에 대한 혐오가 〈갈매기떼〉에도 나온다. 이러한 극작 태도에 대해 유민영은 차범석이 "한국 정치를 매우 낙후된 것으로 보고 있으며 적어도 정치에 관한 한 비관론자인 것이다. 따라서 그는 초기 때부터 정치의 추악상을 매우 리얼하게 묘사해 오고 있는 것이다. 〈껍질이 째지는 아픔 없이는〉에서부터 〈갈매기떼〉 그리고 〈셋이서 왈츠를〉에 이르는 그의 정치 드라마는 30여 년간 우리 정치가 조금도 나아지지 않았다는 것으로 매우 극명하게 보여 주고 있는 것이라 하겠다."[333]라고 보았다.

서울 공연의 성공은 지방 공연으로 이어졌다. 〈갈매기떼〉는 차범석의 고향인 목포의 남일극장[334]과 광주극장에서도 공연했는데 극장마다 "인산인해를 이루었고, 연극이 끝난 후 고무신짝이 한 가마니가 넘게 나왔다는 뒷 소식"을 들으며 차범석은 전문적인 직업 극단을 구체적으로

---

332 "신협의 영화배우 활용 전략은 상업적인 것으로 비판을 받았으나, 동시에 연극으로 '귀환'하고자 하는 신협 출신 배우들의 열정은 긍정적인 것으로 여겨진다."(박미란, 〈1960년대 한국 연극 예술의 정체성과 상업성 담론〉, 한국문학회, 《한국문학논총》 제89집, 2021, 349면.)〈갈매기떼〉 공연에 참여한 김승호의 경우 인터뷰 기사에서 스무 살 이후 연극인으로서 살아왔던 이력을 통해 자신들의 출발점이 연극임을 강조하고 한국 연극의 부흥을 위해 진지하고 열성적인 태도로 작품을 분석하고 연기에 임할 것임을 다짐한다."(〈멋진 연극 해 보겠오 ─ 관객 되찾는 데 자신만만〉, 《조선일보》, 1963.3.24.; 박미란, 〈1960년대 한국 연극 예술의 정체성과 상업성 담론〉, 한국문학회, 《한국문학논총》 제89집, 349면에서 재인용.)

333 유민영, 〈차범석 저 《식민지의 아침》: 한 극작가의 세계관〉, 《서평문화》 5집, 1992.4., 48면.

생각했다. 〈산불〉과 〈갈매기떼〉의 성공을 보며 차범석은 연극에 관객이 없다는 것은 자기 체념이며 변명에 불과하다고 생각했다.

〈갈매기떼〉 공연이 개막하던 날은 차범석에게 여러 가지 의미가 있던 날이었다. 목포에서 가회동 셋집으로 이사한 뒤 왕십리 등지의 셋집에 살다가 셋방살이를 면하고 처음으로 삼선교에 양옥집을 마련하여 이사를 하는 날이었다. 그날 차범석은 〈갈매기떼〉의 막이 오른다는 현실의 긴박감과 강박관념'에 들떠 있었다. 그는 공연이 끝나고 나면 이사한 새집으로 찾아갈 테니 이사를 부탁한다고 아내에게 맡겨 놓고 집을 나섰다. 막상 개막공연이 성공적으로 끝나고 주변으로부터 찬사를 듣자 들뜬 채 이사 간 새집 동네로 갔다. 차범석은 새집 계약할 때 한 번 와 본 적이 있기는 했지만 집을 찾지 못했다. 개막이라는 사실에 너무 들떠 이사 갈 집의 주소를 미처 챙기지 못한 것이 문제였다. 아무리 골목길을 헤매고 다녀도 자신의 집을 찾을 수가 없고 별다른 방법이 없자 그는 자신의 애창곡 〈밤안개〉[335]를 큰 소리로 불렀다. 자신의 노랫소리를 들으면 가족들이 찾아올 것이라는 생각에서였다. 그때 아내가 그의 노랫소

---

334 "목포는 차범석 선생 고향인데 (……) 차범석 선생의 연극 팬들이 많이 있었던 거죠. (……) 공연을 딱 하고 세 시면 우린 기차 타고 서울로 올라가야 돼요. 근데 사람이 어찌나 많이 왔는지 하여튼 콩나물 시루같이 꽉 찬 관객에 너무 더워 가지고 그 선풍기, 대형 선풍기 두 개를 틀었는데도 아주 용광로와 같아요. 그냥 전부 땀을 뻘뻘 흘리면서도 연극을 보는 거예요. 근대 배우라는 배우는 다 왔으니까. 뭐 김승호, 무슨 뭐 조미령, 장민호, 이해랑, 김동원, 뭐 하여튼 주선태, 그 당시 황해, 뭐 허장강, 이런 명배우들이 다 오니까 관객들이 너무 좋아했어요. 그렇게 연극을 끝내고 커튼콜을 딱 다 하는데 인제 작가 차범석 선생이 딱 나갔어요. 나갔더니 이제 꽃다발 세례가 들어오는데 꽃다발이 객석에서 10개가 올라오더라고. 꽃다발 그냥 이걸 안고 인사를 하고 이러는데 아이 못 들어온 관객이 한 300~400명 되는데 이 관객들이 한 번 더 해 달라는 거야."(전세권 구술, 김성희 채록연구, 《2013년도 한국 근현대예술사 구술채록연구 시리즈 226 — 전세권》, 한국문화예술위원회, 2014, 125~128면.)

335 〈밤안개〉는 HLKZ에서 방송되었던 차범석의 라디오 드라마로, 영화화되기도 했다. 드라마의 주제가는 이봉조가 작곡하고 현미가 불렀다.

리를 듣고 나와 간신히 집으로 갈 수 있었다. 차범석 인생에서 기쁜 일이 겹쳐 온 날, 6월 6일[336]은 〈갈매기떼〉가 탄생한 날이기도 하지만 "난생처음 대문에다가 내(차범석-필자) 이름이 쓰인 문패를 달았"던 날이기도 하다.

〈산불〉도 그리고 〈갈매기떼〉도 관객 동원에 성공한 이유는 제대로 훈련된 배우에 의해 제대로 앙상블이 조성된 연극이라는 점은 그 누구도 무시 못 할 것이다.

물론 연극 〈갈매기떼〉에는 널리 알려진 스타들이 대거 출연했다는 장점도 배제할 수는 없다. 그러나 연극이 제대로 만들어졌을 때 관객은 결코 외면하지 않는 법이다. 유명 스타를 보고 싶어 하는 관객도 물론 있을 수 있을 것이다. 그러나 진지한 연기와 진실을 추구하는 작품을 갈구하는 관객도 있다. 그것은 서울에만 있는 게 아니다. 지방에도 있다. 그리고 번역극이라야만 수준 높은 관객이 온다는 독선을 깨부숴야 한다. 질 높은 창작극일지라도 뜻있는 관객은 이 하늘 어딘가에 있을 것이다. 손님을 모아 돈을 긁어모으려는 상업주의 연극이 아니라, 우리들의 아픔을 함께 나누고 우리들의 꿈을 함께 찾아 나서려는 진실된 연극을 찾는 관객은 반드시 있다. 나는 그런 연극과 그런 관객을 찾아 나서기 위해서는 제작극회와 결별하고 새 극단을 만들어야겠다고 결심했다.[337]

차범석은 〈갈매기떼〉 공연을 기점으로 관객 부재의 연극을 고민하면서 연극이 제대로 만들어지면 관객은 찾아온다며 전문적으로 만든

---

336 우연의 일치인지 모르지만 차범석은 2006년 6월 6일 세상을 떠났다. 숫자 6은 차범석의 일생 동안 자주 등장한다.

337 전성희 편, 《차범석 전집 11 — 자서전/수필 외》, 205면.

대중적인 연극이 가능할 수 있다고 생각하게 되었다. 그래서 아마추어적 태도로 연극을 하는 제작극회와는 더 이상 함께할 수 없다고 생각해 결별하고 전문적이고 직업적인 극단의 결성을 준비했다. 그런 배경에서 탄생한 것이 극단 산하였다.

4부

학이여 사랑일레라

8
극단 산하 창단
전문적인 연극을 시작하다

연극의 대중화, 직업화를 추구하다

연극이 삶에서 아주 중요한 의미였던 차범석에게 극단 산하의 창단은 필연적인 일이었다. 다른 제작극회의 동인들은 연극을 하다가 힘에 부치면 언제든지 그만둘 수 있었겠지만 차범석은 그렇지 않았다. 연극은 그의 존재 이유였고 그는 연극 이외의 것은 상상할 수가 없었다. 더욱이 〈껍질이 째지는 아픔 없이는〉부터 〈산불〉, 〈갈매기떼〉에 이르기까지 작품성으로 인정을 받았을 뿐만 아니라 흥행에서도 성공하면서 차범석은 연극의 대중화와 직업화를 구체적으로 고민하기 시작했다.

그는 특히 김유성과 의기투합했는데, 김유성은 "이북 실향민으로서의 외로움을 달래기 위한 수단으로 극단에 들어왔다고 해도 과언이 아니다."라고 할 만큼 연극과 인연은 없었으나 차범석과는 제작극회에서 자주 술을 마시면서 금세 가까워졌다. 술자리 끝에 제작극회의 현재와 장래에 대해 이야기하게 된 김유성과 차범석은 제작극회가 지금과 같은 식의 운영으로는 오래갈 수 없다는 데 의견이 일치했다.

보다 본격적이고 직업적인 극단으로 탈바꿈을 해야 한다. 언제까지나 소영
웅주의거나 자기도취의 울타리 안에서 맴돌 순 없다. 연극은 보다 많은 관
객 속으로 뛰어들어서 동시대의 사람들과 호흡을 같이해야 옳을 일이다.
그러므로 소수의 대학생이나 고등학생만을 상대로 하는 연극에서 벗어남
으로써 좀 더 어른스럽고 폭넓은 계층과 호흡을 같이하는 연극이 나와야
한다.[338]

직업적이고도 전문적인 극단을 만드는 데 같이할 수 있는 사람을
찾았지만 제작극회 내에는 이들의 주장에 동조할 사람이 오사량밖에
없었다. 오사량에게 새로운 극단의 창단에 대해 의논했지만 그는 제작
극회 동지들과의 옛정을 생각해 제작극회에 남겠다고 했다.

더 이상 제작극회의 단원과 이 논의를 지속할 수 없게 되자 차범석
과 김유성은 직업적이며 전문적인 연극을 하기 위해 자신들과 뜻을 모
을 수 있는 동인을 어떻게 규합할지 고민했다. 그리고 일단은 제작극회
창단 이후 생겨난, 소극장 운동을 표방하지만 성과가 미미했던 동인제
극단들에서 "한두 사람씩 유능하고 인간성이 순수한 젊은이들을 규합
한다면 극단 신협에 대응할 만한 강력하고도 신선한 극단을 탄생시킬
수 있다."라고 확신했다. 그래서 일단 기존 극단의 동인들 중에 뜻을 모
을 수 있는 사람들과 접촉하기로 하고 당시 실험극장 동인이었던 김성
옥, 이순재, 오현경, 김동훈 등에게 산하로 올 것을 제안했다. 자서전《떠
도는 산하》에서 그는 젊은 연극인들 몇이 찾아와서 새로운 극단을 조직
할 것을 제안했다고 하지만 김성옥은 "차 선생님이 우리를 불러내 극단
을 만들어 보자"[339]고 제안했다고 한다. 차범석은 김성옥이 목포중학교

338 전성희 편,《차범석 전집 11 — 자서전/수필 외》, 207면.

2학년 때 담임을 맡았던 인연이 있다.

> 그거(신협 〈갈매기떼〉 공연 연습-필자)를 쭉 연습을 하면서 내가 극단을 가진
> 다면 저렇게 안 하겠다. 아니 저기에 대응할 만한 극단이 있을 수 있다. 경
> 력은 부족하지만. 다 그쪽에 서라벌예대를 나왔고 또 각 대학에서 연극
> 반에서 나왔고 우리처럼 제작극회를 만든 그런 수준으로 해서 연극의 정열
> 이 살아있는 사람, 그래서 이미 검증이 된 사람만 각 극단에서 한 두어 사
> 람씩만 뽑아도 다섯 극단이면 열 사람이야. 한 일곱이면 열네 사람이야. 열
> 네 사람으로 짠다면 충분히 된다. 그때 내가 인제 생각을 한 거죠. 그땐 내
> 가 연극협회 이사장 할 때고. 그래서 둘(제작극회 동인이었던 차범석과 연극
> 기획자 김유성-필자)이 짠 거예요. 누구를 데리고 올 것인가. 실험극장에서
> 는 누구, 민중극장에서는 누구, 동인극장에서는 누구, 신무대, 실험극회에
> 서는 누구, 제작극회에서는 누구, 해 가지고 뽑아 가지고 만든 게 산하[340]
> 거든. 산하가 탄생한다고 하니까 일제 연극계가 들고 일어난 거예요. 이 자
> 식들 남의 극단 배우 뽑아 갔다고. 좋게 말하면 스카우트지. 나쁘게 말하면
> 뭐라고 그러나? 꼬셨다. 그러니까 전부 적이죠. 그러나 내세운 바가 있다.
> 아까 얘기대로 제작극회가 나간 것은 아마추어리즘으로 출발해서 신선하
> 겠지만 그건 전문 극단은 못 됐다. 또 극의 멤버들이 연극 애호가지, 연극
> 에 몸 바칠 전문가는 아니다. 그런데 나는 그 인생을, 어떤 원수를 지고 그

---

339 2021년 7월 20일 김성옥 선생님 자택에서 이루어진 인터뷰에서.

340 극단 산하山河 : 1963년 9월 말, '연극의 대중화'와 '연극의 전문화'를 목표로 창단했다.
창단 멤버는 오화섭(대표), 차범석, 임희재, 김유성, 표재순, 구민, 이기하, 강효실, 천선
녀, 김소원, 백수련, 주상현, 이순재, 오현경, 이낙훈, 최불암, 전운, 강부자, 김성옥 등이
고 창립 공연은 〈잉여인간〉(손창섭 작, 이기하 연출)이었다. 이후 차범석이 대표를 맡아
끌어 오다가 1983년, 52회 공연 〈옛날 옛적에 훠어이 훠이〉(최인훈 작)를 마지막으로 자
진 해산했다.

런 게 아니다. 인생의 목표가 다르기 때문. 내가 분명히 태도를 할 수밖에 없었고. 그래서 니들 보고 같이 하자고 해서 안 될 바에는 내가 나갈 수밖에 없지 않느냐. 그래서 나가서 만든 게 산하였다고요. (……) 그 당시만 해도 방송국이 생겼을 때 연속극 텔레비전은 조금 있었지만 아직 텔레비전의 시대가 아니었어요. [네] 63년도에 연속극 전성시대에요. 그 연속극을 내가 방송국에 있으면서 실무로 봤기 때문에 누가 잘한다는 거 다 알지 뭐. 내가 귀신이죠. (……) 그럼. 자, 그 누가 있냐. 천선녀[341], [네, 천선녀 씨] 안영주. [안?] 영주. [안영주] 김소원. [윤] 김소원. [김소원, 네] 김소원. 그리고 배우, 그 성우 아니면서 연극을 한 사람이 강효실. 이북서. (……) 내려왔지. 이북서 국립극장에서 했으니까 다 그런 사람들이니까 (……) 배우술로서 검증을 받았으니까 전문가의 문턱은 들어선 사람들이지. 기술자 앉혀 놓고 야, 아, 올려라 내려라 그런 간섭을 안 해도 다 자기가 챙기고 책임진다, 진일보한 사람들이었어요. [네] 또 두 번째 그 사람들은 직업인들이다. 방송이 됐건 영화가 됐건 다 돈 벌어먹고 살고 있다. 그러니까 자기 돈이 있다. 지금처럼 우리가 개런티 안 주더라도 자기가 이 작품이 좋다고 정열을 가졌다면은 몸과 마음을 바쳐서 한덩어리가 될 수 있는 가능성이 있다. 그러니까 어떤 재정적인 면에서 욕심을 벗어나서 예술 지향을 하는 데서 예술지상주의는 아니지만 연극 예술을 살리기 위해서는 몸을 바칠 수 있다. 돈 필요 없다, 그런데 이미 검증된 사람들이다. 그런 사람들이 모았다면야 뭐가 못 하겠느냐. 그거에 비하면 그런 사람들이 모았다 한다면 신협보단 훨씬 순수

---

341 천선녀: 방송극을 주로 하던 성우(CBS 1기)였으나 고교 시절부터 연극을 시작하여 대학극경연대회에서도 개인 연기상을 수상한 바 있으며, 극단 산하의 〈청기와집〉이라는 작품으로 1965년 동아연극상 여우 조연상을 수상했다. 미술을 전공하려고 해서 미술 분야에도 소질이 있었다고 한다. 대표작 〈욕망이라는 이름의 전차〉, 〈해므릿〉, 〈잉여인간〉등. (〈월계관 쓴 무대인들: 동아연극상 수상자 프로필 — 여우조연상 천선녀〉, 《동아일보》, 1965.1.7.)

하다. 나이도 젊고 학력도 있고 그러면서 방송 같은 데서 돈은 자기가 가지고 있고 그렇게 개런티에 있어서 연연하거나 추접 떨지 않을 것이다. 그렇다면 되지 않느냐. 그래서 만들자 한 것이 산하였어요.[342]

극단 산하는 기성 극단의 단원들 중에서 단원을 뽑기로 하고 20명의 젊은 연극 동지들을 모았다. 다시 말해 "소극장 연극 극단 가운데 장래성이 있다고 보여지는, 또 순수하면서 어느 정도 아마추어 경지에서 벗어난 말하자면 검증된 사람들이 모은다면, 한 열댓 명 모은다면 그것은 강력한 팀"이 될 수 있으리라 생각했던 것이다.

새 극단 산하(가칭) 곧 탄생
― 소장연극인들 중심, 제작극회 등 세 극단이 합류

아카데믹한 소장 연극인들에 의해 얼마 전부터 모색되어 오던 연극계의 인재 규합이 실현 단계에 도입, 새로운 극단 '산하'(가칭)가 탄생하게 되었다. 제작극회, 실험극장, 민중극장 등 아마튜어 연극으로 출발하여 과거에 많은 공연 실적을 올린 극단의 일부 연극인들은 보다 효율적인 연극 운동을 하기 위하여 새로운 극단 운동을 준비하던 중 지난 5일 밤 운영 방침, 동인 규합, 극단 명칭 등 구체적인 사항에 합의를 보기에 이른 것이다.
5일 밤의 발기준비회에서 밝혀진 이들 극단의 구성 인원을 보면 '제작극회', '실험극장', '동인극장' 등의 기성 극단의 멤버 일부와 연극 경력이 있는 성우 또는 영화배우들도 끼어 있다.[343]

---

342 차범석 구술, 김성희 채록연구, 《2004년도 한국 근현대예술사 구술채록연구 시리즈 49 ― 차범석》, 153~154면.

극단 산하는 1963년 9월 28일 중앙공보관에서 정식 출범했는데, 극단 산하라는 명칭은 차범석의 제안으로 붙여졌다.

산하山河란 우리의 고향이자 조국이다. 그것은 흔들리지도 사라지지도 않는 영원성의 상징이다. 그러기에 고향이라는 원전으로 돌아가 내 것을 품속에 안고 키워 내야 한다. 외국 것의 모방이나 추종에서 벗어나야 한다. 흙 내음과 물소리와 바람 소리가 끊이지 않는 여원한 고향을 상기시키는 그런 연극의 산실이어야 한다.[344]

차범석이 주동이 되어 창단된 극단 산하는 차범석이 독주하는 듯한 인상을 줄까 봐 영문학 교수 오화섭을 대표로 추대했다. 오화섭 교수는 1년만 대표직을 유지하기로 하고 수락했다. 그 이후 산하를 해산했던 1983년까지 19년 동안 산하의 대표는 차범석이었다. 창단 당시의 멤버를 보면 운영위원으로 차범석, 이기하, 김유성, 하유상, 장종선, 조기진 등 연희극예술연구회 회원들이 중심이 되었다. 극작 파트에는 차범석, 하유상, 임희재 등이 있고 연출 파트에는 이기하, 표재순, 김범석, 전혁 등이, 감사 파트에는 구민과 이순재가 참여했다. 여성 연기자로는 강효실, 천선녀, 김소원, 백수련, 유병희, 안영주 등과 남자 연기자로서는 김성옥, 이순재, 오현경, 전운, 남성우, 주상현, 이낙훈 등이 참여했고 미술에는 장종선과 고천산(조명) 등이 있었다.

이들은 제작극회의 창단 때처럼 선언문과 같은 비장한 각오를 보여주는 대신, 자신들의 궁극적인 목표가 '연극의 대중화'[345]와 '연극의 직

---

343 〈새 극단 산하(가칭) 곧 탄생〉, 《동아일보》, 1963.9.7.
344 전성희 편, 《차범석 전집 11 — 자서전/수필 외》, 208면.

업화'에 있다는 것을 알렸다. 또한 '연극은 대중과 함께 있어야 하고 대중을 위해 있어야 한다는 기본 방침을 가지고 출발했다.

> 나는 '연극의 전문화'와 '연극의 대중화를 목표로 내걸었다. 지금까지의 아마추어적 연극에서 벗어나 좀 더 성숙된 기술적 향상으로 관객을 대하자는 일과 대학생만을 상대로 하는 그런 연극에서 벗어나 연극 관객의 저변 확대를 꾀하여 모든 민중이 즐길 수 있는 연극을 지향하자고 주장했다. 그러기 위해서는 지금까지의 번역극 일변도에서 탈피하여 창작극도 자주 공연하되 여건이 열악하더라도 지방 공연을 함으로써 지방 관객과도 친숙해져야 한다는 주장이다.[346]

1960년대 초반까지는 연극에서 대중성이라고 하면 관객을 확보하는 것이었는데, 극단 운영과 극장 유지에 관한 부분만을 말하는 것은 아니다. 여석기[347]는 '관객 없는 연극 창조는 무의미'하고 '한국 연극의 발전을 위해서는 올바른 관객층'이 형성되어야 한다면서 올바른 관객층

---

345 "동인들이 호주머니를 털고 회원권을 책임지고 팔아서 동인들끼리 즐기는 그런 연극이 아니라 보다 광범하게 관객을 얻고 관객에게 연극의 즐거움과 가치를 보다 넓게 전파시키자는 생각뿐이었다. 그것을 우리는 '연극의 대중화'라고 표현했었다. 그랬더니 그 '대중화'라는 말이 또 말썽이었다. 시장터의 고무신 족을 모아서 하는 연극이라느니 대중화는 비속화라느니 하여 당사자가 미처 생각지도 못한 '악의 있는 설득'까지도 늘어놓곤 했다. 기가 막힐 일이었다. 그런데 십 년이 지난 오늘날 각 극단은 '연극인구의 확대'라는 말을 앞을 다투어서 쓰고 있다. 선택된 관용觀客만을 상대로 해야 한다는 그들이 연극인구의 저변 확대를 주장하는 이유는 무엇이며 그 필요성은 어디에 있는 것일까? (……) 그런데 십 년 전에 대중화를 내세운 '산하'가 무슨 잘못이었는지 나는 지금도 이해가 안 간다. 아니 그것을 기피하던 사람이 지금은 태연하게 그 말을 쓰는 게 예사가 되어 버린 변모된 풍토가 새삼 우리에게 '시간'을 실감케 한다." (차범석, 〈10년 전의 그 꿈을〉, 《극단 산하 10년사》, 2면.)

346 차범석, 《예술가의 삶 6 — 차범석》, 184면.

347 여석기, 〈좌절된 꿈의 현실과 기대〉, 《동아일보》, 1962.7.4.

의 형성을 위해서는 "대중과 연극 대중화의 개념을 어떻게 설정하고 어떤 연극을 창조할 것인가의 문제와 부딪치게 된다."[348]라고 말했다.

'연극의 대중화'라는 산하의 목표에는 세 가지 실질적이고도 구체적인 목표가 있었는데 "첫째 창작극의 활성화, 둘째 연극 관객의 저변 확대를 위한 지방 공연, 셋째 새로운 관객 육성과 신인 양성" 등이다. 당시 연극계는 번역극 일변도의 공연이 주를 이루었는데[349] 이것은 좋은 창작 희곡의 부재에서 온다고 생각했다. 극단 산하에는 신인 극작가로 차범석과 임희재, 하유상 등이 있었는데 이들은 '1년에 한 편씩 창작 희곡을 써 내며 번역극도 좋은 현대극을 소개'하여 주체 의식을 확립시키려는 목적을 가지고 있었다. 그리고 연극 시장을 넓히기 위해서는 연극이 서울의 대학생 취향으로 흐르는 것에서 벗어나 성인(사회인) 대상으로, 그리고 지방의 관객까지를 포함함으로써 연극의 대중화를 이룰 수 있다고 보았다. 다시 말해 "우리 현실과 동떨어진 번역극으로 젊은 학생들의 의식구조를 마비시키거나 우리 민족의 현실에 등을 돌림으로써 스스로를 지식인으로 자처하는 천박한 엘리트주의를 없애고, 관객에게 보다 친숙한 연극으로 관객의 지지를 받는 연극이 곧 민족 연극"이라며 대중 연극에 대한 생각[350]을 밝혔다.

한국전쟁 이후 연극계는 영화의 위세에 눌려 있었고 1960년대의

---

348 정호순, 〈1960년대 소극장 운동〉, 《한국의 소극장과 연극 운동》, 연극과 인간, 2002, 81면.

349 차범석 구술, 김성희 채록연구, 《2004년도 한국 근현대예술사 구술채록연구 시리즈 49 — 차범석》, 175면. "지금까지 소극장 연극을 했던 극단들이 대부분 대학생들을 상대로 하니까 레파토리 선정이 어려운 번역극만 했는데 번역극에 대해서 학생들은 어느 정도 호응을 하지만 일반 성인들, 30대, 40대 기성 관객들은 전혀 생소한 것이 되니까 그러니까 관객이 멀어져 가죠. 그러면서 결국은 연극이 고립되지 않느냐. (……) 원래 연극의 본질이라는 것은 보다 많은 관객들하고 호흡을 맞추어야 옳을 텐데 관객 속에 찾아 들어가야 한다. 그것이 대중화다."

연극계는 영화, 라디오와 TV 등의 영향을 많이 받았다. 대중들은 이런 매체의 영향을 직·간접적으로 받을 수밖에 없었다.

전쟁 이후의 연극이 영화의 기세에 위축되었다면, 60년대의 연극은 영화뿐만 아니라 라디오와 텔레비전의 영향으로부터도 자유로울 수 없었다. 영화, 라디오, 텔레비전과 같은 매체는 강한 흡인력으로 대중들을 사로잡았을 뿐 아니라, 대중들의 의식을 변화시키는 데 일조한 바가 크다. 다양하고도 새로운 서구 문화가 대중매체를 통해 빠르게 대중에 수용되었기 때문이다. 당대에 '민족 연극의 확립'이라는 연극 운동의 대명제는 대중들의 욕구를 충족시키기에는 부족함이 많았다. 역사적, 정치적 의미를 강하게 내포하고 있는 '대중'이 변화된 시대의 화두가 되었던 것은 당연한 추세였다고 할 수 있다. '민족', '국가', '역사'와 관련된 거대 담론이 대중의 관심 밖으로 서서히 밀려나는 과정에서 연극계도 새로운 방향을 모색할 수밖에 없었다. (……) 50년대와는 다른 60년대적 특징을 가진 것이 있다면 현실적으로 연극의 방향을 조정하는 것과 관련된, '연극 대중화'였다.[351]

---

350 산하 창립에 대한 차범석의 관점은 다음과 같다. "그래서 우리는 먼저 창작 희곡을 보다 많이 상연해야겠고 그러기 위해서 극작가를 적극 참여시켰다. 그렇다고 외국 작품을 고의로 경원하거나 기피하자는 것은 아니다. 다만 그것은 하나의 영양제이며 우리의 주식은 아니라는 판단이 있을 뿐이다. 둘째로 우리는 새로운 연기자를 찾았다. 그것이 방송계에서건 영화계에서건 연기 창조에 의욕과 역량을 가진 분과는 광범하게 손잡고 일하자는 우정이 있을 따름이다. 어떤 사람은 그것이 얄팍한 '쇼맨쉽'이 아니면 '아마츄어' 취미라고 걱정도 해 주었다. 그러나 우리의 현실로 봐서 연기자의 발견엔 문호를 개방하고 개척하지 않는 한 불가능한 일인 것이다. 그러므로 우리는 앞으로 선배 되시는 연출가, 연기자와도 상호 유대를 맺고 교류함으로써 성장을 촉진시키고 싶다. 다음으로 연기를 직업화한다니까 그것을 곧 기업화로 속단하는 고마운 충고도 있었다. 그러나 우리는 불원간 연극으로 밥은 못 먹을망정 굶지 않는 방법이 무엇인가도 걱정해야 할 단계가 되어야 한다고 본다. 그것은 오직 우리 자신의 성장과 여러 관객들의 성원이 있어야만이 가능할 것이다."(차범석, 〈연극의 대중화를〉, 〈잉여인간〉 팸플릿, 1963.11.)

1960년대에 들어 한국 연극계는 외적으로는 대중들의 의식과 욕구의 변화를 인식해야만 했고 내적으로는 연극의 전문화를 고민해야만 했다. 이런 상황에서 차범석은 전문적이고 대중적인 극단을 만들어 한국 연극의 대중화와 직업화를 이루고자 했다.

> 대중이라는 말을 관객이라고 대치해도 좋다. (……) 그런데 이른바 지식층만을 대중의 개념으로 삼고 지식층이 지지하는 연극만이 연극의 본령인 양 고집할 수 있느냐는 점이다. (……) 이렇게 주장하는 분들은 대중화를 곡해한 나머지 연극의 질적 저하를 불사하고라도 관객 수만 무더기로 동원하면 제일이냐고 빈정댄다. 그러나 우리가 생각하기에 연극을 대중화시킨다는 것은 어디까지나 질적인 수준을 견지한다는 것을 전제로 하는 주창이다.[352]

차범석의 이러한 연극 대중화 주장은 질적인 수준에서 저하를 가져올지도 모른다는 우려를 낳았다. 이근삼은 "대중극을 시도하는 극작가 중에는 크게 오해를 하고 있는 사람이 있다."라며 "대중은 번역극을 싫어한다."라든가 "대중은 평이한 창작만을 좋아한다."[353]라는 생각은 잘못된 것이라고 지적했다.

어쨌든 차범석은 앞서 국립극장 공연에서의 잇단 성공으로 관객이 없는 것이 아니라 좋은 작품으로 대중에게 어필한다면 연극적 흥행도 가능하다는 확신을 갖게 되었다.

1963년의 《한국일보》 기사 〈63년의 조감 — 예술계〉는 대중성을

---

351 백로라, 〈1960년대 연극 운동론〉, 민족문학사연구소 희곡분과, 《1960년대 희곡 연구》, 77~78면.

352 차범석, 〈연극을 대중의 것으로〉, 《서울신문》, 1965.3.25.

353 이근삼, 〈연극과 대중〉, 《서울신문》, 1965.4.29.

"대중을 얼마나 무대로 끌어들일 수 있는가."**354**라는 관객 확보에 두고 세 개의 극단, 신협과 민중극장, 산하의 공연을 평가했다.

극단 산하의 창단 공연이 1963년 11월 14일부터 17일까지 낮 3시 30분과 밤 7시 하루에 두 차례 있었다. 당시 연극계는 연극의 대중화를 표방한 산하의 선언과 행보에 대해 상당히 주목하고 있었고, 한편에서는 부정적 시각으로 바라보는 경향도 있었다. "연극계에 평지풍파를 일으킨 이단자로 간주하는 시각과 자기네 극단의 인재를 빼돌린다고 해서 노골적으로 적대시하는 시각"도 있었다.

〈잉여인간〉에서 〈천사여, 고향을 보라〉까지

창단 공연은 손창섭 원작 〈잉여인간剩余人間〉으로, 임희재 각색, 이기하 연출로 국립극장 무대에 올렸다. 남자 배우로 김성옥, 남성우, 이순재, 정은, 구민 등과 여자 배우로 천선녀, 강효실, 유병희, 김소원 등 산하 단원들이 총출동했다. 창작극을 지향하는 산하가 공연을, 그것도 창립공연에 소설을 각색한 것을 올렸다는 것에 많은 사람들이 의아해했지만 차범석은 산하의 기획 의도에 대해 다음과 같이 얘기했다.

> 일부에서는 왜 창작이 아닌 소설을 각색한 작품인가라는 의아심도 있었다. 그러나 그 당시 일반 관객의 관심을 끌어모으고 그 선전 효과와 작품 수준의 성숙도를 위해서는, 문학작품으로 정평이 있는 소설의 각색도 하나의 전략으로서 타당하다는 기획적인 의도에서였다. 우리는 연습 진행과 함께 이른

---

354 〈63년의 조감 — 예술계〉,《한국일보》, 1963.12.19.

극단 산하의 〈잉여인간〉(손창섭 원작, 임희재 각색, 이기하 연출) 공연 후 기념사진. 1963.11.
한국문화예술위원회 아르코예술기록원(표재순 제공).

바 스폰서 확보와 후원회원 모집, 그리고 광고 선전에도 신경을 썼다.[355]

일간신문들은 산하의 창단 공연에 대해 일부 부정적인 평가[356]도
있기는 했지만 《조선일보》는 "대중 속에 파고드는 본격극 제시"[357], 《동
아일보》는 "대중을 위한 중간극"[358]이라며 호의적으로 보도했다. 그러
면서 극단 산하가 추구한 연극의 대중화가 곧 연극의 비속화를 의미하

---

355 전성희 편, 《차범석 전집 11 ― 자서전/수필 외》, 210면.

356 임영웅, 〈산만한 무대 ― 극단 산하의 〈잉여인간〉〉, 《경향신문》, 1963.11.28. "(……) 각
등장인물을 싸고도는 에피소드가 극적 연관을 지니지 않고 저마다 겉돌기 때문에 하나
의 집약된 이야기를 전달하지 못하고 여러 인간의 산만한 스케치에 끝난 것 같았다. 연
출은 이러한 작품의 결함을 메우기 위해 무척 노력한 것 같다. 그러나 연극의 대중화를
지나치게 의식한 탓인지 연기자들의 지나친 과장을 묵과하여 통일된 흐름을 조성하지
못했다."

357 〈대중 속에 파고드는 본격극 제시〉, 《조선일보》, 1963.11.19. "이번 산하는 이 공연을 통
하여 각색극의 가능성을 보여 주었으며 대중 속에 파고드는 본격극을 제시해 주었다."

지는 않으며 '대중화와 비속화는 별개의 문제'라는 인식이 생겨나기 시작했다.

극단 산하의 운영위원제

창단 공연에 대한 호평은 바로 2회 공연의 동력으로 이어졌다. 그러나 차범석 작 〈청기와집〉을 1964년 3월 27일 공연 예정으로 연습에 들어간 지 얼마 되지도 않았는데, 연출의 이기하와 무대장치를 맡은 장종선이 그때 새로 생긴 KBS TV로 간다면서 연극을 못 하겠다고 한 것이다. 이 소식을 들은 차범석은 상당히 충격을 받았다. 그 당시에 TV가 생겨나면서 워낙 가난하게 연극을 해 왔던 연기자들과 연출자들의 이탈 현상이 심했다. 차범석은 산하의 단원들과 함께 그런 현상과 사람들에 대해 매도하기도 했었는데, 자신의 단원들이 TV로 옮겨 간다니 이만저만 실망이 아니었다.

수입이 없었던 연극인들이 KBS TV로 옮겨 간 가장 큰 이유는 먹고 살기 위해서, 즉 출연료[359] 때문이었다. 게다가 1964년에 TBC가 생기

358 이원경, 〈대중을 위한 중간극 〈잉여인간〉〉, 《동아일보》, 1963.11.19. "연극이 시작돼서 끝날 때까지 원작의 내용을 풍부하게 무대 위에 펼쳐 놓고도 관객에게 지루한 느낌을 주지 않은 것은 각색자와 연출자의 공이라 하겠다. (……) 신협이 우리나라의 찌드른 극단이고 실험극장이 젊은 새 사람들의 집단이라면 산하는 이 중간에 속한다. 중간은 중견으로 통한다."
359 "(당시 공연은-필자) 문학성이 있는 작품 위주라 흥행을 위한 연극은 아니었다고 그러니 수입은 전혀 없었지. 그러다 KBS가 생기면서 연극쟁이들이 대거 TV로 전향한 거야. (……) 연극배우도 직업 배우는 직업 배우지 다만 수익성이 없었던 거지. 정말 몇몇 배우 외에는 생활을 유지하는 게 쉽지 않았고 그나마 생활에 안정적 기반을 유지한 게 TV 덕분이란 말이야."[〈이순재의 깊이〉(이순재 인터뷰), 《에스콰이어 코리아》, 2018.3.]

자 연극계 사람들의 이탈은 더욱 심해졌다. 후발주자였던 TBC는 전속금으로 배우와 계약하여 전속 배우 9명을 뽑았던 것이다.

극단 산하는 초기에 이전의 동인제 극단 시스템하고는 다른 운영위원회에 의한 운영을 시도했다. 즉 "동인제와 '프로듀서 시스템'을 절충,[360] 연 4회의 창작극 공연을 목표"[361]로 했다.

제작극회는 공연을 하고 이익이 나면 개런티를 주고, 그렇지 않으면 주지 않는 식으로 운영되었다. 특히 배우들에게 티켓을 100장, 200장씩 주면서 그 티켓을 팔아 개런티로 하라고 하는 등 재정적 부담을 주는 것이 일반적이었다. 그렇다 보니 배우들이 연습도 하지 않고 표를 팔러 다니는 일까지 생기기도 했다. 그래서 극단 산하는 배우들에게 재정적 부담을 주지 않고 연습에 전념할 수 있도록, 운영위원들이 운영회비를 내서 공연을 제작하는 방식으로 운영했다. 운영위원 임희재, 구민, 차범석, 표재순, 김유성, 조계진 등이 회비를 내도록 시스템을 만들었지만 대부분의 운영비는 기획하는 김유성과 차범석의 주머니에서 나왔다.

> 차 : 극단 산하는 배우들에게 일체 재정적인 부담을 안 준다. 배우는 오직
> 연습하는 데만 전념해라. 그럼 돈은 누가 내냐. 우리는 운영위원제를
> 다섯 사람.[362] 운영위원회를 했어요. [네] 그중에서 단원 가운데서 비
> 교적 나이가 많고 그리고 어떤 일정한 수입이 있고 그리고 사회적으로

---

360 "동인제는 그대로 살리되 연극 내용이 전문화가 되어야 한다. 그래서 가능하다면 전문화된 것이 직업화 되어야 한다."(차범석 구술, 김성희 채록연구, 《2004년도 한국 근현대예술사 구술채록연구 시리즈 49 — 차범석》, 155면.)

361 〈새 극단 산하(가칭) 곧 탄생〉, 《동아일보》, 1963.9.7.

362 운영위원은 차범석, 임희재(극작가, 방송작가), 김유성(연극기획자), 표재순(연출가, 방송인), 구민(연기자, 성우)이었다.

도 이름 석 자 있는 사람이 운영위원회로 모인다. 이 사람이 이번 공연비가 200만 원이다. 그러면 다섯 사람이 한 사람 앞에 40만 원씩 200만 원이 되죠. 40만 원 내요. 공연을 해요. 계산 남아요. 남은 것은 배우들한테 줘요. 제작비는 저 원, 은행에 집어넣어 놓고. 손해 났다. 이 다섯 사람이 40만 원 다 털려요. 배우들한테 아무 피해 안 줘요.

김 : 그 대신 개런티도 못 받는 거네요.

차 : 그땐 못 받는 거죠. (네) 그렇게 했어요. 그러니까 외부에서는 아, 산하는 부잔 줄 알지. 그런데 그 개런티를 못 주는 경우가 거의 없었어요. 뭔가, 그 피 보구서 다섯 사람이 못 준 거지. 다섯 사람이 자기 살 잘라서 배우들한테 준 거예요. 단 10만 원이라도. 다른 사람 뭐 100만 원 주기로 했다가 떼먹고 도망가거나 그러지만 우리는 그런 적 없었어요. 외부에서는 아, 산하는 부자네. 부자 말 듣게 생겼지. 자, 운영 위원이 누구냐. 임희재. 당대의 인기 시나리오 작가 임희재. 또 당대의 명 방송인 구민. 당대의 극작가 차범석. (웃음) 나 그때 연속극 쓰고 할 때니까. 뭐 등등. 표재순이 있구나, 그래서 조계진(조기진의 오류-필자)이라고 영화 쪽 제작한 아, 김유성. (김유성) 이런 사람들은 돈 걱정 안 해도 자기가 수입 중의 일부를 낼 수 있는 사람들이었어요. 그러니까 말이 없었어요. 그러니 제작극회 아니, 산하 자체가 돈이 많은 게 아니라 그 다섯 사람이 돈이 있었어. (아) 자기는 다른 데 돈을 벌어다가 배우들한테 신세를 안 진다.

김 : 요즘 연극계에서 시도하고 있는 그 기획, 제작 쪽하고 그다음에 배우들과의 분리 시스템이네요.[363]

---

363 차범석 구술, 김성희 채록연구, 《2004년도 한국 근현대예술사 구술채록연구 시리즈 49 — 차범석》, 155~156면.

이 부분에서 극단의 대표이면서도 극단의 살림을 맡아 힘겹게 운영했지만 함께 연극을 하는 사람들에 대한 차범석의 배려가 눈에 띈다. 차범석은 경제적으로 여유가 없는 연극인들이 연습 중에 그들의 식사와 차비를 걱정해 주는 극단의 대표이자 운영자였다. 그러나 연극에 대한 진지함이 없이 오락이나 여흥으로 하려는 사람에게는 쌀쌀맞고 쓴소리도 하는 사람이었다.

차범석은 "동인제가 뭐냐. 애인이 되어야 한다. 서로 사랑하는 애인. 연애 감정이 있어야 한다. 연애 감정이란 뭐냐. 하루 안 봐도 보고 싶은 사람. 어떻게 됐지? 어디 갔지? 이거다."라는 생각으로 연극만 생각하는 것이 동인제라고 생각했다. 그에게 연극은 애인이었다. 애인을 사랑하는 열정으로 평생 연극을 했다. 차범석에 대해 "현장에서 그와 부딪히며 작업했던 연극인들은 그를 동인제 극단을 지향하고 번역극에서 벗어나 창작극을 활성화시키고자 했으며 많은 조직의 장을 맡아 제도의 변화를 꾀해 연극계 전반의 발전을 위해 열심히 뛰었던 활동가"[364]로 기억하고 있었다. 최문휘(대전 연극 및 향토사 구술)는 "연극의 풍토를 개선하는 데에는 차범석의 덕을 많이 봤다."[365]라고 구술하고 있다. 극단 자유의 대표 김정옥은 처음에는 연극에서 서로 추구하는 바가 달랐지만 나중에 가깝게 지내면서 "극단 산하가 차범석적인 색채가 강할 수밖에 없었다."라면서 1960년대 창립한 다양한 극단들 가운데 극단 산하, 즉 차범석은 연극에 임하는 자세가 조금 달랐다고 회고하였다.

1963년에는 한국연극사에서 연극의 대중성에 대해 논의를 시작할

---

364 김윤희, 〈기억의 재현과 재해석 — 차범석에 대한 기억을 중심으로〉, 《문화와 융합》 제 46권 특별호 2, 한국문화융합학회, 2024.3., 438면.

365 최문휘 구술, 박찬조 채록연구, 《2016년도 한국 근현대예술사 구술채록연구 시리즈 268》, 한국문화예술위원회, 2016, 120면.

수 있는 공연 두 편이 제작되었다. 신협의 재기 공연 〈갈매기떼〉와 극단 산하의 창단 공연 〈잉여인간〉이다. 그런데 차범석은 〈갈매기떼〉의 작가이자 극단 산하를 창단한 인물이다. 다시 말해 연극의 대중성과 상업성에 누구보다 깊이 관계하고 있었다는 것이다.

상업성 때문에 비판을 받기도 하지만 〈갈매기떼〉의 '스타 기용' 전략은 일단은 성공했다. 공연 개막 몇 시간 전부터 관객이 모여들고 암표까지 거래될 정도로 흥행에 성공하면서 연극의 상업적 가능성을 보여주었다. 〈잉여인간〉은 성우들이 대거 출연하여 "인기 성우를 내세워 관객을 끌고자 한다는 의심을 받"[366]으며 관객에 영합했다는 비난을 받았다. 크게 흥행하지는 못했지만 관객은 제법 들었다.

스타 마케팅 전략은 이후에도 활용되었지만 〈갈매기떼〉와 〈잉여인간〉에서처럼 전적으로 그 시스템에 의존하지는 않았다. 1960년대 중후반에는 스타들이 "연극 내부로 진입하여 '연극배우'로서의 정체성과 사명감을 나눠 갖겠다는 자세를 보여"[367] 주면서 상업성 담론으로 몰아 가지 않을 수 있었다. 한 예로 1969년 극단 산하에서 표재순 연출로 〈고독한 영웅〉(후쿠다 쓰네아리福田恒存 작)의 공연을 위해 당시의 인기가수 조영남을 캐스팅했는데 이것은 크게 비난받지 않았다. 조영남은 "〈고독한 영웅〉 공연을 앞둔 인터뷰 기사에서 그 자신도 대학극 공연 경험이 있는 연극도였음을 강조"[368]했는데, 그런 전략을 활용한 것 자체가 상업적일 수 있지만, 이전의 스타 마케팅에 비해 거부감이 덜했다. 극단 산하

366 〈성우들 대량진출이 불만 — 산하 창립공연 리허설 한창〉, 《서울신문》, 1963.11.7.
367 박미란, 〈1960년대 한국 연극 예술의 정체성과 상업성 담론〉, 한국문학회, 《한국문학논총》 제89집, 347면.
368 박미란, 〈1960년대 한국 연극 예술의 정체성과 상업성 담론〉, 한국문학회, 《한국문학논총》 제89집, 350면.

가 주창했던 연극의 대중화와 전문화는 비판을 받기도 했지만 소비의 주체로서 대중(관객)에 대해 인식하기 시작했다는 점에서 그 의미를 갖는다.

제1회 동아연극상 참가 작품이었던 〈청기와집〉에서 차범석의 관심은 '전통의 붕괴와 신세대의 등장'으로 빚어지는 세대 간의 갈등으로 이동했다. 또 이 작품으로 천선녀369가 제1회 동아연극상 여우조연상을 수상했다. 극단 산하로서는 연극계에서 대중화를 표방하는 극단으로만 인식되고 있던 것을 불식시킬 수 있는 기회이기도 했다.

그럼에도 불구하고 극단 산하는 1회 〈잉여인간〉 공연에서 2만 원 정도의 적자가 났으며 2회 〈청기와집〉 공연 때도 2만 원가량의 적자가 났다. 당시 연극계는 전체적으로 불황이었는데, 극단의 수는 증가했지만 공연의 질은 그렇지 못했기 때문이다.

이때 연극계에서는 불황을 넘어 연극 진흥에 하나의 획기적인 변화를 일으킬 계기라고 할 수 있는 '셰익스피어 탄생 400주년 기념 연극축전'을 기획했다. 1964년 4월 22일부터 국립극단, 신협, 민중극장, 실험극장, 동인극장, 산하 등 6개 극단이 참가하여 연속적으로 공연을 하면서 부대행사도 열었다. 최재서의 '극작가로서의 셰익스피어' 강연회와 셰익스피어 연구자들의 세미나, 셰익스피어 사진 전시회와 인형극 공연도 했다. 이 "이벤트는 우리나라 연극사상 처음 있는 행사로, 공동 기획, 선전, 광고, 회원권 판매 등을 실시하여 성공적으로 막을 내렸다."라는 평가를 받았다.

극단 산하는 차범석 연출로 셰익스피어의 희곡 중 〈말괄량이 길들이기〉를 무대에 올렸는데 여기에 최불암, 주상현, 이순재, 강효실, 강부

---

369 천선녀는 차범석과 제작극회 때부터 함께했던 배우다.

극단 산하의 〈청기와집〉(차범석 작, 이원경 연출) 공연 후 기념사진. 앞줄 맨 왼쪽이 차범석. 국립극장. 1964.3. 한국문화예술위원회 아르코예술기록원(표재순 제공).

자, 구민, 김성옥, 김금지, 백수련 등이 출연해 호평을 받았다. 그리고 앞의 1, 2회 공연은 적자를 냈지만 이 작품은 적자를 면했다. 차범석은 이 축전에 대해 "연극인들이 스스로 모여 난국을 극복하려 했던 그 의지는 언론계 및 학계, 그리고 행정 당국으로부터도 적극적인 후원을 얻게 되었다."라며 반색했다. 또 연극사에 기록될 만한 일로, 이번 축전으로 연극계는 활로를 찾았으며 이후 연극계의 합동공연 형식의 공연[370]이 지속될 수 있는 바탕이 되었다고도 했다. 당시 셰익스피어 400주년 기념 축전에 대한 《조선일보》 기사도 시사하는 바가 크다.

---

370 1968년 신문화 60주년 기념공연 〈그래도 막은 오른다〉, 1971년 '토월회 50주년 기념공연', 1973년 '극예술연구회 40주년 기념공연' 등이 있었다.

공연 시즌의 마련을
― 우리 연극의 내일을 위하여 ―

'침체한 극단' 이것은 지난 몇 해 동안 줄곧 우리 연극계의 대명사처럼 되풀이돼 오던 말이다. 그리고 유감스럽게도 그것은 사실이었다. 연극을 하려고 해도 무대가 없었고, 또 연극 전문극장이 생기니, 그땐 관객이 없었다. 그래서 시들해진 연극······.

갖가지 방법으로 연극 중흥을 시도했었다. 그러나 애만 쓰고 눈에 보이는 결과는 얻지 못했다. '정말 연극은 영영 버림받은 것일까?' 이런 회의에 잠겨 본 연극인이 한둘이 아닐 것이다.

그런데 기적 같은 일이 일어났다. '셰익스피어 탄생 400주년 기념 축전'이라는 일련의 연속 공연의 결과 놀라운 사실이 드러났던 것이다. 버림받은 줄로 체념했던 연극을, 한 달 동안에 근 4만 명이나 보러 왔다. 흑자 공연이라곤 생각도 못 해 보던 극단들이 모두 흑자 공연을 했다. 정말 놀라운 결과였다.

연극인들은 모두 용기를 얻었고 또 연극이 결코 버림받은 것이 아니라는 확신을 갖게 되었다. 연극 중흥의 가능성이 제시된 것이다.

(······) 여섯 극단의 대표들과 몇몇 연극인들이 모여 '연극협의회' 같은 것을 만든다는 말이 들린다.[371]

이와 같이 '셰익스피어 탄생 400주년 기념 축전'은 한국 연극계에 큰 영향을 미쳤고, 〈말괄량이 길들이기〉 공연으로 차범석은 관객이 없는 것이 아니라 좋은 연극만 있다면 관객은 찾아온다는 확신을 가질 수

---

371 임영웅, 〈공연 시즌의 마련을〉, 《경향신문》, 1964.6.17.

있었다. 나아가 '연극협의회'와 같은 연극인들의 협의체를 구상하려는 계획을 세운 것도 큰 성과였다. 1960년 6월 22일 조직된 연극협의회는 "연극계에서 연극 본연의 모습을 찾고 예술인들의 권익을 옹호하기 위한 단체"[372]로 1960년 11월 9일 결성된 전국무대협의기구와 함께 공연단체 등록이라는 관료적인 행정 체제에 대한 반발에서 비롯된 것이다.

1965년 11월 30일부터 12월 4일까지 극단 산하는 네 번째 공연으로 토머스 울프의 〈천사여, 고향을 보라〉를 표재순 연출로 국립극장 무대에 올렸다. 이 연극에는 기존의 산하 단원인 김성옥, 천선녀, 최불암, 이묵원, 이순재, 안영주, 김관수, 전운, 강부자, 백수련, 김영옥, 강효실 등이 출연했다. 이 연극은 제2회 동아연극상 참가 작품으로 김성옥이 주연상을, 정우택이 미술상을 수상했고, 제2회 한국연극상에서 대상을 수상했으며 표재순이 연출상을, 이순재가 주연상을 수상함으로써 이전까지 상복이 없다고 생각했던 차범석에게는 대표로서 극단 산하의 저력을 보여 주고 자신의 연극 활동에 자긍심을 가질 수 있는 기회였다. 또 이때 받은 상금으로 1, 2회 공연의 적자를 메우고 5회 공연의 종잣돈을 마련하여 걱정 없이 다음 공연을 준비할 수 있었다.

> 표 : 예. 회비도 안 냈어요. 없었어요 아예.[373] 운영위원들이 책임지고 운영을
> 하는 걸로 해서. 그 당시는 우리가 첫 번째 연극을 할 때 한 2만 원 정도
> 적자가 났고, 그다음 공연도 한 2만 원 정도. 적자가 났고. 정도
> 백 : 그러니까 〈잉여인간〉 때 2만 원이 났고.
> 표 : 예, 그다음에 〈청기와집〉두 2만 원. 그다음에 셰익스피어가 유일하게

---

372 이근삼, 〈1960년 회고, 연극〉, 《한국일보》, 1960.12.22.
373 일반 회원들의 회비가 없었다는 의미다.

극단 산하의 〈천사여, 고향을 보라〉(토머스 울프 작, 케티 프링스 각색, 한상철 번역, 표재순 연출)
공연 후 기념사진. 앞줄 맨 오른쪽이 차범석. 국립극장. 1965.11. 한국문화예술위원회 아르코예술
기록원(표재순 제공).

　적자를 겨우 면했고. (……)

그래 가지고, 어째 그 당시에 한 10만 원 정도가 적자로 운영이 됐었어
요. 〈천사…〉도 말하자면 이제 손해를 봤지. 한 6만 원 정도, 그렇게. 근
데 그때 인제 한국연극상을 타지 않았어요? 연극영화예술상을 타 가지
고 20만 원 상금이 나왔다구. (……) 호수 그릴이 그중에 좀 그래도 가
장 대중적인. 거기서 뭐 조촐하게 한 100여 명 파티를 열 수 있는 돈과
[20만 원] 산하가 한 번 공연하는데 드는 비용을 충당을 했어요. 20만
원 가지고. 엄청난 돈이었죠. [거금이었네요] 그래서 우리가 상금 받은
것을 그 파티 마지막 즈음해서 "이 20만 원 돈은 전액 요 다음 5회 공연
의 제작비로 쓰겠습니다." 하고 선언을 해 버렸어요.374

이렇게 한국연극상 수상으로 받은 상금은 그 다음 5회 공연 제작의 밑거름이 되었다.

극단 산하는 운영위원회와 회원으로 구성되고 대표가 운영위원장을 맡아 운영했다. 창단 당시 1년 동안 오화섭이 대표로 있었던 것을 제외하면 해산될 때까지 19년 동안 대표는 차범석이었으며 그는 극단의 살림을 맡아 고군분투했다. 처음에는 제작극회에서 기획과 제작을 맡았던 김유성이 맡아 했지만 1970년대 이후에는 제작/기획에서 그의 이름이 빠지기 시작했다.[375]

> 백 : (……) 산하의 자료들을 살펴보니까 이제 앞에서 운영위원회하고 회원
> 으로 이루어진 구성이면서 PD 시스템의 이야기가 산하의 기사에서도
> 나오고 있던데[376], 이 당시 선생님께서는 70년대의 PD 시스템도 경험
> 을 해 보셨으니까. 그 당시 산하의 운영 시스템하고 70년대적인 PD 시
> 스템의 차이는 무엇인가요?

---

374 표재순 구술, 백두산 채록연구, 《2022년도 한국 근현대예술사 구술채록연구 시리즈 318 ─ 표재순》, 81~83면.

375 "김유성 씨는 30년간 기획 분야에서 일해 온 연극계의 숨은 일꾼. 제작극회, 극단 산하의 기획자로서 50여 편의 공연을 올렸으며 연극협회 감사, 상임이사 등으로 10여 년간 연극계 일을 돌보기도 했다. '지난 56년, 연극의 순수함에 끌려 제작극회에 참여한 이후 동료 후배들에게 연극을 할 수 있는 여건을 마련해 주는 것이 내 임무라고 생각하고 이 분야를 지켜 왔습니다.' (……) '동란 직후 연극과 인연을 맺어 차범석(청주 예술대 학장), 김경옥(극작가), 조동화(월간 〈춤〉 발행인), 오사량(연극배우), 최창봉 씨(공연윤리위원장) 등과 밤늦도록 연극 얘기를 꽃 피웠'지만 연극만으로 생활이 안 돼 지난 78년부터 무역업에 손을 댄 김 씨는 '언젠가는 옛 동료들과 함께 함께 새 극단을 창단, 멋진 연극을 해 보일 꿈'을 잊지 않는다."(이용주 기자, 〈"옛 동료들과 새 극단 창단, 멋진 연극 보이고파" ─ 연극 기획 30년 "외길" 김유성 씨〉, 《조선일보》, 1985.7.3.)

376 "발기총회에 이어 11월에는 창립공연을 가질 예정인 극단 '산하'는 동인제와 '프로듀서 ·시스템'을 절충, 연 4회의 창작극 공연을 목표하고 있으며(……)."(〈새 극단 산하(가칭) 곧 탄생〉, 《동아일보》, 1963.9.7.)

표 : 그러니까 인제 대표가 있고 운영위원장이 있고 그랬었어요. 근데 그 다
음에는 대표가 운영위원회를, 그냥 운영위원장을 같이 헌 형태로 돼서
대표가 말하자면 인제 운영위원회, 회비들이 얼마 안 되잖아요. 그때
뭐 다 돈 버는 사람이 없었으니까. 그니까 스폰서 작업을 말하자면 기
획허시는 김유성 선생님이, 제일 큰 물주야. (……) 제작극회 출신이시
고. 그 양반은 국방부 정훈국의 예산과장을 허셨어. 그니까 (손가락으로
동전 모양을 만들며) 이게 좀 있으신 분이고. 그래 가지고, 또 네트워크
도 좋고. 그래서 기획 업무를 허시면서 차 선생님하고 두 분이서 겨우
제작비를 충당하시는데 애를 제일 많이 쓰셨어요. (……) 그 당시엔 뭐
개런티도 없었구 스텝료도 없었고 다만 하드웨어 값만 좀 있었을 때니
까. 거기다가 거 뭐…… 적자 운영에다가 20만 원 상금 꽤 컸었고. 그
다음에 인제 풍족하기 때문에 〈열대어〉의 종잣돈이 된 거죠.

백 : 그러면은 운영위원회는 그 당시에 그런 어떤 재정적인 지원뿐만 아니
라 작품의 선정이나 이런 거까지 다 관여를 했나요?

표 : 선정은 그냥 차 선생님하고 김유성 선생님하고 나하고 셋이서 거의 허
다시피 했어요.

백 : 아, 운영위원회에서는 작품 선정에 대해서는 관여를 안 했나요?

표 : 그냥 "이런 게 선정됐습니다." 인제 그렇게 협의 겸 통보 겸 이렇게.

백 : 아, 그러면 이게 한 PD가 이제 책임을 지고 기획에서부터 제작까지 다
만드는 PD 시스템하고는 조금 차이가 나네요.

표 : PD 시스템이라는 게 차이가 나는 건 김유성 선생님이 PD가 되는 거지.
프로듀서. [그렇군요.] 그다음에 구민 선생님이 PD 한 번 한 적이 있었
고, 또 내가 한 번 했고, 유흥렬 씨가 한 번 했고. 뭐 그런 식으로 해서
결국은 차범석 선생님이 다 허신 거라고 봐야 해요. 김유성 선생님하구
두 분이서. [네] 그러니까 다른 사람들은 소위 그 제작비에 대해서는 (고

286

개를 가볍게 흔든다) 거의 뭐. 제작비가 조금 흑자 경영이 나면은 흑자가 되면 그 저 송도집에서 빈대떡 한 조각씩 먹구 헤어지는 것이고. 모자라면은 운영위원들이 모자란 것만큼 [메꾸고] 등분으로 나눠 가지고 메꿨어요. 그러니까 운영위원들이 책임을 지는 거죠. 그것이 이어서 인제 조금 변형된 프로덕션 시스템이 아니었던가. 이렇게 생각합니다.[377]

창단 당시 운영위원들 중에 이기하와 장종선 등이 〈청기와집〉 공연을 준비하다가 새로 발족한 KBS-TV로 빠져나가면서 이후 극단 경영은 차범석과 김유성이 맡았고 작품 선정은 이들 외에 산하의 대표 연출자였던 표재순도 함께 했다.

차범석은 대사 전달이 연극의 생명이라고 생각했기 때문에 번역극 조의 대사에 대해 상당한 반감을 갖고 있었다. 그리고 그동안 방송국에서 일하면서 라디오 연속극을 지켜보았기에 성우들의 실력을 알고 있었다. 그래서 다수의 MBC 성우들을 산하의 단원으로 영입했는데 예를 들면 나문희, 김영옥, 천선녀, 안영주, 김소원 등이었다.

> 차 : 이것은 있어요. 번역극 조라는 게 있었거든요. 나도 지금 늘 그랬는데 나는 개인적으로 희곡의 대사가 말이라야 한다. 문장이 아니다. 그런데 요즘 젊은 사람들이 쓰는 것은 분명 희곡을 쓰는데 말이 아니고 글이거든. 글을 말로 할라니까 어려워요. [네] 그게 과거의 번역극이었거든. 그리고 번역하자니까 말이 돼야 돼. 말이 아니라 글이야. 주어가 있고 술어가 있고 목적어가 있듯이. (……) 지금 얘기대로 말이 아니라 글

377 표재순 구술, 백두산 채록연구, 《2022년도 한국 근현대예술사 구술채록연구 시리즈 318 ─ 표재순》, 81~83면.

이었어. 글을 말로 할라니까 답답해. 그래서 우리 희곡적인 대사는 그게 아니다 이거야. 그래 난 우리나라 언어와 가장 닮은 게 일본말이거든. 일본의 희곡 읽어 보라고. 초창기에 셰익스피어 작품을 번역했던 거 쓰보우치 쇼오[378]부터 시작했지만 뭐 ** 또 ** 뭐 셰익스피어 번역 작가 내가 알기로만도 대여섯 사람 돼요. 우리는 셰익스피어 작가 누가 번역하죠? 신정옥이가 혼자 하는 거처럼 돼 있죠.

김 : 네, 그 전에 김재남[379] 선생님 하셨고.

차 : 그거 다 일본 거 중역했다고 해서재미난 일화까지 나왔지만 전문가가 나와야죠. 그러니까 일본 거 보면 같은 셰익스피어 작품인데 다 달라요. 어떻게 달라지냐, 그 문장체에서부터 쓰보오치 쇼오 게 가장 오래된 거죠. 우리나란 문장으로 하니까 말이야 멋있지. 근데 그걸 말하는 사람도 어렵고 듣는 사람도 그거 하게 되면 다 자요. 무슨 말이냐. 그런데 오늘날 지금, 지금 우리 번역극이 보면 다 그렇다고요. 말이 아닌데 해. 저건 말이 아닌데 글인데. 말로 해라 말로. 내가 주장한 거예요. 그 연출한 사람이 몰라요. 말인지 글인지. 그 연출 자체가 몰라. 그러니 지금 우리나라 연극 자체가 연출가 텔레비전도 포함시키지만 우리 말을 정말 공부한 연출가가 몇일까? 없어요. 우리 말 몰라도 돼. 다 관객이 영리해서 관객들이 다 알아줘 버려요.[380]

---

378 쓰보우치 쇼요坪內逍遙(1859~1935) : 일본의 영문학자로 희곡 번역가 및 연극운동가. 시마무라 호게츠島村抱月(1871~1918)와 함께 일본의 근대극운동을 위해 문예협회(1911~1913)를 창단했다. 본격적으로 셰익스피어 번역에 착수하여 1909년《햄릿》을 간행했고 1915년 와세다대학에서 퇴직한 뒤에는 여생을 셰익스피어 작품을 번역하는 데 바쳤다.

379 김재남金在楠 : 영문학자, 번역가. 전남 영암 출생. 1946년 경성대학 법문학부 영문과를 졸업하고 동국대 교수 등을 역임했다. 역서로《셰익스피어 전집》등이 있다.

380 차범석 구술, 김성희 채록연구,《2004년도 한국 근현대예술사 구술채록연구 시리즈 49 — 차범석》, 149~151면.

화술을 중시했던 차범석에게 단원, 배우나 연출들을 선발하는 기준은 대사를 잘하는 것이었다. 그래서 성우 출신의 배우가 극단 산하의 연극에 출연하는 것에 대해 대사만 잘할 뿐이지 연기가 서툴다는 지적도 있었다.

극단 산하의 초창기 멤버였던 오현경의 발성에 대한 차범석의 혹평은 유명하다. 성대결절로 목소리가 잘 나오지 않는 오현경을 놓고 차범석이 '썩은 목소리로 연기하는 배우'라고 대놓고 상처를 주기도 했다. 나중에 오현경은 차범석의 혹평이 배우로서의 자세를 다지는 계기가 되었다고 말했다.

오현경은 극단 산하의 두 번째 작품 〈천사여 고향을 보라〉에서 배역을 놓고 이순재와 경합하다가 이순재로 결정되자 극단을 탈퇴했다. 그 뒤로 차범석과 어색한 사이가 되었지만, 30년이 지난 뒤 다시 만나 그때의 오해를 풀었다는 일화가 있다. 이 이야기는 차범석의 글 〈여백의 터널을 향하여〉[381]에 H군의 이야기로 자세히 서술되어 있다.

---

[381] 차범석, 〈여백의 터널을 향하여〉, 《현대문학》 49권 12호, 2003. 12.

9
극단 산하의 전성기
차범석 연극의 황금시대

미국 여행의 성과, 〈장미의 성〉

1966년 차범석에게 일본에서 재수 생활을 했던 때를 빼고는 처음으로 해외에 나갈 기회가 생겼다. 국제펜클럽의 중앙위원으로 활동하고 있었기에 뉴욕에서 열리는 국제펜클럽 회의에 한국대표단의 일원으로 참여하게 된 것이다. 당시는 국내외 여건상 해외여행이 자유롭지 못했던 때였기 때문에 그에게 이번 여행 기회는 특별한 것이었다. 그러나 경비 일체를 자부담해야 한다는 조건이 붙어 있어 선뜻 이 여행에 지원할 수가 없었다. MBC에 근무하면서 방송 드라마를 쓰고 있었지만 기백만 원의 여비를 한꺼번에 마련하는 것은 쉽지 않은 일이었다. 그는 혼자 해결할 수 없어 아내와 의논했다. 아내는 차범석의 연극 제작비를 충당하기 위해 돈을 빌려 쓸 만한 주변의 사람들에게 이미 돈을 융통해서 차범석에게 주었던 터라 더 이상 돈을 빌릴 수도 없는 처지였다. 그런 상황이었지만 차범석은 미국에 꼭 가고 싶었다. 그에게 미국은 "동경의 나라가 아니라 호기심의 대상이었다. 뿐만 아니라 세계 문화의 중심이며 연극 예술의 메카로 알려진 브로드웨이는 언제고 한 번은 찾아가야 할 고장"

이라는 생각에, 가겠다는 고집을 꺾지 않았다. 이런 부분에서 보면 차범석은 자기가 원하는 일은 반드시 해야만 직성이 풀리는 집요한 사람이었다. 곁에서 보다 못한 아내는 고향의 아버지에게 의논을 해 보라고 말했다. 그렇지만 차범석은 아버지는 자신 같은 초랭이패에게 여비를 대주실 분도 아니며 자신은 서울로 올라올 때 '무슨 일이 있어도 부모님한테 손을 안 벌린다'는 것을 원칙으로 삼았다며 거절했다.

그러나 아내가 인편으로 아버지께 이 같은 사정을 알렸고, 그 후에 아버지로부터 편지가 왔다. "아버지가 책임질 테니 일단 급한 대로 기채起債를 하라는 것이며 이자도 함께 갚아 줄 테니 그리 알라는 내용이었다."

기대하지 않았던 아버지의 도움과 아내의 용기 등으로 여행을 떠날 수 있게 되자 차범석은 생각이 많아졌다. 차범석은 "피는 물보다 진한 것일까. 아니면 아버지 마음속에는 아직도 둘째아들의 자리가 남아 있는 것일까."라면서도 아버지에게 고마움을 느꼈다.

일단 그렇게 마련할 수 있는 액수를 제외하니 모자라는 돈이 30만 원이었다. 그는 모자라는 돈을 빌리기 위해 중학교 동기동창이 지점장으로 있는 은행을 찾아갔다. 그 친구 송희상은 학창 시절부터 수학을 잘하는 원칙론자에 고지식한 '꼴샌님'이었다. 그는 "이 사람! 걱정일랑 허들 말어! 목포의 차 영감(차범석의 아버지)이 책임진다는디 뭐가 문제인가! 그렇게 함세!"라며 모자라는 액수를 채워 주었다.

이렇게 여비 마련에 곡절이 있긴 했지만 결국 떠날 수 있었던 40여 일의 미국 여행은 차범석에게 지식의 확장은 물론 개안의 기회가 되었고, 삶의 방식에 대해서도 반성할 수 있었다. 그때 차범석과 함께했던 대표단에는 소설가 박화성, 수필가 전숙희, 시인 조병화, 영문학자 최창호, 독문학자 강두식, 시인 임수일, 김용호 등이 있었는데 개인 사정으로 출발하는 날이 달랐다. 차범석은 조병화, 최창호 등과 한 조가 되어 경비를 줄이기 위해 뉴욕으로 직접 가지 않고 샌프란시스코에서 컨티넨탈 버스를 타고 이동했다. 관광 비수기인지라 99달러만 내면 3개월 동안 미국 전역을 여행할 수 있는 티켓이었다. 그러나 싸고 좋은 이동의 방법이라고 선택한 이 버스 여행이 오히려 건강을 해치는 결과를 초래해, 그는 돌아온 이후 간염에 걸려 한동안 고생했다. 한편 이 해에 차범석은 한국전쟁으로 졸업하지 못했던 학업을 계속해, 1966년 연세대학교 영문과를 졸업했다.

국제펜클럽 회의에 참가하고 돌아온 차범석은 미국 여행 중에 구상했던, 동성애를 소재로 한 희곡 〈장미의 성〉을 썼다. 이 작품은 극단 산하의 제10회 공연으로 1968년 10월 10일부터 14일까지 표재순 연출로 무대에 올려졌다. "우리나라에서는 아직도 금기이자 부도덕한 습성으로 알려진 동성애 문제가 부분적이나마 담겨진 이 작품"은 한국 희곡 역사상 처음으로 동성애 소재를 전면에 내세웠으며 여성의 성적 욕망을 다루어 흥행과 예술성에서 모두 좋은 평가를 받았다. 연출을 맡았던 표재순으로서는 동성애와 수간을 암시하는 소재를 다루는 것이 부담이 되었지만 공연은 성공적으로 끝났다.

〈장미의 성〉은 역사와 사회로부터 한걸음 떨어져 개인의 욕망에 집중한, 차범석 희곡의 변화를 보여 준 작품이다. 보수적이고 가부장적인 가정과 사회 안에 은폐되어 있던 성적 담론, 동성애와 여성의 욕망을 전면에 등장시켰다는 점에서 주목하게 된다. 여성의 욕망을 다룬 차범석의 희곡으로는 〈산불〉, 〈스카이라운지의 강 사장〉, 〈파도가 지나간 자리〉 등이 있는데, 〈산불〉의 점례와 사월의 욕망은 남성의 부재에서 비롯되었지만 〈스카이라운지의 강 사장〉의 강칠선과 〈파도가 지나간 자리〉의 고영애 등은 사회적으로 성공한 여성들로서 그들에게는 도덕성이나 정조 관념이 없어 보인다. 하지만 "두 인물에 대한 작가의 어조는 결

코 비난 일변도라는 인
상을 주지 않는다. 오
히려 이들로부터 가부
장제적 억압에 대한 저
항감이 감지"[382]된다는
평을 듣기도 했다.

특히 포스터와 프
로그램에 자코메티의
조각상을 사용해 깊은

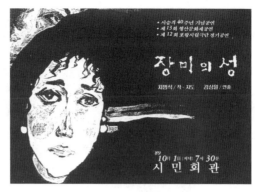

포항시립극단의 〈장미의 성〉(차범석 작·지도, 김삼일 연출)
공연 포스터. 1989.

인상을 남긴 〈장미의 성〉은 차범석의 연극에서 소재의 확장을 보여 준
작품이라는 점에서 의미가 있다.

〈장미의 성〉 경우는, 그 좀 작품이 해석에 따라서는 좀 모호한 그런 그……
길잡일 잘못허면은 오해도 받을 수 있는 그런 여지가 작품 속에 내재가 되
어 있었거든요. 동성애 문제가 있고, 그 다음에 또 사람과 그…… 뭐라 그래
요 그걸, 동물이라 그러나요? (예) 그것도 거의 이상하게 암시가 되는 듯한
그런 장면도 나오고 그러거든요.

(……)

예, 애완견. 그래서 자칫 잘못허면 좀 위험한 작품이죠. 그래서 차범석 선
생님의 소위 말하자면 그, 작품 쓰시는 그 레인지range라 할까. 그 폭이, 범
위가 넓으셨던 분이거든요. 골고루 닿지 않으시는 데가 없이 그냥 토속적
인 것부터 외국 작품 번역, 저기 각색허는 것부터 해서, 우리나라 저 순수한

---

382 이승희, 〈풍속도의 개방성과 보수적 휴머니즘의 세계〉, 민족문학사연구소 희곡분과,
《1960년대 희곡 연구》, 새미, 2002, 214면.

〈장미의 성〉(차범석 작, 표재순 연출)으로 3·1연극상을 받으며. 왼쪽부터 홍종철 장관, 차범석, 천선녀. 1969.3.1.

한국 상황에서의, 말하자면 다분히 서구풍적인, 서구적인 그런 냄새가 짙게 풍기는. 그런 작품이 하나가 이제 〈장미의 성〉이 아니었던가. (……) 그리고 그 당시 인제 프로그램에 자코메티Alberto Giacometti의 조각상을 하나 상징으로. 그 되게 길잖아요. (위아래로 긴 선을 그린다) 비대칭으로 이렇게 딱. 그게 어마어마한 값으로 지금 전시가 되고 있는 거 같은데. 그게 아마 이건희 회장께서 소유하고 계신 그 작품이에요. 그걸 인제 삽입하는 것으로 해서 썼는데. 그《장미의 성》이라는 제목이 그럴 듯하고, 포스타에 그 조각 하나가 딱 [자코메티의 작품이] 그래서 좀 대중적으로 어필했던 게 바로 그 홍보에 좀 힘입은 게 아닌가.[383]

〈장미의 성〉 공연이 세간의 주목을 받으면서, 공연이 끝나자마자 세

---

383 표재순 구술, 백두산 채록연구, 《2022년도 한국 근현대예술사 구술채록연구 시리즈 318 — 표재순》, 103면.

기영화사에서 영화로 제작하겠다는 연락이 왔다. 영화는 시인이면서 영화감독이었던 이봉래가 감독을 맡아 1969년 개봉했는데 당시 가수로 잘나가던 남진이 주연을 맡아 화제가 되기도 했다. 또 1984년 〈TV 문학관〉에서 김재순 연출로 제작, 방영되기도 했다.

와병 중에 탈고한 〈환상여행〉

극단 산하는 1969년 세 차례 공연을 올렸는데 후쿠다 쓰네아리의 〈고독한 영웅〉과 오학영의 〈진흙속의 고양이〉와 차범석의 〈대리인〉 등 창작 신극이었다. 〈진흙속의 고양이〉는 오학영의 〈악인의 집〉을 제목을 바꾼 것이다. 〈대리인〉은 그간 연출을 맡았던 표재순이 방송국 일로 바빠지자 조연출을 하던 유흥렬이 연출을 맡았는데, 그는 이 공연으로 제7회 한국연극영화상에서 연출상을 받았다. 극단 산하의 공연에서 대부분 연출을 맡았던 표재순은 1969년 〈고독한 영웅〉 연출 이후 1971년까지 시간을 내지 못했는데 그런 와중에 다른 동인제 극단인 실험극장에서 〈햄릿〉을 연출한 것을 차범석은 매우 서운해했다.

> 백 : 1972년에는 이제 산하의 18회 공연 〈키브쓰의 처녀〉 작품을 연출을 하셨습니다. 오랜만에, 산하가 1년 반 만에 보인 혁신 공연이기도 하였고요. 선생님께서도 실험극장 공연한 이후에 산하 활동이 조금 뜸했다가 다시 하신 작품이기도 합니다.
>
> 표 : 실험극장을 소위 (목을 다듬는다) 아 미안합니다 이거. 목이. 그때 동인제 극단이기 때문에 타 극단에 가서 연출을 헐 수가 없었어요. 근데 저는 실험극장 가서 〈햄릿〉을 헌다 그래서 했거든요. 근데 마침 대표님께

'내가 실험에 가서 연출을 헙니다.' 허락을 못 받았어요. 같은 운영위원이고 대표지만은, 그것이 이제 우리 선생님 노여움을 탔어. [차범석 선생님] 예. 대표 허락도 없이 말이야 타 극단에 가서 연출을 했다고. 그때 〈햄릿〉이 닷새 10회 공연인데 아주 대박을 쳤거든요.**384** 그니까 (웃음) 그 미워하는 감정이 좀 더했던 거 같아요. 이 어른 보시기에. 그 이후에 사실 그게 근 20년 이상 갑니다. 그렇다고 해서 극단 산하 안 한 게 아니에요. 계속 허면서도 그런 앙금이 좀 있고. 그것이 저 선생님 칠순 잔치에 가서 이제 그냥 끝이 났는데, 그런 감정, 해묵은 감정들이. 저는 감정이 없죠. 뭐 어르신네가 어떻게 생각하든 뭐 내 할 일 허면 되고. 근데 〈키브쓰〉는 차범석 선생님이 번역을 허시고 각색을 허셨어요.**385** 근데 그게 우리나라에 최초로 이스라엘 작가가 쓴 그 베른하르트라는 작가의 작품. [베른슈타인] 아, 베른슈타인. 그 베른슈타인의 작품인데 우리나라의 초연입니다. 아마 처음일 거예요. 이스라엘 연극이 우리나라에 공연되는 게.**386**

차범석은 극작가로, 극단 대표로 1960년대에 활발하게 활동했다. 그러던 그에게 1970년 병마가 찾아왔다.

---

384 실험극장의 38회 공연으로 동아연극상 참가작이었던 〈햄릿〉(여석기 역, 표재순 연출, 국립극장, 1971.9.9.~13.)이다. 이 작품은 5일간 10회 공연하여 9,020명의 관객 동원(회당 평균 900명)을 기록하여 화제가 되었다. 당시 국립극장(명동)이 820석으로, 전석 매진 공연을 이루었기 때문이다. (〈흑자무대 관객기록 세운 가을 연극계〉, 《경향신문》, 1971.10.2.)

385 극단 산하 18회 혁신 공연 〈키브쓰의 처녀〉(베른슈타인 작, 차범석 역, 표재순 연출, 국립극장, 1972.9.28.~10.2.)

386 표재순 구술, 백두산 채록연구, 《2022년도 한국 근현대예술사 구술채록연구 시리즈 318 — 표재순》, 209면.

급성 간염으로 두 달 가까이 입원을 했는데 의사는 술 때문이라고 했지만 정작 차범석은 "나름대로의 진단"을 하고 있었다. 그것은 미움 때문이었다. 아니 더 심한 표현을 쓰자면 남을 저주하고 증오하고 그래서 자포자기 상태에서 일어난 심한 스트레스였다. 그 당시 나는 산하山河라는 극단을 주관하고 있었다. 여러 가지로 열악한 환경 속에서도 오로지 연극에 살고 연극에 죽는다는 순정과 개척정신으로 일을 해 나갔다. 그러다 보니 술도 마시게 되었지만 사실은 사람에 대한 불신감이나 배신감 심지어는 증오감마저도 합세하여 마구 나를 괴롭히는 것이었다. 제작비를 보충하기 위하여 이곳저곳 업체며 사람을 찾아가 협조를 바라며 마음에도 없는 아첨까지도 해야만 했던 그 시절의 나는 이를테면 전락한 장사아치와 다를 바가 없었다. 게다가 출연하기로 굳게 약속했던 여자 연기자가 TV나 영화 쪽의 출연 교섭에 넘어가는 지경에 이르러서는 '돈이면 모든 것을 얻는 세상이냐'고 비분강개를 하곤 했다. 그런가 하면 어렵게 만들어진 연극을 봐 줄 관객이 없어 텅 빈 객석 한구석에서 눈물을 흘리던 일도 한두 번이 아니었다. 돈만 있으면 안 되는 게 없는데 나에게는 돈이 없는 것이다. 처음에 만났을 때는 오장육부를 다 줄 듯이 의기투합하였던 동지들도 이해관계 앞에서는 언제 그랬냐는 듯이 남남으로 돌아설 수 있는 현실이다. 그렇다면 '왜 극단을 나 혼자 지켜야 하고 연극을 나 혼자 해야만 하는가'라는 의문 앞에서 나는 사람을 미워하고 고독에 빠지고 그래서 술을 마시게 되었던 것이다. 그렇다고 자포자기로 폭주한 것도 아니었다. 그런 돈이 있으면 연극 제작에 투입해야 했던 실정이었고 보면 궁극적으로 나를 병들게 한 원흉은 미움이요, 저주요, 미련이었다고 해도 과언은 아니었다. 그리고 그것은 나 혼자만이 아는 사실이었다.[387]

---

387 차범석, 〈미련을 버리고〉, 《목포행 완행열차의 추억》, 148~149면.

차범석이 급성 간염을 앓게 된 원인은 지나친 음주 때문이기도 하지만 무엇보다도 함께 연극을 하겠다던 동지들이 생활고를 이유로 방송국이나 영화계로 가 버리면서 그에 대한 서운함과 배신감이 마음을 괴롭혔기 때문이다. 목포에서 올라와 열정적으로 희곡을 쓰고 무대에 올리고 극단 대표로 연극을 해 왔던 그로서는 이런 상황을 견딜 수가 없었다. 창립 멤버 이기하는 창단 공연 이후 방송 쪽으로 이동했고 그 후 표재순이 극단 산하의 연출을 도맡아 했는데, 1969년 MBC TV에서 채만식 소설 원작의 〈태평천하〉를 연출한 뒤로는 계속 MBC TV에서 연출을 했다.[388] "창단 당시는 나이가 어렸지만 그동안 무대 감독 시절을 넘어서면서 유일한 연출가로서 기반을 닦아 온 표재순은 TV 방송국의 PD가 되더니 얼마 안 있어 나도 모르는 사이에 극단 현대극장現代劇場의 창단 동인으로 적을 옮기고" 표재순과 호흡을 맞췄던 조연출 유흥렬도 1971년 MBC TV에서 〈장희빈〉과 〈소박데기〉, 1976년 〈거상 임상옥〉, 1977년 〈정화〉 등을 연출하면서 자연히 극단 산하의 활동에는 소홀해졌다. 극작은 차범석이 맡아 했지만 연출할 사람은 표재순밖에 없었는데 그가 방송국으로 가 버린 것이다. 거기에다가 표재순이 나중에 다른 극단으로 옮겨 간 것에 대해 차범석은 더욱 화가 많이 났다.

이 무렵 차범석이 방송국에 전속되어 있던 배우 때문에 곤란한 지경에 이른 일도 있었다. 1967년 극단 산하의 8회 공연으로 스탕달 원작의 〈적과 흑〉을 차범석이 각색하여 연습하던 중이었다. 공연이 열흘도

---

[388] 표재순은 MBC TV에서 1970년 〈여명〉, 1972년 〈대원군〉, 〈임꺽정〉, 1976년 〈예성강〉, 〈사미인곡〉 1977년 〈타국〉, 1978년 〈정부인〉, 〈연지〉, 1979년 〈소망〉, 〈안국동 아가씨〉, 1980년 〈고운 님 여의옵고〉, 1981년 〈교동마님〉, 1982년 〈서궁마마〉를 연출했다. 이렇게 표재순이 MBC TV에서 연출을 했던 시기는 극단 산하의 활동 시기와 겹친다.

안 남았는데 갑자기 출연자인 홍계일의 출연이 불투명해졌다. 홍계일은 동아방송에 전속되어 있었는데 동아방송 측에서 외부 출연을 불허한다는 것이었다. 당시 동아방송의 간부는 차범석과 대학극회와 제작극회를 같이 했던 조동화와 최창봉이었다. 차범석은 연극에 대해 잘 알고 있는 그들이니 사정을 얘기하면 출연을 허가해 줄 거라고 생각했다. 하지만 그들은 차범석의 부탁을 단칼에 거절해 버렸다. 방송에 지장을 주지 않도록 할 테니 허가를 해 달라고 애걸했지만 홍계일의 출연은 무산되었다. 울면서 연습장으로 돌아가는 버스 안에서 차범석은 그들의 거절이 원칙을 지키기 위한 것이 아니라 자신에 대한 보복이라고 단정했다. 왜냐하면 차범석이 제작극회를 탈퇴하고 극단 산하를 창단한 것이 배신이며 차범석을 배신자로 못 박았다는 이야기를 들었기 때문이다. 결국 공연은 신인 남일우와 나문희에게 주연을 맡겼는데 흥행은 실패였다.

차범석이 한국연극협회 이사장을 맡고 있던 1973년에는 연극협회 주관의 행사 '토월회 창단 50주년 기념 공연'으로 톨스토이 원작 〈부활〉과 박승희 작 〈이 대감 망할 대감〉을 합동 공연으로 준비했다. 차범석이 〈부활〉을 각색하고 연출은 표재순이 맡고 여주인공 카튜사 역에 최은희, 남주인공 네플류도프 역은 박근형이 맡았다. 그런데 공연 당일 오전에 총연습을 하기 위해 모였는데 남주인공 역의 박근형이 보이지 않았다. 집에 연락해 보니 박근형은 방송국(KBS-TV)에 가 있다는 것이다. 급히 방송국에 연락하자 그는 녹화 중이라고 하면서 첫날 공연은 없는 걸로 알고 있고 연출자 표재순에게 녹화가 있다고 말했다는데, 표재순은 모르는 일이라고 했다. 개막까지 세 시간가량 남아 있어 차범석은 직접 남산의 KBS 스튜디오로 연출자 임학송을 찾아갔다. 임학송은 차범석의 광주서중 후배로, 연극에 대한 이해가 있으니 차범석은 공연 시간 동안 녹화를 멈추든지 아니면 박근형 출연 부분만 먼저 녹화하면 되지 않겠느냐고 제안했다. 그러나 박근형도 임학송도 모두 거절했다. 결국 낮 공연은 취소되었고 입장한 관객에게는 표를 물러 주어야 했다. 차범석은 극장 "로비의 원주圓柱에 이마를 처박고 소리 내며 울었다. 김의경이 참으라고 내 어깨를 안아 주었다. 그럴수록 나는 더 슬프고 억울하고 원통해지는 것 같았다."라고 심경을 전하고 있다.

> 1970년대부터 일기 시작한 TV 문화 시대는 맨 먼저 연극계를 압박하기 시작했다. 너도 나도 TV 쪽으로 가려 했고, 한번 그 세계에 발을 들여놓으면 좀체로 빠져나오지 못했던 그 늪은 곧 돈이었다. 돈을 쉽게 벌 수 있는 TV 쪽과 고생한 만큼 대우를 못 받는 연극계를 놓고 저울질하는 것은 당연한 일이었다. 그러나 나는 당연성을 인정하면서도 그래도 연극을 고향으로 알고 언젠가는 돌아와 주기를 바랐지만 현실은 그게 아니었다. 뿐만 아니라 그렇게 떠나간 친구 가운데는 무엇 때문에 고생스럽게 연극을 하는가라는 반문까지 해 올 때, 나의 눈앞은 일시에 캄캄해지고 현기증을 일으킬 때가 있었다.
>
> 나의 술은 바로 그 캄캄한 어둠을 잊으려는 몸부림이었을지도 모른다.[389]

차범석은 떠나간 동인들에 대한 배신감에 절망과 분노로 술을 마셨고, 산하를 그만두어야겠다는 생각도 했다. 그로 인해 건강에도 문제가 생겼다. 소화도 안 되고 열이 나서 소화제나 감기약을 먹었지만 차도가 없었다. 병원에 가서 진단을 받았더니 급성 간염이었다. 결국 서울대학부속병원과 수원의 빈센트병원에 입원해 치료를 받아야만 했다. 차범석으로서는 극단의 일이며 협회의 일이며 일이 산더미였고 입원 직전에 국

---

389 전성희 편, 《차범석 전집 11 — 자서전/수필 외》, 240면.

립중앙극장으로부터 차기 공연작 집필 의뢰까지 받은 상황이었다. 더군다나 의뢰를 받은 차기작은 다음 달까지 탈고해야 다음 공연에 지장이 없을 것이라는 생각에 시달리고 있었다.

그런데 차범석의 주치의 안용팔 박사는 그의 발병 원인이 과로와 과음이라고 진단하면서 차범석에게 "모든 생각일랑 버리고 이제 푹 쉬세요. 그리고 앞으로 다시 술 마시는 날에는 바로 독毒이라는 걸 잊지 마세요, 아셨죠?"라며 금주와 휴식을 지시했다.

그러나 차범석의 입장에서는 편히 병원에만 누워 있을 상황이 아니었다. 극단의 운영과 후원회원 확보, 차기 공연작 등 어느 하나도 다른 사람이 대신해 줄 수 없었다. 고민이 많아지면서 그는 극작가에게 작품 의뢰가 들어온다는 그 한 가지만으로도 가슴이 벅찼던 시절이었는데 그것을 어떻게 포기할 수 있겠는가, 하고 생각하면서 병원에서 몰래 원고를 썼다.

> 나는 의사의 치료에 관한 지시엔 철저하고도 정확하게 순종하는 미덕을 보이면서도 나 혼자 있는 시간에는 병상에 엎드려서 몰래 원고를 쓰고 있었다. 그 작품이 〈환상여행幻想旅行〉이었다. 어느 날 병실에 불쑥 들어선 안 박사는 금세 경직된 표정으로 나를 내려다보았다. "차 선생! 주치의의 지시를 따르기 싫거든 오늘이라도 당장 퇴원하시오!"
>
> 그것은 명령이라기보다 이를테면 파문破門을 선고하는 스승의 표정이었다. 나는 죄송하다며 용서를 빌고 나서 나의 처지를 변명했다. 작가가 일단 집필 위촉을 받은 이상 그 약속은 지켜야 한다고, 그렇지 않으면 공연이 취소되고 그 여파는 여러 사람에게도 큰 손실이자 연극계 전체의 문제라면서 애걸했다.[390]

차범석은 자신의 건강보다 국립중앙극장의 공연이 더 중요하다고 생각했다. 그리고 스스로 그런 자신에 대해, 좋게 보면 책임감이었지만 사실은 그 기회를 놓치고 싶지 않은 작가로서의 욕심이며 미련이었다고 고백했다.

차범석에게 연극은 책임감만으로 설명할 수 없는 그런 것이었으리라. 마치 홀린 사람처럼 앞뒤 분간하지 않고 가는 것. 그리고 성실함이었을 것이다. 나중에 차범석은 국립극장에 양해를 구할 수도 있었는데 자기 욕심과 미련이 일을 그 지경으로 만들었다고 자신을 "어리석기 짝이 없"다며 "속된 말로 사람의 목숨이 있고 나서 연극도 있지, 죽은 다음에야 무슨 예술이고 나발이고 있겠는가."라며 자책했다.

1970년 가을 올려진 〈환상여행〉은 이기하가 연출하고 백성희, 박정자, 정애란, 신구, 권성덕 등이 출연했다. 제1회 전국 대학생 연극경연대회 때 만났던 이인선과의 우정인지 애정인지 분간이 안 되는 자신의 이야기를 희곡으로 쓴 것이었다.

퇴원을 한 뒤 그는 1년 가까이 요양하면서 〈환상여행〉, 〈묘지의 태양〉, 〈파도가 지나간 자리〉, 〈위자료〉 등의 작품을 썼다. 방송국에 병가를 내고 요양을 해도 되었지만 그런 것들이 구차하게 느껴진 차범석은 MBC에 사직서를 냈다. 그 뒤로 집에서 마당을 가꾸며 소일하는 그를 찾아 주는 사람은 없었다.

차범석은 몹시 외로웠다. 집에서의 요양은 그를 고독하게 했으며 극단 산하의 동인들조차 찾아오지 않는 시간 동안 그는 "새삼 내가 그 동안 무엇을 했는가 하고 자신을 돌아보"면서 인간관계의 허망함과 함께 연극을 했던 동인들이 극단을 떠나는 일에 자괴감을 느꼈다.

---

390 전성희 편, 《차범석 전집 11 ― 자서전/수필 외》, 221면.

그러면서도 차범석은 인간이란 존재는 혼자이고 인생은 외로운 것이라는 것을 깨달았고, 자신이 가는 길이 누가 시켜서도 아니었고, 누구에게 보이기 위해서도 아니었으며 스스로 좋아서 가는 것인데 누구를 탓하겠느냐며 자립의 의지를 불태웠다. 그리고 "관용을 배웠고 포용력까지 기를 수 있는 소득도 얻"었다. 그렇게 정릉 집에서 요양하면서 건강을 차츰 회복했다.

그렇게 건강 때문에 방송국도 그만두고 작품 창작도 못 하고 있었으니 수입이 없었다. 그런데 1972년 2월 MBC TV 제작국의 이동희 PD로부터 TV 연속극을 해 보자는 제의가 왔다. 이동희와 차범석은 2년 전 MBC TV 개국 당시 함께 NHK 연수를 갔던 사이로, 이동희는 KBS에서 라디오 드라마 연출을 하다가 MBC TV로 옮겼다. 그런데 차범석은 이 제안을 선뜻 받아들일 수 없었다. MBC 개국 드라마 〈태양의 연인들〉을 쓰고 난 뒤 이동희 연출의 반공 드라마 〈망향초〉를 썼는데 시청률 저조로 조기 종영했던 경험이 있기 때문이다. 그래서 단번에 제안을 받아들이지 않고 신중을 기하면서 며칠 동안 〈물레방아〉의 작업을 구상했다. 일일연속극 〈물레방아〉는 차범석이 병상에서 일어난 후 첫 작품이기도 하고 방송 드라마로서는 재기의 작품이기도 했다. 그는 155회까지 집필하면서 받았던 원고료를 가계에 보탰고 다시 연극을 할 수 있는 힘을 얻었다.

한국 연극사 30년의 기록 작업

극단 산하는 10년 동안 20개의 연극을 무대에 올리고 1973년 창단 10주년을 맞았다. 차범석은 그 기념으로 극단 산하의 활동을 정리한《극단 산하 10년사》를 펴냈다. 그리고 건강을 회복하면서 다시 의욕적으로 창작과 극단 활동을 시작했다.

《극단 산하 10년사》에서 차범석은 산하 탄생을 놓고 동인제 극단에서 활동하던 사람들이 탈퇴하여 주동이 된 극단이라는 점에서 경원과 질시를 받았지만 10년을 견디어 왔다며, 그 10년 동안 해단을 해야 하나 좌절이 찾아올 때마다 누군가의 도움으로 그 위기를 넘기곤 했다고 전한다. 극단 산하가 바라는 것은 관객을 되찾는 것이라며 "동인들이 호주머니를 털고 회원권을 책임지고 팔아서 동인들끼리 즐기는 그런 연극이 아니라 보다 광범하게 관객을 얻고 관객에게 연극의 즐거움과 가치를 보다 넓게 전파시키자는 생각뿐이었다. 그것을 우리는 '연극의 대중화'라고 불렀다."라는 것이다. 연극의 대중화를 산하의 기치로 내세우자 "대중화라는 말이 또 말썽이었다. 시장터의 고무신족을 모아서 하는 연극이라니 대중화는 비속화"라고 비방하는 사람들도 있다고 토로한다. 그런데 10년이 지난 이제는 각 극단들이 관객의 저변 확대를 위해 연극을 대중화해야 한다는 논리를 펴고 있다는 것이다. 다시 말해 차범석이 10년 전 연극의 대중화를 내세웠던 것은 관객 확보의 방법이었다. 왜냐하면 연극은 관객을 전제로 하는 예술이기 때문이다. 그러면서 차범석은 관객의 확보를 위해, 다시 말해 연극의 대중화를 위해 "창작극은 더 자주 상연하고, 지방 공연도 자주 하고" "연극만으로 일생을 마칠 수 있는 시대와환경을 바라보며 살아야겠다."라고 스스로 다짐했다.

이해랑은 극단들이 "저마다 자기 나름의 색깔을 가졌으면 한다. 신파극단도 있고 전통극단도 있고 전위극단도 있고 상업극단도 있고……. 이래서 좀 푸짐한 메뉴 가운데서 식성에 맞는 걸 골라 먹게 하면 어떻겠는가. 그런 뜻에서 나는 '산하'가 좀더 어른스럽고 안정감이 있는 연극으로 대중을 즐겁게 하는 극단으로 정착해 주었으면 한다."라며 극단 산하의 대중성 지향을 응원했다.

극단 산하가 10년 동안 공연했던 20회의 연극 가운데 차범석이 창작한 희곡은 〈청기와집〉(2회), 〈열대어〉(5회), 〈산불〉(7회), 〈장미의 성〉(10회), 〈대리인〉(13회), 〈왕교수의 직업〉(15회, 16회) 〈약산의 진달래〉(20회)까지 총 7편으로 8회에 걸쳐 무대화되었다. 또 그는 스탕달의 〈적과 흑〉, 베른슈타인 원작 〈키브쓰의 처녀〉 등 두 편을 각색했고 〈말괄량이 길들이기〉, 오학영의 〈진흙속의 고양이〉와 〈우리[柵]〉, 박량원의 〈실종기〉 등 세 편을 연출했다. 차범석은 첫해만 제외하고 대표를 맡았으며 20회 공연 중 작가 또는 각색과 연출로 16회를 참여했다. 이렇게 극단 산하는 차범석이 갖고 있는 연극의 꿈을 실현시켰던 곳이다. 단원들이 방송국으로 떠나는 등 제작 환경이 어려워지기도 했지만, 한편으로 그는 자신의 창작 희곡 외에도 오학영과 박량원, 윤대성의 〈노비문서〉 등 창작 희곡을 무대에 올리는 성과도 보였다.

시인 이인석의 《극단 산하 10년사》에 실린 〈나와 '산하'〉라는 글에 보면, 자신은 그간 극단 산하의 공연을 한 회도 거르지 않고 보았는데 차범석의 연극에 대한 열정에 놀랐다는 것이다.

> 그런데 참 희한한 일이다. 얌전하고 조용하고 마음씨 비단결 같은 샌님인 차 형의 어디에, 그런 무서운 의욕과 집념과 강인한 투지가 숨어 있는 것일까. 피눈물 나는 온갖 애로와 고난을 애인처럼 끌어안고 몸부림치고 있는 것일까. 연극의 화신이라면 지나친 말이 될까. 연극을 위한 순교 정신이야 어찌 차 형뿐이랴마는 그것만 가지고도 안 되는 것이 이 나라의 여건으로 알고 있다. 그렇다면 어떤 지모와 심혈과 노력을 기울여 온 것일까. 다만 경탄할 뿐이다.[391]

극단 산하의 〈노비문서〉(윤대성 작, 표재순 연출) 공연 후 기념사진. 둘째 줄 왼쪽에서 다섯 번째가 차범석. 국립극장. 1973.4. 한국문화예술위원회 아르코예술기록원(표재순 제공).

차범석은 10년간 극단 산하를 이끌어 오면서 단 한 순간도 허투루 연극을 하지 않았다. 배우나 연출 등 단원들이 방송으로 옮겨 가면서 곤란한 적도 많았고 공연의 적자로 극단 운영이 어려운 적도 있었지만 울음을 삼키며 연극 무대를 떠나지 않았다. 극단 산하의 10년은 차범석 연극의 10년이었다.

1969년 2월, 1960년대를 극작가로, 방송작가로, 극단 대표 등으로 숨 가쁘게 살고 있었던 차범석에게 '연극 인생의 한 획을 긋는 일'이 일어났다. 당시 연극계에는 두 세력 사이에 심한 갈등이 벌어졌는데, 1세

---

391 이인석, 〈나와 '산하'〉, 《극단 산하 10년사》, 극단 산하, 34면.

대였던 서항석과 유치진에 이어 2세대였던 이진순과 이해랑 사이에 암투가 있었던 것이다. 이 일에 대해 차범석은 "연극계의 헤게모니 장악권을 두고 오랫동안 벌이고 온 암투임에 틀림없다."라고 생각했다. 그 당시 차범석은 한국연극협회 6대 이사장 박진 밑에서 부이사장 직을 맡아 일하고 있었는데, 박진의 임기가 끝나고 후임으로 7대 이사장을 뽑아야 하는 상황이었다. 그때 예총 회장이었던 이해랑은 차기 회장 후보로 이진순이 나올 것이고 이진순이 한국연극협회 이사장이 되면 예총 회장 자리까지 넘볼 것이라며 애초에 싹을 잘라야 한다고 단정했다.

> 그 당시 예총 회장을 맡고 있던 이해랑과 동국대 교수를 겸했던 연출가 이진순은 속된 표현으로 견원犬猿의 사이였다. 연극협회 6대 이사장인 박진朴珍이 임기를 마치게 되자 차기 이사장 선출이 화제에 올랐다. 그런데 풍문에 의할 것 같으면 이진순이 출마를 한다는 소문이 퍼졌다. 이에 가장 예민한 반응을 보인 것은 이해랑이었다. 두 사람은 일찍이 니혼대학 예술과 동문이자 같은 연출가였고 해방 이후 연극계의 지도적 존재였다. 그러나 두 사람은 매사에 대립적이었다. 서로가 양보하기보다는 비방과 멸시마저도 마다하지 않는 처지였다.[392]

이진순은 이진순대로 "서항석의 후광을 업고 연극계에 터전을 잡아 왔으니 6대 박진 이사장 자리를 이어받을 사람"은 자기밖에 없다고 자만하고 있었다.

이해랑과 이진순의 대립은 뿌리 깊은 것이었다. 차범석의 구술채록 인터뷰를 보면 두 사람의 대립은 이전의 유치진과 서항석의 대립으로

---

392 전성희 편, 《차범석 전집 11 — 자서전/수필 외》, 214면.

올라간다. 국립극장의 설치를 놓고 서항석이 앞장서 강력하게 주장했기 때문에, 국립극장장도 당연히 서항석이 될 것이라 생각했는데 결과는 유치진의 승리였다.

차 : (……) 우리나라 연극계 맥에 있어서 제일 원흉은 서항석, 유치진의 싸움이었어요. [네] 아까 얘기했지만 1931년에 극예술연구회가 만들어졌을 때 두 사람은 가장 적극적인 지도자였고 앞장선 사람들이었고 [그렇죠] 동지였다고. 그런데 왜 사이가 틀어졌냐. 해방이 되자 연극계에서 맨 먼저 시작된 게 우리도 국립극장이 있어야 한다. 국립극장이 있으면 그거 앞서간 나라예요. 일본은 생각도 못 했죠. 그때 연극의 서항석, 무용에 조택원, 음악, 문학에 이헌구 [이헌구요? 네] 아무튼 다 모았어요. 그래 가지고 국립극장이 있어야 한다. 그리고 거기서 앞장선 게 서항석이었으니까. 그러니까 의당 국립극장장은 서항석으로 되게 되어 있었어요. (……) 그랬는데 마지막 투표를 했는데 유치진 씨도 이제 위원으로 들어왔었죠. 유치진 씨는 빽이 뭔고 하니 그 당시에 법무부 장관에 김법린이라는, 아니 문교부 장관인가? 김법린. 주미대사도 하고. [법린] 동국대학 총장도 하고 그랬어요. 그 사람하고 친해요. 그런데 거기를 속삭거렸어. 그러면 자, 누가 될 것인가 하고 투표를 했는데 유치진이가 나왔거든.

김 : 서항석 선생님도 여기 회의 들어가셨어요?

차 : 물론이죠. 자기가 될 줄 알았지. 아, 받아 놓은 밥상이라고 느긋하게 아침부터 반주하고 얼굴 빨개 가지고 갔겠지. (웃음) 표가 안 나와 버렸어. 그거 미칠 노릇이죠. 그런데 표 나온 걸 보면 유치진 씨는 자기를 찍은 걸로 표가 계산이 되어 있어. 그때 이쪽은 네가 배신했구나.

김 : 서항석 선생님은 자기를 안 찍었을까요?

차 : 그건 모르죠. 그건. ＊＊ 그게 못 됐어요. 그러니까 거기에 서항석이하고 친했던 사람들, 그게 누구냐, 극예술연구회 가게 된 김광섭이다 이헌구 이런 사람들. 그 사람들 다 이북 출신이잖아요. (……) 해외 문학파 모였으니까 그러니까 유치진이 나쁜 놈이다, 자기들끼리 그랬을 거 아니에요. 그래서 갈라진 거예요. 그러니까 6·25가 돼 가지고 다 인제 국립극장도 이사 가 버리고 그 뭐 대구에서 ＊＊ 유치진은 피란 못 갔잖아. [네, 피란을 못 갔죠] 서항석은 피란 갔거든. 거기서 임시로 대구 키네마에서 국립극장 만들 때 이제 임원 개선, 서항석이가 된 거야. 그래 그때부터 유치진 씨가 몰린 거지. (……) 피란지에서 셰익스피어 작품도 하고 뭣도 하고 사르트르의 〈붉은 장갑〉 그것도 하고 해서 그래서 돌아와 가지고 명동에 환도 됐을 때 서항석 측에서 신협 보고 들어와라, 옛날에 그런 거 있는데 언제까지고 감정 얻지 말고 연극을 해야 할 거 아니냐. 이쪽에서는 솔깃하지 뭐, 연극 한다는데. 자기 다 놀고 있고 물론 거기에 김동원이다 황정순이다 박암이다 이런 사람은 영화로 잘 팔렸지만은 그 외의 사람들은 비실비실했지. 그러니깐 합류를 하게 됐어요. 아까, 그 무렵에 유치진 선생님이 미국 갔다 오니까 그렇게 돼 버렸거든. 그러니까 니들이 나를 배반하기냐 그래 가지고 빼냈죠. 그러니까 유치진, 서항석 사이가 더 나빠지게 됐지. (……) 사람은 이렇게 봐 가지고 유능, 우세한 사람 쪽에 붙게 돼 있거든 인심이라는 게. 그러니까 그때 붙은 사람이 이진순, 이원경, 뭐 이런 사람들. 서항석씨 쪽. 유치진 씨 붙은 것은 이해랑, 김동원, 박상익, 오사량 이런 사람들. (……) 그러니까 사사건건 틀어졌어요. (……) 그러니까 두 사람의 그런 얘기가 있었을 때 누군가가 화해를 붙여 줘야 할 텐데 여기 사람들은 주워 먹는 곶감이 달다고, 저 사람한테 붙어야 내가 살아남을 수 있으니까 고자질한 사람이 많지, (……) 그렇게 하다가 결국은 언제부터

그것이 나아졌냐면 I.T.I.[393]가 생기고 서항석 씨도 I.T.I.로 가입시켜 버렸어요.[394]

이해랑과 이진순의 암투는 연극계에서 누가 주도권을 잡느냐의 싸움이었다. 그리고 이 반목은 국립극장장 자리를 놓고 시작된 유치진과 서항석의 반목에서부터 이어진 것으로, 한국 연극의 불행한 역사다. 이해랑은 이진순이 한국연극협회 이사장 자리에 오르는 것을 막기 위해 차범석을 내세웠다. 이해랑은 차범석에게 늘 예의를 갖춰 "먼 훗날 돌아가실 때까지도 차범석 씨라고 깍듯이 불렀"을 정도로 예의를 갖추는 사이였다. 그런 이해랑이 차범석을 7대 이사장으로 추천한 것이다.

차범석이 나이가 젊기는 하지만 이미 6대 때 부이사장직을 수행한 적이 있고 제작극회와 극단 산하를 키워 낸 저력이 있는 현역 극작가이니 이사장으로서 부족함이 없다고 생각했던 것이다. 그러나 정작 차범석은 자신의 성격이 "소심한 데다가 감투 싸움 따위에는 생리적으로 관심을 갖지 않았"기 때문에 처음에는 거절했다. 그러나 이해랑은 차범석에게 연극계를 바로잡으려는 뜻에서 하려는 일이라며 꼭 수락해 줄 것을 부탁했다. 연극계를 위한 일이라니 더 이상 거절할 수 없었던 차범석은 결국 연극협회 이사장 선출을 위한 선거에 입후보했다. 결과는 차범석의 압승이었다.

그렇게 1969년 2월 차범석은 사단법인 한국연극협회 제7대 이사장

---

393 I.T.I.(International Theater Institute의 약칭) : 연극의 국제교류를 촉진하기 위해 1948년에 UNESCO(유네스코) 후원으로 설립된 국제비정부기구. 한국은 1958년에 가입했다.
394 차범석 구술, 김성희 채록연구, 《2004년도 한국 근현대예술사 구술채록연구 시리즈 49 — 차범석》, 211~215면.

으로 선출되었다. 그는 이 일에 대해 "내 스스로의 뜻이라기보다는 나를 아끼고 성원해 준 선배와 동료들의 힘이었다고 고백할 수밖에 없다. 뿐만 아니라 그것은 연극계 안에 도사리고 있는 '두 개의 세력' 다툼 사이에서 얻은 어부지리漁父之利라고 해도 무방할 것"이라 고백했다.

열 살 아래의 차범석에게 지면서 부이사장으로 선출되어 자존심이 상한 이진순은 1년 내내 이사회의에 참석하지 않았다. 그러나 차범석은 협회의 일에 열심이었다. 또 분열된 연극계의 융합을 내세우며 연극인대회를 개최했다. 대화의 자리를 만들어 파벌이나 인맥을 배제하자는 것이 목적이었다. 이어 제2회 연극인대회를 열어 '연극계 오늘의 문제점과 그 해결을 위한 시안試案'을 주제로 구체적인 현실 방안을 모색하려고 했다. 그리고 여기에서 연극계의 문제로 다섯 가지를 제시하고 그에 따르는 해결책을 제시했다. 다섯 가지 문제점으로는 연극 공연장의 부족, 극단 운영의 이윤을 남기지 못하는 시스템, 창작극의 부족, 매스컴의 협조가 안 되는 것, 교육에 있어 연극의 중요성이 평가되지 않는 것을 지적했고, 그에 따르는 구체적 해결책을 제시했다.

이러한 그의 문제의식은 연극계의 각성을 가져왔고, 두 가지 수확이 있었다. 그중 하나가 연극절의 제정이고, 다른 하나는 합동공연이었다. 이 일은 연극계 전체의 변화를 이끌어 한국 연극계가 전진하는 계기가 되었다. 차범석은 이 일을 "과거지향적 후진성을 털어 버리고 공동운명체로서의 거듭나기를 위한 선언"이라고 생각했다. 분명 한국 연극사의 새로운 미래를 준비하는 일이었다.

차범석은 이사장 자리에 있으면서 1969년《연극연감演劇年鑑》을 발간하기로 마음먹었다. 그리고 만시지탄의 감이 있지만 지금부터라도 공연자료를 정리해야 되겠다는 생각에 배우 강창수康昶秀에게 자료를 수집하도록 했다. 그렇게 해서 해방 직후부터 30년간의 공연기록과 자료를 정리했고, 유실될 뻔했던 한국연극사의 30년을 살려 냈다. 그러면서 1973년 자신이 운영하던 극단 산하의 자료를 정리한《극단 산하 10년 사》도 펴냈는데 이것은 한국연극사에서 자료와 기록의 중요성을 깨달을 수 있는 계기가 되었다.

1974년 2월 그는 7, 8, 9, 10대 동안 6년간 맡고 있었던 한국연극협회 이사장에서 물러났다. 차범석의 표현에 의하면 "물러났다기보다는 그동안 집요하게 그 감투를 쓰고 싶어 했던 연출가 이진순 씨에게 빼앗겼다는 게 정확한" 것이라는 것이다. 7대 선거 당시 자기가 이사장이 될 줄 알고 있다가 선거에서 차범석에게 패한 이진순은 그 이후로 차범석이 맡았던 이사장 자리를 넘보면서 선거 때마다 경합을 벌였다. 그러다가 10대 임기가 끝나는 마지막 날 열린 총회에서 '득표 공작에 혈안'이 되었던 이진순은 드디어 11대 이사장에 당선되었다.

홀가분하게 이사장 자리를 내준 차범석은 1974년 봄, 충무로 2가에 방 두 개짜리 사무실을 얻었다.

번화가이면서도 사무실 안은 아늑한 느낌이 드는 두 개의 방이 우리들의 새로운 집합처이자 제2의 도약을 위한 꿈의 산실이었다. 그 당시 극단 총무를 맡았던 홍성민洪性珉은 극단 살림을 잘 꾸려 나갔고, 그 아래 조수 격으로 일을 하는 현덕영玄德永은 동국대 연극과를 나온, 매사에 민첩한 청년이었다. 극단 산하도 창단 10년을 넘겼으니 단원 구성에도 변화가 많았다. 창단 동인이던 김성옥, 이순재, 최불암 등은 TV로 전향했고 작가 임희재는 연속극 〈아씨〉를 쓰다가 세상을 떠났다. 눈이 크고 정이 많으나 욕심 또한 많았던 또순이 천선녀는 간다는 말 한마디 없이 미국으로 이민을 가고 없었다. 그러므로 그다음 세대로 산하를 지키는 배우는 구민, 주상현을 비롯한 한인수, 김호영, 문희원, 윤창우, 박종관 등 젊은 층이었다. 전운, 남일우, 이묵원 등은 가끔 얼굴을 비쳤다. 그런 가운데 실질적으로 극단 산하를 지켜 온 배우는 주로 여자들로 강효실, 강부자, 백수련, 나문희 등인데, 먼 훗날까지도 나와 연극적 운명을 같이한 여성 동지들이었다.[395]

이제 극단 산하는 10년의 연륜을 지닌, 한국 연극계에서 중요한 위치를 차지하는 극단이 되었다. 배우 진용의 변화는 있었지만 제법 안정적인 시스템을 구축하고 새로운 사무실을 얻어 의욕이 넘치고 있었다. 이때 차범석은 여배우 강효실이 불행한 가정사로 고통을 겪고 있는 것을 보고 그를 위한 희곡을 창작한다. 그 작품이 〈열대어〉다.

배우 강효실을 위해 쓴 〈열대어〉

차범석은 자신이 아끼는 배우 강효실이 최무룡과의 이혼으로 실의에 빠져 술을 마시고 다닌다는 소식을 들었다. 그리고 배우로서 강효실의 재능이 안타까워 그를 위한 작품을 쓰기로 했다. 그렇게 이국적 용모의 강효실을 위한 맞춤형 희곡으로 미리 배우의 옷 색깔까지 상상하면서 쓴 희곡이 〈열대어〉다.

차범석은 〈열대어〉를 산하의 제5회 공연으로 무대에 올렸다. 〈열대어〉는 지금의 시각, 다문화적 관점에서 바라보아도 손색이 없을 정도의 문제의식과 모던함을 갖추고 있다. 그리고 기독교를 믿는 사람들의 위선과 이중성을 신랄하게 비판하는 작품이다.

---

395 전성희 편, 《차범석 전집 11 — 자서전/수필 외》, 225~226면.

이 : 여배우 강효실에게 연정을 느끼셨다는데 어떤 관계였습니까?

차 : 강효실은 대단히 재능이 있는 여배우였습니다. 그런데 외로운 여자였습니다. 그녀와의 관계는 남자와 여자의 진부한 관계가 아니라, 극작가와 여배우의 연극적 관계였습니다. 그녀의 이국적 용모, 서구적 분위기를 살려 작품 〈열대어〉를 썼어요. 〈열대어〉는 성공적이었습니다.[396]

〈열대어〉는 강효실이라는 배우의 이국적 용모에서 착안했는데 차범석은 "문득 그녀를 흑인 여성으로 설정하면 되겠구나 하는 발상"을 했다고 한다. "연극사를 들춰 보면 특정한 여배우를 미리 정해 놓고 극작가가 작품을 써서 공연하여 성공을 거두었던 예는 외국에서도 흔한" 것인데 차범석은 강효실의 특징을 살려 배우로서의 매력을 한껏 발휘할 수 있도록 하였다.

이 작품에서 차범석은 단순히 인종차별을 그리는 데서 더 나아가 종교적으로 사랑을 내세우는 기독교 가정의 위선과 이기주의를 적나라하게 파헤쳤다.

미국 유학한 젊은 의사가 흑인 여성과 결혼하여 서울로 돌아오면서 시작되는 가정 비극이다. 그것은 얼핏 보기에는 인종차별을 다루는 사회고발극의 성격도 없지 않으나, 사실은 사랑의 불모를 묘사하려는 데 뜻이 있었다. 이 작품의 무대는 독실한 기독교 가정에서 이루어지는데, 종교적으로는 사랑을 내세우면서 실제로는 모순에 빠지는 인간의 이기주의를 다룬 작품이었다.[397]

---

396 이태주, 〈원로예술인에게 듣는다/극작가 차범석: 희곡을 쓰는 일은 내 생에서 휴가를 얻는 일〉, https://www.arko.or.kr/zine/artspaper2000_12/11.htm

397 전성희 편, 《차범석 전집 11 — 자서전/수필 외》, 229면.

〈열대어〉 공연은 성공을 거두었
다. "미국에서 신부를 데리고 귀국
하는 아들을 고대하는 가족들의 뜨
거운 기대와 행복한 가정에 흑인 며
느리 글로리아가 처음 등장"하자 가
족들은 경악을 금치 못하고, 가족
들의 멸시와 몰이해는 글로리아를
미치게 한다. 무대에서 글로리아가
"반 발광상태에서 어항을 깨부수자
어항 물이 무대로 콸콸 쏟아지는 마
지막 장면"에서는 열대어가 살 수
없는 어항의 절망을 보여 주었다.

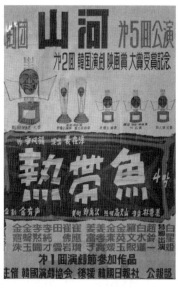

극단 산하의 〈열대어〉 공연 포스터. 1966.

차범석은 이 "마지막 장면에서 글로리아가 아닌 여배우 강효실의 마음
속 깊이 도사린 스트레스를 해소시켜" 주려는 의도[398]를 갖고 있었다.

한국전쟁 중이던 때 신협 순회공연 차 최무룡과 함께 목포에 내려
온 강효실의 모습과 연기는 차범석을 사로잡았다. 차범석이 산하 창단
이후 〈잉여인간〉, 〈청기와집〉, 〈말괄량이 길들이기〉, 〈열대어〉, 〈천사여
고향을 보라〉 등에 강효실을 계속 주연 등으로 출연시키자 두 사람의
사이에 대해 주변에서 이러쿵저러쿵 말이 많았다. 그러나 차범석은 강
효실의 재능과 개성을 높이 샀기 때문에 그가 겪는 가정적 불행이 연기

---

398 "강효실은 외로운 여자였다. 아니 소녀 같은 데가 있었다. 그런데도 소문나기로는 술과
도박으로 가정을 망친 여자로 낙인이 찍혀 있었다. 내가 알고 있는 그녀는 그 공허와 허
탈을 이겨 내기 위해서 우리와 술자리를 함께함으로써 어떤 삶의 위안을 얻으려는 마음
약한 여자였다. 나는 그러한 그녀에게 연기자로서의 자부심과 실력을 안겨 주려고 남
몰래 일을 꾸미고 있었다."(전성희 편, 《차범석 전집 11 — 자서전/수필 외》, 228면.)

를 방해하지 않도록 신경을 썼다. 그리고 이혼으로 실의에 빠진 강효실을 산하 창단 멤버로 영입했다.

> 내가 처음 강효실을 만났을 때 그 이글거리는 눈빛에서 마력 같은 것을 느꼈던 것은 결코 우연이 아니었다. 그것은 인연이었다. 불가佛家에서 말하는 전생의 연이었을까.
> 나와 강효실이 가까워지게 된 동기는 하나의 동정과 우정에서였다. 이북에서 내려왔고 명배우인 강홍식姜弘植과 전옥全玉의 사이에 태어났고, 선천적으로 연극적인 재능을 지녔다는 점은 천하가 이미 알고 있는 사실이다. 그러나 화려한 결혼과 불행한 이혼에서 받은 상처 때문에 비통과 자포자기의 나날을 보내는 강효실에게 나는 뭔가 구원의 손을 뻗치고 싶었다. 그것은 그녀에게 활동할 무대를 주는 일밖에 없다고 생각했다. (……) 강효실로 하여금 마음껏 활동할 기회를 줌으로써 공허한 생활을 채워 주고 한 사람의 탁월한 배우의 길을 가게 하는 일밖에 없다고 생각하자 나는 그녀를 붙들었다.[399]

차범석이 강효실을 챙겼던 것은 그의 배우적 재능을 높이 샀기 때문이지만 그의 재능과 외모에 끌려 점차 '연정'이 생겨나기도 했다. 강효실은 이후에도 산하의 공연 여러 편에 출연하면서 배우로서의 입지를 단단히 해 나갔는데, 이는 어쩌면 차범석 덕분이기도 했다.

〈열대어〉의 연출을 맡은 표재순은 이전 작품인 〈천사여 고향을 보라〉로 한국연극영화예술상에서 대상과 연출상을 받았는데 그 상금이 제법 되었다. 그래서 다음 공연이었던 〈열대어〉 제작에도 큰 힘이 되었

399 전성희 편, 《차범석 전집 11 — 자서전/수필 외》, 226면.

극단 산하의 〈열대어〉(차범석 작, 표재순 연출) 공연 후 기념사진. 앞줄 맨 오른쪽이 차범석. 국립
극장. 1966.4. 한국문화예술위원회 아르코예술기록원(표재순 제공).

다. 표재순은 〈열대어〉에 대해 다음과 같이 이야기했다.

그 〈열대어〉는 차범석 선생님 창작품인데 소재가 조금 색달랐습니다. 왜냐
면 미국인 며느리허구 시어머니 [이야기] 허고 관계에서, 또 아들허구. 삼
각관계가 아주 복잡허게 허면서 재래, 전통적인 우리 가정의 관습하고 그
다음에 흑인 며느리하고의 관계. 근데 이제 이분들이 다들 착실한 신자거
든요. 그니까 아들이 며느리를 데불고 와서 같이 생활하게 되는데 믿음이
다 기독교 신자이면서도 갈등이 있는 거예요. 시어머니 된 입장에서는 도
저히 그 받아들일 수가 없는, 거기서 이제 갈등이 시작이 되죠. (……) 마지
막에는 이제 그 글로리아래는 여자 주인공이, 그때 강효실 씨가 맡어서 했
는데. 열대어 어항이 상징적으로 되어 있습니다. 열대어래는 게 우리나라

고기가 아니지 않습니까? 마지막에 그냥 그 열대어를 물이 든 상태로 해서 그냥 무대에다 깨트리는 장면이 이제 마지막 장면에서 아주 대단한 그 효과를 냈는데. 그게 충격적이었죠. 무대에서 물이 든 그 커다란 어항을 깨트린다는 것이 그렇게 간단한 일이 아니거든요. [네] 매회 바꿔야 되니까. 그래서 그 쇼킹한 장면을 연출하면서 대미를 이제 장식했는데. 결국은 근본적으로 편견, 그게 사람과 사람 간의 편견일 뿐더러 또 타민족과의, 타 인종하고의 그런 편견과 또 우월감 같은 거. 이런 것이 말하자면 〈열대어〉의 주제랄까 그렇게 되겠어요. 그래서 예산도 한 상금 20만 원을 가지고 제작을 한 그런 프로그램이기 때문에 굉장히 공을 많이 들였죠.[400]

〈열대어〉는 1971년 강대선[401] 기획으로 영화화되었는데 영화의 제목은 〈그대 가슴에 다시 한번〉으로, 유현목 감독의 조감독 출신인 김사겸 감독의 데뷔작이기도 하다.

극단 산하의 대표 연출가, 표재순

〈열대어〉 공연이 성공적으로 끝나자 그다음으로 6회 공연을 고민했던 차범석은 번역극으로 장 아누이의 〈베켓〉를 표재순 연출로 1966년 9

400 표재순 구술, 백두산 채록연구, 《2022년도 한국 근현대예술사 구술채록연구 시리즈 318 ― 표재순》, 94~95면.
401 강대선(1934~2023): 차범석의 목포중학교 시절의 때의 제자다. 〈마부〉의 영화감독이며 강대진의 동생이다. 언론인 출신으로서 《영화세계》 잡지의 편집부장으로 재직 중 신상옥 감독과의 인연으로 신상옥, 최은희, 황남 등과 함께 신필름을 창설하여 기획, 연기, 섭외실장을 맡았다. 현재의 삼영필름 전신인 유한영화사를 형과 함께 경영하다가 영화 연출을 시작했다. 영화로 〈여고시절〉 등이 있다.

월 7일부터 11일까지 국립극장 무대에 올렸다. 이어 7회 공연은 차범석의 〈산불〉을 표재순 연출로 서울과 광주, 전주 등에서 공연했다.

차범석은 산하의 연출자였던 이기하가 떠난 뒤 표재순을 〈말괄량이 길들이기〉에서 조연출로 연출 수업을 시켰다.[402] 표재순은 그 후 4회 공연에서 본격적으로 연출을 맡았고, 한국연극영화상을 수상하면서 산하의 대표적 연출자로 많은 작품을 무대에 올렸다. 산하의 7회 공연으로 차범석의 〈산불〉을 올릴 때도 표재순이 연출을 맡았다.

〈산불〉은 지가 초연이 아니고, 이진순 선생님이 국립극장에서 (이미 초연을 하신) 이미 초연을 허셨어요. (……) 그리고 차범석 선생님 작품 가운데에서도 아마 가장 그 (각광을 받은) 예, 각광을 받고. 정말 참 명작극을 쓰셨거든요. 근데 6·25의 비극이죠. 지리산 자락에 그 산골 마을에, 대나무 숲이 있는 마을에, 말하자면 공비 한 사람이 숨어 들어와 가지고, 전부 다 거기 과부들만 사는 동넨데. (……) 맨 마지막에는 불 내 가지고 결국은 자살하는 그런 장면인데. 어떻게 보면 6·25 전쟁의 그 소위 민족적인 비극이랄까. 그걸 아주 무대 한편에 아주 그냥 적나라하게 고발도 하면서 또 그걸 재조명했던 어떤 그런 아주 명작으로 생각허는데. 그거를 지가 두 번째로 연출을 맡아 가지고, 산하 작품으로 해서. 아무래도 차 선생님이 호남, 목포분이기 때문에, 광주허구 전주 두 군데서 공연을 했는데. 아마 두 군데 합쳐서 한 2만 명 정도. 아주 대박을 친 작품입니다. 서울서는 큰, 서울서도 했지만은 광주 공연이 대단했고, 또 전주 공연이 대단했어요. 전주 공연은 세트가 먼저 출발하고 그다음에 인제 제가 이발하고 딱 가는데 사람 때문에 기마

---

402 여러 증언에 보면 〈말괄량이 길들이기〉는 차범석 연출에 표재순이 조연출인 것처럼 기록되어 있지만 실제로는 표재순이 연출을 다 했다고 한다.

경관이 동원이 돼 가지고 제가 들어갈 수가 없었어요. 그래서 경찰을 불러서, 내가 안 들어가면 막이 안 열려. 못 여니까, 막을 못 여니까 안내를 받고 들어가서 이제 막을 올린 그런 경험이 있는데.[403]

〈산불〉의 서울 공연 이후 극단 산하는 차범석의 고향과 같은 호남 지역에서 순회공연을 했다. "조금은 수월하게 하기 위해 연고지인 광주와 전주를 택"해 1966년 11월 30일부터 12월 3일까지 공연했다.

서울의 대극장 규모와 조금치도 다름이 없는 전주의 코리아 극장은 어떻게나 많은 관객이 몰려들었던지 극장 입구에 사람 사태가 나고 말았다. 따라서 극장 측에서는 매번 시간이 되기 전에 모든 문을 폐쇄할 수밖에 없었는데 여관에서 늑장을 부리다가 뒤늦게 들어가려던 연기자들이 들어가지 못하고 쩔쩔매기까지 할 정도였다. 그만큼 극단 산하의 〈산불〉 공연은 전주 사람들에게 만족을 줬고 결과는 기대 이상이었다.[404]

광주의 대한극장과 전주의 코리아 극장, 그리고 국립극장에서의 공연은 표재순의 회고에서처럼 관객이 2만 명가량 들어 〈산불〉의 인기를 실감할 수 있었으며 대표 차범석의 역량을 확인할 수 있었다. 차범석은 극단 산하 창단 당시 지방 공연을 천명했고, 실제로 극단을 이끌고 지방 공연을 실행했던 것이다. 이 공연은 극단 산하의 7회 공연으로, 주목할 만한 것은 전주와 광주 등 지방 공연의 열기를 서울로 이어지게 하는 전략적 선택이 성공했다는 점이다.

---

403 표재순 구술, 백두산 채록연구, 《2022년도 한국 근현대예술사 구술채록연구 시리즈 318 — 표재순》, 101~102면.
404 최호영, 〈나와 '산하'〉, 《극단 산하 10년사》, 극단 산하, 1974, 35면.

1974년 문화예술진흥원은 상
반기 창작극 공연지원금 250만 원
씩을 9개의 극단에 나누어 주었는
데 극단 산하는 지원금으로 〈약산
의 진달래〉를 공연했다. 공연지원
금을 받은 단체들의 흥행은 대체적
으로 저조했지만 〈약산의 진달래〉
는 유료 관객 3천 명을 넘겼다. 하
반기에 지원받은 극단들이 3개 지
역씩 분담해 전국의 중소도시를 순
회하는 지방 공연에서 극단 산하는

극단 산하의 〈산불〉 공연 포스터. 1966.

"〈새야 새야 파랑새야〉로 전주, 군산, 정읍, 이리 등지에서 총 12회 공연
에 1만 1,240명의 관객을 얻었고 수입 면에서나 관객의 반응 면에서 좋
은 성과를 거뒀다."[405]

그리고 이 해에 차범석은 〈활화산〉, 〈꽃바람〉, 〈약산의 진달래〉, 〈새
야 새야 파랑새야〉, 〈순교자 이차돈〉 등을 발표하여 1974년 희곡 최다
발표 작가에 꼽히기도 했다.

동양극장의 사기 계약에 당하다

예나 지금이나 극단들은 자신만의 전용극장을 꿈꾼다. 1975년 극단 산
하는 그동안 꿈꾸던 전용 극장을 마련할 수 있는 기회를 찾았다. 일제강

---

405 구희서, 《연극읽기: 1970~1979 연극 무대 이야기》, 메타, 1999, 220면.

점기 때 신파극을 공연했으며 우리나라 최초의 연극 공연장이었던 동양극장을 임대하여 극단 산하의 전용 극장으로 사용하기로 한 것이다. "1975년 12월 5일 극단 산하(대표 차범석)와 동양극장東洋劇場은 임대 계약을 하고, 30일 중도금이 지불되었는데 계약금 이외에 임대료는 1일 5만 원이며 금년 3월부터 11월까지 다섯 차례 공연하기로 했다."라는 기사가 떴다. 그중에 당시 《매일경제》에 실린 '산하 동양극장 계약, 3월 〈중매인〉 공연'이라는 기사가 있다.

> 극단 산하(대표 차범석)는 독자적인 무대 확보에 성공, 서울 서대문 동양극장(사장 김희덕)과 연중 6회(1회는 장소 미정)의 공연 계약을 맺었다.
>
> 이에 따라 산하는 오는 3월 13일부터 18일까지 6일간 올들어 처음이자 제30회 공연으로 〈중매인〉(손턴 와일더 작, 오화섭 역, 표재순 연출)을 동양극장 제휴 2회 공연이라 하여 내놓을 예정이다.[406]

전용 극장에 대한 꿈은 극단이라면 다 갖고 있겠지만 당시는 명동예술극장이 매각되고 카페 떼아뜨르가 폐쇄되면서 공연장의 필요성이 더욱 대두되었던 때였다. 차범석은 '무대가 없는 연극이란 한마디로 물고기가 없는 물웅덩이에서 파닥거리는 꼴이니 누군가가 앞장서서 공연장을 마련하지 않으면 안 되겠다는 사명감'에서 동양극장을 공연장으로 사용해야겠다고 생각한 것이다.

나는 서대문에 있는 동양극장을 점찍었다. 전부터 문화방송국을 드나들면서 왕년의 동양극장이 저 지경으로 삼류영화 상영관으로 전락한 모습을 볼

---

406 〈산하·동양극장 계약 — 3월 〈중매인〉 공연〉, 《매일경제》, 1976.1.15.

때마다 나는 그것을 구해 낼 꿈을 꾸고 있었다. 1935년 화려하게 문을 열어, 우리나라 최초의 연극 전용 극장이자 대중 연극의 메카로 해방 직후까지 약 20년 동안 건재했던 극장을 저렇게 썩힐 수는 없다고 생각한 끝에 총무인 홍성민과 함께 무작정 교섭을 시작했다. 그런데 의외로 쉽게 의견이 일치되었고, 현재 주인인 김모 씨는 전 소유주의 아들이며 연극계의 실정을 어느 정도 알고 있었다. 그리고 이 사업의 성과가 잘만 된다면 개축을 해서라도 동양극장의 명성을 되찾겠다고 기염을 토하는 것이었다.[407]

약속대로 되었다면 더없이 좋은 일이었겠지만 어처구니없는 일이 생기고 말았다. 산하로서는 자체 극장에서 연간 공연을 계획한다는 사실에 충분히 희망에 부풀어 있었다. 일단은 운영위원회를 열어 1976년 3월부터 11월까지 두 달에 한 번씩 총 다섯 번의 공연을 계획했다. 3월에는 손턴 와일더의 〈중매인〉, 5월 초에는 차범석의 신작 〈화조火鳥〉, 6월에는 차범석 각색의 록 뮤지컬 〈칼맨〉, 9월에는 오스카 와일드의 〈살로메〉를 올린다는 계획이었다. 차범석은 〈중매인〉 공연 준비로 연출은 표재순에게 맡기고 배우들로 극단 산하의 멤버들인 강효실, 김영옥, 백수련, 한인수, 김호영, 신충식 등과 찬조로 당시 인기 탤런트였던 김영애까지 캐스팅했다. 연습을 하다 공연일이 가까워지자 차범석은 "잔금도 지불할 겸 극장 무대의 보수와 선전 간판을 걸기 위해 동양극장 사무실을 찾아가" 자신과 계약한 김모 사장을 찾았다. 그런데 사장 대신 중년 남자가 나와서 그 사장이라는 사람은 동양극장과 아무 상관이 없다며 왜 왔느냐고 되물었다. 저간의 상황을 얘기하자 그 중년의 남자는 동양극장은 벌써 다른 사람 손에 넘어갔고 봄이 되면 아마도 헐릴 것이라

---

407 전성희 편,《차범석 전집 11 — 자서전/수필 외》, 237면.

극단 산하의 〈중매인〉(손턴 와일더 작, 오화섭 번역, 표재순 연출) 공연 후 기념사진. 둘째 줄 가운데 안경 쓴 이 오른쪽이 차범석. 시민회관 별관. 1976.3.

고 했다. 그렇게 계약금과 중도금을 챙긴 김모 사장은 자취도 없이 사라졌고, 극단 산하의 꿈도 사라지고 말았다.

연극하는 사람에게 무슨 큰돈이 있었겠는가. 당시 계약금과 중도금은 매우 큰돈이었을 것이다. 그런 상황에 차범석은 그 김모 사장을 향해 "왕년의 명성을 되찾기는커녕 사기꾼으로 전락하여 애꿎은 연극장이의 돈을 사취하다니, '문둥이 콧구멍에서 마늘씨 빼먹을 놈아!'라고 욕을 하고는 술을 마시면서 통탄을 했다. 그러면서도 "불행 중 다행으로 잔금은 안 털렸으니 그것도 복이라면 복일까. 아…… 세월이여."라며 스스로를 위로했다. 차범석은 이 일로 실의에 빠지기는 했지만 다행히 금세 벗어났다. 아마도 연극을 하면서 이래저래 인간관계나 주위와의 갈등이 생기는 일이 많았기 때문에 스스로를 위로하는 법을 터득했던 듯하다.

그는 1977년 3월 10일부터 15일까지 지인 커의 희곡 〈사랑하는 마리〉(강효실, 한인수, 김동주 출연)를 직접 연출하여 세실극장 무대에 올렸다. 그리고 곧이어 극단 산하는 지방 공연에 나서서 4월 1일 광주의 무등극장에서는 1일 2회, 4월 2일 목포의 평화극장에서는 1일 3회의 공연을 진행했다. 주로 차범석의 연고가 있던 목포와 광주 등지에서 진행됐다는 지역적 한계는 있었지만 지방 공연이라는 차범석의 목표는 실행되고 있었다.

스타 시스템과 동인제 연극 사이에서

차범석은 연극의 직업화를 이야기했지만, 그것이 몇몇 스타를 출연시켜 공연하는 스타 시스템에 의존하는 것이나 수익성이 있는 연극을 한다는 것은 아니었다. 그리고 동인제 연극의 아마추어적 태도를 경계했다. 그의 연극관은 원리에 입각하고 있으며 보수적이었다는 평가를 받았다. 그는 특히 화술話術의 중요성을 강조했는데, 이 문제로 후배 연극인들과 갈등도 있었다. 당시 연극계는 국내로 복귀한 유학파 연극인들이 실험극을 주장하고 있었다. 이에 대해 차범석은 "정통적인 연극이 더 착실하게 뿌리를 내지 않고서는 궁극적으로 외국 것만 추앙하는 노예근성에 빠지게 된다는 고집을 굽히지 않았다. 벌써부터 부조리 연극, 반연극反演劇, 서사극 등 우리에게 아직은 생소한 외국 연극이 밀려드는 상황에서 우리가 버텨 나갈 저력은 정통적인 연극의 기술 습득, 특히 연기술의 연마가 급선무라고 주장"하였다. 연기술의 기본은 대사 전달이기 때문에 차범석은 "단원들의 연습장에서나 그 밖의 장소에서도 정확한 화술話術의 중요성을 강조했다. 연극은 궁극적으로 말의 예술이자 대사에 의한 의미 전달이 생명"이라고 말이다. 그는 더불어 몸의 관리도 배우의 중요한 덕목으로 생각했다. 연희극예술연구회에서도 후배였으며 산하의 단원으로 함께하던 배우 오현경은 차범석으로부터 꾸지람을 들은 적이 있다.

> 오 : 배우들은 예민하죠. [예예] 근데 그게에~ 대개 혹평하는 사람이 글쎄, 난 딱 한 번 있었어요. 내 기억에 남는, 차범석 선생님이 굉장히 날 칭찬만 하다가 요전에 얘기했었잖아요 내가 목 쉬었을 때. [예] 그래 가지고 그 얘기를 후배들에게 많이 해요.
>
> 그 그래서 내가 그 공연 도중에는 물론이고 연습할 때 시끄러운 그 술집에 가지 마라. 배우가 자기 몸을 컨트롤 못 하면 아무리 해도 익스큐즈가 될 수가 없다 배우는. 무대에서 보여 주는 게 중요한 거지. (쉰 목소리로) "내가 목이 쉬어 가지고 내가 원래는 연기를 잘하는데 내가 목이 쉬어서 못 합니다." 그럼 말이 되냐 이거야. 내가 그러면서 차 선생 얘기를.
>
> 서 : 배우는 연기만이 다가 아니다. 자기 몸 관리를 평소에 잘해야 한다.
>
> 오 : 물론이지. 엄청나게 중요한 거죠. 이게 재산인데.[408]

1968년은 우리나라에서 신극이 시작된 지 꼭 60년이 되는 해였다. 1960년대 들어 약 10여 개의 동인제 극단들이 등장하여 경쟁적으로 공연을 하면서 연극계는 이전 시기와는 다르게 활기를 띠었다. 비록 화재로 없어지기는 했지만 원각사는 소극장 운동의 중심이 되었고, 동인제 극단들이 그곳에서 공연했다. 이 시기부터 동인제 극단의 공연이 대학생을 관객으로 확보하면서, 연극을 보는 것이 점차 지적인 행위로 인식

---

408 오현경 구술, 서지영 채록연구, 《2011년도 한국 근현대예술사 구술채록연구 시리즈 207 — 오현경》, 198면.

되기 시작했다. 그에 따라 여러 개의 서구 번역극이 무대에 올려졌고 부조리극과 같은 작품이 소개되기도 했다. 그러나 연극의 중심지인 국립극장의 예산이 반으로 삭감[409]되자 자체 공연 제작이 힘들어지고, 대관 중심의 극장으로 전락할 수밖에 없었다. 연극계는 이러한 상황에 항의하고 반발했지만 개선되지 않았고, 국립극장은 동인제 극단과 같은 사설 단체의 대관으로 명맥을 이어 갔다. 그렇다 보니 연극은 사설 단체가 중심이 되는 공연이 대부분이었고 관객은 여전히 부족했으며 극단은 적자를 내면서도 계속 공연을 하는 악순환을 거듭하게 되었다.

당시 대부분의 극단은 주로 번역극을 공연했는데, 그 이유는 창작극이 없었기 때문이었다. 당시 활동하는 극작가는 오영진, 차범석, 하유상, 이용찬, 이근삼 정도였고 그나마 신춘문예 등으로 등단한 임희재와 같은 극작가들 중에는 생활고로 인해 희곡을 쓰지 못하고 방송극을 쓰는 경우가 많았다. "우리 주변엔 언제부터인가 연극=빈곤이라는 서글픈 등식이 성립되어 있었다. 엄연한 사실이었다. 반대급부를 전연 기대할 수 없는 희곡 작가들은 대부분이 방송 드라마와 시나리오 작가로 전직"[410]했다는 기사는 당시의 상황을 보여 준다. 특히 1960년대 연극계에는 이런 일들이 비일비재했다. 오화섭은 "희곡의 우열은 배우의 열성을 좌우하고 관객의 수를 늘리고 줄이는 현상을 가져온다고 했다." 그러나 극단 산하는 활발하게 극작 활동을 하고 있는 차범석이 극단 대표를 맡고 있어, 레퍼토리 선정에서 자유롭게 창작극을 선택할 수 있었다. 그래서 극단 산하 2회 공연인 차범석의 〈청기와집〉을 시작으로 1960년대에 〈열

---

409 "국립극장이 제출한 66년도 예산액이 9백 20만 8천 원이었는데 국회문공위에서 5백 8만 9천원이 삭감되고 4백 11만 9천 원으로 만들었던 것이다. 문공위에서 예산을 삭감한 이유는 국립극장이 자체 수입으로 유지해야 한다는 의원들의 강한 요구 때문이었다."(유민영, 《우리시대 연극운동사》, 326면.)

대어〉, 〈산불〉, 〈장미의 성〉, 〈대리인〉, 〈왕 교수의 직업〉 등 문제작을 무대에 올렸다. 그 가운데 〈열대어〉와 〈장미의 성〉은 영화화되기도 했다.

극단 산하는 1973년까지 10년 동안 총 20회의 공연을 했는데 차범석은 열정적으로 극단을 이끌면서 창작극과 번역극을 고루 무대에 올렸다. 그 가운데 〈청기와집〉, 〈열대어〉, 〈산불〉, 〈장미의 성〉, 〈대리인〉, 〈왕 교수의 직업〉, 〈약산의 진달래〉 등 일곱 편이 창작극이고 셰익스피어의 〈말괄량이 길들이기〉, 오학영의 〈진흙 속의 고양이〉, 〈우리[卌]〉 등 세 편은 직접 연출했다.

이렇게 극단 산하의 대표로, 희곡작가로, 방송 드라마 작가로, 또 한국연극협회 이사장 등으로 바쁜 와중에도 차범석은 국립극단의 공연을 위해 계속 창작을 했다.

〈활화산〉과 〈대지의 딸〉

〈활화산〉은 국립극단 제67회 공연 작품으로, 이해랑 연출로 국립극장에서 공연되었다. "1974년에 들어서는 역시 정부가 총력을 기울여 추진하

---

410 "지난 67년은 단 1편의 창작극도 무대에서 볼 수 없었던 창작극 전멸의 해였다. 68년이 신연극 60년이란 의의만을 내세운다고 좋은 창작극이 갑자기 솟아날 수는 없는 노릇이다. 대부분의 희곡 작가들이 돈벌이가 되는 방송극, TV 드라마, 시나리오에 팔려 있는 한 창작극이 나올 수 없는 뻔한 일이기 때문. 하나의 테마를 압축해서 한정된 상황의 무대 위에 2시간 동안에 표현하기보다 그것을 엿가락처럼 늘릴대로 늘려 연속방송극에 담으면 20분짜리 30회를 써서 1개월이나 생색을 낼 수 있다. 더구나 그 보수는 연극의 경우 고작 5만 원이지만 방송극의 경우 10만 원가량에다가 영화화 될 경우 20~50만 원의 원작료를 받게 마련이다."(〈연주중흥〉, 《경향신문》, 1968.2.24.) 배우뿐만 아니라 극작가들도 결국 경제적인 이유로 연극을 못 하고 있는 상황에서 창작 희곡을 기대하기는 어려웠다.

고 있던 새마을운동을 무대 예술 쪽에서 뒷받침하는"[411] 작품으로 차범석의 〈활화산〉을 국립극장 무대에 올렸는데 국립극장에서 공연된 새마을연극으로는 이재현의 〈송학정松鶴亭〉에 이어 두 번째 작품이다.

〈활화산〉은 실존 여성의 이야기로, 사람들은 차범석의 새마을연극이라며 혹평을 하기도 했다. "전국 새마을 지도자대회에서 새마을운동을 실천한 김영순 여사의 발표를 듣고 눈물을 흘린 박정희가 창작을 지시, 이에 차범석이 김영순 여사를 취재하여 〈활화산〉이란 희곡을 창작하였다"[412]는 것이다. 그러나 그는 자신의 소신대로 썼다고 했다.

> 이 희곡의 주인공은 현존 인물이며 내가 작품을 쓰기 위해 경상북도 월성읍 안강읍 옥산마을까지 내려가서 직접 만나 본 인물이다. 이제부터 작품 속에다 창조하려 한 인물을 직접 대했을 때 나는 작가가 가지고 있는 상상력이나 추리력이 얼마나 허약한 것인가를 발견하고 남몰래 부끄러움을 금치 못했었다. 그 여인은 이른바 새마을운동의 기수로서 각광을 받은 인물이었다. 그러나 그녀의 집에서 보고 듣고 이야기하는 가운데 내 머리와 가슴을 파고드는 것은 그 여인의 개인적인 이야기보다는 '한국의 여인'과 '우리 농촌의 문제'가 앞질러 가는 것을 느꼈다. 인습과 나태와 무지와 그리고 빗나간 민주주의의 물결 속에서 해방 후 20년 동안 버림받아 온 농촌의 비애가 새삼 가슴을 조이게 했다. 그러므로 나는 모델을 얻은 게 아니라 어쩌면 또 하나의 불씨를 얻은 셈이 되었다. (……) 그러므로 이 작품은 모델로 채택한 여인 전기는 물론 아니다. 이를테면 나는 그 여인을 빌려 왔을 뿐이다. 나는 그 여인의 아픔을 통하여 농촌과 한국적인 여인의 아픔을 되새기

---

411 유민영, 《한국극장사》, 220면.

412 정현경, 〈새마을 연극과 정치적 매커니즘: 차범석의 〈활화산〉을 중심으로〉, 《현대문학이론연구》73집, 현대문학이론학회, 2018.6., 196~197면.

면서 미래로 향한 잘사는 세계를 그리고 싶었다.[413]

실제로 〈활화산〉의 극적 성취가 새마을 정신의 고취에만 있지는 않다. 당시 차범석은 이미 당대를 대표하는 극작가로 인정받고 있었으며, 그에게 새마을희곡의 창작 의뢰가 들어온 것은 별로 특별한 일이 아니었다. 차범석은 자신의 연극적 출발이 가난한 사람들로부터 출발했듯이 몰락한 세도가의 며느리 정숙이 가난을 이겨 내기 위해 마을 사람들과 힘을 합쳐 그것을 극복하는 이야기를 만들었다. 극이 진행되는 동안 남편으로 대표되는 정치인과 가부장제 사회의 문제들, 그리고 세대 간의 갈등도 보여 주고 있다. 자신은 평소의 창작관대로 이 희곡에서 '민족의 문제'에 대해 이야기하려고 했다는 것이다.

유민영은 〈활화산〉이 실린 차범석의 희곡집 《학이여 사랑일레라》의 서평에서 〈활화산〉에서 보이는 차범석의 창작 경향과 변화를 "침울과 절망적 상황 속에서 벗어나지 못하던 주인공들에게 강렬한 에네르기를 부여하여 주인공 자신뿐만 아니라 그들이 처한 환경까지를 스스로 극복하게 해 주기도 했다. 따라서 냉소적이고 고발적이며 비판적이던 작품 구조는 서정적이고 낭만적인 구조로 바뀌었"[414]다고 언급했다. 그렇지만 차범석의 리얼리즘 연극관에 비춰 본다면 〈활화산〉이 이전의 희곡들에 비해 연성으로 바뀐 것은 사실이다.

2024년 5월 국립극단은 차범석 탄생 100주년 기념 공연으로 〈활화산〉을 명동예술극장 무대에 올렸다. 하지만 60여 편에 가까운 차범석의 작품 중에 〈활화산〉이 기념 공연에 걸맞는 차범석 희곡의 대표작인지는

---

413 차범석, 〈학이여 사랑일레라〉 작품 노트 중에서.
414 유민영, 〈작가의 변신 보인 새로운 도전 ─《학이여 사랑일레라》 차범석 희곡집〉, 《경향신문》, 1984.5.18.

의문이 남는다.

연극 '활화산'은 정숙이 양돈 사업으로 집안을 일으키는 과정을 그린다. 언뜻 주체적이고 리더십을 갖춘 젊은 여성의 영웅담으로 보이지만, 사실 이 작품은 박정희 전 대통령 정권의 새마을운동을 홍보·독려하기 위한 목적으로 만들어졌다. 1974년 초연 당시 16개 도시를 순회 공연했고 녹화 영상이 방송으로도 나갔다.

정숙의 통솔력 덕에 양반 가문의 옛 영광을 붙든 채 일하지 않던 이 씨 식구들과 다른 누군가가 마을을 발전시켜 주기를 바라며 손 놓고 있던 주민들은 점차 변하기 시작한다. 우리 힘으로 '잘살아 보세'라는 새마을운동 구호를 충실히 이행하는 셈이다.

특히 정숙의 입을 통해 이런 메시지는 단도직입적으로 전달된다. "우리 농촌 사람이 가난에서 벗어나려면 뭔가 해야 한다.", "누가 시켜서가 아니라 스스로 힘으로 일어서야 한다." 같은 직접적인 대사는 프로파간다 예술의 전형을 보여 주는 듯하다.

그러나 선전용 연극이라는 이유만으로 이 작품 자체가 지닌 가치마저 깎아내리긴 어렵다. 당시 사회에서 분출된 구습에 대한 지적과 세대 갈등, 도농 격차 문제 등을 지금의 시각으로 바라볼 수 있기 때문이다. 사실주의 희곡의 대가가 쓴 극본답게 당시 격변하는 농촌의 풍경을 세밀하게 묘사하는 한편 여러 사회 문제를 꼬집는다. 눈에 띄는 대목은 극 중 강상구 의원으로 대표되는 당대 정치인에 대한 비판이다. 강상구는 표심을 얻기 위해 마을에 다리를 내 주겠다며 실현 가능성이 없는 공약을 펼치고 축산조합장 선거에 개입하기도 한다. 정권 사업 홍보를 위한 작품에 기성 정치 문화 비판이 담긴 것은 작가의 양심과 용기가 반영된 결과가 아닌가 싶다.[415]

차범석은 4·19 이후 정치와 정치인들의 부패와 타락에 대한 비판과 혐오를 많이 다루고 있다. 〈활화산〉이 새마을연극이기는 하지만 이 희곡에도 정치와 정치인에 대해 비판이 나온다. 정현경은 차범석의 〈활화산〉을 분석하면서 새마을연극이 지닌 교조적 태도에서 새마을희곡과 연극의 프로파간다적 성격을 언급[416]하고 있다.

> 새마을희곡과 연극이 프로파간다의 프레임에서 자유로울 수는 없지만, 그렇다고 해서 모든 작가의 작품들이 이 목표를 완벽하게 실천하고 수행했다고 단정 지을 수는 없다. 하여, 공간을 중심으로 한 본고의 분석 과정을 통해 전성희의 언급대로 차범석은 그의 새마을희곡에서 "새마을운동의 찬양"만이 아닌[417] 자신의 극작 세계를 구축해 나가는 과정이자 한편으로 당시 새마을운동에 대한 차범석의 인식을 살펴볼 수 있다.[418]

〈활화산〉의 극적 성취를 단순히 목적극으로 카테고리화하면서 폄훼하는 것은 문제가 있다. 차범석은 이 작품에서 당시의 사회 문제들을 예리하게 파헤치면서 단순하게 "새마을운동의 찬양"만이 아닌[419] 일정 부분 자신의 극적 성취를 보여 주고 있기 때문이다.

---

415 오보람 기자, 〈사실주의 극본에 현대적 연출로 되살아난 차범석의 '활화산'〉, 《연합뉴스》, 2024.5.30.

416 정현경, 〈새마을 연극과 정치적 메커니즘: 차범석의 〈활화산〉을 중심으로〉, 《현대문학이론연구》 73집, 196~197면.

417 전성희, 〈차범석의 생애와 예술〉, 유민영 전성희 편, 《차범석 전집 1 — 희곡 1951-1960》, 태학사, 2018, 11면.

418 이주영, 〈차범석의 새마을희곡 연구〉, 2021 차범석 희곡 연구 학술심포지엄 발표문, 차범석학회, 3면.

419 전성희, 〈차범석의 생애와 예술〉, 유민영 전성희 편, 《차범석 전집 1 — 희곡 1951-1960》, 11면.

특히 〈활화산〉의 정숙은 자신의 "일이 누구에게 보이기 위해서 하는 것도, 새마을운동과 같은 국가정책에 동참하는 것도 아닌 오로지 마을과 개인을 위해 다리를 놓고 돼지를 키우"고 "그렇기 때문에 외부로 자신의 성과를 알릴 필요도 없으며, 감투를 쓰고 대외적 활동을 할 필요도 없는 셈이다. 오로지 묵묵히 자신들의 일을 실행해 나가"[420]는 그런 사람으로 그려지고 있다. 정숙은 강한 삶을 개선하고자 하는 의지를 갖고 있으며 마을의 환경과 자신의 삶을 개선하는 인물이다. 얼핏 보면 농촌에서 고군분투하는 여성이 새마을운동을 통해 자신이 목적한 바를 이루는 이야기처럼 보이기도 하지만, 정숙은 새마을운동으로 각성하는 인물이 아니다. 오히려 가부장적 질서에 대항, 고루한 인습을 무너뜨리는 여성으로, 이 희곡은 그의 강인한 모습에 초점이 맞춰져 있다. 그는 전근대적 가치를 고수하는 시아버지가 세상을 뜨자 시어머니와 남편, 그리고 마을 사람들을 설득하여 잘사는 마을로 만드는 데 앞장서는 당당한 인물이다. 그렇기 때문에 〈활화산〉을 프로파간다 연극으로 한정 지어 차범석의 극적 성취를 가볍게 생각할 수는 없을 것이다.

그러나 정숙이 인습을 타파하고 각성하는 여성으로 변모하는 과정이나 남편 상석이 정숙의 말을 듣고 성격의 변화를 일으키는 부분은 개연성이 부족하며, 농촌의 현실을 피상적으로 그려 냈다는 한계를 보이기도 한다.

새마을 성공 사례인 실존 인물을 그대로 주인공으로 하여 인습을 극복해 가는 과정을 농촌 현실에다가 맞추어서 극복해 본 〈활화산〉의 경우만 하더라도 비교적 도식적이고 단선적인 감이 없지 않다. 왜냐하면 그가 가능의

---

420 이주영, 〈차범석의 새마을희곡 연구〉, 3면.

철학을 너무 의식하고 작품에 임했기 때문에 오늘의 농촌을 황폐하게 만든 사회구조적 모순이 제대로 부각되지 못했던 것이다. 구제 불능의 인물(상석)이 내적 갈등도 별로 없이 개과천선의 성격 변화를 일으키는 것이라든지 여주인공이 농촌 지도자로 급격히 탈바꿈하는 과정도 작위적이라는 지적을 받을 수 있을 성싶다. 그러나 뚜렷한 자료에 바탕을 두고 과도기에 처한 이 시대의 농촌 현실 속에서 여성의 문제와 그 잠재력을 긍정적 측면에서 취급한 〈활화산〉은 그의 신념의 산물이라 볼 수 있다.[421]

〈활화산〉은 1985년 제3회 전국 지방연극제에서 포항의 은하극장이 〈대지의 딸〉로 개작, 김삼일 연출로 대통령상인 최우수상을 수상하기도 했던 희곡이다. 은하극장은 김삼일이 1966년 차범석의 〈별은 밤마다〉를 연출[422]하여 무대에 올리는 등 차범석과 인연이 깊다. 이후 은하극장에서는 〈불모지〉, 〈왕 교수의 직업〉, 〈일심교〉, 〈간주곡〉, 〈분수〉, 〈산불〉, 〈청계마을의 우화〉, 〈위자료〉 등을 공연했다. 그리고 1983년 창단된 포항시립극단은 김삼일이 연출한 제2회 공연으로 차범석의 〈위자료〉를 공연한 이후 〈대지의 딸〉, 〈간주곡〉, 〈산불〉, 〈장미의 성〉, 〈열대어〉, 〈그

421 유민영, 〈작가의 변신 보인 새로운 도전 —《학이여 사랑일레라》차범석 희곡집〉, 《경향신문》, 1984.5.18.

422 "극단 은하극장은 이에(유치진의 〈조국〉공연을 말함) 힘을 얻어 차범석 작 〈별은 밤마다〉를 공연하기로 했는데 이 작품은 2막극으로 정통 사실주의 작품이다. 이 작품도 문화원과 도서관의 서고를 뒤져 《갈매기》란 잡지에 실린 것을 찾아내어 연습에 들어갔다. (……) 3개월 정도 연습을 하고 시민회관 무대에 올렸는데 대성공이었다. (……) 700석 객석을 모두 메우고 입석까지 1천여 명이 모여든 〈별은 밤마다〉는 극단 은하극장이 롱런할 수 있는 계기를 만들어 주었다. (……) 〈별은 밤마다〉를 포항에서 공연했다는 것을 작가 차범석이 나중에 알고 〈산불〉의 전편에 속하는 작품이라고 연출자 김삼일에게 말한 바 있다."(김삼일, 《포항연극 100년사 — 1914~2014년》, 대경사, 2014, 51~52면.) 이 공연을 계기로 차범석은 연출가 김삼일을 신뢰하게 되었으며 그가 자신의 희곡을 공연한다면 언제나 허락했다.

여자의 작은 행복론〉, 〈옥단어!〉, 〈연오랑 세오녀〉 등을 무대에 올리는 등 꾸준히 차범석의 희곡을 공연하고 있다.

10
극단 산하의 해체
다시, 새로운 길을 모색하다

변화에 대응하는 리얼리즘 연극 — 〈대리인〉, 〈오판〉, 〈손탁호텔〉

차범석은 희곡 창작과 관련하여 "재래식의 리얼리즘 연극은 이미 현대 관중과는 부조화의 식상을 일으키고 있다는 판단이기도 하다. 그만큼 사회가 달라지고, 인간의 사고방식이 달라지고, 생활감정이 달라짐에 따라서 연극의 표현 형식도 무엇인가 달라지기를 바라고 있는지도 모를 일이다."라고 밝혔다. 또 "근대 희곡이 나아갈 길이 반드시 서사극적 형식이라고만 단정할 수는 없다. 그러나 현대 희곡이 모색하는 활로가 될 수 있는 한 방법을 여기서 발견할 수가 있기 때문이다."[423]라면서 창작 방법에 유연한 태도를 보이는 한편, 리얼리즘에 대해서는 한물 간 창작 방법이라고 하는 당시 연극계의 풍조에 대해 비판하기도 한다.

1970년대 후반에 접어들면서 연극계 일각에서는 묘한 목소리가 들려오고

---

423 차범석, 〈희곡은 어떻게 쓸 것인가〉, 김동리·성기조·차범석, 《문예창작법 신강》, 114
~115면.

있었다. 이제 리얼리즘 연극은 한계점에 도달했다는 논조가 높아 갔다. 그것도 이른바 해외 유학에서 돌아온 젊은 평론가나 연출가들이 중심이 돼 펼친 주장이었다. 나는 극단 산하를 창단하여 40년 동안 연극 운동을 해 오면서 단 한 번도 한눈을 팔지 않고 리얼리즘 연극을 고수해 왔다. 그렇다면 나는 이미 현대연극에서 이탈되었거나 시행착오를 하고 있단 말인가. 부조리 연극이나 리빙시어터니 구조주의니 하여 신기하게만 들리는 새로운 연극만이 연극이고 내가 하고 있는 연극은 아무짝에도 쓸모가 없단 말인가.

그러나 뒤늦게 1966년부터 해외 나들이를 하며 그네들의 연극을 직접 접하면서 나는 나의 생각이 그다지 틀리지 않았다고 스스로를 다짐했다. 그들 사회에는 고전과 현대, 전통과 실험이 공존하는 여유와 풍토가 있는 데 반하여 우리는 맹목적인 추종이나 자기 멸시의 폐단이 곧 앞서가는 사람인 양 부각되었을 뿐이었다. 선진국에서 배워야 할 것은 배워야 한다. 그 대신 내가 지키고 가꿔야 할 것은 소중히 지켜야 한다. 갓 쓰고 오토바이 타는 식의 배외풍조拜外風潮가 곧 현대적이요, 국제화라고 성급하게 떠들어 댐으로써 이 땅의 창작극을 말라 죽게 하고 채 뿌리내리지 못하게 한다면 곤란하다. 리얼리즘 연극을 키워 내기는커녕 오히려 낡은 시대 유물로 격하시키는 무지 속에서 나는 새삼 서운함을 느낀다.[424]

여전히 차범석은 리얼리즘을 옹호하면서 창작을 고수하고 있었지만, 리얼리즘이 한국 연극계에서 퇴조를 보이면서 연극이 더 이상 현실을 재현하거나 문제를 비판하는 방식으로는 당대의 관객을 사로잡을 수 없다는 판단이 들었다.

---

[424] 차범석, 〈나의 삶, 나의 생각〉, 《경향신문》, 1994.3.31.

국립극단의 제76회
공연 〈손탁호텔〉은 1976
년 이해랑 연출로 공연
되었다. 이 작품은 개화
기 열강들이 조선을 둘
러싸고 야욕을 내보이
는 상황에서 손탁호텔
을 무대로 손탁이라는
외국 여성을 통해 한국
근대 지식인 간의 치열

국립극단의 〈손탁호텔〉 공연 포스터. 1976.

한 각축을 그려 낸 희곡이다. 또한 〈새야 새야 파랑새야〉에 이어 창작된
차범석의 두 번째 역사극이다. 그의 역사극에는 그가 "유신정책을 지지
한 적이 없을 뿐만 아니라 대체로 부정적으로 응시하고 있었"다는 것이
나타난다. 차범석은 유신에 대한 대응을 개화기에서 찾으려 했다. 그래서
동학운동과 전봉준 이야기를 다룬 〈새야 새야 파랑새야〉에서는 "민초들
의 불굴의 저항의식과 솟구치는 에너지를 찾았고 〈손탁호텔〉에서는 외
세 문제와 민족적 주체성을 찾아 보려 한 것"[425]이다.

독일 여성 손탁이 주인인 손탁호텔에서는 여러 가지 사건이 일어난
다. 그런데 이 사건들은 개화기의 역사를 그대로 압축한 것이라고 할 만
큼 당시의 상황을 잘 보여 준다. 표면적으로는 서재필과 손탁의 사랑 이
야기를 다루면서 손탁호텔에 모인 개화기 진보적 청년들의 이야기를
통해 열강의 각축장이 된 현실을 그리고 있다. 차범석은 이 작품의 창작
배경을 다음과 같이 밝혔다.

---

425 유민영, 《한국 인물연극사 2》, 태학사, 2006, 495면.

어느 시대이건 체험할 수 있는 미움과 사랑, 고독과 배반, 개인과 조직, 그리고 시류를 타고 표류하는 군상을 그리면서 오늘과 내일을 잠시 생각해 보기로 했다. (……) 나는 오직 그 시대를 살아가는 젊은이를 상상하고 내일을 살아가야 할 현재의 내 자신을 위해서 나름대로의 모험을 즐기기로 한 것이다. 도도히 흘러가는 물줄기 속에서 꿋꿋하게 키를 잡고 서 있는 젊은 선장을 생각하면서 〈손탁호텔〉을 썼다. 요는 서재필도 손탁도 시대를 앞서가는 사람이었기에 겪어야만 했던 인간적인 고독감이나 좌절감은 더 심각했을 것이고 그런 사람들끼리 서로가 더 가까워질 수 있을 거라는 사건의 설정도 감히 해 본 것이다. 그러나 이 작품은 두 사람의 사랑을 그리려는 것은 아니다. 격동하는 시대의 소용돌이 속에서 시대를 앞서가고 민중을 깨우치려던 독립협회의 정신적인 바탕과 독립신문의 역사적인 사명감을 오늘의 우리 삶에다 투영하려는 데 그 의도를 찾는다면 사실 손탁이라는 인물은 방계의 인물이 될지도 모른다. 요는 당시의 우리 조정이나 국민이 자주성도 가지지 못했고, 스스로를 통제할 이성도 갖추지 못했던 역사적 현실 속에서 자주성과 인간성을 부르짖는 두 인간, 서재필과 손탁은 결코 작위적만은 아니라는 점이다.[426]

유민영은 이에 대해 차범석이 "어지러운 군부 통치하에서 민족의 자존 문제를 사유"한 것이며, 그런 이유로 그를 투사라거나 경직된 이념에 사로잡힌 사람으로 볼 수는 없다는 것이다. 그리고 차범석은 "다만 자유로운 사유와 감각으로 그때마다 사회와 역사, 그리고 인생을 담담하게 희곡이라는 형식을 빌어 기록해" 간 작가라는 것이다.

---

426 차범석, 《학이여 사랑일레라 — 차범석 제4회곡집》, 어문각, 1982, 270~272면.

승자勝者도 패자敗者도 없는 싸움 속에서 끝내는 나라를 누란의 위기에 처넣은 이조 오백년사李朝五百年史의 한 토막, 이미 노쇠한 고종의 판단력은 걷잡을 길 없이 몰아치는 외세의 압력으로 자신을 잃고 흐려지기만 하는데, 그의 주위는 사대주의자들의 싱강이가 여전하여 그의 머리에는 검은 구름이 걷힐 날이 없다. 친청親淸, 친로親露, 심지어 친일파親日派에 이르기까지 외세를 업고 권좌를 견주며 제 나름대로의 애국에 열을 올리고 있는 판국, 이러한 시비는 조정의 고관들 사이에서만 벌어지고 있는 것이 아니었다. 여기 손탁호텔을 무대로 한 지식인知識人들 사이에서도 곧잘 폭력이 난무하는 격돌이 일곤 하였다. 서재필徐載弼과 홍종우洪種禹 외세의 압력에 휘말려 어찌할 바를 모르고 있는 정부政府에게 소신이 있는 시정을 촉구하고 자기의 갈 길을 모르고 방황하는 국민에게 그들의 갈 길을 제시하여 온 서재필은 말할 것도 없거니와 김옥균金玉均의 살해범으로서 역사의 버림을 받아 온 홍종우洪種禹에게도 국가와 민족을 위한 애국의 정은 있으며 또 그 나름대로의 고민과 번민이 있었다.[427]

이 작품에서 차범석은 외세의 압력에도 굴하지 않고 꿋꿋하게 자존을 지키기 위해 투쟁하는 서재필과 홍종우 같은 진보적 청년의 이야기를 그렸는데 창작 방법에서 그의 변화는 이미 1969년 〈대리인〉의 공연부터 미약하게나마 시작되었다고 할 수 있다. 이는 무대에서 당대의 현실을 그리는 사실주의적 창작 방법으로는 관객과의 소통에 한계가 있다고 인식했기 때문이었다.

차범석이 초기에 〈밀주〉, 〈귀향〉, 〈불모지〉, 〈산불〉 같은 사실주의 희곡을 창작했다는 점에서 그를 사실주의 극작가로 한정 짓는 경우가

---

427 이해랑, 국립극단 〈손탁호텔〉 공연 팸플릿, 1974.5.

극단 산하의 〈대리인〉(차범석 작, 유흥렬 연출) 공연 후 기념사진. 앞줄 왼쪽에서 다섯 번째가 차범석. 국립극장. 1969.10.

많다. 그러나 차범석은 1969년대 이후부터 점차 사실주의극에서 벗어나 다양한 형식을 활용하는 희곡들을 써 왔다. 다시 말해 그는 "1960년대 이후에도 극단 산하를 이끌며 자신의 작품을 공연하고 산하를 해단한 이후에도 타계하기까지 극작 생활을 지속한다. 즉 차범석의 작품 세계는 1950~1960년대 희곡으로 마감되는 것이 아니며 오히려 사실주의 입지가 줄어들고 있는 연극계의 상황 속에서 극작술의 변화를 통해 새로운 표현 형식을 모색해 가는 과정"[428]에서 새로운 창작 방법으로 희곡을 창작했다. 그러한 경향은 1969년 〈대리인〉에서부터 나타나는데 이것은 한국 연극사의 흐름과 유사하다. "해방 이후의 한국 연극사의 흐름

---

[428] 박미란, 〈차범석 후기 희곡에 나타난 극작술의 변모 양상과 그 의미〉, 서울대학교 대학원 국어국문학과 석사학위논문, 2010, 7면.

에서 1950년대 후반부터 1960년대까지가 사실주의의 전일성이 해체되기 시작하는 모색 기간이었다면 1970년대는 명백히 반사실주의적인 표현 형식들이 지배적인 것으로 드러났"[429]던 것처럼 차범석의 희곡도 이 시기 무렵부터 변화를 보인다.

> 차범석은 1950~1960년대 희곡에서 극적 환영을 유지하는 사실주의적인 극작술을 활용함으로써 무대 위에서 실제 현실을 핍진하게 그리는 것을 의도했다. 그러나 차범석은 1960년대 후반부터 이전까지 활용했던 극작술에서 벗어나 새로운 표현 형식을 다각도로 시도하기 시작한다. 이는 일차적으로 1970년대 연극계의 흐름 속에서 그 이유를 찾아볼 수 있다. 1970년대 연극 현상 가운데 주목받는 것은 그 표현 형식이 크게 확대되었다는 것이다. 이는 무대 위에서 당대의 현실을 핍진하게 재현하여 관객과의 심리적 합일을 꾀하는 사실주의 희곡만으로 더 이상 당대 현실의 문제를 담아낼 수 없음을 인식한 것으로 이해할 수 있다.[430]

〈대리인〉에서는 전반적으로 사실주의 극작술을 보이다가 극의 마지막에 관객에게 말을 건네는 장면을 통해 소극적이나마 관객의 극적 환영을 깨뜨리는, 극작술의 변화를 보인다. 이에 대해 박미란은 "차범석이 〈대리인〉 발표 이후 보여 주는 환영주의적인 극작술에서 벗어나고자 하는 경향은 전대의 양식을 극복하고 새로운 극적 진실을 추구하는 과정으로 이해"했다.

차범석이 처음 인식했던 리얼리즘 연극은 현실을 있는 그대로 보

---

429 이승희, 〈연극〉, 한국예술연구소 엮음, 《한국현대예술사대계 IV》, 시공사, 2004, 198면.; 박미란, 앞의 논문(9면)에서 재인용.

430 박미란, 〈차범석 후기 희곡에 나타난 극작술의 변모 양상과 그 의미〉, 12면.

여 주는 것이었는데 "사회가 달라지고 인간의 사고방식이 달라지고 생활감정이 달라짐에 따라서 연극의 표현 방식도 뭣인가 달라지기를 바라고 있는지도 모를 일"이라며 이를 극복하기 위한 방안으로 브레히트가 자신의 서사극을 설명하기 위해 제시했던 형식을 소개했다. 차범석은 브레히트가 "연극의 형식을 크게 두 가지로 분류해서 연극의 '희곡적 형식'과 '서사시적 현상'이라 일컬었다. 그리고 현대 연극은 서사시적 현상에 속하며 재래식의 리얼리즘 연극을 희곡적 형식에 소속시켰다."라며 복잡한 현대 사회의 희곡은 달라질 수밖에 없다고 생각하고 서사극적 요소를 창작에 도입했다. 유민영은 이런 그의 창작 경향에 대해 "리얼리즘을 기조로 하면서도 그에 구애받지 않고 여러 가지 형태의 시도도 서슴치 않았"다고 했다.

차범석은 〈오판〉에서 "오늘 이 땅의 사람들이 겪고 있는 현실에 대하여 외면해도 겁을 내도 안 되는 게 극작가의 임무라고 생각해 왔기 때문에 감히 용기를 내"[431] 당대의 실제 사건에서 소재를 취해 관객이 주인공에게 감정을 이입하게 하는 대신 서사극적 방법으로 창작하여 관객들이 현실의 부조리를 인식하고 비판적, 객관적으로 볼 수 있도록 하는 것이 목적이었다.

그러나 그것은 참된 리얼리즘 연극에 도달하기 위한 극작술의 변화라고 볼 수 있다. 김경남은 차범석이 1976년 《한국연극》 11월호에 실었던 〈거부하는 몸짓으로 사랑한다—리얼리즘 연극을 위하여〉를 통해 차범석이 인식한 리얼리즘을 이전에 그가 인식했던 리얼리즘과 비교하고 그 핵심을 밝혔다.

---

431 차범석, 〈오판〉의 작업노트.; 박미란, 〈차범석 후기 희곡에 나타난 극작술의 변모 양상과 그 의미〉, 62면에서 재인용.

리얼리즘 연극은 "현실을 있는 그대로 그린다는 데 그치는 것이 아니라 역사적인 현실 가운데 놓여진 인간의 본질을 추구하는 데 있"기 때문에 "리얼리즘은 모든 경향의 예술적 창조의 밑바닥을 흘러내리는 진실을 뜻하는 것"이며 어떤 경향의 예술 창조의 현상에도 리얼리즘은 존재할 수 있다고 이야기하는데, 이는 차범석이 이해한 리얼리즘 연극관의 핵심이라 할 수 있다.

이러한 발언으로 미루어 볼 때 작품에서 살펴볼 영사막·해설자의 사용, 시·공간의 이동과 같은 극작술의 변화는 "참된 리얼리즘"에 도달하기 위한 "리얼리즘 연극의 성숙이나 그것에 대한 철저한 추구 끝에 얻어진 해답이자 또 하나의 측면을 발견한 일"이라 할 수 있을 것이다.[432]

이후 〈환상여행〉, 〈셋이서 왈쓰를〉, 〈화조〉, 〈오판〉 등으로 창작이 이어지면서 그는 다양한 연극적 기법, 예를 들면 가변적인 무대, 해설자의 사용, 영사막 등을 활용해 무대를 만들었다.

두려움 없는 시도 — 〈학이여, 사랑일레라〉와 역사극

〈학이여 사랑일레라〉(1981)에는 "한계를 넘어서는 충동으로 광기와 숭고의 양자성이 병존하는 특징이 나타난다. 사실주의를 고수하던 작가가 극작술의 변모를 보"[433]인 희곡이다.

---

432 김경남, 〈차범석 후기 희곡에 나타난 리얼리즘 연극관의 의미〉, 한국극예술연구회 편, 《한국극예술연구》 제48집, 2015.6., 214~215면.

433 신영미, 〈차범석 희곡 〈학이여 사랑일레라〉 연구 — 욕망구조와 작가의식 반영을 중심으로〉, 《이화어문논집》 42집, 이화여자대학교 한국어문학연구소, 2017.8., 137면.

차범석은 이 작품의 창작 배경을
네 번째 희곡집《학이여 사랑일레라》
에서 밝히고 있다.

車凡錫 第四戲曲集

鶴이여
사랑일레라

語文閣

차범석 제4희곡집《학이여 사랑일레라》
(어문각,1982) 표지.

삼학도에 얽힌 민화를 소재로 해서 작
품을 써야겠다는 생각은 10년이 훨씬
넘는다. 그러다가 5년 전에 어느 무용
가가 무용극을 써 달라고 하기에 그 얘
기를 대충 해 주었더니 가타부타 말도
없이 꿩 구워 먹은 자리가 되고 말았
다. 그 후 이 이야기는 늘 내 머리와 가
슴 속에서 재 속에 파묻은 불씨처럼 고만고만하게 살아 있는 꼴이 되었다.

나는 지금까지 희곡의 소재를 우화에서도 찾아봤고, 사실에서도 얻었고,
그리고 상상과 체험에서도 찾아 온 경험이 있다. 그러나 민화에서 소재를
얻어 보기란 이 작품이 처음이다. 따라서 분명 말해 두고 싶은 점은 나는 예
나 지금이나 보다 다양한 세계에서 보다 풍부한 체험을 얻어야겠다고 나름
대로 모색과 방황을 계속하고 있다는 점이다. 주변에서 나를 아껴 주는 사
람들은 초창기의 작품 세계로 돌아가는 게 바람직스럽다고들 조언을 해 준
다. 고마운 얘기다. 〈밀주〉, 〈귀향〉, 〈불모지〉, 그리고 〈산불〉 등 일련의 토
속적이면서 흙 내음이 생생한 그러한 세계로 몰입하는 게 좋을 것 같다는
충고이자 우정이라 받아들이고 있다. 그러나 분명히 말해서 작가가 자기의
세계를 굳힌다는 것은 모르면 몰라도 죽기 전까지 그렇게 쉽지도 않고, 섣
불리 서둘러서도 안 될 일이라고 나는 나름대로 조심성 있게 몸을 사리고
있다. 작가는 그 생명을 다하는 그 순간까지 뭔가를 탐색하고 굴착하는 작
업을 계속해야 하기 때문이다. 그 결과를 종합했을 때 비로소 그 작가의 세

계가 이루어지는 것이지 아직도 젊으나 젊은 나이에 한 가지 세계 속으로 웅크리고 앉아서는 안 된다는 게 나의 생각이다.[434]

차범석은 자신의 세계에 안주하기보다는 희곡 창작에 새로운 시도와 도전을 두려워하지 않았다. 또한 소재나 형식에 있어서 자유로운 태도를 견지했다. 그리고 자신의 '희곡들에 대한 평가가 리얼리즘으로 고착'되는 것을 안타까워했다.

차범석은 리얼리즘을 고수한 작가로 인식되지만 〈학이여 사랑일레라〉에서는 환상과 설화를 차용해 기존의 평가를 탈피하는 양상이 드러난다. 이 작품의 본격적인 연구가 미흡한 까닭은 기존 작품과의 차별성 때문인 것으로 짐작할 수 있다. 작가는 한정된 작품 연구로 자신에 대한 평가가 고착되는 것에 안타까움을 토로한 바 있다. 그럼에도 기법의 변모가 두드러진 개별 작품 연구보다는 리얼리즘을 고수한 작품 중심으로 논의되어 왔다. 또한 기존 연구자들은 차범석의 향토적인 작품을 모순된 현실 인식이나 비판 의식의 부재로 지적하지만 〈학이여, 사랑일레라〉는 작가 의식의 변화와 시대 상황에 반응한다는 점에서 주목을 요한다. 이에 더해 작가는 80년대로 넘어오며 연극행정가이자 교육자로서 연극의 역사의식을 강조하는데, 이러한 의식의 시초가 〈학이여, 사랑일레라〉와 조우한다.[435]

차범석은 1980년 광주에서 일어난 5·18 민주 항쟁에 대해 상당히 부채 의식을 갖고 있었다. 많은 사람들이 다치거나 죽었지만 자신은 무

---

434 차범석, 《학이여 사랑일레라 — 차범석 제4희곡집》, 267면.
435 신영미, 〈차범석 희곡 〈학이여 사랑일레라〉 연구 — 욕망구조와 작가의식 반영을 중심으로〉, 《이화어문논집》 42집, 139면.

력했다는 생각에서였다. 그는 일제강점기 학병으로 참전했던 것과 한국 전쟁 당시 연극동맹과 무용동맹 등에서 활동했다는 사실 등에 대해 스스로 자신의 자서전과 수필 등에서 부역의 경위를 소상히 밝힌 적이 있었다. 그런 그에게 마음의 짐이 또 하나 보태졌다.

> 우리 현대역사 가운데서 가장 가혹했던 1980년대의 민주 항쟁의 소용돌이 속에서 무엇을 했던가. (……) 원한, 잔혹, 폭력, 살육, 멸시 등으로만 묘사되었던 작품 앞에서 나는 언제나 고개를 들 수가 없었다. 내 자신이 그 역사적 소용돌이 속에 직접 뛰어들었거나 투쟁의 앞장에 서서 태극기를 휘날린 무용담을 체험하지 못했기 때문이다. (……) 나는 우회적인 방법을 생각했다. 고향의 아픔과 서로 통할 수 있는 민족적인 통한을 다른 역사적 사실을 빌려다 희곡을 쓰기로 했으니……**436**

차범석은 1980년대 들어오면서 역사극을 활발하게 창작한다. 비극적 현실을 우회적으로 그리고 싶을 때 작가는 역사의 숲에 은신한다. 유치진이 일제강점기 시절 〈소〉로 곤욕을 치른 이후에 그랬던 것처럼. 자신이 처한 비극적 현실이 과거로부터 비롯되었다는 자각이 들자 그 비극의 출발이 되었던 역사에 대한 관심이 높아진 것이다.

연극이 반드시 경직한 사회고발의 수단으로서만 머물 수 없다는 신념 때문에 그는 감상성이라는 부담을 안고서도 대중 가까이 서는 입장을 취했던 듯싶다. 그렇다고 그가 일관되게 지켜 온 변동 사회 풍속도로서 작품 기능

---

436 차범석, 〈내 문학의 뿌리는 나의 고향이다〉, 문학의 집 서울 엮음, 《(한국 대표 작가들이 들려주는) 내 문학의 뿌리》, 답게, 2005, 333면.

국립극단의 〈꿈 하늘〉(차범석 작, 김석만 연출) 공연 사진. 국립극장. 1987.3.

이라든가 정치 역사에 대한 관심을 저버린 것은 아니다. 오히려 이 시대 이 사회에서 연극이란 무엇이며 작가의 역사에 대한 책임은 무엇인가 하는 데 더욱 침잠했고 숙고했던 것이다.[437]

차범석은 이러한 현실 속에서 근현대사의 여러 인물들, 즉 신채호, 김대건 신부, 김구 등을 소환하여 그들의 선각자적 삶에 주목했다. 신채호의 이야기 〈식민지의 아침〉은 나중에 〈꿈 하늘〉로 개작되었는데, 이 작품은 신재호의 일생에서 25년간이라는 긴 시간을 다루고 있다. 〈사막의 이슬〉은 〈김안드레아전〉을 개작한 것으로, 이것도 김대건 신부의 일생 중 마카오로 건너가 신부가 되고 돌아와 죽은 10여 년의 시간을 보여

437 유민영, 〈작가의 변신 보인 새로운 도전 — 〈학이여 사랑일레라〉 차범석 희곡집〉, 《경향신문》, 1984.5.18.

준다. 그는 이 인물들이 겪었던 사건 하나를 통해 그 인물이 어떤 존재인지를 보여 주는 방법이 아니라 일대기를 보여 주는 방법을 선택했다. 그렇다 보니 이전의 극작술로는 그 긴 시간의 이야기를 관객에게 전달할 수 없었고, 그래서 "개화 계몽기 선각자적인 인물을 극화하면서 이들의 일생을 이들이 목표로 하는 최종적인 깨달음, 혹은 활동에 도달해 가는 과정을 추적"하고 이들을 위해 "1970년대 희곡에서 활용한 바 있었던 해설자를 사용하여 시공간의 변화에 따라 삽화적으로 배열된 장면을 연결하고 각각의 인물이 내적인 갈등을 극복하고 깨달음을 얻어 독립운동이나 포교 활동 등과 같은 최종적인 행위에 도달해 가는 과정을 형상화"했다.

물론 차범석은 그 이전에도 구체적인 모델, 즉 역사적 인물을 다룬 희곡으로 〈풍운아 나운규〉, 〈화조〉, 〈새야 새야 파랑새야〉 등을 창작했다. 현실의 문제에 꾸준히 관심을 가지고 "인물을 통해 당대 현실을 담아 내는 작품을 꾸준히 써 왔으나 70년대 이후에는 '있음 직한' 사건뿐만 아니라 실제로 '있었던' 사건이나 인물에 주목"했던 것이다.

한편 그는 영사막이나 해설자의 활용, 시·공간의 이동과 같이 극작술의 변화도 보여 주었다. 그래서 차범석의 후기 작품들을 '서사극'이 아닌 '서사적 양식'이라고 부르는데, 이것은 "서사극의 기법적인 면을 부분적으로만 수용했기 때문"이다.

> 관객에게 인간과 사회가 변화해야 한다는 인식과 교훈을 주지하고자 한 브레히트의 서사극은 본질적으로 희극적 성향을 지향하는 반면, 차범석의 후기작은 파토스를 일으키는 비극에 가깝다. 따라서 장르적 개념이 아니라 서사적 요소와 관점을 차용한 작품으로 보는 것이 타당하다.[438]

이처럼 차범석은 후기 작품들에서 이전의 리얼리즘의 창작 방법 대신 서사극적 기법을 활용했고, 시대와 소재의 변화에 따라 창작 방법을 달리했다.

연이은 공연 실패와 제작 환경의 악화

차범석은 20년 동안 대표로서 극단 산하를 어렵게 이끌었다. 이전의 동인제 극단이나 신협의 연극적 방향과는 달리 연극의 대중화와 직업화를 목표로 지방 공연이나 창작극을 시도하고 현대의 새로운 연극 등을 소개하는 등 활발하게 활동했다. 그런데 1960년대에 들어서며 KBS와 TBC TV 등이 개국하고 영화 제작이 활성화되면서 연극계의 인사들이 마치 미국 서부 개척 시대의 골드러시 대열처럼 줄을 지어 이동했다. 극단 산하의 배우나 연출자도 예외가 아니었다. 게다가 연극 관객의 수도 줄어 연극 공연을 하는 것이 점차 힘들어지고 있었다. 그런 상황에서도 그는 어떻게든 극단 산하를 이끌어 나가려고 애썼다.

1980년, 차범석은 12월 6일부터 15일까지 강효실의 연기 생활 30주년을 기념하는 공연으로 〈페드라〉를 공연하기로 했다. 배우 강효실에 대한 존경과 애정을 담은 무대로 표재순이 연출을 맡아 드라마센터 무대에 올렸다. 이 공연은 "크레타 왕 미노스의 딸로 아테네 왕 테제의 왕비가 된 페드라의 전실 아들 이폴리트에 대한 이룰 수 없는 사랑과 그 불륜의 사랑이 몰고 온 비극적인 결말을 웅장한 대사로 엮어 낸 작품이

---

438 신영미, 〈차범석 희곡 〈학이여 사랑일레라〉 연구 — 욕망구조와 작가의식 반영을 중심으로〉, 《이화어문논집》 42집, 199면.

다. 강효실의 페드라는 정열적이며 아름다웠다. 한 연기자의 연륜과 새로운 인물 창조의 기쁨을 함께 느낄 수 있는 연기였다."[439]라는 극찬을 받았다.

> 〈훼드라〉는 그때 그 드라마센터에서 했거든요. (……) 그때만 해도 그 30 주년, 50주년 이런 게 흔치 않았었어요. 무대를 만들어 드렸고, 조명을 내가 또 유덕형 선생한테 얘기를 해 가지고 조명을 이제 부탁을 해서 재미스럽게 했는데. 그때 전무송 씨가 이폴릿트를 하고 아, 왕을 했구나 전무송 씨가.[440] 이 강효실 선생님은 제가 산하, 극단 산하 초창기 창립동인이거든요. 그니께 한 번도 나하고 빠지지 않고 연극을 허셨는데, 낮 3시 공연이면은 아침 10시부터 극장에 나와 사시는 분이에요. 아침에 나오셔 가지고 커피 잡숫고, 화장을 그렇게 오랫동안, 분장을 허시고 의상도 입고, 대본을 꼭 읽으시고 이런. 연기자로서는 참, 천생 연기자죠. 준비를 그렇게 오랫동안 하세요. (……) 눈물의 여왕 전옥 씨 따님이시고. 그런데 그분의 기념 무대기 때문에. (……) 그래서 무대 끝났고, 그때 상도 받으시고 그랬어요.[441]

차범석은 극단 산하를 이끌어 오면서 몇 번이나 그만두려 했다. 가장 큰 이유는 연극을 보러 오는 관객이 없었다는 것이고 배우들과 스태프들이 텔레비전으로 옮겨 가면서 연극을 할 만한 사람들이 없다는 것이었다. 그런 위기 속에서도 차범석은 〈사로메〉, 〈유령〉, 〈키부츠의 처

439 구히서, 〈극단 산하 '페드라'〉, 《연극읽기 2: 1980~1988 연극 무대 이야기》, 메타, 1999, 62면.

440 전무송은 '특별찬조'로 아테네의 왕 '테제' 역을 맡았다.

441 극단 산하의 〈훼드라〉로 1981년 한국연극영화예술상 여자연기상을 수상한 것을 가리킨다. (표재순 구술, 백두산 채록연구, 《2022년도 한국 근현대예술사 구술채록연구 시리즈 318 — 표재순》, 219~220면.)

극단 산하의 〈옛날 옛적에 훠어이 훠이〉(최인훈 작, 표재순 연출) 공연 후 기념사진. 둘째 줄 가운데 앉아 있는 맨 오른쪽 사람이 차범석. 세실극장. 1976.11. 한국문화예술위원회 아르코예술기록원(표재순 기증).

녀〉, 〈옛날 옛적에 훠어이 훠이〉, 〈오판〉 등을 제작했지만 〈사로메〉와 〈옛날 옛적에 훠어이 훠이〉를 제외하고는 주목을 받지 못했다. 그리고 극단의 사무실도 "충무로에서 광화문, 광화문에서 동교동, 동교동에서 창신동, 문자 그대로 집시처럼" 옮겨 다녔지만 운영은 점점 어려워져 갔다. 이것은 비단 산하만의 문제는 아니었고 한국 연극계 전체가 흔들리는 상황이었다.

이때 차범석에게 제안이 들어왔다. 당시 최고의 영화 제작사였던 태창흥업 사장 겸 영화 제작자였던 김태수 사장으로부터 연락이 온 것이다. 김태수 사장은 영화 〈산불〉을 제작하기도 했지만 그의 부인인 여성국극단체 진경의 김경수가 차범석의 〈꽃이 지기 전에〉를 공연했다는 인연이 있었다. 그래서 공연예술에 대한 이해가 있었고, 거기에 극단 산하의 초창기 단원이었던 조기진이 태창흥업에서 이사직을 맡고 있었기 때문에 영화사에서 영화뿐 아니라 도서도 출판하고 연극도 제작하겠다는 의지를 갖고 있다[442]는 것을 알게 되었다.

태창흥업은 극단 산하를 영화사 휘하에 두고 지원하겠다며 먼저 사무실 무상 제공을 제의했다. 이리저리 사무실만 옮기지 않아도 좋겠다는 생각에 차범석은 그 제의를 받아들였다. 김태수 사장의 숨겨진 속셈인 "영화 제작으로 웬만큼 성공을 한 처지에 가난한 연극을 육성한다는 것은 대외적으로 그의 이미지를 새롭게 할 수 있으리라는 계산"과 "실상은 상업주의 연극이 고개를 쳐들고 있는 연극계에 재빨리 뛰어들어 남보다 빨리 기선을 제어하려는 속셈"(《떠도는 산하》, 253면)을 눈치 챘지만 차범석의 입장에서는 사무실 문제로 1년에 한 번씩 이삿짐을 쌌던 처지라, 영화사로 사무실을 옮겼다.

을지로 5가와 퇴계로 5가 사이 대로변에 우뚝 선 빨간 벽돌 4층 건물이 태창흥업 본사였고 극단 산하는 그 지하에 있었다. 어림잡아 40평은 족히 되는 넓은 공간이 우리 극단의 터전이었다. 짐을 옮긴 날 나는 마치 신천지를 발견한 콜럼버스의 흥분하고도 다를 바가 없었다.

나는 사무실을 정리하면서 문득 이런 생각을 해 봤다. (……) 연극을 예술

---

442 "현재 14개 영화제작사 중애 한진과 태창, 삼영이 각각 출판사를 겸업해 재미를 보고 있는 데다 동아수출, 화천, 우성, 등도 출판사 등록을 서두르고 있어 영화와 출판을 곁들인 문화사업의 시대를 맞게 하고 있다. 한진은 100종, 태창은 이미 50여 종을 냈으며 태창은 어린이용 전집 100권의 제작에 들어가는 등 활발한 움직임을 보이고 있다. 태창은 이밖에도 극단 산하(대표 차범석)에 제작비를 대 주어 곧 《제인 에어》의 공연에 들어간다. 태창은 영화, 출판, 연극 등 다각적인 문화사업에 손댄 셈. 동사 김태수 사장은 '영화인들이 돈만 번다는 얘기를 듣는 것이 안 돼. 남는 돈은 출판, 연극 등에 들여 조금이라도 문화예술의 진흥에 기여해 보겠다는 생각에서 이런 일을 하는 것'이라고 말하고 있다."(〈영화사 겸업 바람 ― 연극·출판사업에도 진출〉, 《동아일보》, 1978.5.27.)

운동이라고만 고집할 것이 아니라 대중 쪽으로 접근시켜 관객 확보에 힘쓸 필요가 있다고 생각했다. 이 문제는 극단 창단 당시부터 생각을 안 했던 것은 아니다. 그렇다고 해서 천박스러운 코미디나 외설적인 연극으로 꾸밀 수는 없었다.[443]

차범석은 사무실을 이전하고 첫 공연으로 오태석의 〈종〉을 작가와 공동 연출로 올렸지만 관객 확보에는 실패했다. 실패의 이유가 어디에 있을까 고민하던 그는 '문학성과 연극성을 갖춘 작품'이라면 되겠다는 생각이 떠올랐다. 그래서 세계 명작 소설을 각색한다면 '일단은 사전 선전 효과도 될 뿐더러 작품의 질적 수준을 어느 정도 유지'할 수 있을 것이라는 자신감이 생겼다. 그 무렵 차범석은 일본에 다녀왔는데, 그때 관람했던 일본 민예극단의 〈제인 에어〉를 떠올리고 바로 기획에 착수했다.

본래 영화관으로 사용하고 있던 코리아극장은 그 무렵 손님이 들지 않아 고민이 많았다. 그런데 연극 전용관으로 영업방침을 바꾸면서 극단 현대극장의 〈빠담, 빠담, 빠담〉과 이어 극단 광장의 〈빵집 마누라〉가 흥행에 성공했다. 그러나 차범석이 보기에 이 작품들은 '작품성으로는 엉성한 것들'로, 그는 '연극다운 연극으로 승부를 보아야 하되 문학성과 연극성을 갖춘 대중 연극을 꿈꾸고' 있었다. 다시 말해 이 시기는 "극단 산하가 말로는 대중화를 외쳐 대면서도 아직도 제자리를 찾지 못한 상태여서, 이른바 고급스러운 상업주의 연극으로 진로를 바꾸려는 매우 의미 있는 전환"이었다. 〈종〉 공연의 실패로 차범석은 초조했다. 자신을 도와주겠다고 사무실까지 마련해 준 태창영화사 측에 미안한 마음도 있어, 관객이 드는 연극을 해야겠다고 마음을 먹은 것이다.

---

443 전성희 편, 《차범석 전집 11 ― 자서전/수필 외》, 254면.

이 기획에 착수하면서 차범석은 일전에 스탕달의 소설 〈적과 흑〉을 각색한 연극이 실패했던 기억이 떠올랐지만 각색 공연을 다시 하는 것도 해 볼 만한 일이라고 생각했다. 이때의 심정을 차범석은 "내 곁에서 이미 떠나간 동인 아닌 동인에게 보란 듯이 연극을 꾸미려는, 어찌 보면 복수심 같은 바탕에 깔린 것도 부인"할 수 없다고 고백했다. 코리아극장에서 상업적으로 성공한 〈빠담, 빠담, 빠담〉에서는 가수 윤복희가 에디트 삐아프의 역할을, 〈빵집 마누라〉에서는 추송웅이 주인공을 맡아 흥행에 성공했지만 차범석은 '그런 속이 들여다 보이는' 기획은 하고 싶지 않았다.

> 공연장은 코리아극장으로 작정하되 출연진은 동인이 아닌 외부에서 영입하기로 하고 타이틀 롤에 전양자를, 그 상대역에 김길호를 끌어들이되, 강효실, 강부자, 백수련, 김호영, 박종관 등이 참여하였으니 황금 배역은 못 되었을지라도 당시로서는 호화로운 얼굴들이 한자리에 모였다. 그리고 각색과 연출은 내가 맡되 무대 감독은 미국 유학에서 돌아온 지 얼마 안 되는 김수남을 기용했다. 그것은 새로움을 찾아 나서려는 나의 의지이자 거듭나려는 극단 산하의 몸부림이기도 했다.[444]

차범석의 의지대로 밀어붙인 〈제인 에어〉는 극단 산하의 창단 15주년 기념 공연으로 코리아극장에서 1978년 6월 1일부터 12일까지 공연했지만 기대에 미치지 못했다. 그래서 1978년 8월 24일부터 28일까지 세종문화회관에서 재공연을 했지만 결과는 마찬가지였다.

---

444 전성희 편, 《차범석 전집 11 ─ 자서전/수필 외》, 255면.

그러나 결과는 예상과 달리 참패였다. 있는 힘을 다하여 지혜를 짰지만 관객은 냉담했다. 나는 내심 부끄러운 생각이 들었다. 내 딴에는 자존심을 버리고 최소 한도로 현실과 타협을 한 셈이지만 그것이 실패로 돌아갔으니 누구에게 책임을 전가할 수도 없고 원망할 수도 없었다. 그리고 얼마 후 태창영화사도 불황이 계속되자 우리에게 사무실을 비워 달라는 통보가 왔다. 나는 약속이 틀리지 않는가 하고 반론을 제기할 수도 있었지만, 막상 일을 당하고 보니 그럴 의지조차 꺾인 셈이었다.[445]

〈제인 에어〉 공연의 실패와 또다시 사무실의 이전 등이 이어지자 차범석의 연극에 대한 의지도 많이 꺾일 수밖에 없는 상황이었다. 연극계의 불황도 끝이 보이지 않았다. 여전히 연극계는 프로듀서 시스템과 동인제 시스템이 혼재했으며 상업주의 연극과 비상업적 연극 사이에서 혼란을 겪고 있었다.

1979년 《경향신문》에 실린 기사는 차범석의 고된 연극 인생을 전해준다.

15년 전 일이다. 차범석 씨가 극단 산하의 공연을 준비하며 "극단 전용 봉투를 500장 찍을까요?" 하고 의논하는 후배에게 내뱉듯 말했다.
"무슨 500장, 그 절반만 해요. 이번 공연만 하고 연극은 다신 안 할 테니까."[446]

아마도 차범석은 이번 공연만 하면 그만두어야지, 하면서도 다음

---

445 전성희 편, 《차범석 전집 11 — 자서전/수필 외》, 256면.
446 김유경 기자, 〈세상 이렇습니다: 이창裏窓을 통해 본 직업인의 실상 〈188〉 — 연극인 ①
5%의 관심〉, 《경향신문》, 1979.8.6.

차범석 1주기 기념으로 진행된 국립극단의 〈산불〉(차범석 작, 임영웅 연출) 공연 사진. 국립극장.
2007.6.

공연을 준비하고 또 다음을 기약했던 것 같다. 극단 산하는 공연을 거듭
하면서 연극의 대중화를 위해 애썼지만 〈산불〉이나 〈열대어〉와 같은 몇
몇 작품을 제외하고는 관객의 수가 늘어나지 않았고 거기에 단원들의
이탈도 일어났는데, 그것은 생계 문제 때문이었다. 연극인들이 방송국
으로 옮겨 가면서 연극의 제작 환경은 점점 악화되었다.

무대에 서던 많은 연극인들이 방송매체의 연기에 적응이 어려워 힘
들어하면서도 방송 쪽으로 갈 수밖에 없는 상황이었다. 결국 돈 때문이
었다. 그러면서도 그들의 꿈은 방송해서 돈 벌면 다시 연극하는 것이었
다. 오현경은 당시 연극인들이 방송 쪽으로 이동했던 것에 대해 다음과
같이 이야기하고 있다.

오 : PD로 들어가서 우리가 뭐 아는 사람이라서 우릴 쓴 게 아니라, 방송을
    할 수 있는 배우들이 없었어. 왜 그런가 하면 연극 할 수 있는 배우 이

외에는 드라마를 만들 수 없잖아요. 그러니까 (……) 연출하는 사람은 PD로 들어가고 우리들은 배우고, 우리보다 조금 후배는 조연출로 들어가고. 그래 가지고 그 그러다가 이게 전문화되니까 그 다음부터는 탤런트라는 말이 생기고 그리고 이제는 그때부터 우리는 뽑아 주지, 나 같은 케이스는 내가 가서 굳이 나 좀 써 줘 이럴 이유가 없잖아요. 당연히 필요하면 부르겠지. 그랬는데 이제 그것이 세월이 흐르면서, PD들이 모르는 사람도 생기고 뭐 이러다 보니까 거리가 생기는 거지.

서 : 그런데 이제 그 당시에 연극 하다가 영화도 하시고 텔레비전도 하신 분들이 많이 계시잖아요 왔다갔다 하면서 성우도 하고, (……)

오 : 그때 이제 우리 이런 얘기를 많이 했어요. 내가 얘기한 게 여러 사람들이, 우리 연극 하는 사람들이, "야 텔레비전에서 돈 준대더라, [예] 돈 벌어서 우리 연극하자." 이렇게 됐지 순서가. 그러다가 나중에 나이가 보면은 학교 졸업할 나이고 이제 장가 갈 나이쯤, (……) 그 당시에는 스물일곱이면 대학을 다닌 사람들은 대학을 졸업 맡고, 군대를 갔다 와서 대학을 졸업 맡으면 스물일곱이야. 그러면 사회 나와서 직장 얻으면 장가가는 거야. 우리 동창들 보면 다 그래. 고 나이 또래 돼서 애를 낳기 때문에 (……)[447]

연극 제작과 공연을 위해서는 먼저 좋은 희곡이 필요하고, 좋은 희곡은 양질의 공연으로 이어져 관객이 많이 든다는 것은 불변의 진리다. 반면 관객의 외면은 극단 운영에 경제적 문제를 가져와 다음 공연 제작에도 영향을 미친다. 이러한 경제적 악순환은 중요한 문제로, 여전히 한

---

447 오현경 구술, 서지영 채록연구, 《2011년도 한국 근현대예술사 구술채록연구 시리즈 207 — 오현경》, 104~105면.

국 연극의 고질적인 문제로 남아 있다. 관객 즉 대중이 연극 제작에 중요한 요소라는 것을 진작부터 알고 있었던 차범석은 관객 확보를 위해 연극의 대중화를 생각했고, 그것이 바로 극단 산하를 창단한 이유였다.

그동안 극단 산하의 연극 활동은 차범석과 김유성의 경제적 지원과 노력으로 이어져 왔다. 그러나 경제적으로 어려워진 김유성이 더 이상 연극을 할 수 없는 상황에 이르렀고, 그가 사업을 한다며 홍콩으로 떠나자 모든 것을 차범석 혼자 감당해야만 했다. 방송 드라마 〈전원일기〉를 써서 생긴 원고료까지 운영에 보태기도 했지만, 상황은 좀처럼 나아질 기미가 보이지 않았다. 차범석은 묘책을 짜느라 고심했다.

1981년 2월 21일, 차범석은 숀 오케이시의 〈쥬노와 공작〉을 준비했다. 당시는 5·18 광주 민주화 운동의 상처가 아물지 않았고 이후의 혼란한 상황으로 학생들이 민주화와 군사독재 타도를 외쳐 대는 때였다. 차범석은 다시 극단 산하의 활동에 집중하기로 했다.

나는 아일랜드의 극작가 숀 오케이시의 대표작인 〈쥬노와 공작〉을 기획했다. 아일랜드 독립전쟁 때 점령군에게 아들을 잃고 통곡하는 주인공인 엄마의 모습에서 광주항쟁 때 자식과 남편을 잃었을 내 고향 사람들의 처지를 머리에 떠올리면서 선택한 작품이었다. 내 손으로 직접 쓸 수도 없거니와 검열도 안 나올 바엔 번역극으로라도 그 응어리를 삭여 보자는 생각에서였다. 그리고 시대가 시대이니만큼 적어도 민주화 운동과 군사독재 타도를 외쳐 대는 학생들만이라도 세종문화회관 소극장의 500석 정도는 연일 꽉 메워 주리라는 기대와 환상도 크게 작용했던 터였다.[448]

---

448 전성희 편,《차범석 전집 11 — 자서전/수필 외》, 261면.

극단 산하의 〈쥬노와 공작〉(숀 오케이시 작, 이근삼 번역, 차범석 연출) 공연 후 기념사진. 둘째
줄 오른쪽에서 네 번째가 차범석. 세종문화회관 소강당. 1981.2.

차범석은 본래 연극인이 시대의 조류에 편승하거나 지식인이 권력
의 시녀 노릇을 하는 것을 경멸했기에 자신은 연극을 통해서 발언하는 것
이 맞다고 생각했다. 이런 때에 극단 산하가 왜 〈쥬노와 공작〉을 공연하
려 하는지 세상은, 아니 정상적인 안목을 가진 대학생이라면 헤아려줄 것
이라고 생각했다. 그러나 관객은 별로 오지 않았다. 심지어 공연장도 평
소에는 음악회를 여는 곳이지만 지리적으로 좋을 것 같아 세종문화회관
으로 선택했지만, 흥행은 실패였다. 차범석은 그때 '이렇게까지 해서 연
극을 해야 되겠는가'라고 스스로에게 반문했다. 그렇다고 다른 극단들처
럼 '씨도 안 먹히는 코미디', '엎치락덮치락 하는 연극', '젊은이들의 호
기심과 허영심을 교묘하게 이용하는' 연극은 도저히 할 수 없었다.

차범석은 '다시 시발점으로 돌아가야겠다'며 자신의 대표작 〈산불〉
을 공연하기로 했다. 공연장 사정이 여의치 못해 어린이대공원에 있는
대강당을 섭외하고, 극단 산하의 전 멤버들을 총동원하기로 했는데 강

부자와 백수련을 빼고는 모두가 바쁘다는 이유로 함께하지 못했다.

> 썰렁한 무대와 객석, 그것은 나에게 하나의 무덤 같았다. 거기 들어앉아 있어야 할 사람이 없는 빈집이나 다름없었다. 이제 다시 모이자고 해도 말도, 대답도, 모습도 없는 공허한 극장에서 나는 하나의 흉계를 음모하고 있었다. '미련을 버리자, 혼자서 몸부림친다고 되는 일이 아니다. 몸과 마음이 합쳐져 콩 하나도 나눠 먹는 원초적인 우정 없이는 안 되는 게 연극이다. 미련을 버려야 한다. 그것은 패배가 아니라 자신의 실패를 인식하는 것이다. 내 손에 들려 있지 않은 물건은 내것이 아니다.'[449]

차범석에게는 〈산불〉 공연의 참패가 단순한 흥행의 실패가 아니라 자신의 실패로 느껴졌던 것이다. 이제는 더 이상 동인 간의 강한 결속으로 만드는 연극은 없었다. 몹시 쓸쓸했지만 그는 이제 극단 산하를 떠나보내야 될 때라고 생각했다.

단원들의 이탈, 그리고 극단 산하의 해산

1983년, 극단 산하는 52회 공연 〈옛날 옛적에 훠어이 훠이〉를 끝으로 해단을 선언했다. 20년 동안 극단을 이끌어 오던 차범석으로서는 감회가 남달랐다. 연극계의 불황과 단원들의 이탈로 더 이상 공연을 지속할 수 없는 상황이었고 관객 없는 연극은 그를 의기소침하게 만들었다. 이미 차범석의 나이 60세, 노년에 이른 그는 1963년 연극의 대중화와 전문화

---

449 전성희 편, 《차범석 전집 11 — 자서전/수필 외》, 263면.

를 주창하면서 창립했던 극단의 종막을 위해 마지막 무대를 만들었다.

공연의 프로그램에 실린 '극단 대표의 글'에서 그는 "20년을 이끌어 온 한 극단이 종말의 장을 내려야겠다는 뜻이 무엇인가를 알아줄 사람이 있을 것이다. 늙어서 추악한 꼴을 남에게 보이는 일은 죄악이다. 극단의 연륜이 길고 공연 횟수만 자랑하는 때는 지났다. 진실이 없는 극단은 사라지고 진실한 연극만 남았으면 좋겠다."라며 이번 공연이 극단 산하의 마지막 공연이라는 것을 암시했다.

극단 산하의 해체와 관련해서는 주 연출자였던 표재순이 구체적으로 그 원인을 짚어 내고 있다.

표 : 처음에 동인들이 해서 이제 성우들이 많이 있었잖아요. 그러다 영화 극성이 떨면서 연기자들이 전부 다 테레비 하다가 영화로 많이 갔어요. 영화가 더 그 뭐라 그럴까, 그 우위에 있었어. 텔레비전 출연보다도 영화 쪽에 나가서 출연하는 걸 훨씬 선호하던 시절이고. [연극배우들이?] 연극배우들이. 성우들도 이게 이 더빙을 또 했을 때니까. 그러다 보니깐 연극을 전념을 했던 그 탈랜트나 성우나 이런 분들이 영화로 빠져나가고 텔레비전 바쁘다 보니까 연극 캐스팅이 잘 안 되는 거예요. (……)

산하에서. 거기다 연출진이 나하고 이제 유흥렬이라는 친구가 또 거의 둘이 맡어서 했는데 내가 바빠지니까. 그렇잖아요. 텔레비전 바빠지면 연극을 자연히…… 그러다 보니까 우리 대표 차범석 선생님은 그게 불만이신 거예요. (머리를 흔들며 격앙된 어조로) "텔레비전만 가면 돼?" 그냥, "안 해 안 해." 어느 날에는 그냥 머리 깎으서 가지고 그냥. "니들 때문에 내가 머리 깎었다."고 말이야. 짜증이 나시고 그냥 화가 나시니까.[450] 연극으로 출발하면 연극으로 가야지 뭐 때문에 텔레비, 영화 나댕기면서 연극을 멀리 허느냐. 이제 이런 거죠. (……)

그렇죠. 그래 가지고 이제 그런 일들이, 근데 어쨌든 이 멤버들이, 동인 멤버들이 바빠지기 시작하면서 연극 이외의 걸로 바빠지면서 점점점점 이제 프로덕션이 [축소된?] 좋아든 거지. 좋아들고. 추세가 이제 프로듀서 시스템으로 갈려고 하는 그런 것이 이제 조금씩 조금씩 이제 움트고 이제 그런 시절이었는데. 어느 날에 약주를 한잔 잡숫고 홧김에, "야 극단 산하 내일부터 해산이야."[451] 그때 옆에 누가 있었냐면 《한국일보》 최성자 기자가 있었어. 그때 문화부 기잔데 최성자 씨라고, 여성기자협회 회장도 허고 그랬던 분인데. 우리 학교 후배고 그런데. 아 이 기자가 그냥 신문에 긁어 버렸어. '극단 산하 해산.' 본인의 본래 의도는 그게 아니셨을 거예요. 운영위원회 아무도 몰라. 그때는 뭐 운영위원회, 내가 볼 때는 유명부실했지만은. 유명무실이지, 부실이 아니고. 그게 신문에 나와 버리고 그게 그냥 기정사실화되어 가지고 극단이 없어져 버린 거예요.

백 : 아, 그렇군요. 그러니까 운영위원회나 이런 데에서의 결의가 아니라.

표 : 아니, 꼭 결의가 되어서 안 되어서가 문제가 아니고 어쩌다 그냥 홧김에 한 말씀 하신 게 그냥 기정사실화되어 가지고 그때부터 극단 산하는 대한민국에서 없어진 거예요.[452]

---

450 차범석의 성격은 본래 내향적이었지만 "급하고 직설적이라 때로는 다른 사람에게 상처를 잘 주기"도 하고 엄격했다. (김윤희, 〈차범석의 연극관과 연극 운동〉, 2023 목포문학박람회 호남극예술 심포지움 — 차범석희곡연구 발표문, 2023.9.17., 30면.)

451 당시 극단 산하는 창단 20주년 기념 두 번째 무대로 〈옛날 옛적에 훠어이 훠이〉(최석천 연출, 문예회관 대극장, 1983.3.25.~3.31.) 공연을 막 끝낸 시점이었다. (〈극단 산하 해체 — 20년 동안 52회 공연〉, 《경향신문》, 1983.4.4.)

452 표재순 구술, 백두산 채록연구, 《2022년도 한국 근현대예술사 구술채록연구 시리즈 318 — 표재순》, 220~221면.

차범석이 결국 극단 산하를 해산할 수밖에 없었던 이유는 배우나 연출이나 스태프들이 돈이 되지 않는 연극 대신 돈을 많이 주는 TV로 가면서 연극을 함께 할 단원들이 없어졌기 때문이다. 그러나 그들이 TV로 이동한 것도 어쩔 수 없는 일이었다. 그렇지만 차범석은 연극을 하는 데 무엇보다도 필요한 것이 인간적인 신뢰감과 동지 의식이라고 생각했다.

극단 산하의 자진 해산에 대해 연극계와 언론계는 충격을 받았다. 차범석은 "인간적 결합 없이는 좋은 연극을 만들 수 없다."라며 "재정적인 이유 때문에 극단을 해체하는 것으로 생각하는 이들도 있는 모양인데 돈이 없어서라기보다 인간에 대한 신뢰가 문제"라면서 "더 하게 하면 할수록 남을 불신하게 될 것 같다."라고 한국 연극계의 풍토, "극단의 난립, 저질 공연, 연극인 상호 간의 불신과 불성실한 태도"에 대해 개탄했다.

그는 "연출가로서 기반을 닦은 표재순이 방송국 PD로 나갔습니다. 그리고 얼마 안 있어 현대극장의 창단동인이 되었습니다. 여배우 천선녀의 뒤를 이어 조영일도 미국으로 가고, 여배우 김희준은 결혼하자 무대를 떠났고, 주상현은 이민을 갔습니다. 중견 배우 오현경은 배역 때문에 생긴 불만으로 떠났습니다. 설상가상으로 나와 호흡이 맞았던 기획자 김유성이 사업차 홍콩으로 가 버렸습니다. 이 때문에 나는 마음속으로 울고 있었습니다."(이태주, 〈희곡을 쓰는 일은 인생의 휴가를 얻는 일〉)라고 토로했다. 대부분의 단원들이 떠난 현실을 견딜 수 없었던 것이다.

이합집산. 뭐 작품 하기 위해서 모았다가 끝나 버리면 헤어졌다가. 이러니까 인간적인 신뢰감이 없고 또는 어떤 인간적인 동인 의식이 없고. 또 왜 내가 연극을 하고 있는가에 대한 의식이 없어지고. 그냥 배우는 불러 주면 가서 해 주고 응분의 돈만 받으면 되는 것이지, 돈도 못 받고 고생하는 그런 연극은 싫다. 그러면서 이 사람들은 뭐냐. 어떻게 하면 TV에 갈까. (네) 뭐 연극을 한 달, 두 달 연습할 필요가 없잖아요. (그렇죠) 텔레비전 드라마라는 것은 일주일에 세 번 나가면 돼요. 두 번 연습하고 세 번째 가서 슈팅하면 돼요. 그리고 돈은 왕창 받거든. 거기 한번 발을 디뎌 놓으면 떠나기 힘들어요. 그러다 보니까 어떤 연극에 대한 의식이 흐려지고 연극 본래 가졌던 어떤 예술성 그것을 무시해 버리고 오직 수익만을 바라보는 속물근성이 싹트기 시작했어요. 그러니까 뭐 극단의 소속감도 없고 좋은 연극을 해서 관객들에게 찾아가서 관객들로부터 찬사를 받고 이런 거 없어졌죠. (……) 반대로 80년대 들어가면서 방송문화는 더 발전됐죠. 그러니까 극단에서 내노라 했던 사람은 거의가 방송국에 전속이 되어 버리거나 전속은 안 됐더라도 그것이 주목적이고 연극은 일 년에 한 번 할까 말까 이렇게 되어 버리니까 (네) 연극계가 이루어질 수 없죠. 그것이 내가 극단 산하를 63년에 만들어 83년에 20년 만에 극단 산하 문을 닫은 이유가 바로 그거였거든요. 그게 뭐고 하니 그 당시도 가니까 뭐 산하가 부자 극단으로 알려져 있으니까 경영난에 부딪혔다. 돈이 없어서 문 닫은 거 아니었어요. 그때만 하더라도 내 이름, 내가 주민등록증 가져가면 달라($) ** 가면 달라 이자로써 돈도 얼마든지 빌릴 수 있어요. 그런 게 아니라 인간에 대한 혐오증. 불신이 이제는 동지가 아니다. (아, 배우들) 응. 이제는 동지가 아니다. 20년 전에 우리가 한 솥의 밥을 먹으면서 같이 울고 같이 죽고 같이 살자는 그런 거 없어져 버렸다는 거죠. 그럼 극단이라는 것은 의미가 없는 거다. 왜, 의미가 없어졌다는 것은 의식의 결합이 없이 좋은 연극 못 한다. 그냥 연습만 하고 가 버려. 그냥 막만 올리고 가 버려. 그러나 우리는 막 올리기 전에 만나서 얘기하고 막 내린 다음에 만나서 얘기하고 그리고 내일은 이렇게 하고 매일매일 새로운 창조를 위해서 의논했던 게 동인제 연극의 단점(문맥상 장점이 맞음-필자)일진대 지금은 아니지 않느냐. 또 끝나고 나서 바로 나 TV 한다. 바로 영화 가야 한다. 바로 가 버리고 뿔뿔이 헤어 지고. 그러면 인간적인 결합, 신뢰감이 없는 데서 좋은 연극이 나온다고 생각지 않는다. 그렇다고 사람이 없어서 다른 데서 유명한 여배우 데려 다 쓴다, 미스코리아를 데려다 쓴다, 유행가 가수를 데려오자, 그렇게 하 면 막은 한 번은 올라갈 것이다. 그렇게 해서 좋은 연극이 된다고 나는 생 각지 않는다. 아니, 그렇게 해서 만든 연극이 결국은 관객을 우롱하고 관 객을 속이는 거다. 거짓말하는 거다. 거짓말하면서까지 연극을 할 필요 가 있겠는가. 나는 없다고 생각해. 그럴 바에 문 닫는다. 그래서 산하가 없어진 거였어요.[453]

그런 상황에서 차범석은 해단을 생각했다. 그렇지만 산하의 연출 가였던 표재순은 구술자료에서 산하의 해단이 운영위원회를 통해 고심 끝에 결정된 것이 아니고 차범석이 홧김에 뱉은 말 때문이었다고 이야 기했다. 그러나 운영위원이었던 김유성도 표재순도 모두 산하를 떠난 상황인지라, 차범석은 누구와도 의논할 수도 없고 혼자 외롭게 버티다 '연극의 대중화와 직업화'를 꿈꾸던 20년 역사의 극단을 해산해 버린 것이다.

《경향신문》 1983년 2월 3일 자 기사에 보면 "또 창작 공연을 많이 하기로 이름난 극단 산하는 〈옛날 옛적에 훠어이 훠이〉(3월), 가을쯤에 〈노비문서〉, 〈불섬〉, 〈어디서 무엇이 되어 다시 만나랴〉 등을 올해의 공 연 작품으로 정해 놓고 준비 중"[454]이라고 했다. 차범석은 52회 공연으

---

453 차범석 구술, 김성희 채록연구, 《2004년도 한국 근현대예술사 구술채록연구 시리즈 49 — 차범석》, 189~190면.

로 극단 산하 20주년 두 번째 무대를 계획하고 있었던 것이다. 다시 말해 치밀하게 극단 산하의 해단을 고민하고 신중하게 결정을 내린 것은 아니라는 것을 알 수 있다. 당시 연극계는 동인제에서 프로듀서 시스템으로 이동 중이던 상황이었고, 동인제 극단에서 느낄 수 있었던 연극을 함께 한다는 동지 의식과 인간적인 신뢰보다는 이해관계에 의해 연극이 만들어지는 시스템으로 바뀌는 중이었다.

당시 《조선일보》도 사설에서 "산하가 20년 만에 해체되었다. 재정적 이유라기보다, 인간 신뢰의 문제라고 알려졌다. 창단 단원들은 대부분 전파매체 공연으로 빠져 나갔"[455]기 때문이라고 지적하고 있다.

하지만 표재순은 극단 산하의 해단을 이런 상황에 대해 화가 많이 난 차범석이 우연히 내뱉은 한마디에서 비롯된 것이라고 기억하고 있다. 급하고 화가 많은 차범석의 성격에서 보면 홧김에 뱉은 말이 불씨가 된 것이겠지만, 당시 극단 산하의 대표 연출자였던 표재순이 방송국에서 PD로 많은 드라마를 연출했고 1976년 김의경이 현대극장을 창단할 때 동인으로 들어간 것에 대해서도 차범석은 배신감(?) 같은, 서운한 마음을 갖고 있었다. 물론 표재순으로서는 새로운 극단에서 활동하고 싶었을 것이다. 현대극장은 '한국 연극의 전문화, 직업화, 과학화'를 기본 이념으로 삼고 '한국을 표현하는 연극, 세계 무대와 어깨를 겨룰 수 있는 한국 연극의 창조를 목적으로 창단'했다는 기치를 내걸었다.

한편 극단 산하는 연극 대중화를 목표로 창단되었고 차범석은 이해랑처럼 리얼리즘 연극을 지향했으며 당대의 실험 연극에 대해서는 거부감을 갖고 있었다. 그러나 "이해랑과 달리 인텔리 계층을 위한 연극에

---

454 〈연극계 다작多作 벗고 알찬 무대로〉,《경향신문》, 1983.2.3.
455 〈연극의 활성화와 무관심〉,《조선일보》, 1983.4.10.

공격적이었"⁴⁵⁶던 차범석이 연극 대중화를 지향하면서도 결국 관객이 없는 무대에 직면하자 해단을 생각할 수밖에 없었던 것은 아닐까?

아무튼 극단 산하의 해단이 기자가 낸 신문 기사에서 비롯된 것이라는 이야기가 이유의 전부일 수는 없다. 설령 해단 결정이 즉흥적으로 뱉은 말에서 비롯됐다 하더라도 차범석이 해단의 과정을 설명한 것으로 보아 마음의 준비는 하고 있었을 것이다. 또 그것을 번복할 사람이 더 이상 극단 산하에는 없었다. 아무튼 해체 선언이 너무 쉽게 이루어진 것은 사실이다. 결과적으로 차범석은 동인 누구와도 상의하지 못하고 단독으로 결정했을 것이고, 그 고독한 결정 후에 그는 가슴으로 울었을 것이다.

그간 함께 연극을 해 왔던 사람들 중에 그의 곁에는 누가 남아 있었을까? 그때의 심정을 차범석은 "내가 키워 온 극단의 해산이 얼마나 아프고 쓰라린 일인지 아는 사람은 없었다."라고 했다.

극단 산하의 마지막 공연은 〈옛날 옛적에 훠어이 훠이〉였다. '1976년 극단 산하에서 공연하여 그해 백상예술상에서 작품상, 연출상, 개인상(백수련)을 휩쓴 수작'을 극단 산하의 마지막 고별 공연으로 선택한 것이다.

> 나는 그동안 제자리를 찾지 못한 채 방황하며 부평초처럼 떠돌아다니던 극단 산하를 영원한 저세상으로 훨훨 떠나보내려는 심사에서 이 희곡을 택했다. 창단 20년 동안 나름대로 영광도 기쁨도 있었건만, 이 이상 회생할 수 없을 바에야 그동안 공연된 작품 가운데서 가장 성숙도가 높아 호평을

---

456 백로라, 〈1960년대 '연극 대중화' 운동과 '대중' 담론〉, 《인문언어》 11집 1호, 국제언어 인문학회, 2009.6. 188면.

받았던 작품을 전혀 새로운 사람들의 손으로 다시 만들어 영겁의 시공 속으로 날려보내는 공연을 하자는 것이었다.[457]

차범석은 최인훈과 인연이 있었던 터였다. 최인훈이 한국전쟁 당시 목포에 거주하면서 목포고등학교를 다녔는데, 그는 목포고 1회 졸업생 박창복에게 문학을 가르쳐 줄 수 있는 차범석을 소개해 달라고 부탁했다(김경완의 증언). 당시 차범석은 목포중학교 국어 교사로 근무하고 있었다.

차 : 그러니까 그거 하게 되면, 내가 내 이야기 하는 것은 있지마는 최인훈이는 고등학교 때 제자거든.

김 : 아, 선생님의 제자, 어느 고등학교?

차 : 그런데 그 애는. 목포고등학교. (목포고등학교) 피란 때. 그 애가 앉았던 좌석도 기억해.

김 : 아, 그렇군요. 목포고를 피란 때 다녔군요.

차 : 하얗고. 얼굴 하얗고. 그런데 나한테 절대 선생이라는 말 안 해요. 최인훈이 지금 이 시간까지. 나한테 일대일로.

김 : 어머, 직접 배우기도 했어요?

차 : 내가 현대문학 가르쳤는데, (그러셨어요) 이상의 뭐야, 〈(날개)〉 〈날개〉 교과서에 나오고 그랬잖아. 내가 하여튼 산하 할 땐데 어디 보니까 최인훈이가 희곡을 썼다고 나왔어요. 〈옛날 옛적 훠어이 훠이〉, 그러니까 잠깐 나오는데, 장수 설화를 가져온 거다. 뭔가 핑 오더라고. 전화를 걸었어. "최 선생이요?" "네." "나 차범석이요." "네. 안녕하십니까, 차범석

---

457 전성희 편,《차범석 전집 11 — 자서전/수필 외》, 263~264면.

씨." "어디 보니까 희곡을 썼다는데 그 소재에 대해 조금 얘기할 수 없겠느냐." 전화로 얘기하더라고. 받으면서 이거 된다, "내가 사겠소." 그때 30만 원. 30만 원 주고 샀어요. [작품료를 주시고] 읽어 보니까 아니올시다야.

김 : 아. 읽기 전에 결정하셨군요? [응] 소재만 보고.

차 : 뭐가 아니냐? 이 희곡이라는 것은 소포클레스 때부터 그랬지만 제3의 인물이 나와야 연극이 돼요. A와 B만 나오면 토론밖에 안 돼. 그러니까 우리가 멜로드라마의 삼각관계라는 게 제3의 인물이 나와야 드라마가 되는 거야. 그런데 없어요. 제3의 인물이 필요하다. 그래서 제3의 인물로 들어온 게 그 어머니가 나와. 자기 아들, [소금장수] 응, 소금장수. 그래서 최인훈 보고 "제3의 인물을 집어넣어라." 내 이야기가 그럴 듯하거든. "알았습니다." 그제서 고쳐 온 것이 소금장수야.

김 : 아, 그때는 아예 소금장수, 노파가 없었나요? [그럼] 그랬군요.

차 : 그, 그래서 딱 나오니까 오싹하지, 그 장면이. 그래서 백수련이 그것 때문에 상 탔잖아. [백성희 선생님?] 백수련.[458]

차범석은 공연 전까지 극단 산하의 해체에 대해 주변에 알리지 않았다. 물론 미리 언론에 이 사실을 알리면 주목을 받아 홍보 효과도 있겠지만 그렇게 하지 않았다. 프로그램 북에 실린 극단 대표의 말 '하나의 종장終章을 쓰면서'를 본 사람들이 극단 산하의 해체를 짐작하게 된 것이다.

차범석이 해체 선언으로 극단 산하를 없앤 것에 대해 사람들은 충격

---

458 차범석 구술, 김성희 채록연구, 《2004년도 한국 근현대예술사 구술채록연구 시리즈 49 — 차범석》, 253~254면.

을 받았고, 그중에는 자신의 손으로 해체하지 말고 후배 연극인에게 물려주지 그랬느냐고 하는 사람도 있었다. 그러나 차범석의 성격상 잘나가는 것도 아닌 극단을 후배에게 물려 줄 수는 없었다. 자신이 만든 것이니 깨끗하게 자기 손으로 해체하는 것이 맞다고 생각했을 것이다.

극단 산하 해체 … 20년 동안 52회 공연

20년 전통의 극단 산하(대표 차범석)가 지난달 31일 막을 내린 〈옛날 옛적에 훠어이 훠이〉를 끝으로 해체, 연극계에 큰 충격을 주고 있다. 1963년 9월 '연극의 대중화와 한국 리얼리즘 연극의 정립'을 표방하고 창단했던 극단 산하는 그동안 52회의 공연을 통해 한국 현대 연극 발전에 크게 기여해 온 대표적인 극단이라는 점에서 연극계의 큰 손실로 받아들여지고 있다.

연극계에선 극단 산하의 해체를 신생 극단의 난무와 관객 없는 오늘의 현실 때문으로 보고 있다. 그러나 극단 대표 차범석 씨는 '좋은 연극을 만들지 못한 자책과 더 이상 연극을 할 수 있는 상황이 아니라는 생각에서 해단키로 단원들과 의견을 모았다'고 밝히고 있다.

극단 산하는 63년 창작극 〈잉여인간〉을 창단 기념으로 무대에 올린 후 〈노비문서〉, 〈열대어〉, 〈왕 교수의 직업〉, 〈약산의 진달래〉 등 30여 편의 창작극과 〈적과 흑〉, 〈페드라〉 등 많은 번역극을 올렸었다. 특히 사실주의 창작극 공연에 비중을 둔 극단 특색 때문에 개성이 뚜렷한 극단으로 널리 알려져 있다.

평론가 유민영 교수(단국대)는 "전통 있는 극단이 필요한 시기에 20년 전통의 극단이 없어진 것은 연극계로서는 가장 뼈아픈 일"이라며 극단 산하의 해단을 아쉬워했다. 한편 극단을 해체한 차범석 씨는 극단이 해체되기는 했지만 산하 20년을 정리하는 뜻에서 《극단 산하 20년사》를 오는 가을께

퍼내겠다고 밝혔다.[459]

극단 산하는 1963년 11월 〈잉여인간〉 창립공연 이후, 리얼리즘 극을 기조로 '1960년대 당시 극단들 중에서 가장 대중과 밀착된 연극'을 했다는 평가를 받았다. 공연 작품으로 차범석의 희곡 〈산불〉을 비롯하여 〈열대어〉, 〈장미의 성〉, 〈대리인〉과 같은 창작극뿐만 아니라 번역극도 올렸다. 그리고 스탕달의 소설 〈적赤과 흑黑〉을 각색해서 무대에 올리기도 했지만 1960년대 관객 부재의 연극 상황을 이겨 낼 수는 없었다.

1970년대에 들어오면서 극단 산하는 윤대성 작 〈노비문서〉와 같은 신인의 희곡과 셰익스피어, 입센, 아서 밀러, 테네시 윌리엄스, 장 아누이 등의 희곡을 공연했다. 또한 1977년 제1회 대한민국연극제에 차범석 작/연출 〈오판〉으로, 1978년 제2회 대한민국연극제에 오태석 작, 차범석/오태영 연출 〈종〉으로 참가했다.

또 1965년 제1회 동아연극상 참가작 〈청기와집〉에서 배우 천선녀가 제1회 동아연극상 여우조연상을 수상했다. 1966년 제2회 백상예술대상에서는 〈천사여 고향을 보라〉로 대상과 작품상, 1981년 한국연극영화예술상에서는 〈페드라〉의 강효실이 여자 연기상, 1976년 제13회 백상예술대상에서 〈옛날 옛적에 훠어이 훠이〉로 대상과 작품상, 여자조연상을 각각 수상했다.

한국 연극계에서 극단 산하는 연극의 대중성을 인식하고 연극의 대중화를 위해 노력했으며 대중화가 비속화가 아니라는 대중성의 정체성을 밝혀 내기도 했다. 차범석은 1963년부터 1983년까지 20년 동안 52편의 희곡을 무대에 올리면서 한국 연극사에 한 획을 그은 극단 산하를

---

459 〈극단 산하 해체 ─ 20년 동안 52회 공연〉, 《경향신문》, 1983.4.4.

실질적으로 운영한 인물이다. 그는 연극 〈열대어〉에서는 인종차별의 문제와 신앙인의 위선을, 〈장미의 성〉에서는 금기시되는 소재였던 동성애와 수간 등을 다루는 등 이전의 한국 희곡에서는 볼 수 없었던 소재로 연극의 영역을 넓혔다.

차범석은 자신이 극단을 운영하면서 "얻은 것이라면 사단법인 한국연극협회 이사장이라는 감투를 7년이나 장기 집권(?)했고, 한국문화예술위원회 이사와 그리고 대한민국 예술원 회원이 되었다"는 것이라고 고백했는데, 후에 서울시립극단 초대 단장, 한국문화예술위원회 이사장, 대한민국예술원 회장까지 맡으며 예술인으로서 큰 명예와 영광을 누렸다.

5부

옥단어!

11
방송 드라마와 무용극
국민 드라마를 쓰다

라디오 드라마

차범석은 1960년대에 들면서 왕성하게 집필 활동을 했는데 그 활동은 희곡 창작뿐만 아니라 라디오, TV 드라마에까지 걸쳐 있었다. 드라마 창작은 덕성여고 사직 후 부양의 의무를 가진 가장으로서 자신의 역할을 다하기 위한 노력이기도 했지만 자신이 하고 싶은 연극을 하기 위해, 특히 극단 산하의 대표로서 극단 운영을 위한 헌신이기도 했다. 아버지가 천석지기 부자였지만 그 지원에 의지하지 않고 자립의 의지로 평생 노력하여 가정과 극단을 건사해 온 것이다.

차범석은 연극에서 출발해 라디오, TV 드라마 등 여러 장르의 드라마를 창작했는데, 그 가운데 연극에 대한 애정이 가장 컸다. 그렇지만 방송 드라마 역시 극 형식의 창작물이며 대중과 밀착되어 있다고 생각했기 때문에, 깊은 책임감을 가지고 드라마 창작론을 쓰기도 하고 방송 극협회의 임원으로도 활동했다.

1960년대에서 1970년대까지는 드라마 대본을 창작하면 관행적으로 주제가의 작사도 맡아야 했다. 그래서 차범석이 작사가로서 작업한 것들이 국립중앙도서관에 자료로 보관되어 남아 있기도 하다. 그가 작사한 곡으로는 김강섭 작곡/배호 노래의 〈적도〉(1968)[460], 이봉조 작곡/최영희 노래의 〈은하수〉(신세기레코오드, 1969), 박춘석 작곡/예성 노래의 〈넓고 넓은 바닷가에〉,[461] 전우중 작곡/정종숙 노래의 〈아카시아 길〉(지구레코드공사, 1976)[462] 등이 있다.

차범석이 방송국과 드라마와 인연을 맺게 된 것은 대학극회와 제작극회에서 연극을 함께 했던 최창봉 덕분이다. 최창봉은 한국전쟁 당시군에 입대하여 소대장으로 근무하다 사단본부로 발령이 났다. 본부에서통역 장교로 일하다 1952년 미국 고급군관학교에 가게 되었다. 휴전 후에는 대위로 군에 있었는데, 갑작스럽게 정동에 있는 군 방송실 실장으로 발령이 났다. 1년 동안 최창봉은 하루에 한 시간짜리 군 방송을 맡아아이디어를 냈는데, 이 프로그램은 군 방송인데도 인기가 많았다. 1956년 5일 12일, 우리나라에서는 처음으로 HLKZ KORCAD(KOREAN RCA DISTRIBUTER의 약자) TV가 텔레비전 방송을 했다.

최창봉은 HLKZ TV에서 1957년 7월 제작극회의 창립공연이었던

460 〈적도〉의 가사 : 아침 안개 사라지고 고동이 울면 / 산이 가슴에는 꽃구름 핀다. / 어기영차 어기영차 바다의 사나이 / 이별도 사랑도 파도 위에 던지고 / 남십자성 바라보며내일에 산다. / 내일에 산다. / 간주 / 남태평양 검은 파도 휘몰아 오면 / 사나이 핏줄에는 청춘이 뛴다. / 어기영차 어기영차 바다의 사나이 / 미움도 슬픔도 담배처럼 태우고 / 고향 산천 그리며 꿈속에 산다.

461 〈넓고 넓은 바닷가에〉의 가사 : 노적봉 저 넘어로 석양이 지면/물새도 잠이 드나 파도도자네 / 흘러간 세월 속에 / 멍든 상처는 지금은 별이 되어 / 하늘에 있네 / 아~ 넓고 넓은바닷가에 홀로 서면 / 모두가 꿈이어라 구름이어라.

462 〈아카시아 길〉의 가사 : 하얀 꽃잎이 그대 어깨 위에 / 한 잎 두 잎 떨어질 때 / 조각달도수집어 / 실눈을 감았죠 / 우리는 골목길을 / 말도 없이 걸어가도 / 가슴은 술렁이는 /호수와도 같았죠. / 아~ 그러나 지금은 / 우거진 숲길인데 / 꽃잎도 조각 달도 / 보이지않아요. 우리는 언덕길을 / 밤새도록 걸어가도 / 가슴속 깊숙이 / 불길은 타올랐죠. /아~ 그러나 지금은 / 타 버린 옛날인데 / 하늘엔 흰 구름만 / 꽃을 피우네.

〈사형수〉를 우리나라 최초의 텔레비전 드라마로 제작하여 8월 2일 생방송으로 내보냈다. 이어 9월 18일에는 아일랜드 극작가 던세이니Lord Dunsany경의 〈빛의 문〉을 드라마로 제작했다. 1962년 KBS 라디오는 단막극 전문 프로그램 〈금요극장〉(후에 〈금요무대〉로 프로그램명을 바꾸었다.) 타이틀로 제일 먼저 신협의 〈나도 인간이 되련다〉(유치진 원작, 차범석 각색)를 방송했고 3·1절 특집극 〈기미년 3월 1일〉, 〈소〉(유치진 작) 등을 방송했다. 최창봉은 '미국 초기 TV 드라마도 희곡작가들의 단막극으로 시작했다'는 기록을 보고 우리도 단막극을 각색하면 TV 드라마로 매체 전환이 가능하다는 확신을 갖게 되었고, 차범석도 처음에는 라디오 방송 드라마를 쓰다가 TV 방송국이 개국하면서 자연스럽게 TV 드라마까지 창작했다. 당시에는 극작가들이 라디오, TV나 영화의 대본을 써서 원고료로 수입을 삼았던 경우가 많았다. 이런 현상은 "1960년대 라디오 연속극의 전성기에 굳건히 위치했던 순수 창작 단막극의 전통과 한국 연극의 전환기를 만들어 낸 연극 대중화 운동이라는 종횡의 축이 만들어 낸 미디어 매트릭스가 바로 초기 텔레비전 드라마가 탄생하고 위치한 공간"[463]이라고 볼 수 있다.

최창봉은 이때 1년쯤 텔레비전 방송을 하고 있었는데 1957년 미국 무부 초청으로 방송 연수를 떠나 방송 시스템과 방송 제작을 익히고 돌아왔다. 최창봉이 미국에 다녀오는 사이에 방송사 사주가 《한국일보》 장기영으로 바뀌면서 방송국 이름도 대한방송으로 바뀌었고, 1958년 니혼대학에서 영화를 공부한 전근영이 제작과장으로 오면서 드라마는 "연극무대 공연 중심에서 좀 더 본격적인 TV 드라마로 전환하기 위해

463 백미숙, 〈1960년대 텔레비전의 '창작 문예 단막극': 라디오 방송 문예와 연극 대중화 운동의 관계 속에서〉, 한국방송학회 엮음, 《한국의 텔레비전 드라마 — 역사와 경계》, 컬처룩, 2013, 81면.

독자적인 길을 개척해 나가게 되었다. 이때 참가했던 작가들은 차범석, 임희재, 이용찬 씨 등이었고 출연에는 전계현 씨 등 당시의 영화배우들"[464]이 있었다.

차범석은 1956년 서울로 이사를 온 후 라디오 방송 드라마 창작을 계속했고 1958년부터 본격적으로 방송 드라마를 썼는데, 당시 방송작가로 활동하고 있던 이용찬, 하유상, 임희재와 함께 이어쓰기의 형식으로 5월 3일부터 HLKZ-TV에서 방송된 프로그램 〈창작 옴니버스〉의 〈청춘기상도〉를 썼다. 〈청춘기상도〉는 시트콤 형식의 홈 드라마로 총 9회, 30분 분량이었다. 이어서 차범석은 1959년 1월 13일부터 〈화요극장〉에 5회짜리 〈어둠 속의 피는 꽃〉을 썼는데 이 작품은 2월 10일까지 HLKZ-TV에서 방영되었다. 그러면서 1959년에 차범석은 KBS 라디오의 〈KBS 무대〉에서 〈귀향〉, 〈염소〉, 〈사랑의 위기〉(이 작품은 1960년대 이후 〈KBS 무대〉의 주요 작품으로 뽑혔다), 〈배반 당한 사람끼리〉와 〈결작 방송극〉 프로그램에 〈그 여자의 경우〉(결작으로 뽑혀서 연말에 재방송되었음) 등을 방송했고 HLKV(MBC 라디오)에서 〈밤의 속삭임〉을 방송했다.

그런데 최창봉이 당시 한국일보사 사주였던 장기영과 함께했던 종로 텔레비전 방송국이 화재로 모두 타 버리는 일이 일어났다. 최창봉은 1960년 말이 되면서 서울 문화방송(MBC) 개국을 위해 준비하면서 1961년 마침 덕성여고를 그만두고 쉬고 있었던 차범석에게 방송 요원을 하면 어떻겠느냐고 자리를 제안했다.

방송 요원으로 가장 중심적인 제작 담당 간부로는 차범석 씨가 와 주었다.
새로 출발하는 민간방송의 이미지를 위해서 또 종래 KBS 일변도의 인적

---

464 최창봉, 《방송과 나 — 영원한 PD 최창봉의 방송인생 다큐멘터리》, 278면.

구성을 피하고 싶어서 당시 이미 작가로 활동하고 있으면서 덕성여고 선생으로 있던 차범석 씨를 권유해서 방송에 합류토록 했다. 나와는 대학극과 또 사회 나와서도 같이 연극 운동을 했던 차 형이 와 주어 여간 힘이 되는 것이 아니었다. 마음 든든했다.[465]

차범석은 최창봉과 함께 서울 MBC 개국 업무에 열중했다. 제작과장으로 박용구 등과 함께 신인 연기자도 선발했는데, 그때 뽑힌 성우들은 전경자, 이향미, 김애리사, 김석옥, 최선자, 김영옥, 나문희, 김소라, 백수련, 권영주 등 여자 10명과 최응찬, 김성희, 원창묵, 피세영, 김항식, 손정수 등 남자 6명이었다. 이들 중에는 1963년 극단 산하가 창단될 때 함께한 동인들도 있었다.

5·16 군사 쿠데타가 터지면서 공보부는 국영 텔레비전을 시작하는데, 최창봉이 절대적으로 필요했다. MBC 개국을 준비하고 있다가 거의 강제로 갑자기 국영 방송으로 가게 된 최창봉은 자신을 믿고 따라와 준 차범석과 최계환, 이호로 씨 등에게 두고두고 마음속으로 죄책감 같은 것을 느꼈다. 그러나 정부로부터 국영 방송인 KBS 텔레비전을 준비해야 한다는 강제 명령이 떨어져, 최창봉은 어쩔 수 없이 MBC 라디오를 떠났다.

한국 방송 초창기에 방송의 기틀을 잡은 최창봉은 당시의 누구보다도 방송의 시대가 올 것이라고 확신하고 방송국 설립과 운영에 매진했다. 차범석과의 인연은 함귀봉 무용연구소에서 무용을 배우고 있는 그를 만나면서 시작되었고, 1949년에는 전국 대학생 연극경연대회에 고대극회 단원으로 참가하여 우수상을 수상하면서 당시 연희극예술연구

---

465 최창봉, 《방송과 나 — 영원한 PD 최창봉의 방송인생 다큐멘터리》, 298면.

회에 있던 차범석과 다시 만나게 되었던 것이다.

1961년 문화방송이 생길 무렵 전국의 라디오 수신기 대수는 고작 80여 만 대 남짓이었다. 그러한 열악한 상황에서 라디오 문화방송이 생겼던 것이다. 차범석은 라디오 문화방송에서 연예부장이라는 직함으로 활동하면서 방송국에 대본을 써 주는 일도 게을리하지 않았다. 1962년 KBS 라디오에서 〈남자의 세계〉가 방송되었고, 1962년 1월 19일에는 KBS TV 최초의 드라마로 유치진 원작 〈나도 인간이 되련다〉를 차범석이 각색하여 이기하의 연출로 방송되었다. 이어 차범석은 MBC 라디오에서 최창봉 연출의 연속 방송극 〈행복을 파는 사나이〉를, 1963년에는 KBS TV의 〈금요무대〉에서 〈딸의 혼담〉. 1964년에도 같은 프로그램에서 〈새로운 결심〉 등의 작가로 참여했다.

이와 같이 차범석은 방송 초창기에 MBC와 KBS 라디오, TV 등에서 활발한 활동을 했는데 1964년 동양방송(TBC)이 개국하자 역시 TV와 라디오의 방송작가로 참여했다. 당시 TBC 라디오(RSB)에서는 토일 연속극으로 〈스카이라운지의 강 사장〉을 방송했는데 이것은 동명의 차범석 희곡을 오사량이 연출한 작품으로, 1964년 10월 10일부터 11월 13일까지 총 22회 방송되었으며 1960년대 방송된 인기 멜로 드라마로 꼽힌다.

1965년에 방송된 〈KBS 무대〉의 〈꿈꾸는 나비〉는《한국 라디오 드라마사 : 성우들의 역정, 통사》(윤태진, 김정환, 조지훈/한국성우협회, 나무와 숲, 2015) 에서 1960년 이후 〈KBS 무대〉 주요 작품 중의 하나로 기록하고 있다. 1965년에는 '롱 런 다큐멘타리 드라마'로 불리는 MBC 라디오 프로그램 〈전설 따라 삼천리〉에도 작가로 참여했다. 이 프로그램은 "멜로 드라마에 지쳐 있던 청취자들뿐만 아니라 역사극으로 성이 차지 않았던 청취자들마저 사로잡았"다.

이 당시 라디오 단막극, 텔레비전 단막극 및 연속극을 썼던 차범석을 비롯하여 임희재, 하유상, 이용찬 등은 1960년대 동인제 극단 활동에 참여했고 다수의 희곡도 발표했는데, 이들을 라디오 드라마 작가 2세대로 분류한다. 1세대 라디오 드라마 작가 조남사, 박진, 한운사, 이서구, 김석야 등과 달리 희곡작가이면서 방송작가로도 활동했으며, 이런 특징이 1960년대 라디오 드라마와 연극과의 연결성을 설명하는 열쇠가 된다.

KBS는 실험극장 동인들과 배우를 공채로 선발했고 TBC-TV는 "모두 연극 연출, 배우, 무대 감독 등을 경험한 경력자들로 구성"[466]하였다. 후에 MBC-TV에서는 TBC-TV의 방송 요원들을 대거 영입했는데, 이것이 문제가 되기도 했다.

어쨌든 TV 방송의 시작은 연극계 인물들의 대거 이동으로 이어졌고, 이는 연극계의 상황을 더 어려워지게 만들었다. 프로그램은 '연극의 대중화와 직접적인 상호관계 속에서 만들어진 것으로 짐작'되는데 드라마가 편성의 가장 중심이었던 TBC-TV에는 1960년대 동인제 극단의 동인들이 드라마 PD로 재직했다. 그들 대부분이 서울대, 연세대, 고려대, 동국대 등의 대학극회 출신이어서 재직 중에도 "실험극장을 비롯해 산하, 광장, 자유극장 등에서 실험극과 창작극을 중심으로 공연무대에 직간접적으로 관여했다."라는 것이다.

그렇기 때문에 "순수 창작 드라마와 국내외 희곡 각색을 담당한 방송작가들 역시 대부분 드라마와 희곡을 넘나드는 극작가들이었다는 점에서 이 시기 텔레비전 단막극 드라마와 연극은 매체적으로 융합되어 있던 창작의 공간이었다"고 할 수 있다. 그러나 같은 작가나 PD들이라

---

466 백미숙, 〈1960년대 텔레비전의 '창작 문예 단막극' : 라디오 방송 문예와 연극 대중화 운동의 관계 속에서〉, 한국방송학회 엮음, 《한국의 텔레비전 드라마 — 역사와 경계》, 113면.

도 단막극을 만들 때와 연속극을 연출할 때의 작가적 정체성이 동일하지는 않았을 것이다. 차범석이 장르를 넘나들면서 창작을 할 수 있었던 것은 한국의 방송 드라마가 초창기에 연극의 영향을 받았기 때문이다. 다시 말해 초기 텔레비전 드라마는 "배우, 극작가, 연출자의 상당수가 연극으로부터 왔다"는 것과 "1960년대 연극 대중화 운동과의 상호작용"에 의한 것이라고 볼 수도 있다.

차범석은 1960년대에 여러 라디오에서 옴니버스 형식의 드라마나 연속극의 작가로 활동했고, 인기가 있었던 몇몇 작품은 영화화되기도 했다. 당시에는 성공한 드라마의 영화화가 빈번했다. 드라마로 인기가 있었던 작품을 영화화하는 것은 검증된 작품을 제작하는 것이어서 영화 제작자들은 손쉽게 이 기획을 선택했다.

라디오 연속극이 영화로 매체 전이되는 경향은 1950년대 후반부터 1960년대까지 두 매체가 대중문화의 중심에서 상호 영향을 받으며 성장했음을 보여 주는 하나의 예라고 볼 수 있다. 물론 라디오 연속극의 영화가 라디오, 영화 각 매체에 긍정적인 효과만을 불러일으킨 것은 아니었지만, 매체 간의 교류를 통해 당시 대중문화의 기반을 형성하는 데 일정 정도의 의의를 부여할 수 있을 것이다. 라디오 연속극의 영화화는 청각 매체인 라디오와 영상 매체인 영화의 결합으로 당시 매체를 넘나드는 경험을 대중에게 선사하였다. 무엇보다도 당시 대중들에게 호응이 높았던 연속극의 유행을 라디오 매체에 한정 짓지 않고 다른 매체와 공유하며 대중의 욕망을 충족시켰다는 점에서 긍정적인 효과를 발생시켰다고 본다. 또한 라디오 연속극의 영화화는 시나리오 부족 현상을 겪었던 영화계에 원작을 공급함으로써 영화 제작에 활기를 불어넣어 주었다. 이는 방송계에도 대중에게 라디오 드라마에 대한 지도를 높이고 대중문화에서의 입지를 세우는 데 효력을 발휘

했으므로 마찬가지 결과로 작용한 것이다.[467]

차범석의 드라마 가운데 MBC(HLKV) 라디오의 〈동경에서 온 사나이〉는 1962년 엄앵란 주연, 박성복 감독의 영화로 제작되었다. 1963년의 MBC 라디오 드라마 〈밤안개〉는 연속극으로 방송되었지만 인기가 높자 1964년 정창화 감독에 의해 영화화되었고 김승호, 황정순, 최지희 등이 출연했다. 1964년 작품 〈처가살이〉는 이봉래 감독의 영화로, 1967년 KBS-TV 〈금요무대〉에서 방영된 〈옥비녀〉는 강대진[468] 감독, 윤정희 출연으로 영화화되었다.

텔레비전 드라마

차범석은 전국대학생연극경연대회에서 만났던 오랜 친구, 숙대생 이인선이 일본에서 작가로 데뷔하자 그의 작품 〈철이의 군번〉의 각색을 맡

---

467 문선영, 〈1950~60년대 라디오 연속극의 매체 전이 경향〉, 대중서사학회, 《대중 서사연구》 29, 2013.6., 30~31면.

468 강대진(1933~1987) : 차범석이 목포중학교 교사로 재직하던 시절의 제자. 최인현, 이형표, 임원식, 이장호 등과 함께 이른바 '신상옥 사단'으로 불리는 감독 중 한 명으로 〈박서방〉(1960), 〈마부〉(1961) 등의 영화를 통해 서민적 일상을 탁월하게 묘사한 것으로 널리 알려져 있다. 특히 〈마부〉는 베를린 영화제에 출품되어 심사위원 특별상인 은곰상을 수상하기도 했다. 1960년대 초반 신필름의 주요 작품 스타일이었던 이른바 홈 드라마의 자장 안에서 작품 활동을 시작했다고 할 것인데, 비슷한 시기에 출발한 신필름의 감독들이 대규모 사극이나 액션물, 혹은 홍콩 쇼브라더스와의 합작 등으로 장르물에까지 관심을 넓혔던 것에 비해, 1960년대에 줄곧 멜로드라마를 연출하였다. 그러한 스타일의 작품으로 〈이쁜이〉(1964), 〈강명화〉(1967), 〈청춘극장〉(1967) 등이 있고, 1970년대 후반부터는 〈사랑의 원자탄〉(1977), 〈죽으면 살리라〉(1982), 〈화평의 길〉(1984) 등 종교 영화를 만들기 시작한다. 1987년 4월 1일 유작 〈몽마르트 언덕의 상투〉의 개봉을 보지 못하고 별세하였다. (한국영화 데이터베이스 참고)

아 TBC-TV 프로그램 〈TBC 극장〉에서 방영하기도 했다. 이후 이인선의 작품 〈사랑이 흘러가는 곳〉을 각색하여 〈TBC 극장〉에서 방송했다. 또한 〈TBC 극장〉을 통해 현진건의 〈무영탑〉, 이상의 〈날개〉, 김유정의 〈따라지〉 등의 문예 작품을 각색하여 방영하기도 했다. 1967년부터 1969년까지 방송되었던 〈TBC 극장〉이나 〈살롱드라마〉, 〈문예극장〉 등은 '연극 형식 드라마'로 일일극이 시작되면서 없어지기 시작해, 1970년대 이후 사라졌다. 차범석은 TBC-TV에서 〈TV 소설〉에 〈안네의 일기〉와 어린이극 〈잃어버린 저금통〉을 집필하면서 아동물에도 관심을 가졌고, 이후에 연극과 방송에 어린이극을 쓰기도 했다.

1967년에는 박종화 원작의 〈여인천하〉를 15부작으로 각색하여 정일성 연출로 방송하였다. 이때 드라마 주제가의 가사도 차범석이 직접 썼는데, 이 드라마는 이전의 사극들이 왕이 중심이 된 스토리에서 벗어나 왕실의 여성을 전면에 내세웠다는 점에서 의미를 갖는다.

1969년 차범석은 MBC-TV 개국 특집 드라마 〈태양의 연인들〉을 집필했다. 이 작품은 표재순 연출의 2부작으로 방영되었으며 백일섭,

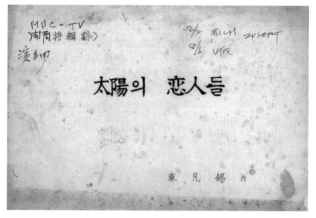

MBC-TV 개국 특집 드라마 〈태양의 연인들〉(차범석 작) 대본 표지. 한국문화예술위원회 아르코예술기록원(표재순 기증).

김혜자, 박근형 등이 출연했다.

> 백 : 예, 8월 8일에 이제 드디어 MBC-TV가 개국이 되는데, 선생님께서 이
> 제 9일에 개국 특집극 〈태양의 연인들〉을 처음으로 연출을 하십니다.
> 이 같은 공동 연출자가 강재순하고 표 선생님? (······)
>
> 표 : 내가 단독으로 하고. 왜냐하면 작품을, 이제 그동안 차범석 선생님 연
> 극을 대표허셨고 해서, 그러구 또 거기 라디오 과장이고, 준비 국장이
> 구 그랬었어요. 테레비 초창기에.
>
> 백 : 차범석 선생님이요?
>
> 표 : 응, 그랬다가 인제 물러나신 거거든. 라디오로 다시. 그니깐 작가시구
> 그러시니까 가서 "창사 특집극은 의미가 있는 특집이니까, 작품 하나
> 써 주세요." 그래서. 〈태양의 연인들〉 이래 가지고 박근형, 백일섭, 또
> 누군가 또 하나 김관수 고렇게 세 부부, 세 연인들을 해 가지고서는. 그
> 런데 지금 내용이 잘 모르겠어요. 대본 한 번 보믄 모를까.
> (〈태양의 연인들〉 대본을 훑어보면서) 아 이게 백일섭, 박근형, 김관수 이
> 렇게 셋이 나오고. (······) 그다음에 김혜자 씨 나오고.[469]

차범석은 MBC TV의 개국 드라마를 쓸 정도로 당시 방송가에서 드
라마 작가로 인정을 받고 있었다. 윤석진은 〈극작가 차범석의 텔레비전
드라마 연구〉[470]에서 《차범석전집 9 – 방송극》에 실린 방송 드라마를 분
석하고 차범석이 '초창기 한국 방송 드라마의 토대 구축 과정에서 중

---

469 표재순 구술, 백두산 채록연구, 《2022년도 한국 근현대예술사 구술채록연구 시리즈
318 – 표재순》, 137면.
470 윤석진, 〈극작가 차범석의 텔레비전드라마 연구〉, 《한국언어문화》 76집, 한국언어
문화학회, 2021.12.

요한 역할'을 한 작가라고 서술하고 있다.

이후 MBC TV에서 수요 연속극으로 반공 드라마 〈망향초〉를 집필
했으며 이 작품은 이동희 연출로 9회까지 방송됐다. 차범석은 당초 당
국의 요청으로 이 드라마를 썼는데, 내용이 '반공정신에 투철하지 못하
고 남자 주인공인 국군 장교가 여자를 겁탈하는 극적 설정은 국군의 위
상을 손상시킬 우려가 있다'는 지적으로 방송이 중단되었다. 방송국에
서는 방송 중단의 이유를 시청률 저조 때문이라고 발표했다. 차범석으
로서는 방송 드라마라고 해서 "상투적으로는 쓸 수는 없었고 평소 희곡
을 쓰듯이 리얼하게 나아갔을 뿐이다." 그의 작가정신으로는 반공이 목
적인 목적극을 쓸 수 없었기 때문에 타협하면서 계속 작품을 쓸 수 없었
던 것이다.

〈망향초〉의 연출가 이동희가 차범석에게 다음 작품으로 일일연속
극을 제안하자 차범석은 〈물레방아〉를 썼다. 〈물레방아〉는 1970년 9월
7일에 시작해 1971년 3월 13일에 막을 내릴 때까지 총 155회를 방영했
다. 이것은 MBC TV 사상 일일연속극으로 최초 100회를 넘은 드라마
로 기록되었다.[471] 그 당시 심의실장이었던 김포천이 최근에 "MBC 드
라마가 부진해서 고작 70회 안팎에서 끝을 맺었는데 〈물레방아〉는 이
미 100회를 넘어섰으니 근래에 드물게 롱런한 셈"이라며 얘기하자 차
범석은 고마운 마음이 들었다. 약 5개월 이상 〈물레방아〉를 집필하면서
받은 작품료가 제법 되었고 그 덕에 생활도 조금은 윤택해졌기 때문이
다. 그러나 그는 집필료로 받은 돈을 집의 생활비를 제외하고 극단 사무
실을 마련하는 등 모두 연극을 위해 사용했다.

---

471 당시 100회 돌파 작품으로 KBS TV의 〈실화극장〉, 〈아버지와 아들〉, TBC TV의 〈아
씨〉, 〈딸〉 등이 있다.

〈물레방아〉의 줄거리는 다음과 같다.

1943년 중추원 박동영 대감은 아들 상필의 학도병 지원을 권유받고 머리가 아프다. 도쿄 유학을 마치고 돌아온 상필은 친구(문수와 도일)들이 열어 준 귀국 축하연에서 일엽을 만난다. 일엽은 금풍관 기생으로 그녀의 미모는 장안에 소문이 났다. 상필은 첫눈에 일엽에게 끌리고, 상필의 집에서는 상필이 군대 가기 전에 장가라도 보내려 한다. 아버지 박대감의 고민에도 상필은 왜 일본이 벌인 전쟁에 자신이 참여해야 하는지 의문을 갖고 아버지에게 저항한다. 한편 상필을 향한 학도병 지원의 압박은 커지고, 일엽에 대한 상필의 마음은 커져 가기만 한다. 일엽과 상필은 그들 앞에 놓인 지난한 현실의 무게로 도봉산 부근 별장의 물레방앗간으로 도피한다. 아버지와 대립하고 있는 상필은 일엽의 어머니와도 혼사 문제로 부딪친다. 홀로 딸을 키운 일엽의 어머니는 일엽이 자기와 같은 길을 가게 될까 봐 반대하는 것이다. 상필의 학도병 지원 문제는 점점 심각해지고 상필은 이것을 조건으로 집에서 반대해 온 일엽과의 혼사를 밀어붙인다. 결국 상필은 학도병으로 끌려가고 일엽은 임신한다. 이후 혼자 딸을 출산하고 온갖 유혹을 물리치면서 딸을 키우던 일엽이 사업가로도 성공하여 집안을 일으킨다는 내용이다. 장민호, 오지명, 김영옥, 나문희, 당시 신인 배우 양정화 등이 출연하여 화제가 되었다. 당시 《경향신문》에서는 〈물레방아〉에 대해 "30년대, 50년대, 70년대에 걸친 모계 가족이 걸어 나온 인생행로를 우리 민족이 겪어 나온 역사적, 사회적 현실을 배경 삼아 인종과 헌신과 사랑으로 자신을 불살라 버린 여성을 그린 것"[472]이라고 평했다.

---

472 〈새 연속극 〈물레방아〉 첫 회=MBC·TV〉, 《경향신문》, 1970.9.7.

〈전원일기〉와 그 후의 방송 드라마

차범석은 방송 드라마 창작에도 원칙을 갖고 있었다. 그래서 현실과 동떨어진 이야기가 아니라 동시대와 사회의 사람들이 안고 있는 세대 간의 갈등, 역사의식, 문명 비판, 애정 문제 등을 심도 있게 드라마로 만들어 냈다. 다시 말하면 방송극 창작에서도 연극의 사실주의 정신을 구현했다고 할 수 있다.

> 1970년대 이후 소위 산업사회로 옮겨지면서 도시는 급격하게 비대화되고 농촌은 피폐해져 갔었다. 그렇기 때문에 그가 묘사해 낸 농촌은 유토피아가 아닌 소조蕭條한 것이었고 그러나 인정만은 언제나 훈훈한 곳이었다. 도시 사람 대부분이 농촌 출신이었기 때문에 그의 작품은 시청자들의 향수를 자극하기에 충분했던 것이다. 그가 극작가로 데뷔할 때 고향 주변 섬사람들의 삶을 따뜻하게 감싸 안았듯이 산업화되고 도시화되면서 자꾸 소외만 되어 가는 농민들을 보듬어 안고 또 잊혀져 가는 우리 고유의 풍경을 되살려 보려는 각도에서 써 갔던 것이다. 그러니까 그가 궁극적으로는 농촌과 농민들에게 희망의 메시지를 던진 것이라 말할 수가 있다. 그만큼 그는 어떤 작품을 쓰건 궁극적으로는 휴머니즘을 밑에 깔아 가고 있었다.[473]

차범석은 1980년 10월부터 〈전원일기〉 1회를 시작으로 49회까지 1년 동안 집필했다. 그런데 그가 쓴 것은 49편이 아니라 총 42편이다. 49회까지 중 34회 〈떠도는 사람들〉, 37회 〈촌여자〉, 48회 〈못된 사람들〉은 김정수가 썼고 43회 〈가위소리〉는 노경식이 썼다. 현재 남아 있는 대본

---

[473] 유민영, 《한국 인물연극사 2》, 499면.

들 중에는 제목만 있고 내용이 보관되지 않은 것이 두 편 있는데, 28회 〈늙기도 서러워라〉와 39회 〈고향유정〉이다. 29회 〈철새〉와 30회의 〈풋사과〉는 제목만 다를 뿐 동일 작품이기 때문에 29회 〈철새〉를 제외하면 현재까지 남아 있는 것은 모두 42편이다.

차범석은 MBC-TV의 이연헌 PD로부터 새로운 콘셉트의 드라마를 집필해 달라는 제의를 받았다. 당시 제5공화국은 퇴폐적이고 저속한 사회 분위기를 정화한다는 명분 아래 국민 정서를 순화하는 드라마를 제작하라고 강요했다. 그러자 MBC는 그에 대한 대안으로 농촌 드라마 〈전원일기〉를 기획한 것이었다.

1980년 5월, 군사 쿠데타가 일어나 정국이 경색되고 광주 민주화 운동이 일어나 수많은 젊은이들이 끌려가고 죽음을 당하는 암흑시대가 찾아왔다. 차범석도 다음 공연을 위해 준비한 〈쥬노와 공작〉의 연습과 공연을 취소하고 실의에 빠져 있었는데, 이연헌 PD가 조심스럽게 제안을 해 왔다. 워낙 차범석이 TV 드라마에 대해 비판적일 뿐만 아니라 연극배우들이 TV 쪽으로 전향하는 추세를 달갑지 않게 여겼으므로 집필을 거부할지 모른다는 생각이 들었기 때문이다. 처음에는 차범석도 자신이 적임자가 아니라며 사양했지만 이연헌 PD는 "이 드라마가 흔히 있는 멜로 드라마이거나, 이른바 드라마틱한 것을 요구하는 게 아니라 이를테면 농촌을 소재로 한 한 편의 수필을 써 주면 된다."라면서 "그러기 위해서는 인생을 조금은 관조해 왔고, 그 아픔과 깊이를 뚫어 보는 나이 든 극작가"가 적임자라며 차범석을 설득했다. 차범석이 "이야기가 없는데 극이 되겠는가."라고 하자 이연헌 PD는 그를 데리고 이 기획을 위해 드라마 부장 이대섭이 추천해 준 농촌 수필집《흙과 별들의 대화》의 저자 김성제를 찾아갔다. 충남 홍성 온천장에서 글을 쓰고 있는 김성제와 만난 차범석은 서로 잘 통했는지, 돌아오는 차 안에서 〈전원일기〉

의 집필을 결정했다.

나는 그 진의가 결코 싫지는 않았다. 평소부터 나는 '왜 TV 드라마가 도시
인들만을 대상으로 하는가'라는 점과 '왜 천편일률적인 사랑 타령만 하면서
서민층이나 지역사회와는 담을 쌓는가'라는 불만을 품어 왔던 터라 결국은
집필을 승낙했다. (……) 1980년 10월 22일, 첫 방송이 나갔다. 제목은 〈박
수 칠 때 떠나라〉였다. 이 제목은 수필가인 김성제金聖濟 씨가 쓴 수필에서
따 온 것이었다. '신선하고 흙내음을 듬뿍 담은 내용이 도시인에게는 마음
의 고향을 생각게 하고, 농어민들에게는 긍지를 주는 수작秀作'이라고 평가
를 했다.[474]

〈전원일기〉 첫 회에서 차범석은 형식상의 포맷을 정립했는데 그 진
행 방식은 〈전원일기〉의 특성이 되었다. 드라마에서 잘 사용하지 않는
내레이션을 극의 시작과 끝에 배치해 안정감을 주었고, 농촌에서 일어
나는 일들을 소재로 이농, 가족 간의 갈등, 하곡 수매가, 수입 소고기, 농
약의 과다 사용, 농촌 청년의 결혼, 입양, 결혼에서의 혼수 문제 등을 다
루었던 것이다. 〈전원일기〉는 농촌의 실상을 적나라하게 보여 주었지만
한편으로는 농촌 문제에 대해서는 나이브하게 접근했다는 지적과 농민
을 위한 드라마가 아니라 도시인을 위한 농촌 드라마라는 이야기를 듣
기도 했다.

그러나 본래 〈전원일기〉는 잔잔한 한 편의 수필 같은 드라마를 지향
했기 때문에 갈등의 극대화 대신 '갈등의 잔해'를 남기지 않는 드라마
라는 자신의 특성을 확고히 가질 수 있었고, 장수 드라마로서 한국 TV

---

[474] 전성희 편, 《차범석 전집 11 — 자서전/수필 외》, 259면.

드라마 역사에서 위치를 확고히 할 수 있었다. 담당 PD였던 이연헌은 "1년여의 차 선생님의 집필은 향후 21년간 최장수 프로가 된 〈전원일기〉의 반석 그 자체였다."[475]라고 회고하기도 했다.

이 드라마는 "일상의 문제적 현실을 직시하면서 연극의 사실주의 정신을 방송극에서도 구현하였다. 또한, 사실주의의 변용으로서 텔레비전 드라마의 일상성을 담보하기 위해 시대정신과 윤리의식을 내면화한 전형적인 인물을 창조하였고 내레이션과 나레타주 그리고 몽타주를 적극적으로 활용하여 초창기 방송극의 영상미를 담보하는 성과"[476]를 거둔 것으로 평가된다.

시추에이션 드라마는 장편 연속 드라마와 달리 캐릭터의 구현이 중요한데, 〈전원일기〉의 김 회장 캐릭터에 많은 사람들이 공감했다. 김 회장은 농부이면서 가끔 글을 쓰고 기고도 하는 사람(2회 〈주례〉 편)이기도 하고 시를 읽기도 하는(49회 〈시인의 눈물〉 편), 어쩌면 현실의 농부와는 거리가 있겠지만 문학을 아는 농부이다. 마음은 누구보다도 포근하고 인정이 많으며 "능청스럽고 유들유들한" 성격으로 어머니에게 지청구를 듣기도 하지만, 국민 아버지로서 넉넉한 마음으로 살아가는 인물이다. 차범석은 〈전원일기〉의 특성이라고 할 수 있는 캐릭터의 구축과 포맷의 설정 등을 통해 드라마의 방향과 정체성을 확립했고, 〈전원일기〉를 잃어버린 고향과 그리움의 아이콘으로 만들었다. 또한 갈등에 초점을 맞추기보다 인간 화해의 드라마로서의 특징을 세웠기 때문에 〈전원일기〉는 단순한 농촌 드라마를 넘어 휴먼 드라마가 될 수 있었다. 그리

---

475 이연헌, 〈박수칠 때 떠나신 선생님 ─ 차범석 선생을 애도함〉, 《방송문예》, 한국방송 작가협회, 2006.7., 73면.

476 윤석진, 〈극작가 차범석의 텔레비전드라마 연구〉, 《한국언어문화》 76집, 336~337면 참조.

고 그것이 최장수 드라마로 가는 힘이 되었다.

한편, 2004년 《중앙시사매거진》 7월 1일 인터뷰에서 차범석은 〈전원일기〉 인기의 비결을 묻는 기자의 질문에 재미있는 이야기라며 다음과 같은 캐스팅 일화를 공개했다.

재미있는 것은 극중 일용네(김수미 분)에 관한 것입니다. 그때 김수미를 노역 출연자로 누가 생각이나 했겠어요? 김수미 씨는 아시는 대로 굉장히 서구적인 외모입니다. 내가 아이디어를 냈어요. 뭔가 색다른 캐릭터의 배역을 한 사람 두자고 했더니 이 PD(당시 연출자 이연헌-필자)가 받아들였습니다. 주연 같은 조연 아니었습니까. 나머지 배역들도 TV 드라마에 나오는 배우들 중에서는 다들 연기파여서 성공했다고 봅니다.

차범석은 〈전원일기〉 집필을 시작한 지 1년 만에 49회를 끝으로 집필을 그만두었다. 연속극이 아니어서 매회 새로운 이야기를 만들어 내는 것이 너무 힘들었기 때문이기도 하다. "막말로 연속극 형식이라면 전

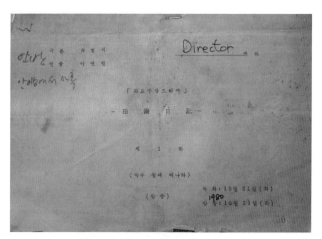

MBC 드라마 〈전원일기〉 제1화(차범석 작) 대본 표지.

회에 나갔던 얘기나 인물을 다시 우려먹을 수도 있고, 바꾸어 치기도 하고, 늘려 먹을 수도 있으련만 한 번으로 끝장을 내야 하는 주간극의 경우는 그런 사정이 허용되지 않으니 나름대로의 애로사항이 이만저만이 아니"었기 때문이었다. 거기에다 "연극과 방송을 양립시키는 일이란 결코 쉬운 일이 아니었다. 그러나 만나는 사람마다 칭찬을 아끼지 않으니 나는 은근히 신바람이 났"지만 박수 칠 때 떠나야 한다는 생각으로 이제 그만두어야겠다는 생각을 했다.

〈전원일기〉를 연구한 윤석진은 그 문학성에 천착하여 그 의미를 "평범하고 일상적인 것 속에서 보편성이 있고 교감이 가는 작품이 방송극의 진수"[477]라는 차범석의 신념이 〈전원일기〉에서 구현된 것이라고 파악했다.

> 한 사회계통에 소속되어 세상을 보거나 해석하는 안목을 바탕으로 행동하면서 시청자에게 공감을 주고 일체감을 형성함으로써 시청자가 극적 감동을 체험할 수 있게 해 주는 전형적인 인물을 창조하여 현실을 재현하는 수단이면서 재현된 현실에 대한 인식의 패러다임을 수정하고 확장해 나가는 언어를 극적으로 구사하는 방식으로 〈전원일기〉의 문학성을 담보하였다.[478]

〈전원일기〉는 한국인들 고향의 원형을 보여 주고 있으며 문학성까지도 갖추고 있어, 지나간 시대의 드라마로 기억되는 것이 아니라 현재에도 소환된다. 차범석 집필본 〈전원일기〉의 27회 〈효도잔치〉는 1981년 제8회 방송의 날 한국방송대상에서 우수 작품상(국무총리상)과 TV

---

477 전성희 편, 《차범석 전집 9 ─ 방송극》, 태학사, 2019, 87면.
478 윤석진, 〈차범석 극본 〈전원일기〉의 문학성 연구〉, 2023 목포문학박람회 호남극예술 심포지움 ─ 차범석희곡연구 발표문, 2023.9.17., 58면.

연기 부문(최불암, 극중 김회장)에서 상을 받았다. 이렇게 시청률과 평단의 호평 등 모든 것이 안정적인 상황에서 차범석이 집필을 중단하겠다고 선언한 것은 제작진에게 청천벽력과도 같은 일이었다. 제작진은 차범석을 설득하려 했지만 그는 1회의 제목 '박수 칠 때 떠나라'를 언급하면서, 완강하게 집필을 거절했다. "지금 방영되고 있는 〈전원일기〉에 대해서는 전문 비평가들이건 일반 시청자들이건 입을 모아 바람직스럽다고들 칭찬해 주기도 하고 큼직한 방송상도 타도록 해 주었으니 이렇게 박수를 할 때 나는 떠나겠다는 것뿐이오. (……) 인생이란 게 다 그런 거지 뭐 (……) 박수할 때 떠나면서 사는 거지. 좀 더 먹고 싶다 했을 때 숟가락을 놓는 게 건강법의 비방이지. 미련을 짓깨물 줄 아는 용기. 나는 그것을 실천했을 뿐이지."라며 그는 결국 49회로 〈전원일기〉의 집필을 마쳤다. 그러나 〈전원일기〉가 양촌리에서 살아가는 이웃들의 소박한 이야기로 1088회의 긴 여정을 계속할 수 있었던 원동력은 차범석으로부터 비롯되었다고 할 수 있다.[479]

백 : (……) 이 방송 기획 중에서 농촌 드라마 〈전원일기〉 같은 경우는 조금 특이한데요. 어떻게 보면은 1980년 10월 21일부터 시작해서 굉장히 장수한 드라마였고, 어떤 논쟁보다는 사회적으로 굉장히 많은 지지를 받았던 드라마이기도 합니다.

표 : (……) 〈전원일기〉는 그 당시 농촌의 현실을 그리는 드라마가 아닙니다. 서울에 시청자들이 가장 많다고 봤을 때 서울 시민의 아마 한 80%는 고향을 떠난 분들이거든요. 그러면은 고향을 떠나서 서울서 각박하

479 전성희, 〈차범석의 TV 드라마 〈전원일기〉 연구 (1)〉, 한국드라마학회 편, 《드라마연구》 제 65호, 태학사, 2021. 참조.

고, 참 그 힘든 생활을 해 나가면서 어려울 때면 고향 생각을 하게 되어 있고, 고향에는 그래도 소위 3대가 같이 사시던 그런 어떤 그 하나의 가부장제의, 가부장적인 어떤, 그런 제도가 살아 있었을 때거든요. 지금 두 살아 있습니다만두. 그래서 이 고향을 떠난 분들의 어떤 그 향수심에 호소한달까. 그런 기본적인 어떤 그 목표가 있었어요. 농촌의 현실을 그리는 게 아니고, 고향을 떠난 분들의 향수심에 호소해서 고향을 일깨우고, 가족을 일깨우고, 인간관계를 따져 보고, 친화력 있게 하는 어떤 그런 것을 기조로 삼았기 때문에 이제 순항을 했던 거고, 많은 그. 왜냐면 누구나 부모 자식 생각하고, 어른들 생각하고, 그 다음에 자기 마을, 자기 고장, 누구나 다 애향심이 있는 거 아닙니까.[480]

〈전원일기〉는 인간의 삶에 근접한 드라마로서 그저 지나간 시대의 드라마가 아니며, 종영 이후 20년 가까이 지난 시점인 지금까지도 여전히 iMBC의 '다시보기'와 여러 채널에서 재방송되고 있고 젊은 세대들에게도 인기 있는 드라마로 꼽히고 있다. 이런 면에서 〈전원일기〉는 한국방송사에서 중요한 의미를 지니는 동시에, 방송작가로서 차범석의 진면목을 확인할 수 있는 드라마라고 하겠다.

지주의 아들, 그가 과연 오늘의 농촌을 쓰면 얼마나 잘 쓰겠는가, 아니 쓸수 있다. 다만 어디까지 쓸 수 있을까라는 점이다. 나는 철 늦게 고발이나 항거를 하기 위하여 이 작품을 쓴 적이라고는 없다. 증오하고 저주하고 반항하기 위해 쓰지는 않았다. 다만 못 먹고 못 배운 사람들에게도 애정을 쏟

---

480 표재순 구술, 백두산 채록연구, 《2022년도 한국 근현대예술사 구술채록연구 시리즈 318 — 표재순》, 190면.

을 만한 가치가 있는 얘기를 즐겨 썼을 뿐이다. 오늘의 농촌의 실상을 도시인에게도 보여 주고 잊혀져 가는 풍물이나 인정을 되살리자는 의도도 있었지만, 문제는 절망하지 않기 위해서 썼다. 구멍 난 창지窓紙를 메우고 나서 오늘 밤부터는 저 창 구멍에서 매운 샛바람이 안 불어와 한결 편하게 되었다고 서로 웃어 보이는 가난한 부부의 미소를 생각해 보았다. 나는 그것을 구태여 사랑하면서 글을 쓰고 있다고 말한 적도 있었다. 복수하기 위해서가 아니라 그늘진 사람에게 입김을 모아 주기 위해서이다.[481]

차범석은 1회부터 49회까지 딱 1년간 〈전원일기〉를 집필하고 물러났다. 자신의 전공이 "연극이요, 희곡 문학이지 방송극이 아닌 것은 사실이다. 그렇다고 방송극이 연극보다 못하란 법은 없지 않은가. 아니, 어쩌면 방송극이 유리한 고지를 점유하고 있을지도 모를 일이다."라면서도 자신의 철학대로 집필을 그만두었다. 그리고 다시 연극으로 돌아가서 극단 산하의 활동을 계속했다. 그러나 이후에도 1994년까지 TV와 라디오 드라마 등을 계속 창작했다.[482]

차범석은 1982년 1월 11일부터 KBS 1 TV에서 농촌 드라마 〈산하〉를 집필했다. 형식은 〈전원일기〉와 같이 매 화 주제가 바뀌는 옴니버스 형식으로 제작되었고, 1982년 9월 13일까지 월요일 7시 45분에 주간 드라마로 총 33회 방영했다. 첫 방송은 〈산하유정〉으로 김인경이 연출하고 이순재, 정영숙, 연운경, 서인석, 김종결, 김형자, 김민희 등이 출연했다.

차범석은 1984년 KBS 1TV에서 3·1절 특집극 〈객사客舍〉(원작 이태원)를 집필한 이후 1990년대 중반까지 라디오와 텔레비전을 넘나들면

481 차범석, 《거부하는 몸짓으로 사랑했노라》, 375면.

482 신문의 편성표와 기사를 확인한 결과 1994년 이후에는 차범석의 드라마 창작에 관한 기록이 없는 것으로 보아 더 이상 드라마 창작을 하지 않은 것으로 생각된다.

서 드라마 창작을 계속했다. 특히 1982년에는 MBC 라디오의 3·1절 특집 드라마 〈네가 조국을 모르다니…〉를 집필하여 제9회 방송대상 라디오 극본상을 수상하기도 했다.

1985년에는 MBC 라디오에서 '전원의 소리, 전원의 이야기들이 교향시 곡처럼 울려 퍼지는 고향의 드라마'로 불리는 〈청산별곡〉을 34회까지 집필하기도 했다. 〈청산별곡〉도 매회 제목이 있는 형식의 드라마로서 〈전원일기〉, 〈산하〉, 〈청산별곡〉 등을 창작하면서 마치 차범석이 농촌 드라마 전문 작가처럼 인식되기도 했다. 그러나 앞에서도 언급했듯 차범석은 단지 누구나 마음속에 있는 고향, 농촌의 이야기를 잘 풀어냈을 뿐이다. 그것이 누구에게나 있는 고향에 대한 그리움을 자극하여 농촌 드라마의 전형을 만들어 낸 것이다.

차범석은 스스로를 "어쩌다가 오랜만에 굴러들어 온 행운을 나 스스로 싫다고 걷어차 버리는 나는 아무리 생각해도 현 세태에는 어울리지도 않는 중고품 인생"이라고 생각했다. 〈전원일기〉 집필의 대가로 받은 원고료를 자신의 생활비와 극단 운영비로 충당했던 현실적 문제가 있었기 때문이다.

1994년에는 SBS TV에서 추석 특집극으로 차범석의 〈아리랑〉 2부작이 이종한 연출로 방송되었다. 이 드라마는 1926년 나운규에 의해 영화화된 〈아리랑〉을 신파극으로 각색한 것으로, '경성법학전문학교에 다니다가 낙향한 빈농의 아들 김영진을 주인공으로 일제의 압제를 정면에서 그리고 있는'[483] 작품이다. 〈아리랑〉에는 유인촌, 박인환, 나문희, 김진태, 최주봉, 조민수, 윤문식, 양재성, 강태기, 임홍식, 김순기 등이 출연했다. 1924년생인 차범석이 이 작품을 쓴 것이 1994년이니 그

---

483 오광수 기자, 〈신파극 2편 〈이수일과…〉 〈아리랑〉 드라마 제작〉, 《경향신문》, 1994.8.20.

는 방송 드라마 작가로 70세까지 활동했고, 첫 방송 드라마가 1956년 HLKA의 〈국군의 시간, 공군의 밤〉에서 방송한 〈푸른 날개의 꿈〉이었으니 그의 방송 드라마 창작 역사도 근 40년에 가깝다. 이런 것들을 보면 차범석은 방송작가로서 오랜 시간 동안 라디오와 TV 드라마를 창작하며 한국 방송 역사에도 큰 영향을 미쳤다고 할 수 있다.

윤석진은 "차범석이 일일연속극과 주간 연속극 그리고 특집 드라마에 이르기까지 다양한 양식의 텔레비전 드라마 집필을 통해 초창기 한국 방송 드라마의 토대 구축 과정에서 중요한 역할을 했"[484]고 보았다.

한편 차범석은 1960년대 방송극의 '지나친 통속성과 비슷한 소재와 내용이 남발되는 현실'을 지적하면서 방송 드라마에 대해 비판적 입장을 취하기도 했다.

사실주의에 입각한 희곡을 발표했던 극작가 차범석은 "지금까지 방송되었던 작품을 볼 것 같으면 전쟁이 남기고 간 비극이니 인간성의 상실이니 하는 것이 '테마'처럼 되어 있으면서도 실상은 값싼 연애소설이나 신파극의 재탕에 껍질을 입힌 것이 대부분이다. 그 증거로 사건 자체의 유사성이나 인물 설정의 공식이나 삼각연애의 유희법이 어쩌면 그렇게도 흡사하고 타이프로 찍은 듯이 정확하느냐는 말이다."라고 했다.[485]

484 윤석진, 〈극작가 차범석의 텔레비전드라마 연구〉, 《한국언어문화》 76집, 337면.

485 김환표, 《드라마, 한국을 말하다》, 인물과사상사, 2012, 28면. 본문에 있는 차범석의 글 〈방송극을 해부한다〉는 《방송》 1960년 8월호에 실린 것으로, 김환표가 이영미의 〈1950년대 방송극: 연속극의 본격적 시작〉(《대중서사연구》 제17호, 대중서사학회, 2007.6., 131면)에 실린 것을 재인용한 것이다.

희곡작가였지만 방송작가로도 활동했던 차범석은 방송 드라마와 관련된 글을 기고하고 방송인들에게 방송 관련 강연을 하는 등 방송작가협회 관련 일에도 적극적이었다.

1978년 한국방송작가협회와 한국방송극작가협회가 합쳐진 한국방송문인협회 발족 당시에는 이사진 명단에 이름을 올리기도 했다. 또 1979년 2월 한국 TV 연기자협회 주최 '방송 연기자 대화의 모임'에서는 주제 발제를 통해 연기자들의 창조적 노력이 부족하다는 것과 방송인으로서의 윤리의식 마비 등을 지적하면서 연기자들에게 창조자 또는 예술가로서 긍지를 가지라는 당부를 했다. 또한 연기자는 창조자여야 한다며 "날마다 화면에서 대하는 연기자들이 과연 창조자로서의 자격을 지니고 있다고 생각하는가"라는 물음에 대부분의 연기자들이 "멋적은 웃음으로 대할 것"이라고 전제하고 "몇 사람의 경우를 제외하고는 대부분이 기능공을 자처하거나 숙련공으로 오인하고 있다."라고까지 혹평하며 "생명에서 우러나오는 연기가 아니라 몇 개의 견본을 가진 장사꾼이 구매자가 오면 내보이는 장사의 몸짓을 하고 있다."라고 지적했다.[486] 이렇게 차범석은 방송 드라마의 주제나 내용에 대한 언급만이 아니라 연기자의 태도까지 지적하면서 한국 방송의 발전을 위해 제언했다.

무용극

차범석은 초등학교 6학년 때 목포의 평화극장에서 최승희의 공연을 보았다. 이때 그는 춤의 매력에 빠졌으며, 무대라는 공간에 대해 이해하고

---

[486] 〈매너리즘에 빠진 TV극 — 제작자·연기인 책임 크다〉, 《동아일보》, 1979.2.24.

무대 예술에 매료되었다. 이후 직접 춤과 연결되는 일은 없었지만 최승희 공연 관람의 경험은 머릿속에서 지워지지 않았다.

해방이 되고 연희전문학교에 입학한 후 그는 "장차 극작가가 되고 싶은 일념에서 기성 극단뿐만 아니라 학생극까지도 두루 찾아다니며 연극세계에 탐닉했다. 그러면서 같은 공연예술인 무용에도 심심찮게 접근했"는데, "극장 예술로서의 공통성과 특성을 섭렵하고 싶은" 욕심 때문이었다.

그는 신문 광고를 보고 함귀봉조선교육무용연구소를 찾아가 연습생으로 춤을 배웠고, 그곳에서 나중에 제작극회의 동인이 되었던 조동화와 김경옥 등도 만났다. 한국전쟁으로 무용 강습은 끝났지만 이후 그는 한국 무용극의 대본뿐만 아니라 발레의 대본, 국립무용단의 무용극 등을 여러 편 썼다.

그런 이유로 차범석은 무용 공연을 보러 다니면서 이런저런 무용계의 일에 전문가로 평을 쓰거나 세미나에 참여했다. 1977년 '조택원 선생 추모 합동 공연'을 보고 정병호와 나눈 '무용의 밝은 내일을 위한 대담'에서 차범석은 "연극과 무용은 같은 예술인데 표현 수단만 다르죠. 연극은 언어로, 무용은 육체로 표현하는 것인데 우리 연극의 경우는 리듬이 없어요. 무용의 경우는 음악과 움직임이 있고 하여 가장 리듬적일 것 같은데 무용도 리듬이 없었"다면서 "무용이라는 것은 흥이 있어야 합니다. 흥겹게 춰야 관객을 매혹시킬 수 있는데 흥들이 전혀 없"다고 지적했다. 그러면서 "한 토막의 춤에도 정신이 있고 주제가 있어야 된"[487]며 무용계의 작가정신 부재를 안타까워했다.

---

[487] 정병호 대 차범석, 〈무용의 밝은 내일을 위한 대담 : 창작정신이 아쉬운 우리 춤〉, 《춤》 2권 12호, 1977, 64면.

1980년대에 들어서도 그는 무용극을 여러 편 썼는데, 무용 공연을 자주 보러 다니고 함귀봉의 무용연구소에서 무용 수업을 받았던 경험도 있었기 때문에 가능했다. 당시 워낙 인기가 많은 작가였던 차범석은 여러 분야에서 창작 의뢰를 받았는데, 그 역시 연극에 국한하지 않고 라디오, TV, 여성국극에 이르기까지 다양한 장르를 넘나들며 창작했다. 그렇게 들어온 무용 대본 창작 의뢰가 1982년 조영숙 무용단의 〈강〉과 최청자 무용단의 〈갈증〉 대본이었다. 당시에는 전문적으로 무용극 대본을 쓰는 작가들이 없었던 때라 유명한 극작가였던 차범석에게 무용 대본 의뢰가 들어온 것이다. 당시 차범석은 최청자라는 무용가를 알지 못했지만 최청자는 발표회를 열기 위해 그에게 대본을 부탁했다.

스스로도 고백했듯 본래 차범석은 처음 만나는 사람에게 마음을 허락하지 않는 '나쁜 버릇'이 있다. 그런데 최청자를 만나면서 마음의 벽을 허물 수 있었다고 한다. 그것은 같은 목포 출신인 데다가 유럽에서 현대무용을 익힌 그의 외모가 소박하고 꾸밈이 없었기 때문이었다. 그런데 결정적으로 차범석의 마음을 움직인 것은 "어렸을 때의 기억인데요. 아침 일찍 선창가 공동수도共同水道가에 나가 보면 각양각색의 물통이며 물항아리가 줄지어 놓여 있던 그 광경이 지금도 눈앞에 선하게 떠오르거든요. 물이 귀한 항구도시라서 그럴 수밖에 없었겠지만 그 함석통의 행렬이 무언가 나에게 일깨워 주는 것이 있어(……)."[488]라는 최청자의 말이었다.

"현대무용이건 고전무용이건 무용이 인간의 육체적 운동을 통하여 표현하는 예술이라는 초보적인 상식 밖에 모르는" 그는 최청자의 발상이 아주 친근하게 느껴졌다. 또 최청자가 추는 춤이 "멋이나, 애교나, 애

---

[488] 차범석, 〈이 시대의 참뜻을 보여주십시오 — 최청자 씨에게〉, 《춤》, 1982.11., 51~52면.

완용으로 추는" 것과는 다르다는 것을 확신했다. 그래서 바닷가에서 자란 사람들이 생각하는 물에 대한 소망이나 갈증의 아픔에 공감하면서 〈갈증〉의 대본을 최청자에게 건넸다. 〈갈증〉은 현대무용이면서도 김소희의 창과 김덕수 사물놀이의 음악을 바탕으로 '삶의 목마름'을 무용으로 작품화했다는 점에서 실험적이라는 평가를 받기도 했다.

이후 차범석은 국립무용단 공연의 대본 창작에 참여했는데, 특히 〈도미부인〉은 국립무용단의 제35회 정기공연으로 1984년 국립극장 대무대에서 공연되었다. "이 작품은 LA 올림픽 아트페스티벌의 참가작으로 기획되었으며, '삼국시대의 전설을 이조로 시대 배경을 옮겨 도미 처의 정절과 동양적인 부부애를 그린 작품이다. 이번 정기공연은 LA 올림픽 아트페스티벌에 참가하기 전 국내의 반응을 점검하기 위한 시연회의 성격이 강"[489]했는데 〈도미부인〉은 해외에서 좋은 반응이 있었다. 〈도미부인〉은 '기획 의도와 창작적 성과가 동시에 성취된 작품'으로 이후 국내외에서 재공연되기도 하면서 국립무용단 최초의 고정 레퍼토리로 자리 잡았다.

1986년 국립무용단은 창작무용극 〈은하수〉를 제41회 정기공연으로 국립극장 대무대에 올렸다. 이 작품은 1973년 국립극장 신축 개관 기념공연으로 했던 서항석 원작, 안재승 각색의 〈별의 전설〉을 차범석이 대폭 수정한 것이다. 견우와 직녀 설화를 무용극화한 〈별의 전설〉과 달리 〈은하수〉는 "지상에 대한 직녀의 동경과 약혼녀의 죽음에 절망하는 견우의 고통이 더해져 견우와 직녀의 만남이 더욱 설득력이 있었다."라는 평가를 받았다.

이후 차범석은 홍정희발레단의 〈십장생도〉(1988), 국립무용단 58회

---

489 이은경, 〈국립무용단사〉, 국립극장 편, 《국립극장 50년사》, 태학사, 2000.

공연 〈그 하늘 그 북소리〉(1990), 국립발레단의 〈고려애가〉(1991), 서울 시립무용단의 〈꿈의 춘향〉(1992), 국립무용단 63회 공연 〈환幻〉(1993), 국립국악원 무용단의 〈파도〉(1995), 국립무용단의 〈무어랑〉(1996), 육완순무용단의 〈학이여, 사랑이여〉(2001) 등의 대본을 창작하며 무용극의 창작법을 세워 나갔다.

또한 무용계와 관련한 일을 하면서 차범석이 가까이서 만났던 무용 이매방[490]과 송범[491]의 이야기[492]는 한국 무용사에서 귀중한 사료가 되고 있다. 그는 시간이 나는 대로 무용 공연을 보러 다니면서 무용계에 대본이라는 개념을 처음으로 도입, 다수의 무용극 창작으로 한국 무용계의 무대를 깊이 있게 해 주었다.

---

490 이매방李梅芳(1926~2015) : 대한민국의 전통무용가이며 인간문화재로 1926년 목포시 대성동에서 태어났다. '매방'이란 이름은 대련에서 소학교에 다닐 때 다녔던 무용학원에서 스승이었던 중국의 경극 배우 매란방의 이름에서 따 온 것이다. 목포의 권번에서 예기 芸妓 함국향을 통해 춤과 가락을 접하고 1935~1948년 이대조, 박영구, 이창조 등 당대의 예인들로부터 승무, 검무, 살풀이춤 등 전통 무용을 사사했다. (……) 1987년 국가중요무형문화재 제27호 승무 보유자로 지정되었으며, 1990년 중요무형문화재 제97호 살풀이춤 보유자로 지정됐다. (……) 삼현승무, 보현승무, 살풀이, 검무, 산조 등 다양한 방면에서 두각을 드러냈다.(〈이매방〉, 목포시사편찬위원회, 《목포시사 다섯 마당 : ④ 터전 목포》, 목포시 목포시사편찬위원회, 2017, 523면.)
491 송범宋范(1926~2007) : 무용가. 한국무용협회 이사장, 국립무용단장, 중앙대학교 무용학과 교수. 대한민국예술원 회원. 17세 때 최승희의 춤을 보고 춤을 배우기 시작했다. 1945년 양정중학교(5년제) 졸업 후 조택원, 박용호에게 워킹발레 중심의 이시이바쿠 기본을 배웠고, 장추화무용연구소에서 조교가 되었다. 장추화에게 모던댄스, 한국무용, 인도 춤 등을 배웠고, (……) 한동인에게 발레도 배웠다. 1962년 국립무용단 창립 시 부단장을 맡았고, 1968년 멕시코올림픽, 1972년 뮌헨올림픽에 파견된 한국민속예술단에서 안무를 했다. 이 시기에 자기 춤의 중심을 한국무용으로 잡았고, 1973년 국립무용단과 국립발레단이 분리, 재조직되면서 국립무용단장이 되었다. 1992년까지 〈은하수〉, 〈도미부인〉 등의 무용극 18편과 다수의 작품에서 안무를 맡았다. 전쟁 이후 춤의 유산도, 인물도 빈약한 상황에서 20세기 후반 한국 춤계를 일궈 냈다.(《한국민족문화대백과사전》.)
492 전성희 편, 《차범석 전집 11 — 자서전/수필 외》에 수록되어 있다.

12
청주대에서 서울예전으로
후학 양성의 시간들

청주대 교수 시절

1983년 1월 차범석은 연극영화과의 학과장이자 연극계의 후배 이창구 교수로부터 청주대학교 연극영화과의 교수직을 제안받았다. 차범석은 자신이 "일개 극작가"에 불과하며 박사학위도 없고 유학파도 아니기 때문에 대학 강단에서 학생들을 가르칠 수 없다고 거절했지만 이미 청주대학교에서는 "총장, 이사장 그리고 학장님 모두가 의견일치이니 남은 건 차 선생님의 의사표시만 남았"다며 교수직 수락을 간청했다.

그 당시 청주대학교는 지방 대학이지만 60년의 역사와 전통이 있는 학교로, 지방 대학 중에는 제일 처음으로 연극영화과를 만들었다. 게다가 재단 이사장 김준철은 차범석과는 연세대학교 동기동창이었으며 총장도 동창이었다. 이런 이유로 차범석은 3월부터 정교수로 청주대학교에서 강의를 하게 되었다.

이때 차범석은 극단 산하의 해단을 결단하는 심정적인 좌절을 겪고 있었는데, 청주대학교는 '현실에서 벗어날 수 있는 길'이었고 '대학교수라는 안전지대'가 있었기 때문에 '쉽게 문을 닫았노라고 뒤늦게라도 고백하는 것이 옳지 않을까' 하는 생각을 하기도 했다.

　그러나 학교에서 학생들과 함께하는 생활은 차범석에게는 즐거운 일이었다. 연극 현장에서도 젊은 연극인들과 격의 없이 어울리는 차범석[493]이었기 때문에 학교에서 학생을 지도하는 일은 낯설지 않았다. "예술은 지식 이전에 인간성이 더 중요하며 연극 이전에 사람됨이 앞서야 한다."라는 그의 교육철학을 펼칠 수 있는 학교는 극단 산하의 해체로 외롭던 그에게 위로가 되었다.

　청주가 '자고로 교육 도시이며 풍광이 아름답고 인심이 좋다'고 들었던 차범석은 자신의 노후 대책으로 아름다운 전원생활을 꿈꿨다. 일주일에 사흘 강의를 하려면 고속버스를 타고 내려와 이틀은 여관에서 보내야 했지만 인생의 새로운 출발이라 생각하여 기대가 컸다.

　그리고 같은 연극영화과에서 영화감독 김수용을 만났다. 차범석은 반가웠다. 차범석의 〈화조〉와 〈산불〉을 두 번이나 영화화했던 김수용 감독과는 이전부터 알고 지내는 사이였으며 서로의 장단점을 잘 알고 있었다. 극단 산하 해단 이후 인간에 대해 적지 않게 실망했던 차범석으로서는 김수용과 격의 없이 예술을 이야기하며 술자리를 갖는 일이 위로이자 즐거움이었다. 차범석은 김수용과 함께 "무심천 가에 있는 작은 맥주집이나 산성에 있는 막걸리 집이나 본정통에 있는 카페 '귀족貴族'에 자주 들렀지만, 내덕동에 있는 민물고기집 '다정多情' 집은 결코 빼놓을 수 없는 코스 가운데 한 집이었다. 마음씨가 좋고 손끝 맛이 좋아 충

---

[493] 차범석은 젊은 연극인들에게 애정을 갖고 있었다. 고등학교 후배 강남진은 광주에서 극단 황무지를 이끌고 있었는데, 차범석에게 황무지의 공연 초대장을 보냈다. 차범석은 광주로 직접 공연을 보러 왔다. 이후 그의 재능을 귀하게 여긴 차범석은 광주에 내려가면 그의 극장을 찾아갔다. 강남진은 차범석이 단원들과 함께 막걸리 한 잔을 나누고는 광주역까지 택시를 잡아 드린다고 해도 한사코 거절하고 홀로 걸어가시던 뒷모습을 잊을 수 없다고 말한다. (2019년 2월 20일 강남진과의 전화 인터뷰.)

청도 음식의 진미를 맛보게 해 준 주인 아줌마를 서로가 '당신 장모'라고" 부르기도 했다. 차범석은 일본 문학과 연극에 대해서 얘기했고 김수용은 일본 영화에 대해 박식했다. 김수용과는 "매주 만나도 싫증이 안 나고 화제가 고갈된 적이 없"었다. 그렇게 차범석은 청주에 와서 늦은 나이에 '이 세상에서 얻은 벗 가운데 소중한 한 사람'인 김수용을 만나 즐거운 시간을 보내고 있었다.

학교에 온 지 1년이 지나자 차범석에게 예술대 학장에 임명한다는 보직 인사 발령이 내려졌다. 차범석은 고사했지만 학교 측에서는 지금까지 예술대 학장을 물리학과 교수가 맡고 있는 고충을 이해해 달라며 수락을 간청했다. 차범석은 어쩔 수 없이 수락했고 다른 사람들이 볼 때는 승진이었지만, 매일 출근해서 사무실을 지켜야 하고 교무회의에 출석하는 일들이 그에게는 곤욕이었다.

> 나는 원래가 얽매여 사는 일을 싫어해 왔다. 남으로부터 간섭받는 것도, 나에게 간섭하는 것도 나의 사전에서는 제외된 인생지침이었다. 소년 시절부터 그 지긋지긋한 구속과 간섭과 억압 속에서 자란 내가 자유로운 삶을 갈구하게 된 것은 너무나 당연한 일이었다. 나는 스스로 자유인임을 선언했다. 예술도 인생도 마찬가지이다. 그러므로 남에게 폐를 끼치거나 짐을 지게 하느니 차라리 내가 스스로 부담하는 게 편했다. 그러기에 내가 거부하는 것은 권위주의와 관료적인 독선주의였다.[494]

이전까지는 일주일에 3일만 출강했지만 이제는 보직 때문에 매일 출근해야 하는 상황이 되자 그는 아내와 함께 청주의 무심천 가에 있는

---

494 전성희 편, 《차범석 전집 11 — 자서전/수필 외》, 270면.

아파트로 이사했다. 3남 2녀의 자녀도 모두 출가하고 아내와 둘만 있던 터라 장남에게 정릉 집을 맡기고 이사한 것이다.

그런데 예상치 못한 일이 터졌다. 학생들이 "학원 민주화를 구호로 내세우며 재단 이사장 배척, 무능 교수 사퇴, 등록금 인하"를 요구했다. 1980년 학생들의 민주화 운동이 청주대학에도 불어닥친 것이다. 학생들은 학원 내의 비민주적 요소를 제거해야 한다며 학교 재단과 운영진의 총사퇴를 주장했다. 차범석은 처음에는 학생들의 의견을 받아들였는데 학교 측은 학원의 부정이나 비리를 개선하려는 의지보다는 관권을 동원해 문제를 해결하려고 할 뿐 학생들의 의견에 귀 기울이지 않았다. 물론 이런 일은 청주대학교만의 문제는 아니었으며 당시 대부분의 사학들이 안고 있는 문제였다.

교무위원들은 모두 총장실로 모이라는 전갈을 받고 총장실로 모였다. 그때 문을 부수고 총장과의 면담을 요구하며 본관으로 몰려온 학생들이 문을 부수고 들어오더니 총장실에 있는 집기들을 마구 부수기 시작했다. 이러한 반지성적이고 무도한 파괴 행위를 견딜 수 없었던 그는 결국 2년 만에 보직을 내려놓고 평교수로 돌아갔다. 그리고 다시 김수용 감독과 즐거운 시간을 보낼 수 있었다.

88 서울예술단장, 청주대 사임, 서울예전 출강

1986년 차범석은 '88 서울예술단' 초대 단장을 맡아 1988년에 있을 올림픽을 대비해 공연을 준비했다. 88 서울예술단은 '무용, 연극, 음악, 미술 등의 무대 전반적인 요소를 총동원하되 그 개개의 특성을 유지하면서 하나의 일관성 있는 주제 아래 종합적인 완성을 기하는 총체예술단의 성격을' 가지고 있는 단체다. 그런데 차범석은 88 서울예술단 단장직을 맡은 지 8개월 만에 사표를 썼다. 1987년 봄 창단 공연 때 있었던 일 때문이었다.

3월 3일 공연을 앞두고 〈새불〉(오태석 작)의 총연습을 하기로 했다. 그런데 대통령이 이 공연을 관람한다는 소식이 알려지자 문화부 장관이 미리 총연습을 보겠다며 대기하라고 했다. 그래서 250명의 출연자들은 오후 1시 총연습 개막을 앞두고 몇 시간 전부터 기다렸다. 그런데 장관이 급한 일로 못 온다고 하더니, 다시 바로 연락이 와서는 지금 온다는 것이었다. 하지만 개막 시간 1시에서 10분이 지났는데도 장관은 도착하지 않았다. 차범석은 15분이 지나자 무대 감독과 연출에게 총연습을 시작하라고 지시했다. 차범석이 "단 한 사람을 위하여 전 스태프 250명이 더 이상 기다릴 수 없다."라고 "단호하게 말하자 관장이며 국장들은 전전긍긍하는 눈치"였다. 그런데 막이 오르고 10분이 더 지나서 도착한 장관은 차범석 곁에 앉아 있다가 또 10분쯤 지나자 잠이 들어 코를 골았다. 차범석은 심한 모욕감을 느꼈다. 연습이 끝나고 박수 소리에 잠이 깬 장관은 그제야 무슨 장면이냐고 묻더니 고증은 했느냐, 저런 고분이 어디 있느냐 등 꼬치꼬치 물었다. 화가 난 차범석은 자리를 박차고 나와 "권위주의에 사로잡힌 장관 아래서는 예술이고 뭐고 있을 수 없으며 그런 자리에는 더 연연할 필요성이 없다."라며 그날로 단장직을 내려놓았다.

차범석은 7개월 만에 학교로 돌아왔다. 이후 대학교수 협의회가 발족하면서 차범석에게 교수협의회 회장을 맡아 달라는 요청이 들어왔다. 교수협의회 교수들은 자신이 학교 재단하고 가까우니 그들의 요구사항을 재단에 전달하는 데 유리할 것이라고 생각하지 않았을까 생각하며 차범석은 회장직을 수락했다. 그런데 교수협의회에서는 앞으로 총장도 교수 중에서 나와야 한다며, 다시 차범석을 총장 후보로 추대했다. 밖에서 보면 재단 이사장의 친구를 총장 후보로 추대하고 나선 상황이었다. 그는 청주까지 내려온 것이 총장 자리나 차지하려고 온 것같이 보일지도 모른다고 생각했다. 그는 "내가 총장이나 하려고 청주까지 내려온 게 아니라오. 나는 나의 인생과 문학을 마무리 지으면서 조용히 작가로서 생을 마치려는 욕심뿐이오. 그런데 내가 말년에 총장 자리를 놓고 다투게 되었소? 나는 그런 재목도 못 되거니와 욕심도 없다오. 총장은 하고 싶어 하는 사람에게 맡기시오."라며 1989년 학교를 떠났다.

차범석과 오래도록 친교를 유지해 왔던 유민영은 이러한 그의 성격에 대해 다음과 같이 얘기했다.

> 경우에 밝은 그의 성격의 일단이 나타난다. 웬만한 사람이면 의리고 뭐고 총장에 연연할 것이지만 그는 그렇지 않았다. 그는 명분에 어긋나는 일은 결코 하지 않았던 것이다. 그런 그가 대학을 떠나기로 결심하는 이유는 두 가지에 있었지 않았나 싶다. 그 한 가지는 자신을 대학으로 초빙한 학교 이사장이 연세대 동창으로서 친구를 배신할 수 없다는 것과 다른 한 가지는 대학 경영자는 당초 자신이 목표했던 것도 아닐뿐더러 극작가로 평생을 일관하겠다는 신념과도 어긋난 것이었기 때문이다.

그러면서도 차범석은 재단의 의뢰로 청주대학교의 재단인 대성학원의 70주년을 기념하는 희곡 〈새벽길〉을 창작했다.

청주대학교를 사임하자 서울예술전문대학에서 교수직 요청이 들어왔다. 그는 극작과 교수로 출강하면서 다시 자신의 본업이자 가장 사랑하는 일인 창작에 몰두하여 여러 편의 무용극과 희곡을 창작했다. 당시 쓴 무용극으로는 〈저 하늘 저 북소리〉, 〈고려애가〉, 〈꿈의 찬양〉 등이 있고 희곡으로는 〈안네 프랑크의 장미〉와 〈청계마을의 우화〉 등이 있다.

무용극은 이전부터 써 왔던 것이지만 특히 〈안네 프랑크의 장미〉는 일본의 종전 직전까지 땅굴을 팠던 징용 노무자의 딸 야마네 마사코 山根昌子가 쓴 자전적 수기 〈머나먼 여로〉에서 착상한 것으로, 기록극은 아니지만 기록극적 성격을 가진 작품이다. 그는 이 작품을 쓰기 위해 창작의 배경이 된 일본의 현장을 직접 찾아가기도 했다. 그렇게 창작에 앞서 사실까지 철저하게 조사까지 하면서 집필한 〈안네 프랑크의 장미〉는 1992년 국립극단의 152회 공연으로 무대에 올렸지만 관객들의 반응은 썰렁했다. 차범석은 〈안네 프랑크의 장미〉에서 '일본 제국주의의 만행을 용서와 화해 차원'의 휴머니즘극으로 끌어올렸지만 시기상조였을까, 관객의 반응은 그렇지 못했다. 차범석은 '자신의 생각이나 신념을 주변의 시선을 별로 의식하지 않고 옳다고 믿으면 행동으로 옮기는 성격'이었다.

이 무렵 차범석은 그간의 작품 경향과는 다른, 희극 〈바람 분다, 문 열어라〉와 엘렉트라 콤플렉스를 소재로 한 〈그 여자의 작은 행복론〉 등을 발표하면서 작품 세계의 폭을 넓혀 갔다. 또 울산시가 의뢰한, 그 지역의 콘텐츠를 활용한 창작 뮤지컬 대본 〈처용〉을 집필했다. 그리고 제주시의 의뢰로 창작 오페라 〈백록담〉, 악극 〈가거라 38선〉 등을 쓰기도 했다. 그러면서도 도초도 소작쟁의 사건을 소재로 연좌제의 문제를 제기한 〈나는 불섬으로 간다〉를 썼다. 그는 이처럼 노년에 들면서 경계 없는 창작으로 다양한 장르의 공연예술 대본을 창작했다.

이후 차범석은 문예진흥원 원장과 대한민국 예술원의 회장으로 공직에 있으면서도 창작을 멈추지 않았다.

그는 "자유분방하게 장르를 넘나들면서 대중을 향해서 이야기하고 외치기도 하며 아름다움과 즐거움도 줄 줄 아는 폭이 넓은 작가"였고

"어느 자리에 오르나 한결같았고 창작 자세나 인간관계에 있어서 달라지는 것이 없었다. 열심히 작품을 쓰고 젊은 후배들과 어울려서 격의 없이 주연을 베풀곤 했"[495]다.

---

495 유민영, 《한국 인물연극사 2》, 511면.

13
말년의 차범석
계속된 창작과 글쓰기

차범석의 성품을 보여 주는 일화들

차범석은 "저 막 뒤에는 무엇이 있을까? (……) 그 기다림의 길이와 깊이, 그리고 초조. 이윽고 객석에 불이 꺼지고 징이 서서히 울리다가 장내가 떠나갈 듯 크게 울려 퍼지면서 막이 오른다. 전신을 뒤흔들어 놓는 전율과, 침묵 속에서 긴장이 감도는 순간이다. 거기에는 이미 현실이 아닌 꿈이 있고 꿈이 아닌 현실이 있었다. 꾸며진 세계이면서 우리를 웃기고 울리며 즐겁게 해 주는 꾸밈의 세계가 있었다."라고 했다. 차범석은 자신이 희곡을 쓰고 연극에 몸을 바치게 된 유혹의 손길은 꾸밈의 세계였다고 했다. "이승과 저승이 나누어지고, 눈물과 웃음이 소용돌이치는 무대 세계에 나는 이미 신들린 무당의 아들이 되었던 모양이다. 누가 시킨 일도 아니고 누가 가르친 것도 아닌데 밤이면 극장으로 달려가서 막 앞에 도사리고 앉아 막이 오르기를 기다리는 짓에 길들어 버린 나는 기다리면서 살아가야 하는 한 인간의 숙명을 이미 타고난지도 모른다."라는 고백처럼 그는 연극에 매혹당한 채 평생을 살았다. 그에게는 연극이 곧 인생이었다.

또 그가 삶의 모토로 삼은 것은 자유였다. 예술가에게 억압은 창조력을 사라지게 하는 상극이다. 어릴 적 아버지에게서 받은 상처와 식민지의 현실과 전쟁은 그를 억압했다. 그를 위축시키고 내성적이면서도 음성적으로 만들었다. 그러나 동시에 저항심도 갖게 했다. 신명과 반골의 땅에서 태어났기 때문이었을까?

차범석이 목포중학교 교사였던 시절의 제자이며 극단 산하의 창단 멤버이기도 했던 연극배우 김성옥이 들려준 다음의 일화는 차범석의 깔끔하고 담백한 성품을 보여 준다. "선생이 광주비엔날레 이사장을 한 적이 있어요. 그런데 그때 국무총리가 행사장에 참석했어요. 공무원들이 단 위에 앉아야 하니까 이사장이 앉을 자리가 없어서 단 밑에 내려와 앉았어. 이사장이 테이프도 끊고, 시상도 해야 하는데 설 자리가 없어. 그날 저녁에 차범석 선생이랑 광주 친구들과 몇이서 술을 마셨어. 이게 뭐냐 도대체. 차 선생이 '뭐 어때야(……).' 그러시는데 이게 참 망신스러운 일이었어. 중앙에서 내려온 무슨 국장이다 뭐다 따라 내려온 것들 때문에 정작 이사장을 단 밑으로 내려야겠어요?"⁴⁹⁶

김대중 대통령과의 일화도 그의 인간 됨됨이를 보여 준다. 김대중은 차범석과 초등학교 동창이고, 차범석의 아우 차재석과는 동기동창이며 차범석의 형 차문석과는 국회의원 선거에서 맞붙은 적이 있었다. 야당 국회의원이었던 김대중은 음으로 양으로 극단 산하를 도와주었다. 차범석과 김대중이 공식석상에서 만났을 때 일이다. 차범석이 김대중에게 공연이 있다고 하면 김대중은 예매권을 보내라고 했다. 기획자와 의논해서 예매권 50매와 초대권 몇 장을 보내면 김대중은 공연이 끝나고

---

496 김경완, 〈목포가 낳은 최고의 배우〉, 목포시사편찬위원회, 《목포시사 다섯 마당: ② 예향 목포》, 목포시 목포시사편찬위원회, 2017, 202면.

차범석과 김대중 대통령.

티켓 값을 칼같이 정산해 주었다고 한다. 김대중은 공연이 끝나는 날 차범석과 극단 산하의 단원들을 당시 서울시청 맞은편에 있는 중국요리집 '대려도'에 초대해 맛있는 식사를 대접하기도 했다. 가난한 연극인들이 그런 호화로운 식당에서 푸짐하고 맛있는 요리를 대접받는 일은 처음인지라 모두들 즐거워했다.

《극단 산하 10년사》에 보면 후원자 명단에 전 국회의원 김대중의 이름이 있다. 사람들은 야당 국회의원이 후원한다면 불이익을 당할지도 모른다면서 그에게 후원자 명단에서 김대중을 빼라고 했다. 그런데 차범석은 '야당이고 여당이고 간에 연극을 봐 주는 국회의원이면 그 사람을 지지하겠다'며 명단에 이름을 넣었다. 차범석은 그런 강단이 있는 사람이었다.

또한 그는 자리에 연연하지 않는 사람이었다. 김대중 대통령의 문민정부 시절 그는 한국문예진흥원장이 되었는데, 이 자리는 월급을 받는 직책이어서 전업 작가로 살아가는 그에게는 경제적인 안정과 함께 자신이 쓰고 싶은 글을 마음껏 쓸 수 있는 기회였다. 그런데 그는 다시 "예술가들 소망의 정점이라 할 대한민국예술원 회장에 오르게 된다. 그런데 여기서 그의 선비적 기질이 나타났는데, 그것이 다름 아닌 예술원 회장이 되면서 경제적인 혜택이 주어지는 문예진흥원장 자리를 던진 일이다. 그러니까 중요한 선택의 기로에서 실리보다는 명분을 중시하는 처신을 보여 준 것이다."[497] 차범석은 직위나 경제적 혜택이 주는 유익보다는 명예를 존중하는 사람이었다.

그의 아버지는 연극 쪽 일을 하려는 그를 보고 "초랭이 패가 될란갑다."라며 연극 하는 것을 가볍게 생각했지만 사실 그는 명분을 중요하게 생각하는 사람이었고, 불의를 보면 못 참는 강직한 사람이었다. 인간관계에 있어서도 차범석은 호불호가 분명했는데, 그의 인간 평가 기준은 평소의 도덕적 삶과 언행, 정직성 등이었다. 그리고 신의를 중요하게 생각했다.

1983년 차범석은 이근삼, 박조열, 김의경, 최인훈, 노경식, 윤조병, 윤대성, 이재현, 김상열, 이현화, 이강백 등 12명의 극작가와 함께 '서울극작가그룹'을 결성했다. 당시 한국 희곡계의 중심에서 가장 활발하게 활동하는 극작가들 대부분이 참여한 단체였다. 매년 회원들의 대표작을 돌아가면서 신기로 하면서《서울극작가그룹 대표희곡선》(집현전, 1984)을 출판하기로 작정할 정도로 극작가들 사이의 친목이 이 모임의 특징이었다. 그런데 1986년 2월 예총 정기총회를 앞두고 연극협회에서 이사회를 열어 차범석을 포함해 20명의 대의원을 선출했는데, 회장으로 지지할 사람에 대해 의견이 좁혀지지 않았다. 그 대의원들 중에는 서울극작가그룹의 김의경, 박조열, 김상열 등의 극작가들도 있었는데, 의견

---

497 유민영, 〈40여 년간 지켜본 인간 차범석〉, 《지나간 것은 모두 아름답다》, 191면.

서울 우이동 아카데미하우스에서 '서울극작가그룹' 결성 발기총회를 마치고. 왼쪽부터 이근삼, 김상열, 이강백, 이재현, 윤대성, 차범석, 노경식, 윤조병. 1983.6.12.

이 좁혀지지 않자 대의원 중 차범석과 임영웅만 따돌리려는 것이 발각되었다. 이 일로 화가 많이 난 차범석은 서울극작가그룹 대표 자리를 사퇴했고, 이후 서울극작가그룹은 사라지고 말았다. 차범석에게 불의나 부정은 타협할 수 없는 일이었다.

차범석은 2003년 9월 문화 예술계 편파 인사에 항의하는 '연극인 100인 성명'에 적극 나섰는데, 이후 본질과 동떨어진 방향으로 연극계가 사분오열하자 "정치든 사회든 매사에 분열, 분파가 모든 일을 망친다."라며 지금은 문화 예술인이 화합해서 더 좋은 정책을 내놓아야 한다고 했다. 그리고 한국연극사에서 해방 공간의 연극계를 좌우익의 대립으로 서술한 것은 잘못된 것이라고도 밝혔다. 말하자면 '분열과 대립이 한국 연극사의 본질'이 아니라는 것이다.

타고난 성정이 내성적이어서 안에 있는 살가운 말들을 밖으로 잘 내뱉지 못했지만, 그의 가혹한 말들 역시 연극에 대한 애정만큼이나 그를 함께하는 동지들에 대한 애정이 있었기에 가능했을 것이다. 차범석은 극작과 연출은 물론 논문과 비평 활동도 꾸준히 했는데, 그렇다 보니 말뿐만 아니라 글을 통해서도 뼈 있는 말들을 많이 했다. 그래서 권성덕의 말처럼 그에게 '섭섭하지 않은 사람이 드물' 정도[498]로 독설가로 알려져 있지만, 사실은 연극인들에 대해 깊은 애정을 갖고 있었다고 한다. 한국문화예술위원회의 구술채록 시리즈에서 연극인들이 차범석을 언급한 내용을 김윤희가 분석한 결과 "연극사가나 평론가들이 그를 사실주의 극작가의 이미지로 기억하고 있는 데 반해 현장에서 그와 부딪히며 작업했던 연극인들은 그를 동인제 극단을 지향하고 번역극에서 벗어나 창작극을 활성화시키고자 했으며 많은 조직의 장을 맡아 제도의 변화를 꾀해 연극계 전반의 발전을 위해 열심히 뛰었던 활동가로서 기억하고 있었다."는 것이다.

유민영은 차범석이 공연예술을 관람한 후에 "태작馱作일 경우 대표를 불러 야단치는 경우가 많아 후배들이 그를 경원의 대상으로 여겼다. 작품에 한한 것도 아니었다. 가령 객석이 소란하면 돌아서서 큰소리로 야단치는 경우가 종종 있었다. 그만큼 그는 눈에 거슬리면 장소 불문 질타하고 지나가야 속이 풀리는 직선적 성격"이었다고 한다.

〈옥단어!〉 창작

〈옥단어!〉는 한국전쟁 전 목포에서 살았던 옥단이라는 실존 여성의 이

---

498 김윤희, 〈차범석의 연극관과 연극 운동〉, 2023 목포문학박람회 호남극예술 심포지엄
 — 차범석 희곡연구 발표문, 2023.9.17.

차범석 제8희곡집 《옥단어!》(푸른사상사, 2003) 표지.

차범석 팔순 기념으로 진행된 연희단거리패의 〈옥단어!〉 공연 포스터. 2003.

야기를 소재로 한 희곡이다. 이 희곡은 이전부터 구상하고 있었는데, 발표하기 1년 전에 배우 강부자를 만나고 '집필에 박차를 가해' 완성했다. 차범석은 배우 강부자에 대해 극단 산하에서 활동하면서 공연에 '깨소금'처럼 빠지지 않았던 의리 있는 배우였다고 기억하고, 수필 〈잊을 수 없는 사람들〉에서도 그의 이야기를 쓰고 있다. 그런데 강부자가 차범석에게 자신의 연기 생활 40주년을 기념하는 희곡을 써 주었으면 하자, 구상하고 있었던 〈옥단어!〉를 서둘러 완성했던 것이다.

차범석은 어려서부터 옥단이를 가까이 지켜보았다. 옥단이는 1930년대 초반부터 1950년대 후반까지 목포에서 살았다. 아무도 옥단이의 신상을 알지 못한다. 그의 나이도 고향도 가족관계도 알지 못하고, 무슨 사연으로 목포에 흘러들어 왔는지도 모른다,

옥단은 해방이 되고 내가 서울로 올라온 다음에도 목포에 살고 있었다. 그

극단 산하의 여배우 4인과 함께 《옥단어!》 출판기념회에서. 왼쪽부터 강부자, 김영옥, 차범석, 천선녀, 나문희. 2003.

러나 6·25가 나기 전 어느 추운 겨울날 길거리에서 동사凍死를 했다는 사실을 알게 된 것은 먼 훗날 일이다. 옥단을 모델로 희곡을 써야겠다고 구상을 시작한 게 최근 일이다. 가진 것도 없고 배운 것도 없고 의지할 곳도 없는 외로운 옥단. 그러나 목포 사람의 사랑을 받으며 전설 속의 주인공처럼 입에 오르내리는 옥단의 삶에서 나는 뭔가 따스한 체온을 느끼게 된 것이다.[499]

전라도에서는 옥단이를 부를 때 '옥단아!'라고 부르지 않고 '옥단어!'라고 부른다. 이것을 그대로 제목으로 붙인 자신의 마지막 창작극 〈옥단어!〉에서 차범석은 옥단이라는 인물을 통해 '우리 현대사의 뒷골목 이야기'를 보여 주려 했다.

차범석은 옥단이에 대해 "옥단은 날품팔이꾼이다. 이 집, 저 집 다니면서 허드렛일도 해 주고 수돗물을 길어 주고 애경사 때는 빠짐없이

---

499 전성희 편, 《차범석 전집 11 — 자서전/수필 외》, 42면.

드나들었다. 그러나 그 노동의 대가는 일정치도 않거니와 요구도 안 했다. 시간이 늦으면 골방이건 마루건 아무 데서나 새우잠을 자곤 했다. 그런데 옥단이는 성격이 낙천적인 데다가 몸짓은 유달리 풍만했다. 그러나 "곱지 않은 얼굴에 언제나 지분을 발랐고 붉은 댕기를 물려 쪽을 지고 값싼 옥비녀를 꽂아 멋을 부렸"지만 "지능의 발달이 지진한 데다가 언제나 싱글벙글 웃으면서 누구에게나 격의 없이 대하는 친근감이 있었다."라고 말했다.

옥단이를 누구나 '옥단어!'라고 부를 수 있었고, 일해 주고 밥 얻어먹고 약간의 삯전을 받기는 했지만 여축을 해 둔 돈이 있는지는 알 수가 없었다. 그러나 부잣집의 잔치나 제사의 파젯날에는 빠지지 않고 불려다녔다. 그런 날 으레 옥단이에게 "한 곡 뽑아 봐야!"라는 청을 하면 옥단은 "풍만한 앞가슴 속에서 하모니카를 꺼내서 불다가 흥이 나면 궁둥이 춤이며 병신춤, 그리고 코팍 딴스를 추"기도 했다. 그러다가 "주인마님이 술이라도 권하면 옥단이는 이미 이 세상 사람이 아닌 듯 노래와 춤과 재담으로 많은 사람을 웃기는데 밤이 깊어 갈 줄도" 몰랐다고 한다.

30대로 추산되는 옥단이의 삶의 내력은 알 수 없지만 굴곡은 있었을 것이다. 차범석은 옥단이 "의협심이 강하고, 노동을 꺼리지 않고 헌신적으로 일만 하는 여인의 인생 항로가 결코 순탄하지는 않았을 것"이라며 희곡 〈옥단어!〉에서 그 가려진 이면을 찾고 싶었다고 했다.

우리가 가장 어렵게 살았던 1930년대부터 1950년대까지의 폭풍 같은 세월 속에서 살아 나온 옥단의 삶의 궤적은 곧 우리 현대사의 뒷골목 풍경이기도 하다. 한 무지몽매한 여인이 시달려 살았던 현실은 그대로 우리의 역사이자 시대의 반영일진대, 이 작품은 단순한 연극이 아닌 우리의 현대사와 그 아픔을 되돌아보자는 데다 그 의미를 두고 있다. 〈옥단어!〉 하고 모두가 천대했던 한 여인의 생애를 통해 우리의 어두웠던 시대에 대한 진혼이기도 하다. 천대받으면서도 끈질기게 버티며, 남을 위해 베풀다가 길지 않은 생애를 마친 불행한 여인 옥단은 우리 민족의 자화상일지도 모른다.[500]

옥단이가 어찌 목포에만 있었을까? 바보 같기도 하고 천덕꾸러기 같기도 한 옥단이가 1930년대부터 1950년대까지 주변의 사람들과 함께 살아 나갈 수 있었던 것은 천성적으로 부지런하고 낙천적이어서도 그랬겠지만 옥단이와 함께 살아가던 세상 사람들의 따스한 인정과 마음이 있어서였지 않았을까? 차범석이 〈옥단어!〉를 통해 하고 싶었던 이야기는 불행했던 우리의 과거와 가진 것 없지만 늘 베풀면서 살았던 우리 민족의 이야기, 그 휴머니즘이었다.

작가는 처음에는 자기의 이야기를 쓰고 중반에는 남의 이야기를 쓰지만 마지막에는 다시 자신의 이야기로 돌아온다는 말이 있다. 차범석도 초기의 희곡은 목포를 중심으로 한 이야기였고, 서울로 이주한 뒤에는 도시 문명이나 신구세대 간의 갈등, 정치의 부정과 부패 등을 주 소재로 삼았다가 〈학이여 사랑일레라〉부터 다시 고향 이야기를 쓰기 시작했다.

그는 이념 대립 속에서 무고하게 희생당하는 사람들의 삶을 이야기하고자 했으며, 이러한 의도는 옥단의 삶과 죽음으로 형상화된다. 차범석은 이 작품에서 옥단이의 불행을 통해 작가의 허무주의적인 세계관을 보여 주고 있는 듯하면서도 여전히 희망을 잃지 않는 긍정적인 면모를 드러내고 있다. 그리고 옥단이의 원한을 풀어 주고 극락왕생을 기원하는 씻김굿을 하는 등 한국 전통적인 요소를 적극적으로 도입한다. 전통극적인 요소의 도입은 이

---

500 차범석, 〈머리말〉, 《옥단어! ─ 차범석 제8희곡집》, 푸른사상, 2003.

전 작품들에서는 볼 수 없었던 극작술이다. 차범석은 노년기에 들어서는 포용, 관용의 면모를 보이면서 무속 신앙적인 요소까지를 아우르는 연극 언어를 실험했다고 볼 수 있다. 어찌 되었든 차범석은 사회성이 강한 작품들, 여성의 욕망을 부각시키는 작품을 통해 궁극적으로 '용서와 화합'의 중요성을 강조하려 했다고 보인다.[501]

　〈옥단어!〉에 등장하는 인물들 중 이참봉네 가족의 이참봉과 아들 영찬은 "작가의 숙부와 작가자신의 삶 방식은 물론이고 정신적 궤적과 여러 면에서 상통"하는데, 이러한 인물 설정은 그의 어떤 희곡보다 차범석의 인생관과 세계관이 많이 투영되어 있다고 할 수 있다. 작가는 이 작품에서 무엇을 말하고 싶었던 것일까?

　이에 대해 유민영은 〈옥단어!〉는 차범석의 대표작이면서 "동시에 해방 이후 최고의 걸작으로 꼽히는 〈산불〉의 경우 다분히 이데올로기적이라고 한다면 〈옥단어!〉는 인간탐구라는 점에서 보다 본질적이기 때문에 그가 한 차원 높은 경지에 다다르고 있는 것이다. 극히 자전적인 성격을 띠고 있는 점도 과거의 작품들과도 다른 점이고 그렇기 때문에 자신의 인생관을 설득력 있게 펼칠 수 있다고 말할 수 있었다고"[502] 했다. 1938년부터 한국전쟁 전까지 이참봉 일가가 겪어야 했던 일은 차범석 가족이 겪었던 일이었으며 옥단이는 그런 배경에서 희생당했던 우리 민족의 모습이었다.

　특히 이 작품에서 주목해야 할 것은 옥단이의 자유로운 삶이다. 아무 것도 갖고 있지 않고 어디에도 매이지 않은 자유로운 영혼의 소유자

---

501 김향, 〈차범석, 현대극의 거목〉, 한국연극협회 편, 《한국현대연극 100년 : 인물연극사》, 연극과 인간, 2009, 593~594면.

502 유민영, 《한국 인물연극사 2》, 517면.

옥단은 모자라 보이지만, 영찬을 향한 사랑도 있고 인간의 소중함도 알고 있다. 그러나 그 사랑에도 옥단은 매달리지 않는다. 차범석은 영찬의 입을 통해서 "우리가 추구하는 것은 오직 자유! 절대적인 자유! 남을 구속해도, 구속당해도 안 되는 자유뿐이다!"라고 자신이 하고 싶었던 것을 외친다. 여기서 차범석이 말하는 자유는 일제로부터의 자유, 전통과 인습으로부터의 자유를 넘어서 자신을 억압하고 있는 모든 것으로부터의 자유를 말한다.

노년기의 작가 차범석은 이제 세속적 삶을 벗어나 진정한 자유를 꿈꾸었다. 죽은 옥단이의 대사를 통해 덧없는 인생을 이렇게 말했다.

> 나는 지나간 일은 탓 안 하기로 했어라우. 지내고 보면 모든 게 먼지 같고, 안개 같고, 바람 같은 것을……. 어디서 낳아서, 이름이 뭐고, 직업이 뭐고, 재산이 얼마고 따져 봐야 살아 있는 동안만이지. 여기서는 아무런 소용도 없는디 왜들 그렇게 서로 뺏고 가질려고 하는지 모르겠구만이라우. 만사가 허사지라우…… 세상 떠날 때는 빈손인디…… 뭘 욕심내 아…… 동이 트는구만! 오매 눈부신 것! 이것들이 땅에서는 눈 씻고 봐도 못 볼 것이다. 이렇게 높은 데서 봐야제! 내 걱정 말고, 적게 먹고 가는 똥 싸면서 살 것이어! 홋호…….

이 부분에서 차범석은 빈손으로 떠나가야 할 삶의 본질을 꿰뚫어 보고 삶의 애착을 넘어선 초월의 경지를 보여 준 것이었다. 그러면서 옥단의 고단한 삶을 위로하듯 평소에 쓰지 않던 기법인 굿판으로 마무리하였다. 이것은 '남도의 토속적 의식을 빌어서 옥단이의 영적 구제를 시켜 주고 있는 것'이며 그의 작품이 이제 굿과 같은 토속적 세계를 포용한 것으로 볼 수 있다. 사실 차범석은 원래 신앙이 없었다. 그런데 김우진의 아내이자 김방한의 어머니 정점효가 대모를 서서 차범석의 어머니가 영세를 받았고, 이후 차범석을 빼놓고 온 가족이 성당에 나가기 시작했다. 차범석도 〈옥단어!〉를 쓰고 있었던 2002년 10월 뒤늦게 영세를 받았다. 종교를 넘어서 한국의 전통적 의식인 굿을 작품에 넣은 〈옥단어!〉는 종교를 넘어서 삶의 덧없음을 그려 낸 것이리라.

유민영은 "격동의 현대사의 풍랑 속에서 80 나이를 넘어선 그가 달관의 경지에서 흩날리는 삶의 노래 〈옥단어!〉가 우리를 감동시키는 것은 어찌 보면 당연하다."라며 차범석 최고의 작품으로 〈옥단어!〉를 꼽았다. 그러면서 차범석이 "좀처럼 활용하지 않았던 전통적인 장례의식을 원용한 것도 인상적인데, 이것 역시 한국인의 존재 양상을 구현해 내고 있다는 점에서 그의 작품이 점차 토속적 세계로 빠져들고 있는 느낌마저 준다. 어차피 한국인의 삶을 진솔하게 묘사해 내려면 전통적 의식을 빌어 올 수밖에 없는 것이다. 그가 근자에 가톨릭에 입교[503]했고, 또 떠돌이 여인을 통해서 인생의 허망함을 노래하고 있다"는 것은 이제 이 희곡을 통해 차범석이 '입신'의 경지에 접어들었다는 것을 보여 주었다고 극찬하였다. 또 차범석이 "여러 가지 새로운 경지와 함께 기법도 보여 주었는데, 그 첫째가 사실 위에 높은 상징을 덧씌운 것이고, 두 번째는 토속적 풍정을 짙게 투영한 것이며, 세 번째는 초월의 경지에 이를 만큼 삶의 본질에 깊이 다가간 점이다."라고 하면서 이것은 "한국 리얼리즘극의 진전을 극명하게 보여 주는 것"이라고 했다. 이처럼 차범석은 자신에게 만족하지 않고 늘 새로운 것을 향해 나아갔다.

---

503 2002년 10월 2일 차범석은 세례명 '프란치스코 살레시오'로 상계동성당에서 영세를 받았다.

내가 어느새 팔십 고개에 올라섰다. 나는 지금까지 나이를 의식하지 않고 살아왔다. 나이 들었다고 거만 떨지도 않고, 허세 부리지도 않고, 그저 있는 그대로 살아간다는 신조를 품고 살았는데 어느덧 팔십이라는 숫자가 강박 감을 주는 것만 같다. (……) 나는 욕심 많게 오래 살며 노추老醜를 나타내는 것보다야 어느 날 조용히 잠자듯이 갔으면 좋겠다고 아내와 마주 앉으면 털어놓는다. 그러면서도 아직도 내가 해야 할 일이 무엇인가를 마음속으로 셈을 하는 염치없는 사람이다. 미련 없이 살았고, 많은 사람들로부터 은혜를 입었고, 하고 싶은 일 다 했으니 또 무엇을 바라겠는가 하면서도 역시 조금은 더 살고 싶다는 생각은 지울 수가 없다.[504]

이 글은 차범석의 마지막 희곡집《옥단어!》에 실려 있다. 여덟 번째 희곡집인《옥단어!》에는 차범석이 2년간 써 온 신작 세 편과 1958년 작인 〈공상도시〉가 들어 있다. 그는 "〈공상도시〉는 제 50여 년 작가 생활 중 최초의 장막극이었습니다. 지금 보면 부끄러운 글이지만 의미가 깊어서 희곡집에 꼭 넣고 싶었지요. 책의 제목이기도 한 희곡 〈옥단어!〉는 고향인 목포에서 본 실존 인물 옥단이를 소재로 쓴 글입니다. 무지랭이 였지만 누구보다 순수한 여자에 대한 기록인 셈입니다."라며 〈옥단어!〉의 창작 배경을 밝혔다.

차범석은 평생 연극을 하면서 "작가에게는 정년도 퇴출도 없다. 오직 작가는 숨이 끊어지는 그날까지 진솔하게 하고 싶은 얘기를 작품을 통해서 발언하는 자유가 허용되어 있다."라고 했다. 그리고 "평생 글을 썼지만 이제부터라도 제대로 된 걸 쓰려고요, 작가는 자기의 존재를 확인하기 위해 글을 씁니다. 죽을 때까지 쓰는 거"라고 했다. 그는 자신이

---

504 차범석, 《옥단어! — 차범석 제8희곡집》, 5면.

극작가로 불리는 것을 가장 좋아했고, 실제로 줄곧 희곡을 쓰면서 살았다. 그리고 "남들은 글쓰기가 힘들다고 하는데 전 그렇지가 않아요. 아주 즐겁습니다. 글쓰기는 나의 인생입니다."라고 말했듯이, 2006년 세상을 뜨는 마지막 순간까지도 글을 쓰는 일을 놓지 않았다. 그의 마지막 글은 사촌 동생 차복희 시집의 서문이었다.

차범석이 타계하면서 유치진으로부터 시작되어 함세덕을 거쳐 차범석으로 이어지면서 완성 단계에 도달했던 한국 사실주의는 끝났다고 본다. 안타까운 것은 〈옥단어!〉 이후로 차범석의 희곡 세계가 확장되면서 보여 줄 수 있었던 다른 작품을 더 이상 볼 수 없었다는 것이다.

차범석은 2003년 세종문화회관에서 자신의 여덟 번째 희곡집《옥단어!》의 출판기념회 겸 팔순 잔치에서 〈옥단어!〉를 구상해서 쓰기까지 무려 7년이나 걸렸고, 그때도 대여섯 편의 희곡을 구상하고 있다고 했지만, 이 희곡집 이후 차범석의 창작은 멈추고 말았다. 평생 '극작가'로 살고자 했던 차범석이 건강하게 계속 창작을 했다면 우리 희곡사가 더 풍부해지지 않았을까 하는 아쉬움이 남는다.

차범석이 사랑했던 것들 — 술, 가을, 여행

차범석은 하루 일과 속에서 특별히 좋아하는 순간이 술 한잔 마시는 시간이라고 했다. 다른 작가들이 주로 밤에 글을 쓰는 것과 달리 차범석은 해가 떨어지기 전에 글쓰기를 마감한다고 했다. 낮에는 글을 쓰고 밤에는 술을 마시는 것이 그의 일과였기 때문이다. 유민영은 차범석이 "일과 술을 누구보다도 좋아했고 대단히 즐긴 작가였다. 그 일이라는 것은 글쓰기와 공연 관람, 그리고 강연 등으로 요약할 수가 있다."라고 한다.

차범석은 도쿄에서 재수 생활을 할 때도 술을 마시지 않았다. 그가 처음 술을 마신 것은 태평양 전쟁으로 징집을 면하기 위해 관립광주사범학교를 다닐 때였다. 전쟁을 나가는 것이 죽으러 가는 것과 동급으로 인식되던 시절, 그는 깊은 절망과 허무를 잊으려 술을 마셨다.

이후 해방이 되고, 다시 한국전쟁이 발발하여 피란 와 있던 목포에서 교사를 하면서 주량이 조금씩 늘어났다. 몇몇 교사들과 허무를 달래기 위해 마련한 친교 자리 정도의 술자리였다. 사회 현실에 대한 반감과 허무, 자신에 대한 힐책과 불안, 그리고 막연한 미래에 대한 동경 등이 반죽이 되어 엄습해 올 때 자신을 잊고 그 현실에서 탈출하는 방법이 바로 술이었다. 교사로서 술을 마시는 것이 이중생활을 하는 것처럼 불편했지만 차범석은 자신은 교직자가 아니라 작가 지망생이라고 합리화하기도 하면서 이른바 '콩집'이라 불렸던 술집을 드나들었다.

1955년《조선일보》신춘문예에 〈밀주〉가 가작으로 당선되자 목포에서는 김우진, 이화삼 다음으로 배출된 희곡작가라며 축하했다. 이듬해인 1956년《조선일보》신춘문예에 재도전하여 〈귀향〉으로 당선되자 그는 바로 서울로 이사를 했다. 서울에 와서 가장 좋은 것은 대학 시절 함께 연극했던 대학극회 동인들을 만나는 것이었다. 소극장 연극을 해야 한다는 생각으로 대학극회 동인들과 의기투합해 제작극회를 만들면서 그의 술 역사도 본격적으로 시작되었다. 낮에는 덕성여고 교사로 있었지만 그는 퇴근하기가 무섭게 명동으로 나가 제작극회 동인들이나 '주막酒幕' 문학 동인들(전광용, 정한모, 정한숙, 전영경 등)과 술을 마셨다.

이후 극단 산하를 창단하면서도 그의 음주는 계속되었다. 차범석은 연극을 하면서 쌓인 스트레스를 술로 풀었다고 했다. 또 대표로서 책임감이 컸던 차범석은 극단 운영이 생각처럼 쉽지 않자 그 울분이 음주로 이어졌다. 결국 1970년 급성 간염으로 병원에 입원하자 의사도 금주를 권했다. 이태주와의 인터뷰에서 차범석은 술에 대해 다음과 같이 이야기했다.

> 차 : 안 마셨다면 거짓말이고……. 지금도 그래요. 아내는 건강 걱정을 많이 하지요. 나에게는 술을 마시되, 철칙이 있습니다. 술자리에서는 절대로 화를 내거나 싸우지 않는다. 술 자리는 철저하게 유쾌하고 즐거워야 한다. 만약에 마음에 안 맞는 사람이 술을 하자고 하면 사양을 한다. 마음이 맞는 사람끼리 소주 마시고, 노래방에 가서 터놓고 노는 게 나의 술 철학입니다. 연극 하다 보면 인간관계와 주위와의 갈등 때문에 스트레스가 쌓입니다. 그 응어리를 술로 푸는 것입니다. 나의 술은 캄캄한 어둠을 잊으려는 몸부림이었습니다.
>
> 이 : 그 당시 어떤 연극을 하려고 했습니까?
>
> 차 : 돈 벌기 위한 연극이 아니었습니다. 연극이 예술 운동이 되고, 사회 참여를 통한 의식 개혁에 도움이 되는 그런 것이었습니다.[505]

차범석에게 술은 맺힌 것을 풀어 주는 것이기도 했고 인생의 멋을 돋우어 주는 것이었으며, 그 멋은 풍류로 통한다고 생각했다. "자연 속에서 인간을 찾고 인간 속에서 멋을 찾아 인간과 자연이 하나로 융화되고 일치되는 경지라고 한다면 술은 바로 그러한 풍류에 기반을 둔 소모품"이라며 자신은 그런 풍류를 즐기는 것이라고 했다.

1998년 초에는 차범석을 포함하여 술 좋아하는 연극인들(백성희, 노경식, 윤대성, 유용환 등)이 정기적으로 모여 술을 마셨는데, 여기에

---

505 이태주, 〈원로예술인에게 듣는다/극작가 차범석: 희곡을 쓰는 일은 내 생에서 휴가를 얻는 일〉, https://www.arko.or.kr/zine/artspaper2000_12/11.htm

권오일, 남일우, 임영웅, 이태주, 유민영 등이 합세했다. 이태주가 이 모임의 이름으로 '주몽산酒夢傘'을 제안했다. '한데 모여 술 마시며 꿈꾸자, 이 세상 한바탕 얼마나 덧없는 것인가'라는 의미여서 모두들 좋아했지만, 이름이 너무 노골적인 것 같다는 차범석의 의견에 따라 '주酒' 대신 친구란 뜻의 '우友'로 바꿔 '우몽산友夢山'이라 했다고 한다.[506]

차범석은 자신은 "두주를 불사하는 호주가"도 아니요 자신이 술을 마시는 것은 정을 마시기 위한 것이라는 말로 자신의 음주를 합리화했다. 비교적 늦게 술을 배웠다는 그는, 대학 시절 친구들과 어울려서 청계천에 있었던 빈대떡 집이나 화신(지금의 종로세무서) 뒤 콩비지 집에 가서 막걸리를 마셨다. 20대에 시작한 음주가 "변화무쌍한 술판의 기상도 속에서 나의 젊음과 예술과 인생은 나이를 먹어 갔으니 어찌 보면 한 잔의 술은 나이테(연륜)와 궤적을 같이"했다고 생각했다. 그에게 술잔은 정을 채우고 나누는 중요한 것이었다.

차범석연극재단 차혜영 이사장의 회고에 의하면, 아버지 차범석에게 술은 "사람들과의 관계를 터놓고 진실을 이야기하고 싶은 작가의 작은 돌파구이자 작품 속 인물들을 창조해 내는 묘약"이었으며, "'술 한 방울은 피 한 방울'이라며 술은 마지막 한 방울까지도 남기지 않으셨"다고 한다.[507]

그러나 차범석은 잦은 음주로 70대가 넘어가면서 위가 만성적으로 안 좋아져 병원 신세를 지고는 했다. 그런데 그가 사람을 좋아하는 데다 예술원 회장을 맡으면서 더욱 분주해지면서 술자리가 더욱 빈번해졌다.

---

506 유민영, 〈술과 인생 ─ '友夢傘 酒遊記'〉, 《인생과 연극의 흔적》, 푸른사상사, 2012, 73~74면 참조.

507 차혜영, 〈끝나지 않은 마지막 여행 ─ 나의 아버지 차범석〉, 《대산문화》 여름호, 대산문화재단, 2024, 157면.

심지어 후배들은 차범석의 아명을 딴 '평균회'라는 모임을 만들어 술자리를 자주 가졌다. 차범석이 세상을 떠나자 연극계 원로 이원경은 평균회 멤버들이 차범석을 죽게 만들었다며 애통해했다고 한다.

차범석은 어린 시절 《목포학보》에 시 〈만추〉를 실었고 이후 대학 시절에는 《경향신문》에 시를 발표했다.

낙엽[508]

이 숲속은 백양목, 단풍에 들국화도 끼어 미풍과 햇빛이 쉬여 가는 곳
정다웁게 우는 까치도 있어 밤송이 터지는 소리에 다람쥐 놀래더니
아, 밤늦게 내린 서릿칼 아래 붉은 낙엽 비처럼 쏟아지누나
낙엽은 지고 낙엽은 흩어져도 목메여 우는 에미나무 품을 꿈에도 못잊은 양
붉은 낙엽 삭삭히 쌓여만 가누나!
이 숲속은 빨갛게 멍든 뼈만 돌벽에 남아 새봄을 기다리는 담쟁이가 묻힌 곳

간혹 차범석의 수필 〈가을의 맛〉의 앞부분이 차범석의 시라며 낭송되기도 하는데 그것은 차범석의 글이기는 하나 시는 아니다.

가을은 하늘에서 내려온다. 높푸른 하늘에서 가을은 온다.

가을은 바람을 타고 온다. 반소매 옷자락에 스며드는 썰렁한 촉감에 가을이 눈을 뜬다.

가을은 벌레 소리에서 익는다. 이른 아침, 깊은 밤 풀섶이고 섬돌 밑에서 울어 대는 유리 조각보다 더 고운 벌레 울음소리에 가을은 품 안으로 뛰어든다.

---

508 차범석, 〈낙엽〉, 《경향신문》, 1949.11.21.

그러나 나는 가을을 혀 끝에서 느낀다. 하늘도, 산들바람도 그리고 벌레 소리도 모두가 가을을 느끼게 하고 가을을 살찌게 하지만 나로 하여금 가을을 실감케 하는 것은 바로 음식 맛이다.

나는 식도락가食道樂家는 아니지만 음식 맛에 대해서는 까다로운 편이다. 그렇다고 미식가도 아니다. 하찮은 나물이나 젓갈이나 건어일지라도 그것이 지녀야 할 본래의 맛을 아쉬워하는, 이를테면 맛의 근원을 동경하는 고집쟁이다.[509]

차범석은 스스로를 "원래 여행을 좋아하는 편이라 기회만 있으면 서울에서 탈출하려는" 성벽이 있다고 했다. 1966년 미국 여행을 다녀오고 난 이후 차범석은 기회만 되면 여행을 떠났다. 차범석은 "가을이라는 말을 듣기가 무섭게 어떤 발작 같은 것이 일어나는 버릇이 생겼다. 어디고 가고 싶은 것이다. 일정한 목적이 있어서가 아니다. 이대로 집 안에 앉아 있지 않고 어딘가를 가고 있다는 실감을 맛보고 싶은" 사람이었다. 그 여행도 "호주머니 사정이 웬만하다면 비행기를 타고 외국의 하늘을 날고 싶어지는 게 가을에 일어나는 계절병"이다.

차범석은 그렇게 혼자서 훌쩍 떠나서 무엇을 하겠는가 하고 물으면 답변이 궁하다고 했는데 어느 날 그 답을 찾았다. 테네시 윌리엄스의 희곡 〈유리 동물원〉을 읽으면서였다. 이 희곡은 차범석이 좋아하는 작품으로 자신의 극단에서 두 번이나 연출을 맡은 적이 있었고 다른 극단에서 공연할 때도 매번 가 보곤 했다. 그 희곡에 등장하는 톰을 보면서 어딘가로 떠나고 싶어 하는 자신의 모습을 발견했기 때문이다.

화려하고 행복했던 과거를 가졌지만 지금은 가난 속에서 두 남매, 톰과 아만다는 힘겹게 살아가고 있다. 아만다는 절름발이라는 신체적

---

509 차범석, 《거부하는 몸짓으로 사랑했노라》, 26면.

결함 때문에 열등감에 사로잡혀 남들과 어울리지 못하고, 혼자 유리로 만든 동물과 촛불만을 상대로 살아간다. 톰은 직장에 뿌리를 내리지 못한 채 막연한 꿈과 방황 속에 떠돌며 '일정한 목표는 없지만 어딘가를 가고 싶어 하는 방랑자'로 산다. 차범석도 톰처럼 어디론가 떠나고 싶었던 것일까?

> 어쩌면 톰은 〈유리 동물원〉의 주인공이 아니라 나 자신일지도 모르기 때문이다. 나의 젊은 날의 모습이 톰에서 재현되었을지도 모르기 때문이다. 아니지, 이 세상의 모든 사람들에게는 톰이 지니고 있는 그 습성이 하나의 속성으로서 도사리고 있기 때문일 게다.
> 풍경이 운다.
> 나더러 어디론가 떠나가라고 재촉한다. 어제도 오늘도 세상은 번갯불로 비치고 있는데 무엇이 두렵겠는가 하고 옆구리를 쿡쿡 찌르는 것 같다.[510]

현실은 쉽게 여행을 떠날 수 없었는 상황이었지만 가을이 오면 차범석은 어디론가로 떠나고 싶었다. 이태주는 노작가 차범석에게 물었다.

> 이 : 여행을 좋아하시죠. 매년 외국 나들이 하시는데, 앞으로 가고 싶은 곳이 어디십니까?
> 차 : 아프리카입니다.

차범석은 아프리카를 가지 못하고 세상을 떠났다. 여행을 좋아했던 차범석이 저승에서는 아프리카를 다녀왔을지 궁금하다.

---

510 차범석, 《거부하는 몸짓으로 사랑했노라》, 62면.

14
차범석의 가족

아내, 인생의 조연출 겸 무대감독

차범석은 대학 시절 아내와 혼례를 치른 뒤 개강을 하자 아내를 목포에 두고 홀로 서울로 갔다. 시부모를 모시며 며느리의 도리를 하고 있는 아내를 두고 방학에도 여행을 가거나 목포에서 연극 활동으로 바빴다. 1949년 차범석은 제1회 전국 대학생 연극경연대회에 나가는 〈오르페우스〉의 연출을 맡아 의상으로 필요하다며 혼례 때 가져온 이불 홑청을 뜯어 보내라고 전했고, 아내는 그대로 홑청을 뜯어 보냈다. 그 덕분에 차범석은 무사히 공연을 마쳤을 뿐 아니라 우수상까지 수상했다. 그해 겨울방학이 끝나고 서울로 올라온 부부는 비로소 셋방에서 신혼생활을 시작했다. 서울 생활이 처음인 아내에게 차범석은 보여 주고 싶은 것이 많았다. 그것은 자기가 어떤 일을 하고 있는지를 이해시키기 위한 것이기도 했다.

한국전쟁이 일어난 1950년 6월 25일에도 차범석은 임신한 아내가 입덧으로 힘들어 하자 극장 구경을 갔다가 오림픽회관에서 냉면을 사 주는 등 마음이 따뜻한 남편이었다. 그런데 전쟁이 계속되자 아내는 대식구를 이끌고 목포 본가로 피란 떠나는 결단을 내리도록 강하게 재촉

청주에서 아내 박옥순과 차범석. 1984.

했다. 그리고 목포에서 분가했을 때도 손바느질로 가계를 돕는 등 생활
력도 있었다.

　〈갈매기떼〉 공연 때에는 처음으로 삼선교에 자신의 양옥집을 마련
했지만 극단 산하의 운영이 어려워지자 집을 팔고 정릉으로 이사를 했
다. 마당 가꾸기를 좋아했던 차범석은 1970년 간염으로 입원했다가 퇴
원한 후에는 이 집 마당에서 소일하며 건강을 회복했다.

　정릉의 그 집에서 아내는 차범석의 연극 공연에 필요한 의상이나
소품을 만들기도 하고 공연이 끝나면 무대나 소품 등 값이 나가는 것들
을 집에 보관하기도 했다. 차범석의 연극 활동에 적극적으로 도움을 주
었던 아내는 공연 때 식사를 만들어 연습하는 단원들에게 보내고 집에
서 쫑파티를 할 때 음식을 준비하는 등 적극적으로 그의 작업을 지원했
다. 차범석은 아내가 이런 힘든 일을 하는 것을 예술가 아내의 숙명이라
고 체념했을 것이라면서, 그런 자신의 아내를 "작가의 아내이자 연극인

436

의 아내로 그늘에서 밤낮 고생하는 아내는 나의 인생에서 조연출이자 무대 감독"이라고 표현했다. 그렇게 아내의 수고는 차범석이 평생 연극 활동을 할 수 있는 힘이었다.

목포에서 서울로, 서울에서 다시 목포로, 목포에서 다시 서울로 차범석의 여정을 함께했던 아내는 차범석이 연극의 길을 가는 데 절대적 지원군으로서 그의 활동을 지지했다. 극작가로, 극단 대표로, 연극연출가로, 행정가로 남달리 바쁘게 살아왔던 차범석으로서는 아내에게 가사며 아이들 교육을 떠맡기다시피 했는데, 건강했던 아내가 수술 때문에 병원에 입원하자 비로소 아내의 얼굴을 들여다보았다.

오늘의 나를 있게 한 것은 아내의 공이라는 점도 빠뜨리지 않은 대목 가운데 하나였다. 나는 아내의 손목을 조용히 쥐어 본다. 얼마 전까지만 해도 나보다 더 두껍고 탄력이 있는 손이었건만 지금은 까칠하고 야윈 게 새삼 가슴을 저리게 한다. "여보, 당신하고 나는 한날 한시에 눈을 감아요." "엿장수 마음대로 되는감?" "당신이 먼저 가시면 나 혼자서 외로워서 못살 것 같고 내가 먼저 눈 감으면 당신이 혼자서 어찌 살까 안 잊혀지고." "쓰잘데 없는 소리! 어서 불이나 꺼요." (……) 아내가 눈을 뜬다. 핏기가 가신 입술이 가랑잎처럼 말라붙었다. 백태가 낀 혀끝으로 입술을 핥는다. 입이 마른 모양이다. "물을 적셔?" 아내가 대답 대신 고개를 위아래로 흔들 때면 나는 스푼으로 식은 보리차를 입에다 떠 넣어 준다. 시원하다. 꿀맛 같아요. 하찮은 맹물이 이렇게 맛이 있을 수 없다고 힘없이 말하는 아내의 가느다란 목소리에서 나는 도리어 되살아나는 생명력 같은 것을 느낀다. (……) "여보, 당신과 나는 한날한시에 이렇게 저세상으로 가는 거야."하고 마음속으로 말한다. 나는 아내의 야윈 손에다 힘을 모아 본다.[510]

차범석은 중국 여행을 다녀오면서 아내를 위해 치마저고리 감으로 비단 한 필을 사 왔다. 그것으로 아내는 한복을 지어 입었고, 그 한복이 《차범석 전집》표지의 모티브가 됐다.

차범석은 공연 중에도 집에서 밥을 지어 가지고 갔다. 자신과 함께 배우나 스태프들에게 먹이려고 아내에게 밥과 국을 부탁했다. 당시 낮 공연이 있을 때는 단원들에게 점심값을 미리 주었는데, 돈이 없던 젊은 연극 단원들은 그 돈으로 점심을 사 먹지 않고 차비로 썼다. 차범석은 그것을 알고 일주일에 세 번 정도 집에서 밥을 하고 국을 끓여 보온통에 담아 가지고 나가서 사람들을 먹였던 것이다. 그렇게 하면서 연극 하는 사람들과 '밥 정情'이 들었던 걸까? 단원들끼리 동지애가 생겨나고 가족적인 분위기가 되어 쫑파티는 꼭 차범석의 집에서 했으며 평상시에는 안 나오던 사람들도 쫑파티 때는 꼭 나왔다고 한다.

차범석도 "연극장이의 아내로 뒤치다꺼리를 도맡았던 그 노고"를 잘 알고 있었다. 극단 운영에 돈이 부족했을 때 "금전을 돌려 대라 아내를 졸라 대면 처음에는 반응이 없다가 기일 안에는 마련해 주는 아내"였다. 차범석은 "자신이 작품을 쓰고 연극을 하는 것은 내 자신의 의욕이자 충동이요, 발광이다."라고 하면서 연극을 하는 것은 자기 자신만을 위하는 것이었지 가족의 처지는 계산 밖에 있었다고 고백한다. 그렇기 때문에 벌어다 주는 돈을 아내에게 맡기면 아내는 재량껏 살림을 했다. 3남 2녀의 등록금도 알아서 보험이나 적금을 들어 해결했기 때문에 차범석은 한 번도 자식들의 등록금 문제로 속앓이를 해 본 적이 없었다.

차범석은 고희 기념문집 《목포행 완행열차》의 서문 '책을 꾸미면서'에서 고희까지 살다 보니 자신의 70 평생에서 건져 낸 추억을 정리

---

511 차범석, 《거부하는 몸짓으로 사랑했노라》, 142~143면.

하고 싶다는 생각으로 아내에게 의논했다.

> 평상시에도 나는 하고저 하는 일을 가지고 가족들하고는 별로 의논하는
> 일이 없다. 그러나 아내에게는 숨길 수 없어서 불쑥 애기를 꺼냈더니 아내
> 는 담담한 반응을 보였다. 말이 없다는 것은 시인한다는 뜻일 게다. 나는
> 아내가 친구들하고 단풍놀이 갔던 날 밤 혼자서 묵은 원고를 정리하기로
> 했다.[512]

차범석은 이 책을 엮으면서 "나는 행복하다. 지금까지 대과 없이 살
았고, 욕심부리지 않았고, 하고 싶은 일과 가고 싶은 길을 지칠 줄 모르
고 살아왔으니 그저 고맙고 행복할 뿐이다. 때로는 배반도 당했고, 배반
을 하기도 했고, 자기모순을 합리화시키려고 했거나, 감추려고 했던 부
끄러운 일도 한두 번이 아니다. 특히 가족이나 가정에는 마음을 쓸 사
이도 없다 보니 아내에게 떠맡겼던 삶의 짐의 무게는 항상 나의 체중보
다 더 무거웠던 것도 속일 수가 없다."라고 고백했다. 그 말대로 차범석
이 하고 싶었던 연극을 실컷 하는 동안 아내는 가정과 가족을 책임지고
인생의 짐과 그 무게를 고스란히 혼자 감당했다. 고희를 맞는 생일날 아
침, 차범석은 이 글을 쓰면서 아내에게 고마움을 전하기도 했다.

차범석의 자녀들

차범석은 슬하에 3남 2녀를 두었는데 한국전쟁 중이던 1951년 장남 순

---

512 차범석, 《목포행 완행열차》, 10면.

차범석의 가족사진. 앞줄 왼쪽부터 장남 순환, 3남 순규, 차남 순주. 뒷줄 왼쪽부터 장녀 혜영, 차범석, 차녀 혜진, 아내 박옥순. 1960년대.

환과 1953년 장녀 혜영이, 1955년 차녀 혜진까지 목포에서 태어났고 서울로 이주한 뒤 1957년에 2남 순주가, 1959년에 3남 순규가 출생했다. 엔지니어가 되었던 순환은 1999년 일찍 세상을 떠났다. 장녀 혜영은 아버지의 뒤를 이어 무용을 전공하고 문화방송 탤런트, 극단 민예극단 단원으로 배우가 되었는데 1997년 백상예술대상 신인연기상을 수상하기도 했다. 이후 일본으로 이주했다가 돌아와 2006년 12월부터 현재까지 재단법인 차범석연극재단 이사장을 맡고 있다. 차녀 혜진은 미술을 전공했고 차남 순주는 의과대학을 나와 일산 백병원 방사선과 의사로 근무하다 퇴직했다. 3남 순규는 해양대학을 나와 배를 탔는데 2023년 세상을 떠났다. 다섯 명의 자녀들이 아들들만 두 명씩 낳아 손자만 열 명을 두었는데, 차범석은 주말이면 손자들을 모아 놓고 아내의 솜씨로 차려 낸 갈비를 먹이는 것이 낙이었으며 손자들과 함께 찍은 가족사진을

결혼 50주년을 맞아 자녀 3남 2녀 부부(뒷줄) 및 열 명의 손자들(앞줄)과 함께. 사진의 정중앙
이 차범석과 아내 박옥순. 서울 송파구 가락동 개롱공원에서. 1997.

보며 흐뭇해했다.

한편 그는 1999년 큰아들 순환을 먼저 떠나보내는 참척慘慽을 겪었
다. 차혜영 차범석재단 이사장의 회고에 의하면 "아버지가 평소 남 앞에
서 눈물을 보이는 성격이 아닌데 낮에는 꼿꼿하게 흐트러짐 없이 계시
다가 새벽에 혼자서 흐느끼셨다."라고 한다. 차범석은 그때의 심정을 시
〈자식의 유산〉으로 남겼다.

자식의 유산

그 애가 내 곁을 떠난 지 일 년
나는 하루걸러 아침마다
어항에 먹이를 던지며 마음을 채운다.

그 애가 남기고 간 큰 어항엔

일곱 마리의 금붕어가 매번

같은 몸짓, 같은 표정으로

내게 다가와 주둥이를 뺑긋거린다……

그 애가 가져다 놓은 그 어항이 이제 와서는

다시 소일거리가 될 줄이야.[513]

차범석은 은퇴하면 고향에 내려가서 후진을 양성하고 싶어 했다. 또 2003년 12월 대한민국예술원 회장 임기를 마치면 초고로 써 놓은 희곡 세 편을 손질할 계획도 갖고 있었다. 그러나 이듬해 암 진단을 받으면서 그 계획은 잠시 미뤄졌다.

차범석의 건강이 날이 갈수록 악화되면서 큰딸 차혜영 이사장은 마지막이 될 수도 있는 아버지와의 1박 2일 짧은 여행을 계획해 고향 목포로 떠났다. 차범석은 자신의 생가 앞에서 어릴 적 추억이 떠올랐는지 한참을 서 있었다고 한다. 그리고 그는 자신의 문학관이 세워질, 바다가 훤히 내려다보이는 현재의 목포문학관 자리를 흡족하게 바라보았고, 이 여행에서 자신이 돌아갈 산소 자리도 살펴보았다고 한다. 여행을 즐기던 차범석의 마지막 여행은 이렇게 끝났다.

---

[513] 목포 출향시인회, 《목포나그네》 4호, 2000.

평전을 마치며

차범석은 목포에서 태어나 성장했다. 극작가로 뜻을 세운 뒤 중앙 문단에서 처음으로 인정받았던 희곡 〈밀주〉는 목포 부근의 섬 흑산도가 그배경이다. 차범석은 목포에서 육체만 태어난 것이 아니라, 목포가 작품을 쓸 수 있도록 키워 주었다는 얘기를 자주 했다. 광주고등보통학교 진학을 위해 초등학교 졸업 후 목포를 떠났지만, 한국전쟁 중에 피란 온 그를 품어 준 곳이 고향이었다. 여기서 차범석은 전쟁으로 상처 입은 어린 학생들과 연극을 하고 습작을 하면서 극작가의 꿈을 구체적으로 키웠다. 이후 다시 고향을 떠나 서울로 이주한 후에도 제작극회나 신협, 극단 산하 등에서 준비한 공연을 가지고 목포나 전라도 지역으로 내려갔다.

차범석은 1955년 〈밀주〉, 1956년 〈귀향〉으로 《조선일보》 신춘문예에 입선 또는 당선되어, 희곡 작가로 정식 등단하면서 연극과의 인연을 시작했다. 물론 등단 이전에도 목포중학교 교사 시절 단막극 등을 발표, 공연하기도 했다. 그의 희곡은 시의성이 있어서 당대 관객들의 취향에도 맞아 1950~80년대 한국 연극계에서 가장 많이 공연되었다. 차범석은 희곡 창작뿐 아니라 연극 연출, 연극 비평을 했고, 극단 대표, 한국 연극협회 이사장, 한국문예진흥원 원장, 청주대학교 예술대 학장, 대한민국예술원 회원 및 회장으로 활발하게 활동했던 한국 연극계를 대표하는 인물이다. 그러나 차범석은 글을 기고할 때는 항상 자신의 직함을 '극작가'라고 적었다. 그에게 주어졌던 여러 감투는 잠시 지나가는 자리일 뿐, 자신의 정체성을 극작가에 두고 있었던 것이다.

교사로, 교수로 교직에 몸을 담았고, MBC에는 개국 때부터 방송국 직원으로 근무하기도 했다. 그리고 방송 드라마 작가로서 1956년 처음 국군방송에 라디오 드라마를 쓴 이후 초창기 라디오 방송 드라마 대본을 창작했고, MBC TV 개국 때는 특집극 〈태양의 연인〉을 썼다. 그리고 국민 드라마로 불리는 〈전원일기〉를 1회부터 49회까지 집필해 〈전원일기〉가 22년 동안 1088회 최장수 드라마가 될 수 있는 기틀을 마련하기도 했다.

어릴 적의 차범석은, 밖에서 노는 것을 좋아했던 다른 남자 형제들과는 달리 집에서 뒹구는 것을 좋아했다. 사랑채보다는 안채에서 어머니를 찾아온 일가 친척들과 아낙네들의 사연들을 어머니 등 뒤에서 듣는 것을 좋아했다. 그때 들었던 어머니의 풍부한 언어와 표현은 차범석의 창작에 밑거름이 되었다. 그리고 사람들이 모여 노래를 부르면 흥이 많았던 어머니가 일어나 춤을 추곤 했는데, 그 흥과 신명이 차범석에게 전해졌다.

차범석은 내성적이어서 어릴 적부터 책 읽기와 영화 보기를 즐겨했고, 친구를 찾아가 놀기보다는 친구들이 주로 그를 찾아오는 편이었다. 그가 초등학교 6학년 때 평화관에서 본 최승희의 공연은 무대에 대한 꿈을 키우는 큰 자극이 되었다.

차범석은 제작극회 창단 동인으로 활동하면서 소극장 운동을 통해 한국 현대극의 출발을 가능하게 했다. 또한 극단 산하는 한국 연극계에서 대중화를 처음으로 표방했던 단체로, 이를 통해 연극의 전문화와 직업화도 동시에 추구했다. 그의 희곡 〈산불〉은 1962년 공연 당시 뛰어난 작품성을 보여 주었으며, 아울러 흥행에서도 성공을 거둔 작품으로, 이후 영화·드라마·창극·뮤지컬 등 다양한 장르의 변주를 통해 지금까지도 공연되고 있다.

극단 산하를 20년 동안 이끌어 오면서 차범석은 새로운 소재의 희곡을 창작하고 연출과 기획도 맡아 했다. 그와 동시에 라디오와 TV의 극본, 여성국극·오페라·뮤지컬·무용 등의 대본도 썼다. 그에게 방송 대본의 창작은 연극을 할 수 있게 해 주는 중요한 수입 원천이기도 했다. 방송국에서 들어오는 원고료 수입은 극단 산하의 운영비가 되었기 때문이다.

평전의 마지막을 정리하면서 차범석의 수필집 《거부하는 몸짓으로 사랑했노라》에 실린 〈방 하나를 향한 집념〉이라는 글에서 그의 모습이 눈에 밟혀 왔다. 작가였던 그에게는 집필을 위한 방, 즉 서재가 필요했다. 그 당시 살고 있던 정릉 집은 대지는 그런대로 넓었지만 방이 모자랐다. 이사를 해 볼까 생각해 보았지만 아내가 반대를 했다. "이 집을 판다 손 치더라도 이만한 위치에, 이만한 규모의 집을 마련하기가 쉽지 않다는 게 첫째 이유이고, 그 책이다 연극 때 쓰던 의상이다 하는 자질구레한 짐을 또다시는 옮기고 싶지 않다는 게 둘째 이유"였다.

3남 2녀의 자식들은 장성하자 저마다 자신의 방을 원했고, 그래서 그 집에 방 한 칸을 들이고 싶었지만 아내는 반대했다. 그 이유는 방을 들이려면 돈이 들어갈 것인데 딸 둘이 곧 출가할 테니 1~2년만 기다리면 방이 생길 거라는 것이었다. 서울에서 집을 갖고 있는 자신은 행복한 축에 끼는지 모르겠지만 "작가가 자기의 세계를 고수하는 방 하나 제대로 갖추지 못하는 건 이 얼마나 처량한 일인가." 하고 마음을 접으며 그는 이렇게 말했다.

호화로운 장식에 초현대식 시설을 갖춘 방을 원치는 않는다. 지금 있는 방에 잇대어 세 평 정도로 방을 늘려서 그곳에다 내가 쓰고 있는 모든 것을 모아 보고 싶다. 그리고 연극이 끝나면 으레 하는 '쫑 파아티'를 그 툭 트인 방에서 한다면 2, 30명은 족히 수용할 수도 있으니 그 얼마나 좋겠는가 말이다.

차범석의 '방 하나의 소망'은 얼마나 소박한 것인가.

차범석은 희곡을 창작할 때 주제 선택이 중요하다면서 구상을 오래 했다. 〈산불〉은 10년을 구상해서 1개월 만에 써냈고 〈옥단어!〉는 7년이 걸렸다고 한다. 항상 대사를 먼저 생각하고, 혼자서 중얼중얼 읊조린 다음 써 나가면서 동시에 무대를 머리속에 그려 보는 것이 그의 창작법이었다. 따로 서재가 없었던 차범석은 아내가 잠든 밤에 스탠드를 밝히고 희곡을 쓰면서 대사를 중얼거렸는데, 그의 아내는 옆에서 잠을 자다 무슨 일인가 하여 잠을 깨곤 했다고 한다.

차혜영 차범석연극재단 이사장은 아버지 차범석의 탄생 100주년을 맞아 쓴 회고 글에서 이렇게 말했다.

늦은 밤까지 약주를 드시고도, 아버지의 책상을 밝히는 스탠드는 새벽녘이 되어도 켜져 있었습니다. 서재가 따로 없었기에, 옆에서 곤히 주무시는 어머니를 배려해 밤에는 항상 작은 스탠드 불빛에 의존하여 글을 쓰셨습니다. 일곱 식구가 살아가기 위해서, 연극 활동이나 희곡을 쓰는 일 이외에도

446

돈이 되는 잡문 청탁 원고도 거절하지 않으셨습니다.**514**

목포 천석지기의 아들로 유복하게 자랐지만 연극을 하면서 차범석은 부유한 삶을 꿈꾸지는 않았다. 부유했던 선친의 도움을 전혀 받지 않고 오직 자립의 정신으로 견뎠다. 차범석과 가깝게 지냈던 유민영은 이렇게 회고했다.

> 평소 허명과 허례허식을 싫어하고 지식에 목말라했지만 안빈낙도安貧樂道가 체화된 듯 재물에는 별 관심을 두지 않았다. 그가 지주 가문의 차남으로서 백씨가 요절함으로써 장남이나 마찬가지로 유산도 받았지만 젊은 시절에는 전셋집에 살면서도 자신이 한 푼도 갖지 않고 형제들에게 모두 나누어 준 일화도 있다. 그에게는 만년에 살던 30평 아파트가 전 재산이었다.

차범석은 어릴 적 어머니의 "애껴야 한다."는 말을 기억하며 평생 근검절약의 정신으로 살았다. 차범석연극재단 차혜영 이사장은 아버지를 회고하는 글에서 "아버지에게 호사는 소박한 집에서 작은 행복을 누리는 것일 뿐, 과분하게 남을 의식하며 살지 않았"으며, "노년에는 생활면에서나 사회적인 위치로나 자리가 잡혔지만, 생활은 항상 근검절약"을 실천했다면서, "어쩌다 작품료 등 상금이 들어오면 본인의 욕심보다는 주변에 부족한 분들을 두루 살피며 여기저기 나누고 그동안 신세를 진 분들을 위해" 썼다고 했다. 그에게 연극이 '그늘진 삶을 부축하는 것'이었기 때문이었을까, 그는 자신의 풍요보다는 나누기를 좋아했다.

---

514 차혜영, 〈끝나지 않은 마지막 여행 — 나의 아버지 차범석〉, 《대산문화》 여름호, 대산문화재단, 2024, 157면.

2018년 6월, 차범석의 기일을 맞아 묘소 앞에 모인 가족들과 저자. 앞줄 왼쪽부터 저자, 장녀 차혜영, 차녀 차혜진, 뒷줄 왼쪽부터 큰사위 김윤석, 손주 김수민, 세 사람 건너 차남 차순주.

차범석은 창작을 하려면 "가장 자신 있고 잘 아는 세계를 쓰라."고 하면서 연극이라는 것이 "사람과 사람의 관계 자체이고, 연극의 기본은 등장인물의 성격이다."라고 했다. 흔히 차범석을 한국 최고의 사실주의 희곡 작가라 칭하지만, 그는 "리얼리즘 연극이란 우리가 직면하고 있거나 위협을 받고 있는 현실을 대상으로 하여, 그 현실을 인식하고 객관적으로 관찰하며, 표현하는 3단계적 형상 과정을 밟고 있"다면서, 사회가 복잡해지면서 기존의 방식으로만 표현하는 데는 한계가 있다고 생각했다. 그래서 차범석은 〈대리인〉 창작부터 해설자를 쓰거나 환등기 등을 사용하는 서사극적 방법과 기록극적 수법을 통해 사실주의 연극을 완성시켰다.

차범석은 제작극회를 통해 한국 동인제 연극의 문을 열었지만 아마추어리즘이라는 한계를 벗어나기 위한 시도로 제작극회를 나와 극단 산하를 창단했다. 그러면서 차범석은 극단이 몇몇 동인들의 취미를 뛰어넘어 직업으로 자리 잡을 때 대중과 함께할 수 있다면서 연극의 대중화, 전문화, 직업화 등을 추구했다. 그러나 극단 산하는 재능 있는 배우와 작가(하유상·임희재·차범석 등)는 확보했으나 연출가가 부족했다. 창단 공연의 연출자였던 이기하는 그 공연 후 방송국으로 가 버렸다. 이후 표재순이 극단 산하의 연출을 도맡다시피 했지만 TV 방송국의 개국과 함께 그도 옮겨 가면서 극단 산하의 동인들, 배우들의 이탈도 심해졌다. 이러한 현상에 대해 차범석은 "한솥의 밥을 먹으면서 같이 울고 같이 죽고 같이 살자는 그런 거가 없어져 버렸다."며 울분에 차기도 했다.

차범석의 일생은 오로지 연극에 대한 헌신이었다. 그의 삶에 다른 선택지는 없었다. 목포의 수줍음 많은 소년은 그렇게 불나방처럼 연극에 자신을 던져 타올랐고, 차범석은 한국 연극의 거대한 산맥으로 남았다.

참고문헌

차범석 전집

유민영·전성희 편,《차범석 전집 1 ― 희곡 1951-1960》, 태학사, 2018.

유민영·전성희 편,《차범석 전집 2 ― 희곡 1962-1964》, 태학사, 2018.

유민영·전성희 편,《차범석 전집 3 ― 희곡 1965-1969》, 태학사, 2018.

유민영·전성희 편,《차범석 전집 4 ― 희곡 1970-1974》, 태학사, 2018.

유민영·전성희 편,《차범석 전집 5 ― 희곡 1974-1977》, 태학사, 2018.

유민영·전성희 편,《차범석 전집 6 ― 희곡 1977-1984》, 태학사, 2018.

유민영·전성희 편,《차범석 전집 7 ― 희곡 1986-1997》, 태학사, 2018.

유민영·전성희 편,《차범석 전집 8 ― 희곡 2000-2005》, 태학사, 2018.

전성희 편,《차범석 전집 9 ― 방송극》, 태학사, 2019.

전성희 편,《차범석 전집 10 ― 무용극/창극/뮤지컬 외》, 태학사, 2019.

전성희 편,《차범석 전집 11 ― 자서전/수필 외》, 태학사, 2019.

전성희 편,《차범석 전집 12 ― 논문/평론》, 태학사, 2019.

차범석 희곡집 및 단행본

차범석,《껍질이 째지는 아픔 없이는 ― 희곡집》, 정신사, 1960.

차범석,《대리인 ― 차범석 희곡집》, 선명문화사, 1969.

차범석,《환상여행 ― 차범석 제3희곡집》, 어문각, 1975.

차범석,《학이여 사랑일레라 ― 차범석 제4희곡집》, 어문각, 1982.

차범석,《산불》, 범우사, 1999.

차범석,《식민지의 아침 ― 차범석 제6희곡집》, 학고방, 1992.

차범석,《통곡의 땅 ― 차범석 제7희곡집》, 가람기획, 2000.

차범석,《옥단어! ― 차범석 제8희곡집》, 푸른사상, 2003.

차범석 작, 전성희 편,《차범석의 전원일기 1 ― 제1~14화 대본집》, 태학사. 2022.

차범석 작, 전성희 편,《차범석의 전원일기 2 — 제14~30화 대본집》, 태학사. 2022.

차범석 작, 전성희 편,《차범석의 전원일기 3 — 제31~49화 대본집》, 태학사. 2022.

차범석,《거부하는 몸짓으로 사랑했노라 — 차범석 수필집》, 범우사, 1984.

차범석,《동시대의 연극인식 — 차범석 연극논총》, 범우사 1987.

차범석,《예술가의 삶 6 — 차범석》, 혜화당, 1993.

차범석,《목포행 완행열차의 추억》, 융성출판, 1994.

차범석,《떠도는 산하 — 나의 삶, 나의 예술》, 형제문화, 1998.

차범석의 글

차범석,〈낙엽〉,《경향신문》, 1949.11.21.

차범석,〈하나의 야심작 — 신협〈다이얄 M을 돌려라〉를 보고〉,《조선일보》, 1956.9.22.

차범석,〈별 아래 열린 향연 — 이화여고〈에렉트라〉발표회를 보고〉,《조선일보》,
    1957.6.4.

차범석,〈대사의 묘미 — 서울대의〈윈 슬로우 소년〉공연평〉,《조선일보》, 1957.7.19.

차범석,〈친근한 무대 — 연희극예술연구회 14회 발표를 보고〉,《조선일보》, 1957.11.1.

차범석,〈1957년 문화계 총평: 금년도 연극계의 결산 — 내일을 위한 포복〉,《조선일
    보》, 1957.12.30.

차범석,〈연극의 대중화를〉,〈잉여인간〉팸플릿, 1963.11.

차범석,〈연극을 대중의 것으로〉,《서울신문》, 1965.3.25.

차범석,〈무엇을 어떻게 쓸 것인가〉, 신구문화사 편,《현대한국문학전집 9》, 신구문화
    사, 1965, 498면.

차범석,〈10년 전의 그 꿈을〉,《극단 산하 10년사》, 극단 산하, 1974.

차범석,〈희곡은 어떻게 쓸 것인가〉, 김동리·성기조·차범석,《문예창작법 신강》, 장학
    출판사, 1976.

차범석,〈'연희극예술연구회'를 회고하며〉, 연세극예술연구회 편,《연세연극사》, 연세
    극예술연구회, 1981.

차범석,〈이 시대의 참뜻을 보여 주십시오 — 최청자 씨에게〉,《춤》, 1982.11.

차범석,〈지방연극사 (2) : 목포편(상) — 내가 살다가 온 목포연극〉,《한국연극》제14
    권 제10호, 한국연극협회, 1989.10.

차범석,〈자전 에세이〈나의 길 41〉— '광대의 울음' 달랜 '맑은 대숲 바람'〉,《동아일
    보》, 1991.1.27.

차범석,〈고개를 넘으면서 — 재석을 생각하며〉,《삼학도로 가는 길 — 다목동 차재석

유고집》, 세종문화사, 1991.

차범석, 〈스무 살의 독서:《근대극전집》― "〈희곡 황무지〉 밝힌 등불"〉,《동아일보》, 1993.5.12.

차범석, 〈나의 삶 나의 생각: "해외 연극계가 그러니 우리도…" 식은 착각〉,《경향신문》, 1994.3.31.

차범석, 〈관심, 격려〉,《예술가의 삶 17 ― 연극인 백성희》, 혜화당, 1994.

차범석, 〈여백의 터널을 향하여〉,《현대문학》49권 12호, 2003.12.

차범석, 〈서문 ― 새벽의 눈밭 길을 가던 님아〉, 한승연,《꽃이 지기 전에》, 한누리미디어, 2003.

차범석, 〈내 문학의 뿌리는 나의 고향이다〉, 문학의 집-서울 엮음,《(한국 대표 작가들이 들려주는) 내 문학의 뿌리》, 답게, 2005.

차범석, 〈목포문학의 뿌리를 찾아서〉,《문학춘추》58호, 문학춘추사, 2007.3.

한국 근현대예술사 구술채록연구 시리즈

차범석 구술, 김성희 채록연구,《2004년도 한국 근현대예술사 구술채록연구 시리즈 49 ― 차범석》, 한국문화예술위원회, 2005.

조동화 외 구술, 박선욱 외 채록연구,《2007년도 한국 근현대예술사 구술채록연구 시리즈 106 ― 한국 근현대문화예술의 거점 공간 1950년대 명동의 다방과 술집》, 한국문화예술위원회, 2007.

최창봉 구술, 김성호 채록연구,《2009년도 한국 근현대예술사 구술채록연구 시리즈 90 ― 최창봉》, 한국문화예술위원회, 2006.

박현숙 구술, 문경연 채록연구,《2009년도 한국 근현대예술사 구술채록연구 시리즈 190 ― 박현숙》, 한국문화예술위원회, 2010.

오현경 구술, 서지영 채록연구,《2011년도 한국 근현대예술사 구술채록연구 시리즈 207 ― 오현경》, 한국문화예술위원회, 2012.

전세권 구술, 김성희 채록연구,《2013년도 한국 근현대예술사 구술채록연구 시리즈 226 ― 전세권》, 한국문화예술위원회, 2014.

최문휘 구술, 박찬조 채록연구,《2016년도 한국 근현대예술사 구술채록연구 시리즈 ― 268 ― 최문휘》, 한국문화예술위원회, 2016.

표재순 구술, 백두산 채록연구,《2022년도 한국 근현대예술사 구술채록연구 시리즈 318 ― 표재순》, 한국문화예술위원회, 2024.

그 밖의 단행본

구희서, 《연극읽기 2: 1980~1988 연극 무대 이야기》, 메타, 1999.

구희서, 《연극읽기: 1970~1979 연극 무대 이야기》, 메타, 1999.

국립극장 편, 《국립극장 50년사》, 태학사, 2000.

권순종, 〈작가의 이데올로기와 역사에 대한 인식〉, 무천극예술학회 편, 《차범석 희곡 연구》, 중문출판사, 1999.

김기형·송미경·송소라·김태현, 《여성국극 60년사》, 문화체육관광부, 2009.

김길수, 《남도의 희곡 미학》, 누리기획, 1998.

김방옥, 《한국 사실주의 희곡 연구》, 동양공연예술연구소, 1989.

김삼일, 《포항연극 100년사 — 1914년~2014년》, 대경사, 2014.

김향, 〈차범석, 현대극의 거목〉, 한국연극협회 편, 《한국현대연극 100년: 인물연극사》, 연극과인간, 2009.

김환표, 《드라마, 한국을 말하다》, 인물과사상사, 2012.

박명진, 〈1950년대 후반기 연극의 특징과 의미〉, 한국연극협회 편, 《한국현대연극 100년 — 공연사 II(1945~2008)》, 연극과 인간, 2008.

박명진, 《한국 전후희곡의 담론과 주체 구성》, 월인, 1999.

반재식·김은신, 《여성국극왕자 임춘앵 전기》, 백중당, 2002.

서정자 편, 《박화성 문학전집 14 — 눈보라의 운하·기행문》, 푸른사상, 2004.

양윤석, 《고려대학교 연극 백년사》, 연극과인간, 2021.

연세극예술연구회 편, 《연세연극사》, 연세극예술연구회, 1981.

유민영, 《우리시대 연극운동사》, 단국대학교 출판부, 1990.

유민영, 《인생과 연극의 흔적》, 푸른사상사, 2012.

유민영, 《지나간 것은 모두 아름답다》, 푸른사상, 2023.

유민영, 《한국근대연극사 신론》, 태학사, 2011.

유민영, 《한국현대희곡사》, 홍성사, 1982.

유민영·전세권, 《극단 신협(1947~2023)》, 스타북스, 2023.

유용환, 《무대 뒤에 남은 이야기들 — 한국연극 50년 비사秘史》, 지성의샘, 2005.

유치진, 《동랑 유치진 전집 9 — 자서전·서간문》, 서울예대출판부, 1993.

윤태진·김정환·조지훈, 《한국 라디오 드라마사 : 성우들의 역정, 통사》, 나무와숲, 2015.

전성희, 〈임춘앵, 여성국극의 찬란한 별〉, 한국연극협회 편, 《한국현대연극 100년 — 인물연극사》, 연극과인간, 2009.

정호순, 《한국의 소극장과 연극운동》, 연극과 인간, 2002.

조영숙,《끄지 않은 불씨 — 중요무형문화재 '발탈' 보유자 조영숙 자서전》, 수필과비
    평사, 2013.

최성환,《목포 — 한국의 땅과 사람에 관한 이야기》, 21세기북스, 2020.

최창봉,《방송과 나 — 영원한 PD 최창봉의 방송인생 다큐멘터리》, 동아일보사, 2010.

한승연,《꽃이 지기 전에》, 한누리미디어, 2003.

한옥근,《광주 · 전남연극사》, 금호문화, 1994.

논문

김경남, 〈차범석 후기 희곡에 나타난 리얼리즘 연극관의 의미〉, 한국극예술연구회 편,
    《한국극예술연구》 제48집, 2015.6.

김병철, 〈한국여성국극사연구〉, 동국대학교 문화예술대학원 석사학위논문, 1998.

김봉희, 〈재북 시기 신고송 문학과 통일문학의 전망 1 — 신고송의 아동극집《새나라
    의 어린이》(조선인민출판사, 1948)〉,《영주어문》 제40집, 영주어문학회, 2018.10.

김윤희, 〈기억의 재현과 재해석 — 차범석에 대한 기억을 중심으로〉,《문화와 융합》 제
    46권 특별호 2, 한국문화융합학회, 2024.3.

명인서, 〈차범석 연구〉, 기념논총간행위원회 편,《한국희곡작가연구 — 김호순박사 정
    년퇴임기념논총》, 태학사, 1997.

문선영, 〈1950~60년대 라디오 연속극의 매체 전이 경향〉, 대중서사학회,《대중서사연
    구》 29, 2013.6.

박미란, 〈1960년대 한국 연극 예술의 정체성과 상업성 담론〉, 한국문학회,《한국문학
    논총》 제89집, 2021.12.

박태일, 〈목포지역 정훈 매체《전우》연구 — 한국전쟁기 정훈문학 연구 1〉,《현대문학
    이론연구》 38집, 2009.9.

박태일, 〈자료 공개 — 전쟁기 목포 해군 정훈 매체《전우》목차〉,《한국지역문학연구》
    2집, 한국지역문학회, 2013.5.

백로라, 〈1960년대 연극 운동론〉, 민족문학사연구소 희곡분과,《1960년대 희곡 연구》,
    새미, 2002.

송송이, 〈여성국극 발전을 위한 교육 방안〉, 서강대학교 언론대학원 석사학위논문,
    2001.

신영미, 〈차범석 희곡 〈학이여 사랑일레라〉 연구 — 욕망구조와 작가의식 반영을 중심
    으로〉,《이화어문논집》 42집, 이화여자대학교 한국어문학연구소, 2017.8.

윤석진, 〈극작가 차범석의 텔레비전드라마 연구〉,《한국언어문화》 76집, 한국언어문

화학회, 2021.12.

이승희, 〈풍속도의 개방성과 보수적 휴머니즘의 세계〉, 민족문학사연구소 희곡분과, 《1960년대 희곡 연구》, 새미, 2002.

전성희, 〈차범석의 TV 드라마 〈전원일기〉 연구 (1)〉, 한국드라마학회 편, 《드라마연구》 제65호, 태학사, 2021.

전성희, 〈차범석의 세계관 형성과 초기 희곡 연구〉, 《명지전문대학 논문집》 제38집, 명지전문대학, 2015.

정미진, 〈차범석의 전후 희곡 연구〉, 고려대학교 대학원 문예창작학과 석사학위논문, 2009.

정현경, 〈새마을 연극과 정치적 메커니즘: 차범석의 〈활화산〉을 중심으로〉, 《현대문학이론연구》 73집, 현대문학이론학회, 2018.6.

그 밖의 글

고석규, 〈'예향芸鄕 목포'의 문화사〉, 목포시사편찬위원회, 《목포시사 제2권: ② 예향 목포》, 목포시 목포시사편찬위원회, 2017.

김경옥, 〈연극계비화 (11): 젊은 지성연극인의 집단 〈제작극회〉 ― 소극장 운동의 남상濫觴〉, 《한국연극》 109호, 1985.6.

김경완, 〈목포가 낳은 최고의 배우〉, 목포시사편찬위원회, 《목포시사 제2권: ② 예향 목포》, 목포시 목포시사편찬위원회, 2017.

김길호, 〈지방연극사 (2): 목포편(하) ― 내가 살다 온 목포 연극〉, 《한국연극》 제14권 제11호, 한국연극협회, 1989.11.

김선태, 〈목포 문학의 흐름과 활동〉, 목포시사편찬위원회, 《목포시사 제2권: ② 예향 목포》, 목포시 목포시사편찬위원회, 2017.

백미숙, 〈1960년대 텔레비전의 '창작 문예 단막극': 라디오 방송 문예와 연극 대중화 운동의 관계 속에서〉, 한국방송학회 엮음, 《한국의 텔레비전 드라마 ― 역사와 경계》, 컬처룩, 2013.

송지영·심지혜, 〈차범석〉, 《정릉동 ― 잊혀져 가는 우리 동네 옛이야기를 찾아서》, 연두와파랑, 2013.

위경혜, 〈목포의 극장과 동춘서커스〉, 목포시사편찬위원회, 《목포시사 제2권: ② 예향 목포》, 목포시 목포시사편찬위원회, 2017.

유민영, 〈차범석 저 《식민지의 아침》: 한 극작가의 세계관〉, 《서평문화》 5집, 1992.4.

이세기, 〈이세기의 예술인 탐구 10 ― '인간미의 향기' 연출하는 임영웅의 연극〉, 《문화예술》271호, 한국문화예술위원회, 2002.2.

이연헌, 〈박수칠 때 떠나신 선생님 — 차범석 선생을 애도함〉,《방송문예》, 한국방송작
　　가협회, 2006.7.

이태주, 〈원로예술인에게 듣는다/극작가 차범석: 희곡을 쓰는 일은 내 생에서 휴가를
　　얻는 일〉, https://www.arko.or.kr/zine/artspaper2000_12/11.htm

차혜영, 〈끝나지 않은 마지막 여행 — 나의 아버지 차범석〉,《대산문화》봄호, 대산문
　　화재단, 2024.

최성현, 〈목포의 역사〉, 목포시사편찬위원회,《목포시사 제2권: ② 예향 목포》, 목포시
　　목포시사편찬위원회, 2017.

최호영, 〈나와 '산하'〉,《극단 산하 10년사》, 극단 산하, 1974.

신문 기사 (연도/날짜순)

〈새로운 현대극의 태동 — 제작극회 제1회 발표회〉,《조선일보》, 1956.7.23.

〈라디오 16일 — HLKA〉,《동아일보》, 1956.11.16.

〈고대극회 발표회: '쇼'의 〈악마의 제자〉〉,《조선일보》, 1957.12.6.

〈의사 지바고 상연 — 신협 53회 공연으로〉,《경향신문》, 1959.3.7.

〈극단 신협 3월 공연 — 18일부터 시공관市公舘서〉,《조선일보》, 1959.3.16.

〈본격 공연단체로 — 제작극회〉,《동아일보》, 1960.2.12.

〈두 국립극단의 공연〉,《조선일보》, 1960.2.20.

이근삼, 〈1960년 회고, 연극〉,《한국일보》, 1960.12.22.

〈침체 속의 연극계〉,《동아일보》, 1961.8.21.

〈본지 '신춘문예'가 낳은 작가들 — 프로필과 근황〉,《조선일보》, 1961.12.6.

〈줄기찬 전위극의 선구, 창립 6년의 제작극회〉,《조선일보》, 1962.1.29.

여석기, 〈좌절된 꿈의 현실과 기대〉,《동아일보》, 1962.7.4.

〈멋진 연극 해 보겠오 — 관객 되찾는 데 자신만만〉,《조선일보》, 1963.3.24.

〈침묵 깬 제작극회〉,《경향신문》, 1963.5.31.

〈새 극단 산하(가칭) 곧 탄생〉,《동아일보》, 1963.9.7.

〈성우들 대량진출이 불만 — 산하 창립공연 리허설 한창〉,《서울신문》, 1963.11.7.

〈대중 속에 파고드는 본격극 제시〉,《조선일보》, 1963.11.19.

이원경, 〈대중을 위한 중간극 〈잉여인간〉〉,《동아일보》, 1963.11.19.

임영웅, 〈산만한 무대 — 극단 산하의 〈잉여인간〉〉,《경향신문》, 1963.11.28.

〈63년의 조감 — 예술계〉,《한국일보》, 1963.12.19.

임영웅, 〈공연 시즌의 마련을〉, 《경향신문》, 1964.6.17.

〈월계관 쓴 무대인들: 동아연극상 수상자 프로필 — 여우조연상 천선녀〉, 《동아일보》, 1965.1.7.

이근삼, 〈연극과 대중〉, 《서울신문》, 1965.4.29.

〈영극중흥〉, 《경향신문》, 1968.2.24.

〈새 연속극 〈물레방아〉 첫 회=MBC·TV〉, 《경향신문》, 1970.9.7.

〈흑자무대 관객기록 세운 가을 연극계〉, 《경향신문》, 1971.10.2.

〈산하·동양극장 계약 — 3월 〈중매인〉 공연〉, 《매일경제》, 1976.1.15.

〈영화사 겸업 바람 — 연극·출판사업에도 진출〉, 《동아일보》, 1978.5.27.

〈매너리즘에 빠진 TV극 — 제작자·연기인 책임 크다〉, 《동아일보》, 1979.2.24.

김유경 기자, 〈세상 이렇습니다: 이창裏窓을 통해 본 직업인의 실상 〈188〉 — 연극인 ① 5%의 관심〉, 《경향신문》, 1979.8.6.

〈연극계 다작多作 벗고 알찬 무대로〉, 《경향신문》, 1983.2.3.

〈극단 산하 해체 — 20년 동안 52회 공연〉, 《경향신문》, 1983.4.4.

〈연극의 활성화와 무관심〉, 《조선일보》, 1983.4.10.

유민영, 〈작가의 변신 보인 새로운 도전 — 《학이여 사랑일레라》 차범석 희곡집〉, 《경향신문》, 1984.5.18.

이용주 기자, 〈"옛 동료들과 새 극단 창단, 멋진 연극 보이고파" — 연극 기획 30년 "외길" 김유성 씨〉, 《조선일보》, 1985.7.3.

차범석, 〈나의 삶, 나의 생각〉, 《경향신문》, 1994.3.31.

오광수 기자, 〈신파극 2편 〈이수일과…〉 〈아리랑〉 드라마 제작〉, 《경향신문》, 1994.8.20.

〈국내 최초 TV 드라마 다시 본다〉, 《조선일보》, 1997.11.19.

정상영 기자, 〈원로 극작가 차범석씨 타계 — 사실주의 연극 거목 지다〉, 《한겨레신문》, 2006.6.6.

박돈규 기자, 〈차범석 정신세계에 전할 책임감 느껴 — 뮤지컬 〈댄싱 새도우〉 작가 도르프만, 원작 연극 〈산불〉 관람〉, 《조선일보》, 2007.7.2.

〈이순재의 깊이〉, 《에스콰이어 코리아》, 2018.3.

오보람 기자, 〈사실주의 극본에 현대적 연출로 되살아난 차범석의 '활화산'〉, 《연합뉴스》, 2024.5.30.

부록

차범석 연보

차범석 극작 목록

차범석 방송 작품 목록

차범석 연보

<table>
<tr><td>1924(1세)</td><td>• 11월 15일, 전라남도 목포시 북교동 184번지에서 아버지 차남진, 어머니 김남오의 3남 3녀 중 차남으로 태어났다.</td></tr>
<tr><td>1928(5세)</td><td>• 목포기독교회에서 세운 사립 희성유치원에 다니기 시작했다.</td></tr>
<tr><td>1932(9세)</td><td>• 목포공립보통학교(이후 목포제일공립보통학교, 목포북교국민학교 등으로 개칭, 지금의 목포북교초등학교)에 입학했다.</td></tr>
<tr><td>1935(12세)</td><td>• 목포제일공립보통학교 4학년 때 교지《목포학보》에 시 〈만추晚秋〉를 발표했다.</td></tr>
<tr><td>1937(14세)</td><td>• 광주고등보통학교(이후 광주서공립중학교로 개칭, 지금의 광주제일고등학교)에 입학했다. 이때부터 광주 누문정에서 형과 함께 하숙 생활을 시작했다.
• 초가을, 목포 평화관平和館에서 최승희의 무용 공연을 보고 처음으로 '미美의 극치', '무대라는 세계'를 경험했다.</td></tr>
<tr><td>1938(15세)</td><td>• 형이 늑막염으로 휴학하고 집으로 내려가게 되어, 광주 북정으로 하숙을 옮겨 혼자서 생활하기 시작했다.</td></tr>
<tr><td>1942(19세)</td><td>• 2월, 광주서공립중학교 졸업 후 일본 히메지姬路고등학교(지금의 고베대학교)에 응시했으나 진학에 실패했다. 이후 일본 도쿄에서 재수 생활을 했다.</td></tr>
<tr><td>1943(20세)</td><td>• 2월, 일본 규슈의 가고시마鹿兒島 제7고등학교(지금의 가고시마대학교)에 응시했으나 또다시 진학에 실패했다.
• 4월, 전쟁의 위험에 따른 부친의 재촉으로 고향으로 돌아왔다. 이 무렵, 자신의 신변 이야기를 담은 단편소설 〈바다가 보이는 집〉과 〈달마達摩 이야기〉를 완성했다.</td></tr>
<tr><td>1944(21세)</td><td>• 3월, 일본의 징병제도가 실시되던 이때, 병역 면제의 특전을 받기 위해 관립광주사범학교 강습과에 입학했다.</td></tr>
</table>

1945(22세) • 4월, 모교인 목포북교국민학교로 발령받아 근무하기 시작했다(2종 훈
도).

• 5월, 일본군 소집 영장이 날아왔다. 이후 2주간의 기본 훈련을 마치
고 배를 타고 제주도로 가서 복무 중 8·15 해방을 맞았다.

• 9월, 고향으로 돌아와 목포북교국민학교에 복직했다.

• 겨울, 최초로 쓴 대본 〈눈 내리는 밤〉으로 학생들과 함께 노래극(차
범석 극본·연출)을 공연했다.

1946(23세) • 8월, 연희대학교 전문부 문과 응시를 위해 상경하여 광화문 임林여
관에 투숙 중 3일 만에 단막극 〈폭풍전야〉를 완성했다.

• 9월, 목포북교국민학교를 사직하고 연희대학교(지금의 연세대학교)
전문부 문과에 입학했다. 이후 '새마을문학회'라는 문학 서클에 가
입하고,《문장文章》한 질을 구입해 읽으며 한국 문학에 눈을 뜨기 시
작했다.

1947(24세) • 2월 13일, 네 살 연하인 박옥순朴玉順과 결혼했다. 혼례 후 10일 만에
차범석은 개강을 맞아 서울로 혼자 올라왔고, 이후에는 방학이 되어
야 본가로 내려오곤 했다.

• 9월, 연희대학교 전문부 문과 1년을 마치고 문학원 영문과로 진학했
다.

• 가을 학기에 유치진의 〈희곡론〉 강의를 들으며 연극에 눈을 뜨고, 희
곡 창작 이론을 익히기 시작했다.

• 가을, 신태민·호기수·장운강·구선모·김병규·모개수·박상필 등과 함
께 '연희극예술연구회'(지도교수 민영규, 훗날 '연세극예술연구회'로 개
칭)를 조직하여 연극 활동을 시작했다. 창립 연극으로 안톤 체호프의
〈결혼신청結婚申請〉을 공연했다.

• 가을, 명동 YWCA의 함귀봉咸貴奉조선교육무용연구소에서 춤을 배
우기 시작했다. 여기서 조동화, 최창봉, 김경옥, 구민 등을 만났다.

1948(25세) • 1월, 방학을 맞아 목포에 내려와, 유달유학생회 주최 연극 〈신촌〉(박
경창 작, 차범석 연출·주연)을 목포극장에서 공연했다.

1949(26세) • 10월, 한국연극학회 주최로 열린 '제1회 전국남녀대학 연극경연대
회'에 연희극예술연구회가 우리나라 최초로 그리스 연극 〈오이디푸
스 왕〉으로 참가하여 단체상(차석), 연출상(차범석), 연기상(신태민)을
수상했다. 이를 계기로, 각 대학의 연극학도(고려대 김경옥·최창봉·김

지숙, 연세대 차범석·김병규·구선모, 동국대 조성하·김효경, 서울 약대 조동화·김화숙, 숙명여대 이인선·김혜경, 정치대 김민애·백봉기 등)가 모여 '대학극회'를 조직했다.

1950(27세) • 2월 말, 결혼 3년 만에 본가에서 분가分家하여 아내와 함께 서울 서대문구 송월동으로 이사했다.

• 6월 25일, 한국전쟁이 발발했다.

• 7월 26일, 피란하기로 결정하고 서울을 떠나 17일간 걸어서 목포 고향 집에 도착했다.

• 11월, 목포중학교 국어 교사로 근무하기 시작했다.

1951(28세) • 1월 14일, 장남 순환淳煥이 태어났다.

• 3월, 비공식 데뷔작 〈별은 밤마다〉(2막, 차범석 작·연출)를 목포문화협회 주최 '3·1절 기념 예술제'에서 공연했다.

1952(29세) • 제1회 목포중학교 예술제에서 희곡 〈저주〉(1막)를 공연했다.

1953(30세) • 2월 2일, 장녀 혜영惠影이 태어났다. 이 무렵 분가分家하여 목포중학교 사택으로 이사했다.

• 제2회 목포중학교 예술제에서 희곡 〈달 뜨는 무렵〉을 공연했다.

1954(31세) • 제3회 목포중학교 예술제에서 희곡 〈백의〉(3막)를 공연했다.

1955(32세) • 1월, 《조선일보》 신춘문예 희곡 부문에 〈밀주〉가 가작으로 입선했다.

• 9월 12일, 차녀 혜진惠眞이 태어났다.

• 11월, 번역극집 《근대 1막극선》(차범석 역, 항도출판사)을 출판했다.

• 제4회 목포중학교 예술제에서 〈내 고향으로 나를 보내 주오〉(3막)를 공연했다.

1956(33세) • 1월, 《조선일보》 신춘문예 희곡 부문에 〈귀향〉이 당선되었다.

• 3월, 서울 가회동으로 이사하여, 박화성의 도움으로 덕성여고에서 근무하기 시작했다.

• 5월 26일, 동방문화회관에서 '제작극회'를 창단했다. 동인은 차범석·김경옥·최창봉·오사량·조동화·구선모·임희재·최백산·전근영·노희엽·최상현·박양경 등 12인이었다.

• 7월, 제작극회 창단 연극 〈용사〉(홀워시 홀 원작, 차범석 번역, 차범석·전근영 연출)를 을지로 대성빌딩 소강당에서 공연했다.

• 12월, 제작극회 제2회 연극 〈청춘〉(막스 하벨 원작, 번역 차범석·김경옥, 오사량 연출)을 가톨릭문화관에서 공연했다.

1957(34세)	• 6월 25일, 차남 순주淳柱가 태어났다.
	• 12월, 국제극예술협회(I.T.I.) 한국본부가 창립되면서 창립준비위원으로 위촉되었다.
1958(35세)	• 이 해 초, 여성국극단 진경의 여성국극 〈꽃이 지기 전에〉(4막 6장, 차범석 작, 이진순 연출)를 명동 시공관에서 공연했다.
	• 3월, 제작극회 제3회 연극 〈공상도시〉(차범석 작, 오사량 연출)를 서울 문리사범대 강당에서 공연했다.
	• 7월, 제작극회 제4회 연극 〈불모지〉(차범석 작, 김경옥 연출)를 서울문리사범대 강당에서 공연했다.
	• 7월, 임춘앵 무대 생활 10주년 기념 여성국극 〈견우와 직녀〉(차범석 작, 임천수 각색)을 시공관에서 공연했다.
	• 12월, 제작극회 제5회 연극으로 〈제물〉(김경옥 작, 차범석 연출)을 서울문리사범대 강당에서 공연했다.
	• 12월, 《희곡 5인 선집》(임희재·하유상·주평·차범석·이용찬 공저, 성문각)을 출판했다.
1959(36세)	• 1월 20일, 3남 순규淳圭가 태어났다.
	• 10월, 제작극회 제7회 연극 〈유리동물원〉(테네시 윌리엄스 작, 차범석 연출)을 원각사에서 공연했다.
1960(37세)	• 2월, 국립극단 연극 〈여인천하〉(박종화 원작, 차범석 각색)를 시공관에서 공연했다.
	• 3월, 제작극회 제8회 연극 〈돌개바람〉(김자림 작, 차범석 연출)을 원각사에서 공연했다.
	• 12월, 첫 창작 희곡집 《껍질이 째지는 아픔 없이는》(정신사)을 출판했다.
1961(38세)	• 3월, 덕성여고 교사직을 사임하고, 최창봉의 권유로 MBC 연예과장에 취임했다. 이후 CM과장, 제작부장, 편성부국장 등을 역임했다.
	• 4월, 제작극회 제10회 연극 〈껍질이 째지는 아픔 없이는〉(4막, 차범석 작, 허규 연출)을 국립극장 초청작으로 국립극장에서 공연했다.
	• 10월, 국립극단 연극 〈태양을 향하여〉(4막, 차범석 작, 이광래 연출)를 민극신협과의 합동으로 시공관에서 공연했다.
1962(39세)	• 8월, 신인소극장 연극 〈밀주〉(차범석 작, 문명철 연출)를 국립극장에서 공연했다.

- 12월, 국립극단 연극 〈산불〉(5막, 차범석 작, 이진순 연출)을 명동 국립 극장에서 공연했다.
- 호남예술제에서 광주서중 연극반이 〈소낙비〉(1막, 차범석 작)을 공연 했다.
- 목포시문화상을 받았다.

1963(40세)
- 6월, 〈갈매기떼〉(4막 6장, 차범석 작, 이해랑 연출)를 '신협' 재기 기념으 로 명동예술극장에서 공연했다.
- 9월 28일, 극단 '산하山河'를 창단했다. 동인은 오화섭·차범석·김유 성·이기하·임회(희)재·강효실·천선녀·김성옥·이순재·전운 등 27명이 었다.
- 〈청기와집〉(4막)을 《세대》에 발표했다.

1964(41세)
- 3월, 극단 산하 제2회 연극 〈청기와집〉(차범석 작, 이원경 연출)을 국립 극장에서 공연했다.
- 5월, 극단 산하 연극 〈말괄량이 길들이기〉(이효영 번역, 차범석 연출)를 '셰익스피어 탄생 400주년 기념 연극축전' 참가작으로 국립극장에 서 공연했다.

1965(42세)
- 6월, 극단 드라마센터 연극 〈풍운아 나운규〉(차범석 작, 이원경 연출)를 드라마센터극장에서 공연했다.
- 11월, 극단 산하 연극 〈천사여, 고향을 보라〉(토머스 울프 작, 케티 프링 스 각색, 한상철 번역, 표재순 연출)를 국립극장에서 공연했다. 이 공연 으로 제2회 동아연극상에서 김성옥이 남자주연상을, 정우택이 무대 미술상을 받았다.
- 이 해부터 서라벌예대, 이화여대, 연세대 등에 출강했다.
- 연세대 영문과 4학년에 복학했다.
- 정신여고 예술제에서 〈강강술래〉(3막, 차범석 작)를 공연했다.
- 국제 펜클럽 중앙위원에 선임되었다.

1966(43세)
- 4월, 극단 산하 제5회 연극 〈열대어〉(4막, 차범석 작, 연출 표재순)를 제 3회 동아연극상 참가작으로 국립극장에서 공연했다.
- 6월, 미국 뉴욕에서 열린 제34차 국제펜클럽 대회에 한국 대표로 참 가했다.
- 9월, 연세대학교 영문과를 졸업했다.

1967(44세)
- 9월, 극단 산하 연극 〈적과 흑〉(스탕달 원작, 차범석 각색, 표재순 연

출)을 국립극장에서 공연했다.

1968(45세) • 2월, 한국연극협회 이사장으로 선출되었다.

• 3월, 신극新劇 60년 기념 합동 연극 〈그래도 막은 오른다〉(김유성 기
획, 차범석 편극)을 국립극장에서 공연했다.

• 10월, 극단 산하 제10회 연극 〈장미의 성城〉(4막, 차범석 작, 표재순 연
출)을 국립극장에서 공연한 후《현대문학》에 게재했다.

• 11월, 신문화 60년 기념 '민족예술문화 발전 유공자 표창'으로 국무
총리상을 수상했다.

• 동국대학에 출강했다.

1969(46세) • 2월, 문인협회 희곡문학분과위원장으로 선임되었다.

• 4월, 극단 산하 제11회 연극 〈고독한 영웅〉(후쿠다 쓰네아리福田恒存
원작, 차범석 번역, 표재순 연출)을 국립극장에서 공연했다.

• 9월, 프랑스 망통에서 열린 국제펜클럽 대회에 한국 대표로 참가했
다.

• 10월, 극단 산하 제13회 연극 〈대리인〉을 국립극장에서 공연했다.

• MBC TV 개국 준비요원으로 일본 NHK에서 2개월간 연수했다.

• 제2창작 희곡집《대리인》(선명문화사)을 출판했다.

• 숙명여대에 출강했다.

1970(47세) • 9월, 극단 산하 제15회 연극 〈왕 교수의 직업〉(5막)을 동아연극상 참
가작으로 국립극장에서 공연했다.

• 11월, 제2회 대한민국 문화예술상(연극 부문)을 수상했다.

1971(48세) • MBC를 사임했다.

• 간염으로 입원 후, 투병 중 희곡 〈환상여행〉을 탈고했다.

1972(49세) • 2월, 국립극단 연극 〈환상여행〉(10장, 차범석 작, 이기하 연출)을 국립
극장에서 공연했다.

• 8월, 한국연극협회 주최 연극 〈위자료〉(차범석 작, 임영웅 연출)를 지방
순회 공연했다.

• 9월, 극단 산하 연극 〈키부츠의 처녀〉(베른슈타인 원작, 차범석 번역, 표
재순 연출)를 국립극장에서 공연했다.

• 한국예술문화윤리위원회 위원으로 위촉되었다.

1973(50세) • 2월, 한국예총 부회장으로 선출되었다.

• 3월,《새마을 연극 희곡 선집》(차범석 선選, 세운문화사)을 출판했다.

- 3월, 한국문화예술진흥원이 발족하면서 초대 이사로 선임되었다.
- 11월, 한국연극협회 주최 '토월회 창립 50주년' 기념 대연극제로 〈부활〉(톨스토이 원작, 차범석 각색, 표재순 연출)를 명동 국립극장에서 공연했다.
- 12월, 극협 연극 〈순교자 이차돈〉(5막, 차범석 작·연출)을 명동예술극장에서 공연했다.

1974(51세)
- 2월, 국립극단 연극 〈활화산〉(5막, 차범석 작, 이해랑 연출)을 국립극장에서 공연했다.
- 2월, 국제극예술협회(I.T.I.) 한국본부 부위원장으로 선출되었다.
- 3월, 극단 여인극장 연극 〈꽃바람〉(5막, 차범석 작, 강유정 연출)을 명동예술극장에서 공연했다.
- 4월, 극단 산하 연극 〈약산의 진달래〉(5막, 차범석 작, 표재순 연출)를 명동예술극장에서 공연했다.
- 11월, 극단 산하 연극 〈새야 새야 파랑새야〉(2막 7장, 차범석 작, 유흥렬 연출)를 명동예술극장에서 공연했다.
- 중앙국립극장 운영위원으로 위촉되었다.
- 서울특별시 문화홍보분과 자문위원으로 위촉되었다.

1975(52세)
- 2월, 제3희곡집 《환상여행》(어문각)을 출판했다.
- 5월, 극단 산하의 광복 30주년 기념 연극 〈산불〉(5막, 차범석 작, 문고헌 연출)을 명동예술극장에서 공연했다.
- 6월, 베를린에서 열린 국제극예술협회(I.T.I.) 총회에 한국 대표로 참가했다.
- 10월, 극단 산하 연극 〈셋이서 왈츠를〉(4막, 차범석 작, 표재순 연출)을 목포 남일극장, 광주시민회관 등에서 지방 순회 공연했다.

1976(53세)
- 6월, 극단 배우극장 연극 〈낙엽〉(이병주 원작, 차범석 각색·연출)을 서울시민회관 별관에서 공연했다.
- 6월, 국립극단 연극 〈손탁호텔〉(5막, 차범석 작, 이해랑 연출)을 국립극장에서 공연했다.
- 7~8월, 문예진흥원 연극지원심사위원회에서 선정한 극단 산하를 포함한 8개 극단이 연극 〈쌍둥이의 모험〉(2막, 차범석 작)을 전국 13개 지역에서 공연했다.
- 9월, 국립극단 연극 〈페르귄트〉(5막, 헨리크 입센 원작, 차범석 번역, 이

진순 연출)를 국립극장에서 공연했다.

- 12월, 연극 〈의사 지바고〉(파스테르나크 원작, 차범석 각색·연출)를 서울
  시민회관 별관에서 공연했다.
- 12월, 한국방송윤리위원회에서 설치한 방송용어심의회 위원으로 위
  촉되었다.

1977(54세)
- 6월, 희곡 〈학살의 숲〉으로 제2회 반공문학상(문화공보부장관상)을 수
  상했다.
- 9월, 극단 광장 연극 〈화조〉(9장, 차범석 작, 이진순 연출)을 서울연극회
  관 세실극장에서 공연했다.
- 9월, 극단 산하 연극 〈오판〉(10장, 차범석 작·연출)을 제1회 대한민국
  연극제 참가작으로 세실극장에서 공연했다.
- 11월, 국립극단 연극 〈학살의 숲〉(4막, 차범석 작, 이진순 연출)을 국립
  극장에서 공연했다.
- 장남 순환이 결혼했다.

1978(55세)
- 11월, 현대극장 연극 〈바람과 함께 사라지다〉(마가렛 미첼 원작, 차범석
  각색, 이진순 연출)를 세종문화회관에서 공연했다.
- 대한민국연극제 심사위원으로 위촉되었다.

1979(56세)
- 4월, 극단 산하 연극 〈모모〉(미카엘 엔데 원작, 차범석 각색, 권재우 연출)
  를 세종문화회관 별관에서 공연했다.
- 6월, 극단 산하 제39회 특별 연극 〈제인 에어〉(샬롯 브론테 원작, 헬렌
  제롬 각색, 차범석 연출)를 서울 코리아극장에서 공연했다.
- 6월, 불가리아 소피아에서 열린 국제극예술협회(I.T.I.) 총회에 한국
  대표로 참가했다.
- 서울예술전문대학에 출강했다.
- 장녀 혜영, 차녀 혜진이 결혼했다.

1980(57세)
- 목포 성옥문화재단의 '성옥연구비 예술 부문 대상'을 수상했다. 이
  상금(1백만 원)으로 도서를 구입하여 목포 시립도서관에 기증했다.
- 이 해부터 MBC TV 〈전원일기〉를 1년간 집필했다.

1981(58세)
- 2월, 극단 산하 연극 〈쥬노와 공작〉(숀 오케이시 작, 이근삼 번역, 차
  범석 연출)을 세종문화회관에서 공연했다.
- 8월, 대한민국예술원 정회원으로 선출되었다.
- 9월, 방송대상에서 〈전원일기〉 '효도잔치'가 우수작품상을 수상했다.

- 9월, 극단 여인 연극 〈학이여 사랑일레라〉(12장, 차범석 작, 강유정 연출)를 서울 동숭동 문예회관에서 공연했다. 이 작품으로 제5회 대한민국연극제에서 희곡상을 수상했다.

1982(59세)
- 2월, 한국방송광고공사 광고심의위원장으로 위촉되었다.
- 9월, 대한민국예술원상(연극 부문)을 수상했다.
- 9월, 한국방송대상에서 개인상(라디오극본 부문)을 받았다.
- 12월, 극단 산하 창단 20주년 기념 첫 번째 연극 〈산불〉(차범석 작, 김영덕 연출)을 문예회관에서 공연했다.
- 제4희곡집《학이여 사랑일레라》(어문각)를 출판했다.
- 제5회 대한민국연극제 희곡상 수상으로 유럽 여행을 다녀왔다.
- 무용극 〈강江〉을 조영숙 무용단에서, 무용극 〈갈증〉을 최청자 무용단에서 공연했다.
- 문화방송 자문위원으로 위촉되었다.

1983(60세)
- 4월, 제8회 동랑연극상을 수상했다.
- 3월, 극단 산하 창단 20주년 기념 두 번째 연극 〈옛날 옛적에 훠어이 훠이〉(최인훈 작, 최석천 연출)를 문예회관에서 공연했다. 이 공연을 끝으로 극단 산하를 해단했다.
- 3월, 청주대학교 예술대학 연극영화과 정교수가 되었다.
- 6월, 서울극작가그룹을 발족시켜 회장에 선출되었다.
- 2남 순주가 결혼했다.

1984(61세)
- 3월, 청주대학교 예술대학장에 선임되어, 청주로 이사했다.
- 7월, 로스앤젤레스 올림픽 문화행사에 초청된 국립무용단 무용극 〈도미부인〉(차범석 작, 허규 연출)을 로스앤젤레스 패서디나 시민홀에서 공연했다.
- 대성학원 창립 60주년 기념 연극 〈새벽길〉(12장, 차범석 작)을 청주대학교에서 공연했다.
- 회갑 기념 수필집《거부하는 몸짓으로 사랑했노라》와《서울극작가그룹 대표희곡선집》을 출간했다.
- 3남 순규가 결혼했다.

1985(62세)
- 5월, 목포극협 연극 〈불모지〉(차범석 작, 이재윤 연출)을 제3회 전국지방연극제 참가작으로 청주문화예술회관에서 공연했다.
- 6월, 포항은하극단 연극 〈대지의 딸〉(차범석 작, 김삼일 연출)을 제3회

전국지방연극제 참가작으로 청주문화예술회관에서 공연하여, 최우
수상을 수상했다.
- 제5희곡집《산불》(범우사)을 출간했다.

1986(63세)
- 8월, 88서울예술단 초대 단장으로 취임했다.
- 9월, 광복회 충북도지회 주최, 청주연극협회 연극 〈식민지의 아침〉(차
범석 작)을 충청북도 내 8개 지역에서 순회 공연했다.
- 10월, 국립무용단 무용극 〈은하수〉(차범석 작, 송범 안무)를 '86 문
화예술축전 무용제'에서 공연했다.

1987(64세)
- 3월, 국립극단 연극 〈꿈 하늘〉(차범석 작, 김석만 연출)을 국립극장에서
공연했다. 이후 청주, 경주, 울산, 포항에서 순회 공연이 진행되었다.
- 11월, 희곡 〈식민지의 아침〉으로 대한민국문학상 일반 부문 본상을
수상했다.
- 연구논문 〈한국의 소극장 연극 연구〉를 발표했다(대한민국예술원).
- 평론집《동시대의 연극인식》(범우사)을 출판했다.

1988(65세)
- 9월, 홍정희발레단 발레블랑의 무용극 〈장생도〉(차범석 작, 홍정희 안
무)를 문예회관에서 공연했다.
- 청주대학교 교수협의회 초대 회장으로 선출되었다.

1989(66세)
- 6월, 국립극단 연극 〈태평천하〉(채만식 원작, 차범석 각색, 허규 연출)를
국립극장에서 공연했다.
- 9월, 극단 대하 연극 〈사막의 이슬〉(차범석 작, 김완수 연출)을 서울연
극제 참가작으로 서울 동숭동 문예회관에서 공연했다.
- 청주대학교 교수직을 사임하고, 서울예술전문대학 극작과 교수로
취임했다.
- 국립극장 운영위원회 위원장이 되었다.

1990(67세)
- 6월, 국립무용단 무용극 〈그 하늘 그 북소리〉(차범석 작, 박범훈 작곡,
정일성 연출)를 국립극장 개관 40주년 기념작으로 국립극장에서 공연
했다.
- 12월, 국립발레단 무용극 〈고려애가高麗哀歌〉(3막 6장, 차범석 작, 임성
남 안무, 최동선 작곡)를 국립극장에서 공연했다.
- 야마네 마사코山根昌子 원작 수기를 번역한《머나먼 여로》(서울신문
사)를 출판했다.
- 대한민국예술원 연극분과 회장이 되었다.

1991(68세)	• 연구논문 〈일본신파연극이 한국연극에 미친 영향〉을 발표했다(대한민국예술원).

1991(68세)
- 연구논문 〈일본신파연극이 한국연극에 미친 영향〉을 발표했다(대한민국예술원).
- '연극의 해' 집행위원장으로 선임되었다.
- 《한국희곡론》(차범석·유민영·조남철 공저)을 방송통신대학 교재로 발간했다.

1992(69세)
- 1월, 제6희곡집 《식민지의 아침》(학고방)을 출판했다.
- 3월, 한국연극배우협회에서 마련한 원로 배우 고설봉 씨 8순 기념 연극 〈신新장한몽〉(차범석 각색, 김상렬 연출)을 서울 동숭동 문예회관에서 공연했다.
- 6월, 서울시립무용단 무용극 〈꿈의 춘향〉(차범석 작, 백대웅 작곡)을 세종문화회관에서 공연했다.
- 9월, 국립극단 연극 〈안네 프랑크의 장미〉(차범석 작, 문고헌 연출)를 국립극장에서 공연했다.
- 9월, 극단 세미 연극 〈청계마을의 우화〉(차범석 작, 박원경 연출)를 서울연극제 참가작으로 서울 동숭동 문예회관에서 공연했다.

1993(70세)
- 논문 〈한국소극장 연극사〉를 월간 《예술세계》에 29회로 연재 완료했다.
- 4월, 제3회 이해랑연극상을 수상했다.
- 5월, 극단 연우무대가 기획한 '한국 현대 연극의 재발견' 두 번째 연극 〈산불〉(차범석 작, 김철리 연출)을 연우소극장에서 공연했다.
- 독일 뮌헨에서 열린 국제극예술협회(I.T.I.) 제25회 총회에 한국 대표로 참가했다.
- 회고록 《예술가의 삶 6 —차범석》(혜화당)을 출간했다.
- 93 서울연극제 심사위원장이 되었다.

1994(71세)
- 5월, 국립무용단 무용극 〈환幻〉(현진건 원작, 차범석 각색, 조흥동 안무, 백대웅 음악, 김효경 연출)을 국립극장에서 공연했다.
- 7월, 극단 띠오뻬뻬 연극 〈무녀도〉(김동리 원작, 차범석 각색, 강영걸 연출)를 예술의전당 토월극장에서 공연했다. 이 작품은 10월, 일본 도쿄예술극장에서 공연되었다.
- 고희 기념 수필집 《목포행 완행열차의 추억》(융성출판사)을 출간했다.

1995(72세)
- 6월, 극단 신시神市 연극 〈바람분다 문열어라!〉(차범석 작, 김상렬 연출)를 서울연극제 참가작으로 연강홀에서 공연했다.

- 8월, 국립국악원 무용극 〈파도〉(차범석 작, 문일지 안무, 김철호 음악)를 세종문화회관에서 공연했다.
- 12월, 대한민국예술원 부회장으로 피선되었다.
- 서울예술전문대학 교수직을 사임했다.

1996(73세)
- 11월, 국립무용단 무용극 〈오셀로〉(셰익스피어 원작, 차범석 각색, 국수호 안무)를 국립중앙극장에서 공연했다.
- 12월, 제13회 '금호예술상'을 수상했다(광주).
- 중앙국립극장 운영위원회 위촉.

1997(74세)
- 10월, 서울시문화상(연예 부문)을 수상했다.
- 11월, 광주학생운동을 소재로 한 연극 〈나는 불섬으로 간다〉(차범석 작, 강남진 연출, 광주고보·광주서중·광주일고 주최)를 광주문화예술회관에서 공연했다.
- 목포 '개항 백년' 기념 〈시민선언〉을 발표했다.
- 자서전 〈떠도는 산하〉를 월간《예향》에 16개월 연재했다.

1998(75세)
- 3월, 한국문화예술진흥원 원장에 취임했다.
- 7월, 극단 성좌 연극 〈검사와 여선생〉(차범석 작, 권오일 연출)을 서울 정동이벤트홀에서 공연했다.
- 제1회 한림문학상을 수상했다(광주).
- 중국 '문연文聯' 초청으로 북경·항주·소주·상해를 여행했다.
- 제4회 '송파를 빛낸 사람'으로 포상(송파구).
- 자서전《떠도는 산하》(도서출판 형제문화)를 출판했다.
- 예술의전당 당연직 이사로 취임했다.
- 한국기업메세나협의회 이사로 재임했다.

1999(76세)
- 4월, 재단법인 광주비엔날레 이사장으로 선출되었다.
- 7월, 극단 신시 악극 〈가거라 삼팔선〉(차범석 작, 한진섭 연출, 윤복희 작곡, 박상규 안무)를 예술의전당에서 공연했다.
- 9월, 국립극단이 '한·중·일 동양 3국 연극 재조명 시리즈'로 기획한 연극 〈친구들〉(아베 고보安部公房 원작, 차범석 번역, 임영웅 연출)을 국립극장에서 공연했다.
- 11월, 국립오페라단의 오페라 〈산불〉(차범석 작, 정회갑 작곡, 박수길 연출)을 국립극장에서 공연했다.
- 11월, 호남오페라단과 영남오페라단이 공동 제작한 오페라 〈녹두장

군〉(4막 8장, 차범석 원작, 장일남 작곡, 정갑균·박정욱 연출)을 전북대 문화관에서 공연했다.

- 연세대학교 동문회에서 '모교를 빛낸 사람'으로 선정되어 표창장을 받았다.
- 경희대학교 정보문화대학원 객원교수가 되었다.
- 대구 〈무천舞天〉에서 '차범석연극제'를 개최했다.

2000(77세) • 6월, 남북정상회담에 김대중 대통령 특별수행으로 평양을 방문했다.
- 9월, 핀란드 노키아 회사 초청으로 시드니 올림픽을 관람했다.
- 10월, 극단 신시 번역 뮤지컬 〈로마의 휴일〉(차범석 번역)을 예술의전당에서 공연했다.
- 12월, 제29대 대한민국예술원 회장으로 선출되었다.
- 〈잃어버린 역사를 찾아서〉를 《한국연극》에 5회 연재했다.
- 전남향우회에서 '자랑스런 전남인'으로 선정하여 표창장을 받았다.
- 한일문화교류회 한국 대표로 참가했다.
- 제7희곡집 《통곡의 땅》(가람기획)을 출간했다.
- 한국문화예술진흥원 원장직을 사임했다.
- 무천극예술연구회에서 《차범석 희곡연구》를 발간했다.

2001(78세) • 10월, 차범석의 연극계 등단 50주년 기념 연극 〈그 여자의 작은 행복론〉(차범석 작, 임영웅 연출)을 산울림소극장에서 공연했다.
- 동국대학교 대학원에 출강했다.
- 대불대학교(목포)에서 명예문학박사 학위를 수여받았다.

2002(79세) • 2월, 동아연극상 특별상을 수상했다.
- 5월, 2002 한·일월드컵 문화상품으로 울산시에서 제작한 뮤지컬 〈처용處容〉(차범석 작, 임영웅 연출)을 울산문화예술회관에서 공연했다.
- 12월, 제주시와 제주시립예술단이 문화관광 상품으로 제작한 창작오페라 〈백록담〉(차범석 작, 김정길 작곡, 장수동 연출)을 제주도문예회관에서 공연했다.
- 12월, 진도군 아리랑보존회와 진도군립민속예술단이 제작한, '진도아리랑'을 판소리로 엮은 창극 〈저 달이 지기 전에〉(차범석 작, 김창일 연출, 이윤선 안무)를 진도향토문화회관에서 공연했다.
- 상계동성당에서 영세를 받았다(세례명: 프란시스코 살레시오).

2003(80세) • 9월, 극단 두레의 차범석 팔순 기념 연극 〈산불〉(차범석 작)을 대학로

소극장 아리랑에서 공연했다.

- 12월, 연희단거리패의 차범석 팔순 기념 연극 〈옥단어!〉(차범석 작)를 문예진흥원 예술극장에서 공연했다.
- 제8희곡집 《옥단어!》가 출간되었다.

2004(81세)
- 1월, 광화문포럼 회장으로 추대되어 취임했다.
- 10월, 《한국 소극장 연극사》(연극과인간)를 출간했다.
- 연세대학교 특별초빙교수가 되었다.
- 서울문화재단 '창작지원' 심사위원장이 되었다.
- 《월간 에세이》에 〈나와 13인의 여인〉을 연재했다(2005년 12월까지 13회).

2005(82세)
- 3월, 제46회 3·1문화상(예술 부문)을 수상했다.
- 11월, '삶과 꿈 싱어즈'에서 기획한 오페라 〈손탁호텔〉(차범석 작, 이영조 작곡, 표재순 연출)을 국립극장과 이화여고 백주년 기념관에서 공연했다.
- 11월, 포항문화예술회관 개관 10주년 기념 뮤지컬 〈연오랑 세오녀〉(2막 7장, 차범석 작, 김삼일 연출)를 포항문화예술회관에서 공연했다.
- 《한국대표희곡선》(공저)을 출간했다.

2006(83세)
- 6월 6일, 83세를 일기로 작고했다. 전북 무안군 삼향읍 연안차씨 선산에 장사 지내고, "천성이 가무와 신명을 마다하지 않으니 이 또한 나의 숙명이리라."라는 문구를 새긴 묘비를 세웠다.

차범석 극작 목록

작품명	집필 연도	공연/비고	수록매체
눈 내리는 밤	1945	1945년 겨울, 목포북교국민학교 학예회에서 학생들과 노래극으로 공연	
별은 밤마다	1951		《현역작가 소인극 17선》, 성문각, 1962.
닭	1951		《월간 전우》13호, 해군목포경비부 정훈실, 1951.7.
밀주蜜酒	1951	1955년 《조선일보》 신춘문예 희곡 부문 가작 입선작 / 1962년 8월, 신인소극장 공연	〈밀주 ①〉, 《월간 전우》16호, 해군목포경비부 정훈실, 1951.8. 〈밀주 ②〉, 《월간 전우》17호, 해군목포경비부 정훈실, 1951.8. 〈밀주 ③〉, 《월간 전우》18호, 해군목포경비부 정훈실, 1951.9.
제2의 벽	1951		〈제2의 벽 ①〉, 《월간 전우》22호, 해군목포경비부 정훈실, 1951.10. 〈제2의 벽 ②〉, 《월간 전우》23호, 해군목포경비부 정훈실, 1951.11. 〈제2의 벽 ③〉, 《월간 전우》24호, 해군목포경비부 정훈실, 1951.11. 〈제2의 벽 ④〉, 《월간 전우》25호, 해군목포경비부 정훈실, 1951.12.
저주	1952	1952년 제1회 목포중학교 예술제에서 공연	
윤씨 일가	1953		《월간 갈매기》, 해군목포경비부 정훈실, 1953.
잔재殘在	1953		《월간 갈매기》, 해군목포경비부 정훈실, 1953.
달 뜨는 무렵	1953	그레고리 부인 작, 차범석 각색 / 1953년 제2회 목포중학교 예술제에서 공연	

백의白衣	1954	1954년 제3회 목포중학교 예술제에서 공연	
내 고향으로 나를 보내 주오	1955	스토우 부인 원작, 차범석 각색 / 1955년 제4회 목포중학교 예술제에서 공연	《현역작가 소인극 17선》, 성문각, 1962.
귀향	1956	1956년《조선일보》신춘문예 희곡 부문 당선작	
풍랑	1956	1956년 정명여중 예술제에서 공연	
무적	1957		《문학예술》, 1957.2.
불모지	1957	1958년 7월 '제작극회' 공연	《문학예술》, 1957.9.
사등차	1957		《자유문학》, 1957.12.
계산기	1958		《현대문학》, 1958.3.
공상도시	1958	1958년 3월 '제작극회' 공연	희재·하유상·주평·차범석·이용찬 공저, 《희곡 5인 선집》, 성문각, 1958.
꽃이 지기 전에	1958	여성국극 / 1958년 초 '여성국극단 진경' 공연	
견우와 직녀	1958	여성국극 / 1958년 7월 '임춘앵과 일행들' 공연	
강강술래	1959	1965년 정신여고 예술제에서 공연	
성난 기계	1959		《사상계》, 1959.2.
나는 살아야 한다	1959		《신문예》, 1959.4.
상주喪主	1960		《목포문학》, 1960.
분수	1960		《사상계》, 1960.5.
여인천하	1960	박종화 원작, 차범석 각색 / 1960년 2월 '국립극단' 공연	
껍질이 째지는 아픔 없이는	1960	1961년 4월 '제작극회' 공연	《껍질이 째지는 아픔 없이는 — 희곡집》, 정신사, 1960.
태양을 향하여	1961	1961년 10월 '국립극단' 공연	《환상여행 — 차범석 제3희곡집》, 어문각, 1975.
산불	1962	1962년 12월 '국립극단' 공연	《현대문학》, 1963.5·6·7. (3회 분재)

소낙비	1962	1962년 호남예술제에서 '광주서중 연극반' 공연	
공중비행	1962		《사상계》, 1962.12.
갈매기떼	1963	1963년 6월 '신협' 공연	《환상여행 — 차범석 제3희곡집》, 어문각, 1975.
청기와집	1963	1964년 3월 '극단 산하' 공연	《세대》, 1963.12.
스카이라운지의 강사장	1964		《문예춘추》, 1964.11.
풍운아 나운규	1965	1965년 6월 '극단 드라마센터' 공연	
파도가 지나간 자리	1965		《세대》, 1965.10.
고구마	1965		중학교 교과서
열대어	1966	1966년 4월 '극단 산하' 공연	《대리인 — 차범석 희곡집》, 선명문화사, 1969.
적과 흑	1967	스탈당 원작, 차범석 각색 / 1967년 9월 '극단 산하' 공연	
그래도 막은 오른다	1968	차범석 편극 / 1968년 3월 '신극新劇 60년 기념 합동 연극'으로 공연	
장미의 성	1968	1968년 10월 '극단 산하' 공연	《현대문학》, 1968.11·12., 1969.1·2. (4회 분재)
고독한 영웅	1969	후쿠다 쓰네아리福田恒存 원작, 차범석 번역 / 1969년 4월 '극단 산하' 공연	
대리인	1969	1969년 10월 '극단 산하' 공연	《대리인 — 차범석 희곡집》, 선명문화사, 1969.
안개 소리	1969		《월간문학》, 1969.7·8·9·10. (4회 분재)
왕 교수의 직업	1970	1970년 9월 '극단 산하' 공연	《현대문학》, 1970.10·11·12. (3회 분재)
환상여행	1971	1972년 2월 '국립극단' 공연	《현대문학》, 1971.12., 1972.2. (2회 분재)
위자료	1972	1972년 8월 한국연극협회 주최 지방 순회 공연	《현대문학》, 1973.2.

키부츠의 처녀	1972	베른슈타인 원작, 차범석 번역 / 1972년 9월 '극단 산하' 공연	
묘지의 태양	1973		《월간문학》, 1973.10.
일심교	1973		차범석 편, 《새마을 연극 희곡 선집 ― 마당극에서 학교극까지》, 세운문화사, 1973.
부활	1973	톨스토이 원작, 차범석 각색 / 1973년 11월 한국연극협회 주최 '토월회 창립 50주년 기념 대연극제' 공연	
순교자 이차돈	1973	1973년 12월 '극협' 공연	
꽃바람	1974	1974년 3월 '극단 여인극장' 공연	
활화산	1974	1974년 2월 '국립극단' 공연	《학이여 사랑일레라 ― 차범석 제4희곡집》, 어문각, 1982.
약산의 진달래	1974	1974년 4월 '극단 산하' 공연	《한국문학》, 1974.4.
새야 새야 파랑새야	1974	1974년 11월 '극단 산하' 공연	《환상여행 ― 차범석 제3희곡집》, 어문각, 1975.
셋이서 왈츠를	1975	1975년 10월 '극단 산하' 공연	《식민지의 아침 ― 차범석 제6희곡집》, 학고방, 1992.
쑥굴레떡	1975	문예진흥원 위촉 집필	
손탁호텔	1976	1976년 6월 '국립극단' 공연	《학이여 사랑일레라 ― 차범석 제4희곡집》, 어문각, 1982.
낙엽	1976	이병주 원작, 차범석 각색 / 1976년 6월 '극단 배우극장' 공연	
쌍둥이의 모험	1976	1976년 7~8월 '극단 산하'에서 전국 13개 지역 순회 공연	
페르귄트	1976	헨리크 입센 원작, 차범석 번역 / 1976년 9월 '국립극단' 공연	
간주곡	1976		《한국연극》, 1976.1.
의사 지바고	1976	파스테르나크 원작, 차범석 각색 / 1976년 12월 '극단 배우극장' 공연	

화조	1977	1977년 9월 '극단 광장' 공연	《제1회 대한민국연극제 희곡집》, 한국문화예술진흥원, 1978.
오판	1977	1977년 9월 '극단 산하' 공연	《제1회 대한민국연극제 희곡집》, 한국문화예술진흥원, 1978.
학살의 숲	1977	1977년 11월 '국립극단' 공연	《현대문학》, 1978.1·2·3. (3회 분재)
바람과 함께 사라지다	1978	마가렛 미첼 원작, 차범석 각색 / 1978년 11월 '현대극장' 공연	
모모	1979	미카엘 엔데 원작, 차범석 각색 / 1979년 4월 '극단 산하' 공연	
표류	1979		한국문화예술진흥원 편, 《민족문학대계 18》, 1979.
학이여 사랑일레라	1981	1981년 9월 '극단 여인극장' 공연	《학이여 사랑일레라 — 차범석 제4희곡집》, 어문각, 1982.
강	1982	무용극 / 1982년 '조영숙무용단' 공연	
갈증	1982	무용극 / 1982년 '최청자무용단' 공연	
진주성	1982	한국연극협회 진주지부	
도미부인	1984	무용극 / 1984년 7월 로스앤젤레스 올림픽 문화행사 초청으로 '국립무용단' 공연	
김안드레아전	1984		《한국연극》, 1984.11.
새벽길	1984	1984년 '대성학원 창립 60주년' 기념으로 공연	
대지의 딸	1985	〈활화산〉 개작 / 1985년 6월 '포항은하극단' 공연	
식민지의 아침	1986	1986년 9월 '청주연극협회'에서 충청북도 내 8개 지역 순회 공연	《식민지의 아침 — 차범석 제6희곡집》, 학고방, 1992.
은하수	1986	무용극 / 1986년 10월 '국립무용단' 공연	
꿈 하늘	1987	1987년 3월 '국립극단' 공연	《식민지의 아침 — 차범석 제6희곡집》, 학고방, 1992.

사라공주	1987	여성국극 / 1987년 '여성국극단 진경' 공연	
장생도	1988	무용극 / 1988년 9월 '홍정희 발레단 발레블랑'이 88 서울올림픽 문화예술축전으로 공연	
학이여, 사랑이여!	1988	창무극 / 1988년 '88 서울올림픽' 축하 공연	
태평천하	1989	채만식 원작, 차범석 각색 / 1989년 6월 '국립극단' 공연	《식민지의 아침 — 차범석 제6희곡집》, 학고방, 1992.
사막의 이슬	1989	1989년 9월 '극단 대하' 공연	《식민지의 아침 — 차범석 제6희곡집》, 학고방, 1992.
그 하늘 그 북소리	1990	무용극 / 1990년 6월 '국립무용단' 공연	
고려애가 高麗哀歌	1990	무용극 / 1990년 12월 '국립발레단' 공연	
신新장한몽	1992	1992년 3월 '한국배우협회' 주최 공연	
꿈의 춘향	1992	무용극 / 1992년 6월 '서울시립무용단' 공연	
안네프랑크의 장미	1992	1992년 9월 '국립극단' 공연	《통곡의 땅 — 차범석 제7희곡집》, 가람기획, 2000.
청계마을의 우화	1992	1992년 9월 '극단 세미' 공연	
무녀도	1994	김동리 원작, 차범석 각색 / 1994년 7월, '극단 띠오뻬뻬' 공연	
바람 분다 문 열어라	1995	1995년 6월 '극단 신시' 공연	《통곡의 땅 — 차범석 제7희곡집》, 가람기획, 2000.
파도	1995	무용극 / 1995년 8월 '국립국악원' 공연	
오셀로	1996	무용극 / 1996년 11월 '국립무용단' 공연	
나는 불섬으로 간다	1997	1997년 11월, 광주고보·광주서중·광주일고 주최 공연	
검사와 여선생	1998	1998년 7월 '극단 성좌' 공연	

가거라 삼팔선	1999	악극 / 원안 김상열, 극본 김창일, 윤색 차범석 / 1999년 7월 '극단 신시' 공연	
친구들	1999	아베 고보安部公房 원작, 차범석 번역 / 1999년 9월 '국립극단' 공연	
산불	1999	오페라 / 1999년 11월 '국립오페라단' 공연	
녹두장군	1999	오페라 / 1999년 11월 '호남오페라단·영남오페라단' 공동 제작 공연	
로마의 휴일	2000	뮤지컬 / 차범석 번역 / 2000년 10월 '극단 신시' 공연	
통곡의 땅	2000		《통곡의 땅 — 차범석 제7희곡집》, 가람기획, 2000.
그 여자의 작은 행복론	2001	2001년 10월 차범석의 연극계 등단 50주년 기념 공연	《통곡의 땅 — 차범석 제7희곡집》, 가람기획, 2000.
처용	2002	뮤지컬 / 2002년 5월, 2002 한·일월드컵 문화상품으로 울산시에서 제작, 공연	《옥단어! — 차범석 제8희곡집》, 푸른사상사, 2003.
백록담	2002	오페라 / 2002년 12월 제주시가 문화관광 상품으로 제작, '제주시립예술단'이 공연	《옥단어! — 차범석 제8희곡집》, 푸른사상사, 2003.
저 달이 지기 전에	2002	창극 / 2002년 12월 진도군 아리랑보존회가 제작, '진도군립민속예술단'이 공연	
옥단어!	2003	2003년 12월 차범석 팔순 기념으로 '연희단거리패'가 공연	《옥단어! — 차범석 제8희곡집》, 푸른사상사, 2003.
바다는 넘치지 않는다	2003		
악어새	2003		
연오랑 세오녀	2005	뮤지컬 / 2005년 11월 '포항시립극단' 공연	
무정해협	2005	한일공동극	

차범석 방송 작품 목록

작품명	방영 날짜	방송사	프로그램명/형식	비고
푸른 날개의 꿈	1956.11.16.	HLKA	국군의 시간, 공군의 밤	• 오사량 연출
황금의 꿈	1956	HLKZ-TV		• 제작극회 창립 공연작 • 차범석 번역 / 최장봉 연출 • HLKA-TV 첫 드라마
청춘기상도	1958.5.3.~	HLKZ-TV	창작옴니버스	• 차범석, 이용찬, 하유상, 임희재의 이어쓰기 총 9회 30분물 • 시트콤 형식의 옴드라마
어둠 속에 피는 꽃	1959.1.13.,1.20., 1.27.,2.3.,2.10.	HLKZ-TV	화요극장	
싹트는 계절	1959			•『시나리오 문예』 창간호에 발표
귀향歸鄕	1959	KBS 라디오	KBS 무대	
염소		KBS 라디오	KBS 무대	
사랑의 위기		KBS 라디오	KBS 무대	• 1960년 이후 〈KBS 무대〉 주요 작품으로 뽑힘
배반당한 사람끼리		KBS 라디오	KBS 무대	
그 여자의 경우		KBS 라디오	걸작방송국	• 연말에 재방송(특출한 것으로 뽑힘)
밤의 속삭임		HLKV (MBC 라디오)	매일 연속극	
남자의 세계	1962	KBS 라디오		
나도 인간이 되련다	1962.1.19.	KBS TV	금요극장	• 유치진 원작 / 차범석 각색 / 이기하 연출 • KBS TV 최초의 드라마
감정은 슬픔을 낳고	1962.5.	MBC 라디오	나의 경우	

482

동경에서 온 사나이	1963.4.2.~28.	MBC 라디오	연속극	• 심야노 연출 / 박성복 감독
밤안개 (HLKV 연속방송극)	1963	MBC 라디오	연속극	• 정창화 감독 • 김승호, 김지미, 남석훈, 허장강, 김희갑, 황정순, 최지희, 강미자, 윤인자 출연
행운을 파는 사나이	1962.7.2.~8.4.	MBC 라디오	연속방송극	• 최장봉 연출 • 한국라디오 드라마 • 『경향신문』, 1962.6.29.
딸의 혼담	1963.4.5.	KBS TV	금요무대	
새로운 결심	1964.1.17.	KBS TV	금요무대	• 차범석·한운사 외
위험한 고갯길	1964	KBS TV	KBS 무대 (주간 연속극)	• 총 5부작: 임희재 1회, 주택익 2~3회, 이용찬 4회, 차범석 5회
달과 구름 때문에	1964.7.9.	KBS TV	TV극장	
옹기 전에 봄이 온다	1964	KBS 라디오	KBS 무대	
그림자	1964.3.23.~4.25.	MBC 라디오 CBS 라디오	연속무대	• 박동근 연출 • 『한국 라디오 드라마 사』 연출 모두 수록
우이동 8번지	1964	MBC 라디오	연속극	• 박서림·차범석 작
꿈에 받은 선물	1964.12.27.	TBC TV	어린이극장 (주간 연속극)	
스카이라운지의 강사장	1964.10.10.~11.13.	TBC 라디오 (RSB)	토일 연속극	• 1960년대 방송된 인기 멜로드라마 • 오사랑 연출(1~22회)
처가살이	1964.12.2.~31.	MBC 라디오	연속무대	• 백민 연출 (이봉래 감독 영화)
꿈꾸는 나비	1965.9.16.	KBS 라디오	KBS 무대	• 『한국 라디오 드라마 사』 156~167쪽 • 1960년대 이후 〈KBS 무대〉 주요 작품들 중 하나
희망주택 207호	1965.10.4.~1966.9.	MBC 라디오	시추에이션 드라마	• 조흔파, 양근수, 김진욱, 이재우, 차범석

여자의 방	1965.4.27. ~6.5.	MBC 라디오	9시 연속극	• 백민 연출
전설 따라 삼천리	1965.5.~1983.10.	MBC 라디오		• 민병훈, 구석봉, 차범석 • 롱런 다큐멘터리 드라마 • 『한국라디오 드라마사』 223쪽: "멜로드라마에 지쳐 있던 청취자들뿐만 아니라 역사극으로 성이 차지 않았던 청취자들마저 사로잡았던 작품"
처녀의 호수	1965.10.1.~31.	MBC 라디오	8시 연속극	• 유신호 연출
잃어버린 저금통	1965.1.17.	TBC TV	어린이극장	• 이대섭 연출
안네의 일기	1965.3.3.~31.	TBC TV	TV 소설	• 차범석 극본 / 이기하 연출
예비역 마장근	1966.4.18.~5.28.	MBC 라디오	9시 연속극	• 백민 연출
남자의 정조	1966.10.17.~11.26.	MBC 라디오	10시 연속극	• 이동희 연출
이상한 결혼	1966.1.1.~30.	MBC 라디오	8시 연속극	• 이재우 극본 / 차범석 연출
옥비녀	1967.1.13.	KBS TV	금요무대	• 이재민 연출(강대진 감독 영화화)
새를 기다리는 여인	1967.3.13.~4.2.	MBC 라디오	미스터리 극장	• 차범석 작·연출
통곡	1967.4.17.~5.27.	MBC 라디오	10시 연속극	• 허규 연출
여인천하	1967.6.5.~9.25.	TBC TV	연속사극	• 총 15회 • 박종화 원작 / 정일성 연출
B사감과 러브레터	1967.1.21.	TBC TV	TBC 극장	• 현진건 원작 / 차범석 극본 / 이기하 연출
철이의 군번	1967.3.11.	TBC TV	TBC 극장	• 이인선 원작 / 차범석 극본 / 이기하 연출
날개	1967.4.8.	TBC TV	TBC 극장	• 이상 작 / 차범석 극본 / 이기하 연출

따라지	1967.12.1.~8.	TBC TV	TBC 극장	• 김유정 작 / 차범석 각색 / 표재순 연출
빙화	1968.1.1.~2.17.	MBC 라디오	10시 연속극	• 오사량 연출
밀실	1968.5.16.~6.23.	MBC 라디오	8시 연속극	• 임영웅 연출
보석과 청부	1968.3.8.~4.5.	TBC TV	TBC 극장	• 표재순 연출
사랑이 흘러간 곳	1968.6.7.	TBC TV	TBC 극장	• 이인선 원작 / 차범석 극본 / 표재순 연출
이중생활	1969.4.1.~30.	MBC 라디오	8시 연속극	• 유신호 연출
태양의 연인들	1969. 8. 9.	MBC TV	개국특집 드라마	• 표재순 연출
봉선화	1969.10.20.~11.22.	MBC 라디오	10시 연속극	• 차범석 극본·연출
망향초	1969.11.2.~ 1970.1.7.	MBC TV	수요 연속극	• 반공드라마 • 이동희 연출(총 9회)
꼬리를 밟히면 머리를 풀어라	1970.6.1.~30.	MBC 라디오	9시 연속극	
연못에서 학이 살았단 이야기	1970.	KBS 라디오	KBS 무대	
물레방아	1970.9.7.~1971.3.13.	MBC TV	일일 연속극	• 이동희 연출(총 155회) • MBC TV 최초 100회 돌파 드라마
왕비열전	1971.6.2.	MBC 디오		
왕비열전	1971.11.11.	MBC TV	목요 시추에이션 드라마	
일룡네	1971.11.22.~24.	KBS 라디오	라디오 극장	• 홍두표 연출
임진강	1971	MBC라디오	개국 10주년 특집 기획	
연못에서 용이 살았다는 이야기	1972	KBS 라디오	KBS 무대	
부채	1972	KBS 라디오	KBS 무대	• 임학송 연출

꽃바람	1972.2.4.~	CBS 라디오		• 박용기 연출
말하는 인형	1972.9.1.~30.	MBC 라디오	9시 연속극	• 민상호 연출(30회)
카인의 후예	1972.5.27.~6.26.	KBS 라디오	KBS 연속극	• 반공드라마 • 이동희 연출(총 9회)
겉보리 서말	1974.1.1.~2.3.	KBS 라디오	라디오 극장	• 오사량 연출
쑥굴레 떡	1974	KBS 라디오	KBS 무대	
복동이	1975.8.12.~9. 21.	KBS 라디오	라디오 극장	
넓고 넓은 바닷가에	1976	TBC 라디오	일일 연속극	• 여인극장 26회
새벽길	1976.2.29.	KBS 라디오	KBS 무대	• 양윤식 연출
두 개의 얼굴	1976	TBC TV KBS 라디오	토요무대	
아! 결혼	1977.5.11.	KBS 2TV	드라마 게임	
서산에서 지는 해야	1977.11.27.	KBS 라디오	KBS 무대	
부부	1975~1980	KBS 라디오		• 다수의 극작가가 참여 한 부부 중심극 • 〈아빠의 애인〉, 〈물오리 떼〉, 〈함께 사는 고독〉
귀향	1978.5.14.	KBS 라디오	KBS 무대	• 곽현 연출
소리	1978.7.16.	KBS 라디오	KBS 무대	• 조원석 연출
가을바다	1978.10.1.	KBS 라디오	KBS 무대	• 곽현 연출
냉장고와 할미꽃	1979.2.18.	KBS 라디오	특집 KBS 무대	• 곽현 연출
천사의 노래	1979.5.5.~6.14.	KBS 라디오	어린이 연속극	• 조원석 연출
34년 전의 달빛	1979.8.12.	KBS 라디오	8·15 특집 단막극 시리즈 (1)	• 곽현 연출
환상을 쫓는 여인	1979.9.2.	KBS 라디오	명작극장	• 토마스 하디 원작 / 차범석 극본 / 조원석 연출
늙은 체육 교사	1979.9.16.	KBS 라디오	명작극장	• 이주홍 원작 / 차범석 극본 / 조원석 연출
산불	1979.11.11.	KBS 라디오	명작극장	• 조원석 연출

딸의 혼담	1979.11.25.	KBS 라디오	KBS 무대	• 임영웅 연출
삼포 가는 길	1979.12.2.	KBS 라디오	명작극장	• 황석영 원작 / 차범석 극본 / 조원석 연출
등대	1980.2.3.	KBS 라디오	명작극장	• 김진자 원작 / 차범석 극본 / 조원석 연출
데드 마스크	1980.9.12.	KBS 라디오	명작극장	• 조신득 원작 / 차범석 극본 / 조원석 연출
보리야 피어라	1980.2.11.~3.31.	KBS 라디오	어린이 연속극	• 조원석 연출
필녀	1980.4.19.~	TBC TV	목금 드라마	• 이병주 원작 / 차범석 극본 / 황은진 연출 • 장미희, 김종결, 김성환, 장태기 출현
전원일기	1980.10.21.~1981	MBC TV		• 49회까지 집필 • 1980년도 방송대상, 국무총리상 수상
자고 가는 저 구름아	1981	KBS		
신파극 육혈포 강		KBS	교양	
신파극 누구의 죄냐		KBS	교양	
사월의 끝		KBS	교양	• 콘텐츠진흥원 자료
사라져가는 대중문화 3		KBS	교양	
거미 이사		KBS	교양/드라마	
산불	1981.11.21.	KBS TV	TV 문학관	• 김충길 연출
모계사	1982.1.17.	KBS 라디오	명작극장	• 이린 원작 / 차범석 극본 / 조원석 연출
봄에는 개나리	1982.1.3.	KBS 1 TV	명작극장	• 김수동 연출
산하山河	1982.1.11.~9.13.	KBS TV	월요 농촌드라마	• 김인경 연출(33회) • 시추에이션 드라마
중국인 거리	1982.6.20.	KBS 라디오	명작극장	• 오정희 원작 / 차범석 극본 / 조원석 연출
아무도 믿지 않았다	1982. 8.	MBC 라디오	사랑의 계절	

네가 조국을 모르다니…	1983. 3.	MBC 라디오	3·1절 특집극	• 제19회 한국방송협회 한국방송대상 라디오 극본상
첫눈	1983.11.21.	KBS 2 TV	가족극장	• 〈가족극장〉의 첫 작품 • 김수동 연출
집념	1983.12.1.~31.	MBC 라디오	다큐멘터리 드라마	• 가나안 농군학교 김용기 • 명창 박동진(1984. 3. 1.~3. 31.)
집념	1984	MBC 라디오	다큐멘터리 드라마	• 중요무형문화재 제11호 • 종묘제례악의 기능 보유자 • 김천흥(1984. 10. 1.~10. 31.)
객사	1984.3.1.~2.	KBS TV	미니시리즈	• 최상현 연출
장미의 성	1984.6.9.	KBS 1 TV	TV 문학관	• 류형오 극본 / 김재순 연출
청산별곡	1985.11.11.~1987. 1. 18.	MBC 라디오		• 34회 집필 • 시추에이션 드라마
라디오 드라마 문예 시리즈	1986.3.3.~8.	MBC 라디오	특집극	• 차범석, 심영식, 김중희, 이금림, 인재호, 한운사
넓고 넓은 바닷가에	1987.4 1.~30.	KBS 라디오	여인극장	• 김선옥 연출
냄새	1987.8.1.	KBS 1 TV	TV 문학관	• 최일남 원작 / 차범석 극본 / 김수용 연출
방화범들	1989.9.5.	KBS 라디오	방송의 날 특집 드라마	• 막스프리쉬 원작 / 차범석 극본 / 조원석 연출
새벽이면 떠나리라	1989.1.24.	KBS 라디오	KBS 무대	• 조원석 연출
신파극 (2부작)	1994.9.20.~21.	SBS TV	추석 특집극	• 형성법학전문학교 다니다가 낙향한 빈농의 아들 김영진을 주인공으로 일제의 압제를 정면에서 그리고 있는 작품 (『경향신문』, 1994. 8. 20.)
산불	1994.6.19.	KBS 라디오	라디오 독서실	• 김광수 극본
산불	1996.4.7.	KBS 라디오	KBS 무대	• 조원석 연출

488